이야기
중국사
3

이야기 중국사 3

보급판 1쇄 인쇄 · 2020. 8. 15.
보급판 1쇄 발행 · 2020. 9. 1.

지은이 · 김희영
발행인 · 이상용 · 이성훈
발행처 · 청아출판사
출판등록 · 1979. 11. 13. 제9-84호
주소 · 경기도 파주시 회동길 363-15
대표전화 · 031-955-6031   팩시밀리 · 031-955-6036
E - mail · chungabook@naver.com

ISBN 978-89-368-1164-8 04900
    978-89-368-1158-7 04900 (세트)

* 값은 뒤표지에 있습니다.
* 잘못된 책은 구입한 서점에서 바꾸어 드립니다.
* 이 책에 대한 문의사항은 이메일을 통해 주십시오.

The History of China

이야기
중국사

|원나라 시대부터 현대까지|

국립중앙도서관 국민독서자료 추천도서

김희영 지음

3

청아출판사

머리말

　서구 문명의 전래와 함께 이를 능동적으로 받아들여야 했던 우리는 한때 한문과 중국에 대해 소원疏遠했었다. 그러나 최근 들어 중국에 대한 일반의 관심이 높아지고 있는 가운데, 《이야기 중국사》가 완간을 보게 되었다.

　제1권은 고대부터 전한 시대까지, 제2권은 후한 시대부터 송나라 시대까지의 역사를 다루었고, 마지막으로 제3권은 원나라 시대부터 근현대까지의 역사를 다루고 있다.

　황하 유역을 중원이라 일컬어 이곳을 무대로 농경 문화를 발전시켜 온 한족은 기원전 11세기 무렵부터 문화적 우월의식에 젖어 스스로를 중화라 불렀다. 특히 한족 이외의 민족을 오랑캐라 하여 천대하는 화이 사상華夷思想에 깊이 빠져 있었다. 그러나 원나라 시대에 접어들자 무력을 앞세운 몽골족에게 중국을 완전히 내주는 치욕을 맛보아야 했다. 이처럼 제3권에서는 그 벽두부터 중국 역사의 관점에서 볼 때 이상 시대異常時代로 불릴 정도로 이변의 역사가 펼쳐진다.

　중국 역사상 원나라 이전에는 한족이 아닌 이민족이 중국에 침입하여 국지 정권局地政權을 세운 적은 몇 차례 있었으나 중국 전체를 완전히 지배한 적은 없었다. 한족의 부흥을 외친 명나라 태조 주원장이 원나라를 멸망시키고 한족 국가를 세웠으나 명나라 역시 한족 아닌 만주족의 청나라에게 중국을 내줌으로써 다시 한번 치욕을 맛보았다.

　청나라 말기에는 아편 전쟁을 고비로 중국의 무력함이 여지없이 드러났고, 세계 열강들에 의한 이권의 각축장이 되면서 차츰 화이 사상에서 깨어나 자각의 시대로 접어들었다. 청나라 말기에서 20세기 전반까지는 외부로부터의 침략과 내부 모순에 대한 항쟁과 극복의 몸부림 속에서 격동의 역사가 펼쳐진다.

중국은 지대물박地大物博이라는 말로 표현되듯 역사 또한 방대하고 복잡해 일반인들의 이해에 부담을 주는 것이 사실이다. 이 책은 독자들의 부담을 덜어주고 어떻게 하면 중국의 역사를 흥미롭게 이해하는 데 도움을 줄까 하는 점에 역점을 두어 이야기식으로 서술하였다.

방대하고 복잡한 중국의 역사를 세 권이라는 제한된 지면에 서술한다는 것이 결코 쉽지 않았지만, 당초 목표했던 '중국 역사에 대한 대체적인 내용과 흐름'을 담기 위해 최선을 다했다.

필자의 천학비재淺學非才 탓으로 그 궤軌에서 벗어나 독자들로 하여금 '소경 코끼리 다리 만지는 격'이나 되지 않았을지, 자못 살얼음을 디디는 듯한 심정이다. 오직 독자 여러분의 너그러운 지도와 아낌 없는 질정을 바랄 뿐이다.

김희영

차례

2 명나라 시대

3 청나라 시대

4 중화민국

1
원나라 시대

The History of China

원나라 시대

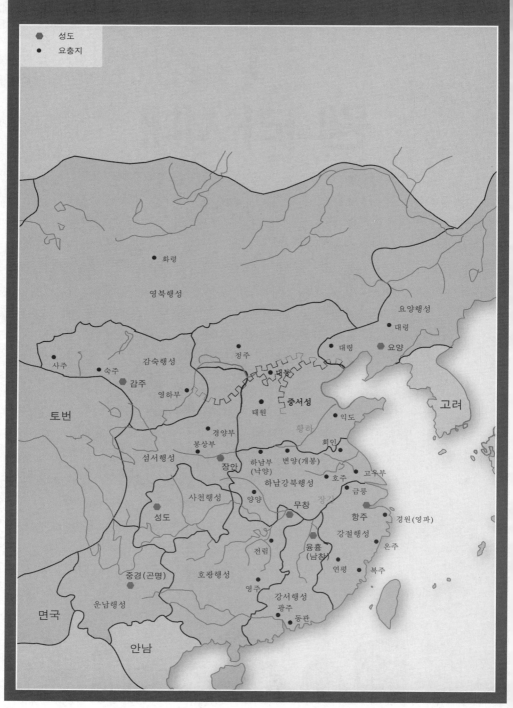

성도
요충지

화령

영북행성

요양행성

대령

요양

대령

감숙행성

징주

사주

숙주

감주

영하부

평양

중서성

고려

태원

토번

익도

경양부

봉상부

회인

섬서행성

장안

하남부
(낙양)

변양(개봉)

호주

고우부

하남강북행성

금릉

사천행성

양양

무창

장강

항주

경원(영파)

성도

강절행성

중경(곤명)

전림

융흥
(남창)

온주

호광행성

연평

북주

운남행성

영주

강서행성

면국

광주

동관

안남

원나라 시대 개괄

몽골 초원의 영웅 칭기즈칸은 무력을 앞세워 유럽과 아시아를 석권하여 역사상 유례 없는 대제국을 건설하였다. 세조 쿠빌라이는 후계자 싸움에서 승리하여 칸의 자리에 오른 후 나라 이름을 원나라로 고치고 수도를 연경(북경)으로 옮겨 대도라 칭하였다.

쿠빌라이가 칸의 자리에 오르자 이에 반발한 카라코룸파의 왕후들이 아리크부가를 칸으로 추대함으로써 원나라 후계자 싸움의 불씨가 되었고 그 후 여러 한국(汗國)은 독립하였다.

쿠빌라이는 중국을 통일한 후 고려를 복속시키고 일본과 동남아시아에 원정군을 보냈다. 그의 치세 35년간은 원의 황금 시대로서 동서 간의 교류가 활발해져 원의 수도 대도에는 유럽 각국에서 온 색목인(色目人)이 자주 눈에 띄었고 외국 상품도 거래됐다. 인도양을 통한 해상 무역도 활발해져 천주(泉州)는 해양도시로 무역의 중심지가 되었다.

동서의 교류가 활발해진 데는 원나라가 장악한 광활한 영역을 지배하기 위해 대도를 중심으로 전국을 연결한 역전제도의 발달에 힘입은 바 크다. 이렇듯 동서교류가 활발한 가운데 역사상 유명한 마르코 폴로의 원나라 체류와 그의 구술로 엮어진 《동방견문록》은 유럽 사람들에게 동양을 알리는 좋은 계기가 되었다.

원나라의 정치제도는 중앙에 중서성·추밀원·어사대를 두어 3권을 분립시키고 지방에는 행(行)중서성을 두어 중앙에서 관장하였다. 원나라 사회제도의 특징은 몽골인, 색목인, 한인, 남인의 네 계급으로 구분되어 각 민족 간의 차별이 엄격하였다. 몽골인은 중앙과 지방의 행정기관의 중추를 독점하였고 보좌역인 차관급을 색목인이 담당하였다. 한인·남인은 간부직에 등용되는 일 없이 가장 천대받았다.

원나라는 말기에 제위 계승을 둘러싼 분쟁과 라마교 숭배에 따르는 퇴폐적인 악습으로 국력이 쇠진하여 명나라를 일으킨 주원장(朱元璋)에 의해 멸망하였다. 원나라가 사상 유례 없는 대제국을 건설하고도 불과 90년 만에 멸망한 것은 그들의 정치가 거칠고 낙후된 생활에서 얻은 유목민의 사고방식에서 벗어나지 못했기 때문으로 지적된다. 황제는 천하만민의 복리증진을 위해 존재한다는 중국 고래의 전통을 무시하는 경향이 짙었다는 것이다. 문화적인 측면에서는 전통적 학문인 경학이나 사학 등은 그다지 발달하지 못하였으나 희곡은 매우 발달하여 후세에 많은 영향을 끼쳤다.

몽골의 서정

일세의 영웅, 일세의 교아(驕兒) 등 갖가지 이름으로 불리는 몽골 초원의 영웅 테무친이 몽골민족을 통일하고 칭기즈칸의 자리에 오른 후 남송을 멸망시키기까지는 약 70여 년이 걸렸다. 남송 멸망의 역사에 대하여는 제2권에서 언급하였으므로 이제 그 밖의 역사로 눈을 돌려보자.

몽골이 남송을 멸망시키기 훨씬 전인 1219년 칭기즈칸은 친히 대군을 거느리고 서정(西征)길에 올랐다. 칭기즈칸이 제1차 서정을 결심하게 된 것은 다음과 같은 배경에서였다.

일찍이 요나라가 멸망할 무렵 그의 일족이었던 야율대석(耶律大石)이 서역으로 도망가 서요를 세웠다. 칭기즈칸과 싸우다가 패전한 나이만부의 잔당들이 그곳에 침입해 요의 왕위를 찬탈하고 칭기즈칸과의 복수전을 꾀하고 있다는 정보가 들어왔다.

이에 칭기즈칸은 중국의 공략은 다른 사람에게 일임하고 친히 서정길에 올랐다.

칭기즈칸이 거느리는 몽골군은 일격에 나이만 세력을 완전 소탕하여 서요의 옛 땅을 평정하고 다음으로 아시아 일대를 호령하던 터키계의 호라즘 왕국을 공략하였다. 이번 싸움에는 칭기즈칸의 아들 주치와 차카타이, 오고타이 등이 종군하였다. 그들은 부강을 자랑하던 터키스탄의 여러 고을을 일거에 함락하고 호라즘 왕을 패사시키는 한편 그의 왕자를 추격하여 인도 북부까지 유린하는 전과를 올렸다.

이와는 별도로 몽골의 선봉군은 터키계의 킵차크 영내 깊숙

이 진격하여 러시아 봉건 제후의 연합군과 싸워 격파하였다. 이 싸움은 몽골군과 유럽인과의 최초의 싸움이었다.

　　제2차 서정은 1236년에서 1242년에 걸쳐 시행되었다. 이때는 칭기즈칸이 죽고(1227), 그의 셋째 아들 오고타이가 칸의 자리에 앉아 있을 시기였다. 2차 서정군의 장령들은 모두 칭기즈칸의 손자들로 주치의 아들 바투가 총지휘를 담당하였고 오고타이의 아들 구유크와 툴루이의 아들 몽케가 참전하였다. 이들이 거느리는 몽골군은 우선 러시아를 유린한 다음 폴란드, 헝가리, 오스트리아를 석권하고 아드리아 해를 거쳐 이탈리아에 육박하였으나 마침 태종 오고타이가 죽었다는 소식이 전해져 회군하였다.

　　제3차 서정은 칭기즈칸의 넷째 아들인 툴루이의 아들 몽케(蒙哥)가 칸의 자리에 있을 때인 1253년에서 1260년 사이에 감행되었다. 이 3차 서정에서 몽골군의 기병들은 메소포타미아를 휩쓸어 세계적으로 견고하기로 유명한 고성 바그다드를 불태웠고 다시 소아시아, 사이프러스까지 짓밟고 이집트를 위협하였다.

몽골군의 3차에 걸친 원정으로 세계는 바야흐로 전전긍긍하게 되었다. 특히 제2차 원정 때는 유럽 전역을 공포의 도가니로 몰아넣어 기독교도들은 이것을 천벌이라 생각하고 신에게 용서와 가호를 빌었다. 이탈리아 남부의 기독교 일파는 신의 용서를 빌기 위해 순례하며 서로 피가 흐를 정도로 채찍으로 때리면서 기도하고 참회했다. 유럽에서는 몽골군의 원정을 '신의 채찍'이라고 표현했는데, 여기에서 유래한 말이다.

3차에 걸친 원정에서 차지한 광활한 영토는 칭기즈칸의 네 아들이 나누어 가졌다. 그들의 자손들은 네 개의 한국을 건설했다. 이 네 개의 한국은 킵차크 한국(카스피해 이북~다뉴브 강), 차카타이 한국(천산 부근~시르 강 유역), 오고타이 한국(알타이 산맥

툴루이 툴루이와 그의 비들이 앉아 있다.

일대~발하시 호), 일 한국
(페르시아와 소아시아~지중
해)이다.

네 한국은 처음에는 모
두 몽골 왕조를 종주국으로
받들었다. 이로써 몽골 왕
조는 몽골 고원의 카라코룸
을 중심으로 아시아, 유럽
대륙을 지배하는 대제국을
형성하였다.

바그다드를 포위한 몽
골군

몽골군의 제3차 서정과 때를 같이 하여 몽골의 제4대 헌종 몽
케칸은 남송의 보우 5년(1257), 친히 군대를 거느리고 남송 공략
에 나서 사천 지방을 공격했다. 그의 동생 쿠빌라이는 북쪽에서
양자강 중류에 걸친 호북 지방을 공략하게 하고, 별장 올량파타이
는 인도차이나에서 광서, 호남을 거쳐 양자강 유역에서 쿠빌라이
군과 합류하도록 했다. 일거에 남송을 석권하려고 한 것이다. 그
러나 사천을 공략하던 몽케칸이 사천 평야에서 남송군의 완강한
저항에 부딪혀 고전하던 중 병이 들어 진중에서 죽음으로써 그의
부대는 본국으로 철군했다.

한편 호북 지방을 공략하고 있던 쿠빌라이는 몽케칸의 병사
소식에 신경을 곤두세웠다. 그는 후계자 경쟁에 참가하여 다음 칸
의 지위를 계승해야겠다는 야망을 품고 있었다. 그는 남송의 가사
도가 제의한 강화를 일단 수락하고 급히 본국으로 철수하였다. 이
때가 남송의 개경 원년(1259)으로 그로부터 20년 후인 1279년에
남송이 멸망하였다.

원나라의 통일

남송 토벌군을 이끌고 철군한 쿠빌라이는 동몽골의 개평(開平)에 정착하였다. 먼저 철군한 몽케칸의 직속 부대는 몽케칸의 영구를 호위하여 몽골의 근거지인 카라코룸에 도착하여 그곳을 지키고 있던 몽케칸의 동생 아리크부가와 합류하였다. 이로써 몽골에는 두 개의 중심 세력이 형성되었는데, 개평의 쿠빌라이와 카라코룸의 아리크부가였다. 이들은 서로 대립하여 후계자 자리를 다투었다. 만약 서방 여러 한국(汗國)의 유력한 왕후들을 초청하여 쿠릴타이*를 개최할 경우 그 결과는 동생인 아리크부가에게 더 유리한 형편이었다.

* 쿠릴타이 : 몽골민족의 국회로 칸의 추대, 개전, 강화 등의 중대사를 결정하는 집회

그러나 중국 화북 지방을 장악한 쿠빌라이는 풍부한 인적 · 물적 자원을 바탕으로 후계자 경쟁에서 우위를 차지할 자신이 있었다. 그래서 쿠빌라이는 기선을 잡아 자기 당파로 인정되는 유력한 왕후들을 개평으로 불러 쿠릴타이를 개최하여 만장일치로 칸에 추대되었다.

칸으로 추대된 쿠빌라이는 한 걸음 더 나아가 몽골의 칸은 중국 황제를 겸한다고 해석하고 연경을 수도로 정하여 이름을 대도(大都)로 고치고 연호는 중통(中統)으로 바꿨다.

세조 쿠빌라이의 칸 즉위에 대해 아리크부가를 비롯하여 카라코룸파의 왕후들은 일제히 반발하고 나섰다. 그들은 별도로 아리크부가를 칸으로 추대하기로 결정함으로써 양쪽의 충돌은 불가피했다. 이 두 파 간의 싸움은 중국 화북 지방의 인적 · 물적 자원을 배경으로 한 세조 쿠빌라이의 우세로 아리크부가가 항복함으

로써 일단 화해했다. 그러나 아
리크부가의 지지세력들은 여전
히 반발하는 입장을 취하였고
특히 오고타이칸의 자손들은 계
속 불만을 품어 후세의 화근이
되었다.

후계자 싸움에서 승리하여
칸의 자리에 오른 세조 쿠빌라
이는 1271년 나라 이름을 대원
(大元)으로 고치고 1279년 남송
을 멸망시켜 중국을 통일함으로
써 일찍이 유례 없는 대제국을
건설하였다.

오고타이칸

몽골 제국의 창시자 칭기즈칸은 선인들이 상상조차 못했던
위대한 업적을 이룩하여 몽골 초원의 영웅으로 일컬어지지만 그
는 오로지 군사력에만 의존하려는 경향이 짙었다. 군사력 이외의
덕치라든가 회유책 따위는 전혀 생각하지 않는 무력 일변도의 인
물이었다.

칭기즈칸의 거듭되는 원정으로 유럽과 아시아의 백성들은 뜻
하지 않은 재난을 겪었지만, 이러한 원정의 밑바탕에는 몽골족의
엄청난 희생도 따르게 마련이었다. 아버지를 잃은 아들, 남편을
잃은 아내가 몽골 초원에 널려 있었다. 몽골 제국은 타민족의 주
검 위에 세워진 제국이라고 하지만 그 이면에는 수많은 몽골족의
피와 눈물이 얼룩졌다. 어느 의미에서는 몽골민족이 입은 재앙이
가장 컸다고 말할 수 있다.

군사력밖에 모르는 칭기즈칸에 대하여도 다음과 같은 이야기가 전한다.

몽골이 서하(西夏)를 공략할 때의 일이다. 산더미같이 쌓인 전리품 가운데서도 칭기즈칸의 마음을 가장 흡족하게 한 것은 포로 가운데 활을 만드는 명장(名匠)이 있다는 사실이었다. 칭기즈칸은 정치를 보좌하는 유학자 출신의 재상 야율초재(耶律楚材)에게 다음과 같이 말하였다.

원나라의 사슬갑옷

"나라를 다스리는 데는 역시 무력을 믿을 수밖에 없소. 유학자는 별로 쓸모가 없을 것 같소."

이 말을 들은 야율초재는 만면에 미소를 지으면서 대답하였다.

"좋은 화살을 갖기 위해서는 화살을 만드는 명장이 필요한 것과 같이 좋은 나라를 갖고자 하신다면 역시 나라를 다스리는 명장이 필요하지 않겠습니까?"

칭기즈칸은 야율초재의 이 같은 함축성 있는 말에 크게 자극을 받아 한자리에 있던 오고타이에게 말하였다.

"야율초재는 하늘이 우리 칭기즈 일족에게 내려준 없어서는 안 될 명신이다. 이후부터는 국사에 관한 일, 전쟁에 관한 일, 백성에 관한 일 등 모든 일을 야율초재에게 맡기는 것이 좋을 것이다."

야율초재란 도대체 어떤 인물이기에 칭기즈칸으로부터 그렇게 두터운 신임을 받았을까?

야율초재는 거란(걸안) 사람으로 그의 조상은 요나라의 황족이었다. 일설에는 요나라를 창시한 야율아보기의 맏아들 동단왕(東丹王) 돌욕(突欲)의 8대손이라고도 한다. 야율초재는 어려서부터 학문을 좋아하여 유(儒)·불(佛)·도(道)의 3교에 통달할 뿐 아니라 천문·지리·의학과 음악·회화에도 다재다능한 인물이었다. 그렇기 때문에 민족 차별이 심했던 몽골 왕조마저도 그를 중용하지 않을 수 없었다.

그는 처음에는 금나라 조정에서 고관으로 일하다가 연경이 몽골군에게 함락되면서 칭기즈칸을 섬기게 되었다. 칭기즈칸이 죽은 뒤에는 그의 아들 오고타이를 섬겨 30여 년 동안 명재상으로서 재능을 발휘하였다. 갓 탄생한 몽골 제국은 정치 체제, 법령, 제도 등이 미비하여 난제가 많았다. 야율초재는 미비한 법령 제도 등을 확립하는 데 전력을 기울여 몽골 제국의 안정과 발전에 크게 기여하였다.

원래 몽골민족은 유목민족으로 소나 양을 방목하는 생활에는 익숙했지만, 농사짓는 방법에는 뒤떨어져 있었다. 1229년 갓 즉위한 오고타이에게 다음과 같이 진언하는 중신이 있었다.

"몽골 제국에 있어 한인(漢人)들은 아무 쓸모가 없습니다. 차라리 한인들을 모두 그들의 농경지에서 쫓아내고 그곳을 초원으로 만들어 소와 양을 방목하는 것이 어떻겠습니까?"

이 제안에 대해 야율초재는 다음과 같이 반박하였다.

"목축업에만 전념하고 농업을 폐지한다는 것은 국가의 장래를 위해 위험한 일이라 생각합니다. 폐하께서는 앞으로 남쪽 금나라를 정벌하셔야 할 터인데 금나라를 정벌하기 위해서는 막대한 군사비가 필요합니다. 이 재원을 어디에서 구할 것인가 하고 신은 고심하고 있습니다. 신이 생각하기에 한인들로 하여금 농사를 짓게 하고 거기에서 세금을 거둬들인다면 금나라 정벌에 따른 군사비는 충분하리라고 봅니다. 따라서 한인들이 몽골을 위해 쓸모가 없다는 발언은 너무 경솔한 생각이라고 판단됩니다."

오고타이는 야율초재의 제안을 반신반의하면서도 우선 시험해보도록 명령을 내렸다.

그로부터 2년 후 운중 지방(대동시)에 간 오고타이는 야율초재가 연경(북경) 등 10개소에 설치한 세금 징수처의 징세 실적을 보고 크게 감동하였다. 그곳에서 징수한 세액과 2년 전에 야율초재가 한인들로부터 거둬들일 수 있다고 장담한 세액이 거의 일치하였기 때문이다. 오고타이는 감탄한 나머지 야율초재의 술잔에 술을 따르면서 그의 노고를 치하하였다.

"경은 짐을 번거롭게 하는 일도 없이 이렇게 국고를 풍부하게 하였으니 경과 같은 유능한 재상은 이 세상에는 다시 없을 것이오!"

다음과 같은 일도 있었다.

몽골의 기병 부대는 매우 야만적이어서 피에 굶주린 군단이라는 무시무시한 이름으로 불렸다. 약간 저항이 심했던 성을 함락하면 그곳 주민들을 모두 죽여 없애는 것이 예사였다. 1232년 부타이가 통솔한 몽골군이 금나라 수도 개봉(변경)을 공략할 때 금나라 군사의 저항이 완강하여 몽골병의 사상자가 속출할 뿐 개봉은 함락되지 않았다. 화가 난 부타이는 만약 개봉을 함락하면 주민들을 모두 죽여 없애겠다고 오고타이에게 보고했다. 이 사실을 안 야율초재는 다음과 같이 진언하였다.

"우리들이 싸우는 최대의 목적은 토지와 백성들을 우리 것으

로 만들자는 데 있습니다. 만약 토지를 얻고서도 백
성들이 없다면 토지를 얻지 않은 것과 같습니다.
주민들을 죽이는 일은 기필코 삼가야 할 것
입니다."

야율초재의 진언을 들은 오고타
이는 부타이에게 명령을 내렸다.

"죄는 모두 금나라 황제에
게 있다. 황실 이외의 백성
들은 한 사람도 죽이지 말라."

이렇게 해서 개봉의 1만 4천여
명의 생명이 구제되었다.

원나라의 투구

그 후에도 몽골군의 대량 학살이 전혀 없었던 것은 아니지만,
몽골 초원의 지배자들도 봉건 왕조의 지배자들처럼 점차 토지와
백성들의 소중함을 알게 되었다.

어느 왕조든 창립 초기에는 법률과 제도가 미비하지만 유목
민족인 몽골에 있어서는 이 같은 현상이 특히 두드러졌다. 몽골
제국의 건국 초기에는 대대로 전해 내려오던 관습을 법으로 했기
때문에 불합리한 점이 많았다. 야율초재는 이를 하루라도 빨리 시
정하기 위하여 법제 확립에 착수하여 18항목에 걸쳐 법을 제정하
였다. 예를 들면 새서(璽書)*를 휴대하지 않은 자는 아무리 지방
의 관리일지라도 함부로 세금을 독촉·징수할 수 없다든가, 사형
수일지라도 황제의 재가를 받지 않으면 마음대로 형을 집행할 수
없다는 내용 등이었다. 물론 몽골의 귀족들은 권력을 배경으로 거
세게 반발하였으나 야율초재는 조금도 양보하지 않고 법으로써
이들에게 대처하였다.

* 새서(璽書) : 황제의
도장이 찍힌 문서

다음과 같은 이야기가 전한다.

야율초재가 모종의 중대 사건의 용의자로 황제의 총신 한 사람을 체포한 일이 있었다. 이 사실을 안 황제 오고타이는 크게 노하여 불문곡직하고 야율초재를 체포하였다가 다시 냉정히 생각해 보니 야율초재를 체포할 만한 정당한 이유가 없었다. 그래서 일단 야율초재를 석방하였으나 야율초재는 이 같은 이유 없는 체포나 석방 조치를 납득할 수 없다고 항의문을 제시하였다.

"신은 폐하를 섬기는 대신입니다. 폐하께서 체포의 명을 내린 이상 신에게는 죄가 있다고 생각됩니다. 죄가 있다면 법으로써 처벌하여 백관에게 시범을 보여야 할 것입니다. 그런데 폐하께서는 곧바로 신을 석방하였습니다. 석방하였으니 신에게는 죄가 없는 것입니까? 만약 죄가 없다면 왜 체포하였으며, 죄가 있다면 왜 석방하였습니까? 어린 아이들 장난처럼 경솔한 방법으로 천하를 다스려서는 아니 되옵니다."

야율초재의 굽힐 줄 모르는 항의에 군신들은 모두 놀라 손에 땀을 쥐었으나 오고타이는 잠시 동안 눈을 감고 생각하였다.

"좋아요, 좋아. 짐은 천자이지만 천자라고 해서 과오가 없으란 법은 없지 않소."

지위의 고하를 막론하고 엄정 평등하게 법을 집행하는 야율초재 앞에서는 법을 무시한 제왕조차 머리를 숙이지 않을 수 없었다. 이처럼 야율초재는 문명 파괴적 경향이 짙은 몽골의 정복자들을 끈질기고 참을성 있게 설득함으로써 문명 보호에 크게 공헌하였다고 할 수 있다.

원대의 화폐들

제4대 쿠빌라이는 1260년 칸

의 자리에 오르고 그로부터 11년 후인 1271년에 나라 이름을 대원이라 칭하였다. 쿠빌라이의 대원 건국과 함께 몽골 왕조는 원나라로 불렸다.

●
원과 고려와의 관계

고려가 원나라에 세공을 바치기로 한 것은 칭기즈칸 13년인 1218년의 일이다. 세공의 품목은 처음에는 군량미로 쌀 1천 석을 바치기로 하였다. 그 후 고려의 특산물인 금은, 피륙, 수달피 등을 포함한 귀중품을 보냈는데 그 수량이 어마어마하였다. 몽골에서는 해마다 저고여(著古與)라는 관리를 고려에 보내 이 막대한 양의 세공을 거둬들였다.

1244년 저고여 일행이 고려의 공물을 싣고 압록강을 건널 때 뜻하지 않은 사건이 발생하였다. 저고여 일행이 습격을 받아 공물은 모두 빼앗기거나 압록강에 수장되고 저고여도 죽임을 당하였다. 역사서에는 이것이 도적의 소행이라고 기록되어 있지만, 거듭되는 몽골의 착취에 분개한 고려 조정이 배후에서 조종하였을 가능성도 배제할 수 없다.

어쨌든 몽골에서는 이것이 모두 고려의 소행이라 하여 일방적으로 국교 단절을 선언했다. 그로부터 얼마 후 칭기즈칸이 죽고 태종 오고타이가 즉위했다. 그는 즉위 3년 후 고려에 침략의 마수를 뻗쳤다. 저고여 등 몽골 사신을 살해한 죄를 묻는다는 것이 침략의 구실이었다. 몽골군 사령관 살리타이(撒禮塔)는 고려의 국경 수비대장에게 항복 권고문을 보내 위협하였다.

"나는 몽골의 장수 살리타이다. 빨리 항복하는 것이 좋을 것이다. 항복하지 않으면 도륙하고 말겠다."

고려의 국경 수비대장은 싸워보지도 않고 벌벌 떨며 항복하고 말았다. 그뿐 아니라 몽골군의 향도 노릇을 하여 성을 지키는 장수들에게 항복을 권고하는 이적 행위까지 저질렀다.

그러나 고려군의 항전도 대단하였다. 항복 권고에도 불구하고 죽기로 싸워 몽골군을 괴롭혔다. 구주 병마사(龜州兵馬使) 박서(朴犀)를 비롯하여 김중온(金仲溫), 김경손(金慶孫) 등이 구주에서 분전하여 몽골군에게 타격을 주었으나 압도적인 몽골군의 공격을 끝까지 감당할 수는 없었다.

고려에서는 강화를 요청하였고 강화가 성립되자 몽골에서는 72명의 다루하치(達魯花赤)를 두어 고려를 다스리게 하였다. '다루'는 진압한다는 뜻의 몽골말이고, '하치'는 그것을 시행하는 사람이란 뜻이다.

그러나 이들 다루하치들의 횡포는 극에 달했다. 그들의 착취는 심지어 좁쌀 한 알까지도 손을 뻗쳐 백성들을 못살게 굴었다. 고려는 다루하치들의 횡포를 탄원하는 사신을 몽골에 보냈으나 번번이 억류당할 뿐 아무런 효과가 없었다.

고려에서는 몽골의 처사에 차츰 분노를 느껴 저항 운동이 일어났다. 고려는 도읍을 강화도로 옮겨 몽골과 항전할 결의를 군혔다. 몽골군이 육전에는 강하지만 수전에는 약하다는 점을 알았기 때문이었다.

강화도의 천도 문제는 권신 최우(崔瑀)에 의해 강행되었다. 당시 고려는 무신의 집권 시대로 최충헌(崔忠獻)이 집권한 이래

그의 아들 최우가 정권을 장악하고 있었다. 강화도로 천도함으로써 30년간에 걸친 고려의 몽골 항전이 시작되었다.

고려가 강화도로 천도했다는 소식이 전해지자 몽골에서는 대군을 출동시켜 고려를 침공하였다. 고려가 강화도로 천도한 것은 몽골에 대한 배신이며 선전포고 행위라고 판단한 것이다. 전후 6차에 걸친 몽골군의 침공으로 고려의 국토는 유린되고 백성들은 약탈에 시달리고 죽임을 당하였다. 저항하는 적은 한 치도 용서하지 않는 것이 몽골군의 속성이었다.

태종 오고타이의 사후 황후의 섭정 기간 5년(1241~1246)과 정종 구유크의 사후(1248) 3년, 그리고 후계자 분쟁 등 몽골 내부의 사정 때문에 얼마 동안 몽골은 고려를 침공하지 않았다. 그러

몽케칸과 왕자들

나 후계자 문제가 일단락되자 호전적인 몽골군은 다시 고려를 침공하였다.

특히 헌종 몽케칸 4년(1254)에서 그 다음해에 걸친 몽골군의 침공은 처참하기 이를 데 없었다.

《신원사(新元史)》의 기록에 의하면, "몽골군이 지나는 곳마다 살상자의 수는 헤아릴 수 없었고 몽골에 잡혀간 포로의 숫자가 20만 명이 넘었으며 군현(郡縣)이 모두 불타 버렸다."고 하였으니 그 잔학성을 미루어 짐작할 수 있다.

그러면 몽골에서는 무슨 조건을 내걸고 그토록 고려를 유린했단 말인가?

몽골의 요구 조건은 고려에서 당초 바치기로 약속한 세공을 복원시키고 국왕은 강화도에서 육지로 환도할 것, 그리고 국왕이나 태자가 몽골에 입조하라는 것이었다.

이러한 사태가 계속되는 가운데 강화도에서 쿠데타가 일어나 최씨 정권이 몰락하고 태자 전이 몽골에 입조했다. 이것이 헌종 몽케칸 9년(1259), 고려 고종 46년의 일로 그 전 해인 고려 고종 45년의 쿠데타로 고려 국왕의 권력이 강화되었다는 사실을 의미한다.

고려의 태자 전이 만나야 할 몽골국의 몽케칸은 당시 남송을 공략하기 위해 사천에 원정 중이었다. 몽케칸을 만나기 위해 멀리 사천을 향하여 여정에 올랐던 태자는 도중에서 몽케칸의 사망 소식을 들었다. 만나야 할 사람이 죽었으므로 태자는 쿠빌라이를 만나기 위해 남쪽으로 발길을 돌렸다.

이 무렵 남송의 호북 지방 공략에 나섰던 쿠빌라이는 후계자 자리를 차지하기 위해 급히 몽골로 귀환하던 중이었다. 태자 전은 양양에서 귀환 중인 쿠빌라이와 만났다. 태자 전을 만난 쿠빌라이는 크게 놀라고 기뻐하면서 말하였다.

"고려는 만리 밖에 있는 나라로 당의 태종도 능히 복종시키지 못하였다. 이제 그의 세자가 스스로 여기에 이르렀으니 이것은 곧 하늘의 뜻이다."

쿠빌라이와 태자 전의 만남은 몽골과 고려의 관계 개선에 좋은 계기가 되었다.

쿠빌라이는 태자 전을 데리고 몽골의 개평부(開平府)에 이르러 지금까지의 무력 침공에 의한 탄압책을 버리고 회유책으로 전환하였다.

태자 전이 개평부에 머물러 있는 동안 고려에서는 고종이 죽었다는 소식이 전해졌다. 일찍이 고려는 몽골의 고려 국왕의 입조 요구를 국왕이 병중이라는 이유로 미루어 왔는데 이것은 터무니없는 구실이 아니었다. 태자 전의 입조에는 원래 인질의 뜻이 포함되어 있었으나 쿠빌라이는 태자 전을 귀국시켜 고려 국왕으로 삼았다. 그가 바로 원종(元宗)이다.

그 다음해 쿠빌라이는 후계자 싸움에서 승리하여 칸의 자리에 오르니 이 사람이 원의 제4대 세조이다. 쿠빌라이는 고려에서

몽골군을 철수시키는 한편 약탈을 일삼던 다루하치도 철수시킴으로써 지금까지의 무력 침공 정책에서 회유책으로 대고려 정책을 전환하였다. 이어 포로로 삼았던 백성들을 모두 고려로 송환하고 변방의 장수들에게도 약탈을 엄금하라는 명령을 내렸다. 이로써 칭기즈칸의 시대로부터 고려의 태자 전이 쿠빌라이의 조정에 입조하기까지 40년에 걸친 고려의 항쟁은 종지부를 찍고 원에 예속되는 시대가 열렸다.

원나라 군대(복원도)

몽골의 일본 원정

고려를 예속시킨 쿠빌라이는 바다 멀리 일본도 손에 넣을 야심을 품고 있었다. 쿠빌라이는 여러 차례 사신과 서신을 보내어 일본을 회유하려 하였으나 일본에서는 정식 사신을 보내지 않았으므로 쿠빌라이는 무력으로 굴복시킬 계획을 세웠다. 그는 고려에 병선 9백 척의 건조와 군사 동원을 명하였다.

이때가 고려 원종 15년(1274)의 일로 이 해 6월에 원종이 죽고 원나라의 공주와 결혼한 충렬왕이 즉위하였다. 당시 고려의 사정은 오랫동안의 몽골과의 항쟁으로 국토가 황폐한데다 원나라에 바치는 각종 세공으로 경제가 더욱 피폐하였다. 뿐만 아니라 정치적으로도 무신 정권인 최씨의 몰락, 임연(林衍), 최탄(崔坦), 삼별초(三別抄)의 난이 이어져 백성들이 휴식할 겨를이 없었다. 이런 때 쿠빌라이의 전쟁 준비 명령은 고려로서는 청천 벽력이 아닐 수 없었다.

병선 건조에 필요한 인부를 동원한다 해도 그들을 먹일 식량조차 조달하지 못해 원나라에서 공급받아야 할 형편이었다.

병선 건조 명령은 정월에 내려졌고 일본 원정군은 10월에 출전하였으니 그 공정이 너무 촉박하여 불철주야의 무리한 공사였음은 말할 것도 없다. 이 공사의 감독관은 홍다구(洪茶丘)라는 원나라의 장군으로서 고려 군민총관(軍民摠管)이라는 어마어마한 직함도 있었으나 원래는 고려 사람이었다.

그의 아버지는 홍복원(洪福源)으로 고려의 국경 수비대장으로 있으면서 맨 먼저 몽골에 항복하여 몽골군의 향도 역할을 했다. 그는 이러한 이적 행위로 인하여 몽골의 신임을 받아 중용되었다.

몽골 궁수

마침 그 무렵 고려의 왕족인 영녕공(永寧公) 순이 몽골에 인질로 있었는데 영녕공이 홍복원의 이적 행위를 몹시 미워하였음은 당연한 일이다. 따라서 영녕공은 원나라 조정에 참소하여 홍복원을 처형토록 하였는데 홍다구가 바로 홍복원의 아들이었다. 홍다구가 고려 사람이

면서 같은 민족을 못살게 군 것은 감독관이라는 직함보다는 이 같은 개인적인 원한 때문이었다.

　조금 뒤의 이야기지만 제2차 일본 원정 때 다시 병선 건조 명령을 받은 고려는 그 공사 감독관으로 홍다구만은 제발 보내지 말라고 쿠빌라이에게 탄원하여 이 탄원이 받아들여졌다고 한다. 이런 일로 미루어 제1차 일본 원정의 병선 건조 감독관 홍다구의 횡포가 어떠하였는가를 상상할 수 있다.

　마침내 제1차 일본 원정이 시작되었다. 원나라의 도원수 홀돈(忽敦)이 거느리는 원나라 군사 2만 5천 명과 고려의 총지휘자 김방경(金方慶)이 거느리는 8천 명의 고려병이 합포에서 합류하여 대마도와 이키(壹岐) 섬을 소탕하고 일본 규슈의 하카다(博多)를 향해 총진군하였다. 원나라 군사는 하카다, 하코사키(箱崎)를 공략하고 다시 태재부(太宰府)*를 유린할 작정이었다. 원군의 파도처럼 밀어붙이는 인해전술은 일 대 일의 개별 전투를 주로 하던 일본의 무사들을 놀라게 하였을 뿐 아니라 일찍이 일본에서 경

* 태재부(太宰府) : 일본 규슈에 두었던 외교 국방을 담당하는 관청

험하지 못했던 석화시(石火矢)*의 위력과 요란한 북소리·납함 소리 때문에 말이 놀라 마구 날뛰는 바람에 일본 무사의 분전에도 불구하고 일본군은 여지없이 패하였다.

원나라 군사는 하카다와 하코사키를 점령하고 불태웠으나 일본군의 야습이 걱정되어 전전긍긍하고 있었다. 이들은 작전회의를 열고 대비책을 의논하였다. 원나라의 장군들은 일단 철수하여 전선으로 돌아가 야습은 피해야 한다고 주장하였고, 고려의 장군들은 계속 진격하여 속전속결하는 것이 좋다고 주장하였다. 결국 원나라의 도원수 흔도(炘都)*의 의견에 따라 전선으로 돌아가 야습을 피하기로 하였다. 해상에서라면 야습을 당할 위험성이 없기 때문이었다.

과연 그들의 예상대로 일본군의 야습은 받지 않았으나 갑자기 불어온 태풍의 습격을 받았다. 원나라 군사의 전선은 바위 언덕에 부딪혀 파선하거나 표류하는 등 대부분이 대오를 잃고 침몰하였다. 이 싸움에서 원나라와 고려군의 전사자가 무려 1만 3천여

* 석화시(石火矢) : 화약을 터뜨려 돌멩이와 쇳조각을 날리는 옛날의 대포

* 흔도(炘都) : 우리 국사에는 홀돈(忽敦)으로 기록됨

명에 달함으로써 제1차 일본 원정은 완전 실패로 끝났다.

제1차 일본 원정이 실패한 다음해인 고려 충렬왕 원년, 세조 쿠빌라이는 제2차 일본 원정에 앞서 먼저 예부시랑(문교차관) 두세충(杜世忠)*과 병부낭중(국방부 국장) 하문저(何文著)를 우호 사절로 일본에 파견하였다. 이들은 일본 규슈의 태재부에 도착하였으나 별다른 성과가 없자 교토(京都)나 가마쿠라(鎌倉)의 최고 수뇌들과 만나 교섭을 계속하기로 하고 가마쿠라에 도착하였다. 그러나 당시의 일본 집권자 호죠(北條時宗)는 이 두 사절의 목을 베어버렸다. 이때가 고려 충렬왕 원년 12월의 일이었다.

* 두세충(杜世忠) : 국사에는 은세충(殷世忠)으로 기록됨

이때 이들 두 사절이 휴대한 국서의 내용이 어느 정도 무례한 언사로 되어 있었는지는 알 수 없으나 외국 사절의 목을 벤다는 것은 여간 단호한 처사가 아니었다. 가마쿠라의 집권층도 단단히 각오하고 원나라의 재차 공격에 대비하여 규슈 부근의 해안 지역에 계엄령을 선포하고 동원령을 내렸다.

원나라의 두 사절이 참수당했다는 소식은 그 후 4년이나 지나서야 알려졌다. 두세충 등을 태우고 일본에 갔던 고려의 선원이 천신만고 끝에 탈출하여 그 소식을 고려 조정에 알렸다. 고려 조정은 즉시 이 사실을 원나라에 보고하였다. 보고를 받은 쿠빌라이는 노발대발하여 제2차 일본 원정을 결심하였다. 고려에 재차 병선 9백 척의 건조와 군대의 동원을 명하였다.

제2차 일본 원정군은 원나라 군사 및 고려에서 동원된 동로군(東路軍) 4만 명과 경원(慶元, 절강성 영파시)에서 출발하는 10만 명의 강남군(江南軍)이 6월 15일에 이키 섬에서 합류하기로 되어 있었다. 그런데 강남군은 옛 남송군의 군사들로 편성된 부대였다.

동로군은 제1차 원정 때와 같이 흔도 · 홍다구가 거느리는 원

나라 군사와 김방경이 거느리는 고려군의 혼성 군단으로 5월 3일 합포에서 합류하였다. 동로군은 거제도에 잠시 정박한 후 대마도로 진격하여 대마도를 소탕하고 이키 섬으로 진격하였다. 이곳에서 강남군과 합류할 예정이었으나 동로군은 강남군을 기다리지 않고 곧바로 진군하여 6월 6일 하카다 만에 도착하였다. 일본에서는 진작부터 원군의 공격을 예상했으므로 군대를 증강하고 해안선의 진지를 견고히 하는 등 만반의 태세를 갖추고 있었다.

원군은 시가노 섬(志賀島)과 노코노 섬(能古島)에 일단 상륙하여 일본 본토를 유린하려 하였으나 일본군의 저항도 만만치 않았다. 일본군은 작은 배로 잽싸게 달려와 원군의 전선을 습격하는 등 치열한 전투가 벌어졌다. 때마침 여름철이어서 원군의 진영에서는 괴질이 창궐하기 시작하였고, 강남군의 합류 예정 날짜가 가까워졌기 때문에 일단 함대를 이키 섬으로 후퇴시켰다.

그러나 6월 15일이 되어도 강남군은 이키 섬에 도착하지 않았다. 강남군의 사령관은 아라한(阿剌罕)과 남송의 항장 범문호(范文虎)였는데 출발 직전에 아라한이 중병에 걸려 아타하이(阿塔海)가 신임 사령관이 되었다. 이 때문에 출발이 늦어졌고 또 합류 장소로 이키 섬보다는 히라도 섬(平戶島)이 적합하다는 정보가 입수되어 합류 장소를 급히 변경했다. 합류 장소의 변경 사실을 동로군에게 알리기 위한 선발대가 항로를 잘못 잡아 대마도로 도착하는 바람에 합류 기일인 6월 15일이 지나서야 겨우 연락이 되었다.

강남군은 6월 18일에 경원을 출발하여 겨우 6월 말에 히라도 섬에 도착하여 이키 섬에서 온 동로군과 합류했다. 원군은 한 달 가까이 휴식을 취한 뒤 7월 27일에 작전을 개시하였다. 원군은 우

고려와 몽골 연합군
고려와 몽골 연합군이 북을 치며 싸우고 있는 장면

세했고 본토 상륙도 서둘렀다.

그러나 이때는 태풍이 불어오는 계절로 규슈 일대가 태풍권에 들어 심한 태풍이 불기 시작하였다. 심한 풍랑으로 원군의 전선은 차례차례 침몰하고 익사자가 속출하였다.

《세조본기(世祖本紀)》에는 이 싸움에서의 생환자가 '10명 가운데 1, 2명이었다.'고 기록하고 있으며《원사(元史)》〈아타하이전(阿塔海傳)〉에도 '죽은 자가 10명 가운데 7, 8명이었다.'고 기록되어 있다. 동로군과 강남군의 병력이 모두 20만 명이었으니 겨우 3~4만 명이 생환하였다고 볼 수 있다.《고려사(高麗史)》에는

고려군의 생환자가 1만 9천 397명으로 기록되어 있어 생환자의 비율은 강남군보다 훨씬 높다는 사실을 알 수 있다.

2차에 걸친 일본 원정 실패에도 불구하고 쿠빌라이는 일본 원정을 단념하지 않았다. 두 차례의 실패는 싸움에 진 것이 아니라 태풍에 의해 함대가 궤멸되었으므로 불가항력이지 패전은 아니라는 것이 쿠빌라이의 주장이었다.

제2차 일본 원정이 실패한 다음해 쿠빌라이는 다시 고려에 전선 건조 명령을 내리고 일단 폐지했던 정동행성(征東行省)을 부활시켰다. 그리고 충렬왕을 정동행성의 좌승상으로 임명하였다. 그러나 강남에서 잇따라 반란이 일어났기 때문에 일본 원정은 보류할 수밖에 없었다.

그 후에도 쿠빌라이는 여러 차례 일본 원정을 계획했으나 그때마다 국내에서 반란이 일어나 실현할 수 없었다. 원나라 지원 31년(1294) 쿠빌라이가 죽음으로써 원나라의 일본 원정 문제는 다시 거론되지 않았다.

원대의 정치와 사회

중국 역사의 관점에서 볼 때 원나라를 이상 시대(異常時代)라고
보는 학자도 있다. '역사의 이변'이라고도 볼 수 있을 것이다. 한
족이 아닌 이민족 왕조가 중국 전체를 통치한 것은 이때까지의 중
국 역사상 원나라가 처음이었다. 중국에 있어서는 굴욕적인 시대
임에 틀림없으나 그렇다고 해서 전혀 무가치한 시대였다고 말할
수는 없다. 오히려 어떤 의미에서는 흐르지 않고 썩었던 물이 깨
끗한 물로 바뀌고, 혼탁했던 몸속의 피가 신선한 피로 바뀌어 활
력을 되찾은 약동의 시대였다고 말할 수도 있다.

원나라의 호전적인 힘은 동쪽·서쪽을 가리지 않고 끊임없이
움직여 일찍이 유례 없던 활발한 교류가 이루어지게 되었다.

아시아와 유럽은 대륙이 서로 이어져 있지만 상호간의 왕래
는 극히 드물었다. 한·당의 시대에도 두 대륙을 연결하는 실크로
드가 존재하였으나 역시 대자연의 장벽이 교류를 가로막았다. 그
러나 칭기즈칸의 서정은 이러한 여러 가지 장애를 제거함으로써
대륙 간 교류를 촉진시켰다. 이는 칭기즈칸 자신도 생각지 못했던
것이었다.

동으로는 서해, 서쪽으로는 다뉴브 강에 걸치는 광대한 지역

원 세조 출행도

과 그곳에 거주하는 백성을 정복한 몽골 제국은 그 지배
의 필요성에서 수도인 대도(연경)를 중심으로 전국을 망
라하는 역전 제도(驛傳制度)를 실시하였다.

몽골 문자 당시 문화
는 유목민족과 한민족
의 혼합 문화였음을
엿볼 수 있다.

이 제도는 25리마다(중국의 1리는 약 5백 미터이다) 말
과 숙소를 갖춘 역을 두었다. 이 역의 수는 전국에 약 1만
개, 말의 수는 20만 필에 이르렀다. 황제가 발행하는 패자
(牌子)*만 가지면 어느 역을 가든지 역마와 숙소를 마음
대로 사용할 수 있었다. 역 숙소의 시설도 완벽해 고급 침상이 놓

* 패자(牌子) : 특허장
과 같은 증표

여 있는 등 국왕의 주거로도 부족함이 없는 환경이었다. 역전 제
도는 동서의 교류를 촉진시켜 원나라 수도 대도에는 여기저기서
외국인의 모습을 볼 수 있었고 시장에도 외국 상품이 진열되어 세
계적으로 유명한 국제 도시의 면모를 갖추었다.

원나라의 정치 체제는 중앙에 중서성(中書省, 정무 담당), 추
밀원(樞密院, 군사 담당), 어사대(御史臺, 관리들을 감찰)를 두어 3
권을 분립시켰다. 황하 이북의 지역은 중서성에서 직할하고 그 밖
의 지방에는 11개의 행(行) 중서성을 두어 지배하였다. 행(行)이
란 출장소라는 뜻이며 행중서성을 행성(行省)이라 불렀다. 11개
행성은 영북(嶺北), 요양(遼陽), 하남강북(河南江北), 섬서(陝
西), 사천(四川), 감숙(甘肅), 강절(江浙), 강서(江西), 호광(湖
廣), 운남(雲南), 정동(征東) 등이다.

중앙의 중서성과 지방의 행성은 각각 권한이 달랐다. 중서성
은 천자 직속으로서 천자가 직접 결재했으나 지방의 중요 안건은
말단 행정 기관으로부터 단계적으로 행성을 거쳐 중서성에 결재
를 상신하는 절차를 거쳤다.

언뜻 생각하기에 몽골의 행정 조직은 간소화되어 전통적인

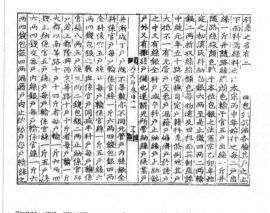

원대의 세법 《원사(元史)》의 〈식화지(食貨志)〉에는 은납을 규정한 포은제에 관한 기록이 나온다.

복잡한 절차는 생략되었을 것으로 상상될지 모르지만, 그것은 큰 착오이다. 원나라 때처럼 관청 간의 문서 왕복이 빈번하고 시간을 허비한 시대는 없었다. 그 이유는 원나라 정부가 오랫동안 과거를 폐지하여 유능한 인재들의 진출을 막고, 관청의 하급 관리들을 그대로 등용하였기 때문이었다. 하급 관리들은 책임이 두려워 결단을 내리지 못하고 문서를 남발하여 상사의 의향을 기다리는 것을 본업으로 삼았다.

원대의 사회에는 몽골인, 색목인(色目人), 한인(漢人), 남인(南人)의 네 계급이 존재하여 민족 차별이 엄격하였다. 각종 국가기관의 장은 반드시 몽골인이 차지하였고 차관급은 색목인이 임명되었으며 한인·남인은 간부직에 등용되지 못하였다. 그런데 한인의 계층에는 단순히 한족만이 아니라 금나라 치하에 있었던 한족·거란족·여진족들도 포함되었다. 남인은 남송 치하에 있던 한족을 일컫는 말로 최하위 계급으로 인정되었다.

형벌 제도도 마찬가지였다. 이슬람 교도 한 사람을 죽인 자는 황금 40근의 벌금으로 다스린 반면, 한인 한 사람을 죽인 자는 나귀 한 마리의 보상에 그쳤다. 《원사(元史)》의 〈형법지(刑法志)〉에 의하면 몽골족이 말다툼이나 술에 취해 한인을 구타하여 죽였을 경우 벌금과 장례 비용을 내는 정도에서 처벌이 면제되었다. 반대로 한인이 몽골족을 구타하여 상처를 입히면 심한 경우는 사형에 처하는 등 극히 불평등한 법률이 적용되었다.

마르코 폴로와 동방견문록

동서의 교류가 활발해짐에 따라 원나라에는 수많은 외국 사절이 왕래하였다. 그 가운데서도 역사상 유명한 두 여행가가 있었는데 한 사람은 유럽에서 온 마르코 폴로였고, 또 한 사람은 멀리 아라비아에서 온 이븐 바투타였다.

마르코 폴로(1254~1324)는 이탈리아의 베네치아 태생으로 17세 때 아버지와 숙부를 따라 중국 방문길에 올라 21세 때 원나라 수도 대도에 도착하였다. 그는 똑똑하고 민첩하여 쿠빌라이의 신임을 받아 측근으로 중용되었다.

마르코 폴로의 아버지는 원래 보석상으로 장사를 하기 위해 중국으로 건너갔다가 쿠빌라이로부터 주문을 받아 유럽으로 돌아갔다. 마르코 폴로의 아버지가 받은 주문은 예술과 학문에 통달한 기독교도 1백 명과 예루살렘의 그리스도 교회에 켜 있는 램프의 성유(聖油)를 찾아오라는 것이었다. 성유는 쉽게 구할 수가 있었으나 학문과 예술에 통달한 1백 명의 기독교도를 구하기란 그리 쉬운 일이 아니었다. 교황 그레고리우스 10세의 알선으로 힘겹게 두 사람의 기독교도를 만나 동행했지만, 이 두 사람은 도중에 도망쳐버렸다. 이때 마르코 폴로가 아버지를 따라 원나라에 왔다.

원나라에 도착한 마르코 폴로는 17년 동안 이곳에 머물면서 쿠빌라이의 사신으로 여러 차례 외국에 파견되었다. 한때는 원나라의 황녀 코카친을 일 한국의 아르군칸에게 시집보내는 사절단의 일원으로 수행한 적도 있었다.

아르군칸은 본처 보트가나를 잃자 원나라의 쿠빌라이에게 후

처를 물색해서 보내달라고 요청하였다. 아르군칸은 쿠빌라이의 동생 훌라구의 손자였다. 원래 칭기즈칸의 혈통은 형제간에 우의가 없는 것이 특징이었으나 쿠빌라이와 훌라구만은 예외적으로 우의가 돈독하였다. 그래서 아르군칸은 후처를 구하는 데도 쿠빌라이의 배려를 바랐던 것이다. 그래서 17세의 황녀 코카친이 선발되어 마르코 폴로가 그녀를 수행하여 일 한국의 이란으로 떠나게 되었다.

마르코 폴로의 신행 행렬이 이란에 도착했더니 아르군칸은 이미 죽은 뒤였다. 결국 코카친은 아르군칸의 아들 가잔칸과 결혼했다. 아버지의 후처로 선발된 여성을 자기의 아내로 삼는 것은 유교 문화권에서는 금수행위(禽獸行爲)로 있을 수 없는 일이지만 몽골민족은 전혀 아무렇지도 않게 생각했다. 코카친의 입장에서는 늙은 아르군칸보다 나이 젊은 아들과 결혼하는 편이 나았을 것이다.

귀환길에 오른 마르코 폴로 일

행은 페르시아 만의 호르무즈에서 배를 타려 하였으나 배가 너무 낡았기 때문에 육로를 택하였다. 중앙아시아의 바르푸에서 파미르 고원을 넘어 현재의 신장성의 카슈가르, 야르칸트를 거쳐 30일 간의 여행 끝에 돈황에 도착하였다. 이 길은 한나라 때 장건·반초가 개척한 서역 행로로서 실크로드의 한 코스였다.

그러나 이때 마르코 폴로 일행이 통과한 실크로드는 그 이전의 실크로드와는 양상이 달랐다. 칭기즈칸의 여러 차례에 걸친 서정으로 도로가 황폐하고 주변 환경도 황량해졌을 뿐만 아니라 주요 교역 상품이었던 중국의 비단도 이미 중국의 독점물이 아니었다. 심지어 실크로드의 오아시스까지도 뽕나무를 심어 비단을 생산하게 되었고, 항해술의 발달과 조선 기술의 개발로 해로에 의한 교역이 활발해졌다.

마르코 폴로는 원나라에서의 17년 동안 이렇듯 많은 것을 보고 듣고 생각하는 기회를 얻었다. 그는 유럽으로 돌아와 중국과 동방에서 보고 들은 것을 바탕으로 《동방견문록(東方見聞錄)》을 펴냈다. 중국과 동방의 풍부한 산물과 뛰어난 문물 등을 소개한 이 《동방견문록》은 당시 유럽 사람들에게 큰 충격을 던져주었다.

《동방견문록》에 소개된 중국과 동방의 모습은 유럽 사람들의 상상을 초월하는 내용들이 많았다. 그들은 마르코 폴로를 '허풍쟁이 대왕'이라고 하며 믿지 않았다. 심지어는 마르코 폴로의 임종에 앞서 그의 친구 몇 사람이 마르코 폴로에게 "사람을 속인 죄를 참회하여 영혼의 구원을 받아야 한다. 그러기 위해서는 《동방견문록》에 기록된 내용이 모두 거짓이거나 만들어낸 이야기라고 솔직히 자인해야 한다."고 하였으나 마르코 폴로는 고개를 가로저으며 힘주어 말하였다.

마르코 폴로의 여행
《동방견문록》의 삽화. 여행에 앞서 콘스탄티노플에서 보두앵 황제에게 작별인사를 하고 있다.

마르코 폴로

세금징수 《동방견문록》의 삽화. 쿠빌라이 칸의 세관이 세금을 징수하고 있다.

"《동방견문록》에는 거짓이거나 만들어낸 이야기는 하나도 없다. 오히려 보고 들은 것의 반 정도도 소개하지 못했을 뿐이다."

엄밀히 말하여 《동방견문록》은 마르코 폴로 개인의 기억을 바탕으로 서술한 것이기 때문에 잘못이나 과장이 전혀 없다고 단언할 수는 없지만, 마르코 폴로의 눈에 비친 견문과 감상 그대로임은 말할 나위도 없다. 이러쿵저러쿵 시비도 많지만 어쨌든 마르코 폴로의 《동방견문록》은 당시 유럽 사람들에게 동방 세계에 대한 인식을 새롭게 해주었다는 점에서 자못 그 의의가 크다.

탐험가로 널리 알려진 콜럼버스도 《동방견문록》에 자극받아 동방에 흥미를 느껴 스페인 국왕이 중국 황제에게 보내는 국서를 받아 동방 항해에 나섰다. 물론 콜럼버스는 중국에 도달하지는 못하였으나 여러 차례의 항해 끝에 미국 대륙을 발견하는 데 성공하였다. 콜럼버스가 읽은 것으로 알려진 라틴어로 된 《동방견문록》은 지금도 스페인의 세비야 도서관에 보관되어 있다.

원나라 수도 대도(북경)에 대한 《동방견문록》의 내용을 소개하면 "대도에는 곽성(郭城)·황성(皇城)·궁성(宮城)의 3겹으로 된 성곽이 있고 곽성은 그 길이가 60리(28,600미터)"라고 기록되어 있다. 그리고 대도의 시가지의 모습을 "장기판과 같다."고 소개하고, 곧게 뻗은 도로에 대하여는 "이쪽 끝에서 저쪽 끝을 바라볼 수 있다."고 설명했다.

　　또 궁성에 대하여는 "정방형으로 사면이 모두 성벽으로 둘러싸여 있다. 네 귀퉁이와 각 면의 한가운데는 넓고 아름다운 궁전이 있다. 그러니까 성벽을 따라 8개의 궁전이 있는 셈이다. 각 궁전에는 각기 굴레·안장·등자 등의 무기고가 있고 성벽은 아주 높다. 궁전과 건물 벽은 금과 은으로 입혀져 있고 궁전의 지붕은 적(赤)·황(黃)·녹(綠)·청(靑) 등 갖가지 색깔의 기와로 덮여 있어 수정처럼 빛난다. 이렇게 거대하고 아름다운 궁전은 일찍이 본 일이 없다."고 기록하고 있다.

　　아라비아의 여행가 이븐 바투타도 마르코 폴로와 마찬가지로 중국 원대의 풍부한 물산(物産)에 경탄을 자아냈다. 이븐 바투타는 당시 중국의 시민들이 이미 석탄을 연료로 사용하고 있는 데 놀라움을 금치 못했다고 기록했다. 그런데 중국에서는 일찍이 한나라 시대에 이미 석탄을 제철용 연료로 사용했다는 기록이 있다.

　　마르코 폴로와 이븐 바투타는 원나라의 역전 제도에도 칭찬을 아끼지 않았다.

　　"중국의 역전 제도는 정말 놀랍고 훌륭하다. 패자(특허증)만 휴대하면 가는 곳마다 쾌적한 숙소가 있고 병사들이 경비를 해주어 편리하고 안전하기 이를 데 없다. 참으로 훌륭한 제도이다."

　　역전 제도는 이처럼 국내의 교통과 외국과의 교류를 촉진시켜 아시아뿐만 아니라 멀리 유럽, 아프리카까지 교류가 이루어져 서방 세계 여러 사람들의 동방 세계에 대한 인식을 새롭게 했다. 뿐만 아니라 동방 세계 사람들의 서방에 대한 풍토와 지리에 대한 이해를 새롭게 하여 중국 백성들의 시야를 넓히는 데도 크게 이바지하였다.

원의 후계자 싸움

원나라의 후계자 싸움은 쿠빌라이와 아리크부가 형제간의 싸움을 비롯하여 그 후에도 여러 차례 있었다. 쿠빌라이와의 싸움에서 아리크부가를 지지했던 하이두(海都)는 오고타이 한국의 중심 인물이었다. 세조 쿠빌라이가 남송과의 싸움에 힘을 쏟고 있는 틈을 타 차카타이 한국과 킵차크 한국의 지지를 얻어 쿠릴타이를 개최하여 몽골 황제로 추대되었다. 세조 쿠빌라이는 이들 세력들의 적대 행위를 당장 응징하고 싶었으나 당시 그의 주력 부대가 남송 공격에 투입되었기 때문에 할 수 없이 남송의 멸망을 기다려 응징할 수밖에 없었다. 그리고 남송을 완전히 멸망시킨 뒤 즉시 총수 바얀에게 명하여 하이두를 토벌토록 하였다.

무종

그런데 오고타이 한국의 군대는 남송의 군대와는 달리 몽골민족 가운데서도 가장 강력한 유목 부대였기 때문에 토벌 작전은 극히 가혹하고 처참했다. 다행히 바얀이 임무를 충실히 이행하여 몇 차례의 위기를 극복하고 마침내는 토벌에 성공했다. 그러나 이 내란은 전후 40년에 걸친 혈전이었으므로 몽골 제국 전체의 힘을 약화시키는 결과를 가져왔다.

쿠빌라이가 죽은 뒤 그의 아들 성종(成宗)이 제위를 계승하고 성종이 죽은 다음에는 그의 형의 아들 무종(武宗)이 제위를 계승하였다. 여기까지는 별 문제가 없었으나 무종이 동생 인종(仁宗)을 황태제로 세워 제위를 물려준 것이 분쟁의 불씨가 되었다. 인종이 자신의 아들에게 제위를 물려줄 것인가, 그렇지 않으면 형의 아들에게 물려줄 것인가가 문제의 핵심이었다.

그런데 인종은 형의 아들을 제쳐놓고 자신의 아들 영종(英宗)에게 제위를 물려줌으로써 형의 유지를 어긴 셈이 되었다. 인종의 뒤를 이은 영종은 조정 중신들 사이에 자신의 제위에 대한 이론이 많아 바늘방석처럼 불안하다고 느낀 나머지 불사에 열을 올려 현실을 도피하려 하였다. 이 같은 사정으로 조정이 곤란에 빠지고 재해가 잇따라 백성들이 기아에 허덕이게 되자, 대신들은 "이 같은 재해는 모두 황제가 부덕한 탓이다."라고 하여 비밀리에 무리를 모아 영종을 살해하고 태정제(泰定帝)를 새로운 황제로 옹립하였다. 태정제는 세조의 황태자로 책봉되었다가 세조보다 일찍 죽은 친긴(眞金)의 적손으로 중국의 제위 계승제도로 따지자면 무조건 첫째 손가락에 꼽힐 지위에 있었다.

태정제는 재위 4년에 죽고(1328) 황태자 천순제(天順帝)가 그 뒤를 잇게 되었는데 이때 천순제의 나이 겨우 9세였다. 그러자 제신들 간에 동요가 일어났고 이 틈을 노려 무종의 아들 투크테무르(圖

투크테무르

帖睦爾)가 군대를 일으켜 대도로 들어오자, 천순제는 도망쳐 행방을 감추었다.

대도로 들어온 투크테무르는 자신이 제위에 오르지 않고 그의 형을 맞아 황제로 옹립하니 이 이가 세조로부터 제8대째인 명종(明宗)이다. 명종은 자신의 황제 즉위에 공이 큰 동생 투크테무르를 황태제로 세웠는데 공교롭게도 다음해 이 황태제를 궁으로 불러 만난 뒤 급사했다. 명종의 죽음에 대하여 역사서에는 '폭붕(暴崩)*'이라고 기록되어 있다. 이 말은 흔히 임금을 시역(弑逆)* 했을 때 쓰는 말이다.

명종의 뒤를 이어 황태제가 즉위하니 이 이가 문종(文宗)이다. 그는 일찍이 총명하다는 소문이 있어 태정제로부터 미움을 받아 변방으로 쫓겨갔다가 나중에는 종적을 감추어 외몽골 사막에서 은거 생활을 하였다. 태정제의 죽음 소식을 듣고 군사를 일으킨 그는 대신 엔테무르(燕帖木兒)의 영접을 받아 대도로 들어갔다. 대신과 백성들은 당연히 그가 즉위할 것으로 생각하였으나 그는 즉위를 끝까지 사양하고 형 명종에게 황제의 자리를 양보했다. 그의 형제는 단 두 사람이었기 때문에 모두 그의 겸허함에 찬사를 보냈다. 그런데 명종이 의문사하였기 때문에 자연스럽게 자신이 제위에 오른 것이다. 일부 역사가들은 명종을 죽인 사람이 바로 엔테무르였다고 본다.

그러나 제위에 오른 문종도 어렸을 때 총명했다는 소문과는 달리 백성들의 기대에 부응하지 못했다. 그는 라마교를 숭배하여 티베트에서 라마 제사(帝師)를 초빙했는데 모든 대신들을 교외까지 출영토록 하는 등 지나치게 라마교를 우대하였다. 그러자 유교 측에서는 공자의 부모를 비롯하여 안자 · 증자는 물론 두 정자(程

子)에 이르기까지 각각 왕이나 공(公)의 봉작을 추증해야 한다는 운동을 벌였다. 그러나 유교 측의 요구는 묵살당하여 유교 세력은 위축된 반면 라마교의 세력은 점점 강성해졌다.

문종은 제위 3년에 죽었는데 그는 임종 때 자신의 아들을 제쳐놓고 형 명종의 장남인 순제(順帝)에게 제위를 전한다는 유조를 남겼다. 형에게 아들이 있었는데도 자신이 즉위한 것이 몹시 괴로웠으며, 또한 황제의 자리가 얼마나 견디기 어려운 자리인가를 실감하였기 때문에 자식에게는 물려주고 싶지 않았을지도 모른다.

그러나 당시의 실력자인 엔테무르는 문종의 유조를 무시하고 순제의 동생 영종(寧宗)을 즉위시켰다. 순제의 출생 경위에 대하여는 다음과 같은 의문이 있었다.

순제의 생모는 몽골에서 살고 있었는데 마침 명종이 그 지방에 여행을 갔을 때 명종의 아내가 되어 그곳에서 순제를 낳았다. 그런데 명종이 죽자 명종의 황후는 명종이 살아 있을 때 순제는 자기 자식이 아니라고 늘 말했다며 출생에 얽힌 비밀을 털어놓음으로써 순제는 고려 땅 대청도(大靑島)로 유배되었다가 다시 광서로 옮겨졌다.

문종의 유조에 따랐더라면 순제는 당연히 광서에서 돌아와 제위에 올랐을 것이나, 이미 실력자의 의사가 황제의 유조보다 더 강한 힘을 가지고 있었다. 결국 영종은 권신 엔테무르 덕에 즉위하였으나 재위 50여 일 만에 죽고 말았다.

앞서 잠깐 언급했듯이 엔테무르는 사실상 명종을 죽이고 명종의 동생 문종을 옹립한 장본인이다. 그러니까 문종과 문종의 황후도 자신의 아들을 권신의 허수아비가 되거나 곧바로 죽임을 당하는 황제로 만들고 싶은 생각이 없었던 것이다. 그래서 문종의 황후는 "우리 아들은 아직 어리고 광서에 있는 명종의 아들은 13세가 되었으니 그를 황제로 세우는 것이 좋다."고 주장하여 결국 순제가 광서에서 대도로 돌아와 제위에 오르게 되었다.

순제가 일찍이 고려의 대청도에서 광서로 옮겨진 데는 다음과 같은 정치적 이유가 있었다. 요양(遼陽)에 있던 원나라 고관한 사람이 고려와 연합하여 제위 계승권자인 이 소년을 옹립해 반란을 일으키려 한다는 정보가 있었기 때문이었다. 그러나 이 같은 정보는 한낱 유언비어에 지나지 않았다.

엔테무르가 순제의 즉위를 꺼렸던 이유는 몽골 태생인 순제가 몽골의 황족과 중신들의 지지를 받을까 두려워했기 때문이었다. 원나라 조정에는 몽골파와 한지파(漢地派)가 서로 대립하고 있었다. 엔테무르는 한지파로서 한문화의 존중을 주장하여 권신으로서 실권을 장악하고 있는 동안 과거 제도를 부활시켰다. 그런데 순제가 즉위할 경우 몽골파의 대신들이 득세하여 지금까지의 그의 시책을 뒤엎을 가능성이 있어 엔테무르는 두려워하지 않을 수 없었다.

순제가 광서에서 대도로 돌아올 때 암살 음모의 가능성을 예측한 바얀(남송을 멸망시킨 바얀과 동명이인임)은 군대를 거느리고 순제를 끝까지 호위하여 무사히 대도에 들어올 수 있었다. 이 공로로 바얀은 새로운 실권자가 되었다. 순제가 즉위하던 해에 그토록 순제의 즉위를 못마땅해 했던 엔테무르가 죽음으로써 순제의 제위 계승에 따른 유혈참사는 면할 수 있었다.

엔테무르는 그의 집권 시대에 아들 타라하이(塔剌海)를 문종의 양자로 삼고 그의 딸은 순제의 황후로 세웠다. 타라하이의 형

당기세(唐其勢)는 아버지 엔테무르가 죽은 후에도 권세를 휘둘렀다. 순제는 엔테무르 일족의 전권을 누르기 위하여 바얀을 태사우승상(太師右丞相)에 임명하여 그에게 정치를 일임하였다. 몽골의 제도는 중국과 달라 우(右)가 좌(左)보다 높았다. 따라서 우승상은 재상 가운데서도 가장 높은 지위였다.

　　엔테무르의 일족과 추종자들은 이에 불만을 품고 당기세가 주동이 되어 바얀을 제거하고 황제를 폐립할 쿠데타를 꾀했으나 도리어 바얀의 선제공격을 받아 포살당하였다. 당기세의 동생 타라하이는 황후의 치마폭 밑으로 들어가 숨었으나 끌려나와 참살되는 바람에 그 피가 황후의 옷에 튀었다. 바얀이 나아가 황후를 잡으려 하자 황후는 순제에게 울면서 구원을 호소하였으나 순제는 황후를 궁중에서 내쫓아 사형에 처하게 하였다(1335).

　　엔테무르 일족과 그 무리들을 완전 소탕한 바얀은 명실공히 실권자가 되어 권세를 휘두르게 되었다. 그는 열렬한 몽골파이며 국수주의자였다. 부활시켰던 과거 제도를 폐지시킨 것까지는 좋았으나 성격이상자처럼 행동하는 일이 많았다. 그는 "한인 가운데 장(張)·왕(王)·유(劉)·이(李)·조(趙)씨 성을 가진 사람을 모두 죽여야 한다."고 제안하여 사람들을 놀라게 하였다. 이 같은 제안은 일찍이 칭기즈칸 때 농업에 종사하는 한인을 모두 추방하고 그 농지에 소나 염소 등을 방목하자고 했던 것보다 몇백 배 더 가혹한 것이었다.

특히 이 다섯 가지 성은 '대성(大姓)'이라 하여 중국에서 가장 흔한 성일 뿐만 아니라 조씨는 송나라 황족이었다. 그의 제안이 받아들여졌더라면 아마도 중국의 인구는 반감되었을 것이나 바얀의 제안은 당시 조정에서 논의되지 못하였다.

원나라 황제 11명 가운데서 순제처럼 기구한 운명을 타고난 사람은 없을 것이다. 원나라를 망친 망국의 황제라는 점에서도 그렇지만 그는 어렸을 때 고려의 대청도로 유배를 당하였다가 다시 광서로 옮겨져 한 많은 세월을 보냈다.

그가 13세의 어린 나이에 황제로 옹립되어 역대 황제의 사당에 참배할 때 영종의 사당 앞에 이르러 의전 담당관에게 물었다.

"영종은 나의 동생인데 참배를 올려야 하는가?"

순제가 명종의 실제 아들이 아니라는 소문은 민간에까지 퍼져 있었다. 명종이 순제는 진짜 아들이 아니라고 말했다는 사실은 당시 사관인 우집(虞集)과 마조상(馬祖常)이 그대로 기록하였다. 그러자 이 사실을 안 순제는 크게 노하여 이들 두 사람을 죽이려 했다. 다행히 토크토(脫脫)의 중간으로 두 사람은 죽음을 면할 수 있었으나 순제의 출생 경위에 대한 소문은 그 후에도 꼬리를 물고 일어났다.

아마도 명종이 몽골을 여행하던 중 미모의 여인에게 반하여 그 여인을 아내로 삼았는데 그 여인은 이미 임신 중이었던 것으로 생각된다. 이 같은 예는 비단 순제뿐만 아니고 중국 역사상 최초로 중국을 통일했던 진의 시황제가 당시 실업가 여불위의 아들이라는 사실과 원나라의 창시자 칭기즈칸의 장남 주치가 칭기즈칸의 아들이 아니었다는 사실 등 역사상 가끔 있는 일이다.

바얀은 강력한 국수주의자로 그가 실권을 장악했던 그 해 11월에 연호를 지원(至元)으로 고쳤다. 이 '지원'이라는 연호는 세조 쿠빌라이의 치세 때 31년간이나 계속해서 사용한 연호였다. 한 왕조에서 같은 연호를 두 번 되풀이해서 쓰는 것은 역사상 일찍이 없었던 일이다. 순제의 치세도 세조의 시대처럼 날로 국운이 융성하고 재위 기간도 오래가기를 바라는 뜻에서 그렇게 정했는지는 모르지만 순제의 시대는 그와 반대로 원왕조가 쇠퇴의 길을 향하여 치닫던 시기였다.

바얀은 동생의 아들 토크토를 양자로 삼아 실권을 위임하고 자기세력의 확장을 꾀했으나 토크토는 바얀과는 달리 중국의 고전을 공부하고 중국인과의 교제도 많은 인물이었다. 토크토는 바얀의 정치적 횡포가 너무 심해 그 화가 자신에게 미칠까 두려워 순제와 짜고 바얀을 영남으로 유배하였다가 독약을 내려 사사하였다.

바얀이 실각하자 토크토가 실권을 장악하였다. 그는 지금까지의 정치를 개혁하여 연호를 지정(至正)으로 고치고 일단 폐지하였던 과거 제도를 부활시키는 등 한문화 존중 정책으로 전환하였다.

유사 이래 중국의 왕조들은 전왕조(前王朝)의 실록을 정리하여 정사(正史)를 편찬하는 것이 일종의 의무처럼 되어 있었다. 오대(五代)같이 단명한 왕조에서는 불가능하였으나 송나라에서는 《오대사(五代史)》와 신구(新舊) 《당서(唐書)》를 편찬하여 그 임무를 완수하였다.

원나라는 토크토의 집권 시기에 이르러 《요사(遼史)》·《금사

(金史)》·《송사(宋史)》의 삼사(三史)를 편찬함으로써 원나라가 중국 전통 왕조의 하나임을 과시하였다. 삼사의 편찬은 세조 때부터 준비했으나 그 의례(義例, 서적의 범례)를 어떻게 할 것이냐 하는 원칙이 해결되지 않아 미루고 있던 것이다. 그러다가 이때 토크토를 국사원 도총재, 구양현(歐陽玄) 등을 총재관으로 임명하여 편찬 업무에 착수하였다.

여기서 먼저 거론된 것은 예의 정통론(正統論)이었다. 중국인들은 대부분 송나라를 정통으로 하고, 요나라·금나라를 그 중간 중간에 기록하여 《진서(晉書)》와 같은 체제로 할 것을 주장하였으나 몽골인들의 의견은 달랐다. 몽골인들은 "요나라의 건국은 송나라보다 먼저이고 남송은 금나라에 대하여 신하의 예를 갖추었으므로 일괄적으로 송나라를 정통으로 인정할 수는 없다."고 주장했다. 또 다른 의견은 "요나라와 금나라를 묶어 《북사(北史)》로 하고, 북송을 《송사(宋史)》, 남송을 《남송사(南宋史)》로 하자."는 의견도 있었으나 결국 《요사》·《금사》·《송사》의 삼사로 편찬하여 각각의 독립성을 인정하는 쪽으로 의견이 모아졌다. 그러나 여기에도 이견은 있었다. 이렇게 할 경우 동시에 두 황제의 공존을 인정하는 결과가 되어 정통론이 불확실하고 중국 학자들 사이에는 불만이 많았다.

《삼사》의 편찬 사업은 지정 3년(1343)에 착수하여 지정 5년 10월에 완성되었다. 이 방대한 사업을 불과 3년 만에 완성시킬 수 있었던 것은 세조 쿠빌라이 시대에 완성되었던 원고를 정리하여 결정고(決定稿)를 만드는 작업만 하였기 때문이었다.

그 후 토크토는 반란군 토벌 사령관에 임명되어 장사성(張士誠)과 대전하다 정적들에 의해 운남으로 유배되어 가는 도중 독살당했다.

순제가 황태자에게 정사를 일임하고 라마교에 빠져들어 요승들의 말만 믿고 희한한 방중술에 빠지거나 인생을 즐기려고만 하게 된 것은 이 무렵부터였다. 신임하던 토크토의 실각과 그의 죽음이 순제를 비관하게 만들었는지도 모르는 일이었다. 또한 그 무렵 백련교(白蓮敎) 계통의 반란이 하남 지방을 휩쓸어 그들의 토벌이 지리멸렬하게 되자 그것을 비관하였는지, 혹은 자신의 출생 비밀을 알고 생각하는 바가 있어 그러했는지도 모른다.

토크토의 실각은 하마(哈麻)나 라마교의 요승들이 계획한 일이었다. 세조 쿠빌라이가 라마교의 파스파를 국사로 삼은 이래 라마교는 원나라 조정에서 국교처럼 인정받았다. 라마교는 불교의 한 유파로서 밀교(密敎)처럼 구전에 의해 비의(秘儀)가 상속되는 전통이 있었다. 비의가 강조된 나머지 사교(邪敎)가 될 위험성마저 있었다.

남송 멸망 후의 일이지만 라마의 요승 양련진가(楊蓮眞伽)라는 자가 송나라의 부흥을 방지하는 주술(呪術)을 진언하였다. 그 는 남송 여섯 황제의 능묘를 파헤쳐 유골의 머리와 몸통을 갈라 놓는 것이 그 방법이라 하였다. 그런데 양련진가의 속셈은 능묘를 파헤쳐 그곳에 묻혀 있는 귀중한 부장품을 차지하는 데 있었다.

장사성

남송 여섯 황제의 능묘는 모두 소흥(紹興)에 있었다. 황제의 능묘는 원래 황제가 살아 있을 때와 같이 남쪽을 향하게 하는 것이 원칙이었으나 소흥에 있는 남

송의 능묘는 모두 북쪽을 향하고 있었다. 송나라의 수도 개봉을 금나라에 빼앗기고 임시 수도 임안(항주)에서 언젠가는 북쪽으로 돌아가 실지를 회복해야 한다는 염원에서였다. 생전에 북쪽을 바라보는 염원은 죽어서도 변함이 없을 것이기 때문에 능묘까지도 북쪽을 향하여 언젠가는 북쪽 조상의 능묘에 함께 묻힐 날을 기다리는 임시 능묘라는 뜻에서 남송의 능묘는 그 규모도 작았다. 양련진가는 능묘를 파헤치기가 수월했을 것이다. 그는 능묘를 파헤쳐 목을 잘라 호수에 던지고 나머지 유골은 아무렇게나 항주의 옛 궁전터에 묻어버리고 말았다.

절강 온주에 사는 임경희(林景熙)라는 사람이 약초를 캐는 척하면서 유골을 정성스레 모았다. 호수에 던져진 두개골은 나중에 이종(理宗)의 두개골이라는 사실이 밝혀졌다. 임경희는 어부에게 부탁하여 이종의 두개골을 물 속에서 건져 올린 다음 모은 유골을 비밀리에 옛날 능묘 가까이에 묻고 사철나무를 심어 표시하였다.

라마교 승려들의 행패는 이토록 심하여 사교라는 비평을 받기에 부족함이 없었다. 순제가 라마교의 승려들로부터 받은 비법이란 실은 방중술에 불과했다. 궁중에 라마교의 명승들을 모아 남녀가 발가벗은 채 법열(法悅)에 빠졌다. 이들 라마교 승려들이 티베트에서 대도를 왕래할 때 연도의 백성들은 노력 동원과 물자는 물론 숙식까지 제공해야 했다. 이에 반항하여 승려를 구타한 자는 손이 잘리고, 언쟁을 벌인 자는 혀가 잘리는 등 극형에 처해졌다. 원나라는 라마교 승려들 때문에 멸망했다고 할 정도로 승려들의 행패는 원나라의 패망을 재촉하는 한 가지 요인이 되었다.

홍건군의 반란

민족적 억압 정책은 중국 봉건 왕조에서 흔히 있었던 일이지만 원나라 때만큼 타민족에 대한 억압이 심했던 시대는 일찍이 없었다고 해도 좋을 것이다. 그들의 억압 정책은 마치 숨통을 죄는 듯 가혹했다. 몽골의 군주들이 지배권을 확립하기 위하여 몽골인, 색목인, 한인, 남인의 순서로 엄격한 등급을 정하였다는 사실은 앞에서 이미 언급한 바 있다.

몽골인이 최고의 지위를 차지했음은 말할 것도 없고 제2위인 색목인은 몽골인이 지배권 확립에 필요했기 때문에 부득이 등용한 계층이었다. 색목인이란 말할 것도 없이 서역에 거주하는 모든 부족과 여러 나라 사람을 통틀어 일컫는 말이다.

네 계급에 대한 구분은 지극히 엄격하여 행정·군사의 요직은 몽골인이 차지하고 그 부족한 인원을 색목인으로 보충하는 것이 보통이었다.

일찍이 엔테무르 집권 시절에 원나라 초기 이래 폐지되었던 과거 제도를 부활시킨 본래의 취지는 몽골인들의 향학 풍토를 조성하여 중국의 전통을 이해하는 몽골의 정치가를 등용하기 위해서였으나 과거에 응시하는 사람은 중국인뿐이었고 몽골인은 응시조차 하지 않았다. 몽골인은 과거를 보지 않아도 입신 출세의 길이 훤히 열려 있었기 때문이었다. 몽골민족은 이렇게 우대를 받았다.

원나라의 지배자들은 한인과 남인들이 모반을 일으킬까 두려워 각지에 몽골병을 주둔시켰다. 각 고을의 경계 지역에는 많은

곳에는 2~3만 명, 적은 곳에는 수천 명에 달하는 몽골병이 주둔하고 있었다. 그리고 한인과 남인들을 감시하기 위하여 '갑장제(甲長制)'를 실시하였다.

이 갑장제는 한인·남인의 10호(戶)를 일갑(一甲)으로 하여 일갑이 몽골병 한 사람을 시중드는 것으로 이 몽골병은 10호를 제멋대로 부리는 두목이었다. 몽골병은 한인·남인들에게 맛있는 음식을 요구함은 물론,

노구교 궁궐을 짓기 위해 뗏목을 운반하고 재료를 우차에 실어 노구교를 건너는 장면. 노구교는 북평 서남 영정천의 아치형 석교로 마르코 폴로가 《동방견문록》에서 소개해 서양인들은 흔히 마르크 폴로교라고 부른다.

심지어 사환과 여자를 요구하는 등 횡포가 심하였다.

그들은 또 한인들이 무기를 소유하는 것을 엄격히 금지하여 심지어 부엌의 식칼까지도 여러 가구에 한 개만을 사용토록 하고 집회와 야간 외출까지도 금하였다. 억압이 심하면 심할수록 반작용도 거세게 마련이었다. 한인·남인의 백성들은 여러 가지 수단과 방법을 동원하여 저항 운동을 벌이기 시작하였다. 다음과 같은 이야기도 전한다.

몽골병의 감시를 피하여 연락하는 방법으로 백성들은 한가위 때 집집마다 돌리는 중추월병(仲秋月餅)을 이용하였다. 이 월병 속에 모월 모일 모시에 어느 장소로 모이라는 등 그들의 비밀 연락 사항을 써넣어 저항 운동을 확대하였다.

한인들의 반란은 순제 즉위 15년경부터 양자강 유역에서 일어나기 시작하였다. 이 반란은 일시적인 것이 아니고 매우 끈질겼다. 한 곳의 반란을 진압하면 곧바로 다른 곳에서 반란이 일어나

왕조의 말기적 증상을 예고하는 듯하였다. 그런데 이 반란의 진원지가 바로 몽골인으로부터 가장 괄시를 받던 남인들이 사는 양자강 유역이었다는 데 사태의 심각성이 있었다.

엎친 데 덮친 격으로 황하가 크게 범람하여 전답은 말할 것도 없고 대운하의 수로마저 파괴되어 운하의 기능이 마비되었다. 이에 따라 하북 지방의 식량 공급이 원활하지 못하여 정부는 물론 민간인들까지도 식량의 공황 상태에 빠졌다.

조정에서는 황하를 개수하고 대운하의 수로를 정상 운행토록 보수하는 것이 시급한 문제였으나 여기에도 어려움이 많았다.

당시에는 실업자들이 많았기 때문에 노동력을 동원하는 데는 어려움이 없었으나 공사가 완료된 뒤 이들을 해산시킬 일이 문제였다. 중국의 내란은 엄격히 말해서 농민 의거보다는 실업자에 의한 반란이 대부분이었다는 사실은 지금까지의 역사가 증명하고 있다.

다수의 노동자를 모았다가 해산시킬 때 어떠한 결과가 나올까 하는 것이 당시 지배자들의 걱정거리였다. 그러나 한편으로 생각할 때 이 같은 대홍수를 그대로 방치한다면 굶주린 백성들이 일제히 봉기할 것 또한 뻔한 일이었다. 결국 당시의 실권자 토크토가 최후의 결단을 내렸다.

은렴 은으로 된 화장상자

"공사를 크게 일으키면 그에 따르는 해는 막을 수 있다."

이것은 조운사(漕運使) 가로(賈魯)의 건의를 토크토가 그대로 받아들인 것으로 그는 가로에게 황하 보수공사를 일임하였다. 가로는 황하 남북의 군민 17만 명을 공사에 투입하며 5개월간 강행한 끝에 공사를 완성시켜 황하의 수로를 정상으로 회복시켰다. 가로는 기술자로 서는 유능한 관리임에 틀림없었고 이 공사 계획 또한 매우 합리적 이었으나 공사 완성 후 노동자의 해산과 그에 따르는 실업자 문제 는 기술자인 가로의 힘으로는 다루기 힘든 정치 문제였다.

원나라 말기 반란의 도화선이 된 것은 백련교(白蓮敎)였다. 백련교는 불교의 일파로서 동진(東晉)의 승려 혜원(慧遠)이 창시 하였다. 그 후 마니교(摩尼敎)의 영향을 받아 미륵(彌勒)을 믿고 천태(天台)의 교의(敎義)를 받들어 염불 참회와 금욕주의를 내세 우는 종교로 발전하였다. 원나라를 타도하고 명나라를 세운 태조 주원장(朱元璋)도 젊었을 때는 백련교 신자였다. 백련교는 일명 명교(明敎)라고도 불렀다. 주원장이 창업에 성공한 후 나라 이름 을 '명(明)'이라 정한 것은 젊었을 때 자신이 백련교, 즉 명교의 신자였음을 상기시키기 위한 것이었다.

원나라 지배자의 가렴주구로 중국 전토가 피폐하였음은 여러 차례 언급했거니와 그 가운데서도 특히 심했던 곳이 황하의 남쪽 과 회하 북쪽 지역인 하남 일대였다. 이렇듯 피폐한 땅에 황하의 대범람은 더욱 반란을 부채질하였다.

하남 영주 사람 유복통(劉福通)과 추종자들은 은밀히 반란을 꾀하여 한산동(韓山童)이라는 인물을 수령으로 추대하고 준비 공 작의 일환으로 다음과 같은 유언비어를 퍼뜨렸다.

"석가가 입적(入寂)한 후 46억 년이 지나면 말세가 다가온다. 이 말세의 중생을 구제하기 위해 미륵불이 내려올 것이다."

그들은 46억 년이라는 숫자보다 말세라는 뜻에 중점을 두었 다. 기아에 허덕이고 불안에 떠는 사람들은 자신들이 살고 있는 시대를 말세라고 느껴 미륵불의 출현에 희망을 걸게 마련이었다.

피폐할 대로 피폐한 하남 백성들 사이에 이 같은 말이 전해지자 소문은 삽시간에 하남 일대를 휩쓸었다. 백련교는 미륵불을 받드는 종교였으므로 백련교의 신도는 나날이 늘어갔다.

한산동을 추대하고 유언비어를 퍼뜨린 유복통은 원래 열렬한 백련교의 신자는 아니었다. 그러나 반란을 일으키기 위해서는 사람을 모아야 한다. 대대로 백련교의 교주적 존재로 군림한 한산동은 열렬한 신도들을 얼마든지 모을 수 있었다. 유복통은 이 점을 노려 한산동을 추대하여 그를 이용하려 하였다.

1차 공작이 성공을 거두자 유복통은 제2의 공작을 추진하였다. 그는 백련교의 신도가 한정된 것이라고 생각하고 보다 많은 사람을 끌어들이기 위하여 다음과 같은 말을 퍼뜨렸다.

"한산동은 사실은 한씨가 아니고 송나라 휘종의 8대손이다. 마땅히 중국의 주인이 되실 분이다."

유복통은 이민족 지배에 불만을 품은 백성들의 적개심을 이용하여 사람들을 모았다.

지정 11년(1351) 한산동을 수령으로 하는 유복통의 무리들은 마침내 반란의 깃발을 높이 들었다. 그들은 백마를 잡아 천지신명께 맹세를 올리고 송왕조의 부흥을 슬로건으로 내걸었다. 송왕조는 화덕(火德)으로 천하를 다스렸기 때문에 왕조를 상징하는 빛깔이 붉은 색이었다. 그래서 그들은 모두 붉은 수건을 머리에 둘렀기 때문에 홍건군(紅巾軍)이라고 불렀다.

이 해에는 마침 황하의 보수 공사를 하기 위해 17만 명의 젊은 군민이 집결되어 있었다. 그들은 모두 가혹한 탄압 정책과 강제 노동에 불만을 품고 있었기 때문에 그들의 반란 참가도 많이

기대되었다.

유언비어를 퍼뜨려 갖가지 준비 공작을 펴는 것까지는 좋았으나 그 공작도 어느 한계에 이르면 누설될 위험성이 있는 것이다. 이 해 5월 본격적인 전투 준비를 채 갖추기도 전에 반란 음모는 누설되고 말았다. 이 사실을 알아챈 유복통은 급히 영주로 들어가 군사를 일으켰으나 한산동은 늦게 도망치다가 체포되어 처형되었다. 한산동의 아들 한림아(韓林兒)와 부인 양씨는 겨우 무안의 산중으로 피신하여 난을 피할 수 있었다.

유복통은 주고(朱皋)를 근거지로 삼아 나산(羅山) · 상채(上蔡) · 진양(眞陽) · 확산(確山)을 차례차례 격파하고 여주(汝州) · 영주(寧州) · 광주(光州) 등을 공략하였다. 그의 병력은 시간이 흐를수록 눈덩이처럼 불어나 얼마 후에는 10만 명의 군중으로 늘어났는데 핵심 세력은 역시 백련교도였다.

원대의 마패 당시에 사신이나 공신 등이 공무로 출장할 때 역참의 관마나 숙박 등을 이용하기 위해 필요했던 일종의 증명서. 둥근 것은 파스파 문자로 되어 있고, 아랫줄 왼쪽은 위구르 문자로 되어 있다. 아랫줄의 오른쪽 패찰은 칭기즈칸이 발급한 포마성지의 금패찰이다.

반란군의 세력이 10만 명으로 증강되자 원나라의 군사력으로는 쉽게 제압할 수 없었다. 이렇게 되자 각지에서 홍건군에 호응하여 반란을 일으키는 자가 들판의 불길처럼 줄을 이었다. 서수휘(徐壽輝) · 포왕삼 · 맹해마 · 곽자흥(郭子興) 등이 각각 그들의 근거지에서 호응하였으나 통일된 행동은 하지 않았다.

원나라 조정은 전에도 산발적인 반란이 있었지만 마치 파리채를 가지고 한 손으로 파리를 때려잡듯 손쉽게 진압할 수가 있었으므로 한산동과 유복통의 반란에도 처음에는 좀도둑 정도로 취급하였다. 그러나 그들의 세력이 10만 명에 육박하고 또 각지에서도 이에 호응하여 반란이 일어나자 사태의 심각성을 느끼지 않을 수 없었다. 대군을 동원하고 토벌군 사령관에 승상 토크토와 차칸 테무르 등을 임명하여 유복통 토벌에 나섰다.

지정 15년(1355) 2월 유복통은 한산동의 아들 한림아를 박주(亳州)로 맞아들여 황제로 옹립하고 소명왕(小明王)이라 칭하였다. 나라 이름을 송(宋), 연호를 용봉(龍鳳)으로 정하였다. 앞서 언급했듯이 홍건군이 반란을 일으킨 것은 1351년으로 그 후 4년 동안 원군을 상대로 하남 일대를 석권하였으나 그들에게는 구심점으로 삼을 만한 정신적 지주가 없었다. 이를 간파한 유복통은 군중의 단결을 도모하고 행동을 통일하기 위하여 한림아를 황제로 내세웠다.

이들은 박주에 궁전을 세워 임시 수도로 정하고 한림아의 어머니 양씨를 황태후로 받들고, 두준도(杜遵道) · 성문욱(盛文郁)을 승상, 유복통 · 나문소(羅文素)를 평장정사(平章政事), 유복통의 동생 유육(劉六)을 추밀원사(樞密院事)로 삼아 국가의 체제를 갖추었다. 그러나 곧바로 내분이 일어났다. 두준도가 두각을 드러내어 한림아의 신임을 받게 되자 유복통은 두준도를 암살하고 모든 실권을 장악하였다.

지폐 원대의 지폐(왼쪽)와 금의 지폐(오른쪽). 포은제로 원의 은이 대량 서역으로 유출되자 쿠빌라이가 은납세 대신 지폐납으로 바꾸고 지폐를 발행했다. 당시 아홉 종류의 지폐가 발행되었다.

원말의 원삼채

내분이 있은 지 얼마 후 원나라의 토벌군이 송나라 수도 박주를 포위하였다. 유복통은 황제 한림아를 모시고 안풍(安豊)으로 도망쳤다. 안풍에서 다시 개봉으로 도망친 유복통은 원군의 집중 공격을 피하기 위하여 군대를 세 갈래로 분산시켰다.

제1로군은 관선생(關先生)·파두반(破頭潘)·풍장구(馮長舅)의 지휘 아래 산서성으로 북상하여 기주(冀州)로 진출하고, 제2로군은 백불신(白不信)·대도오(大刀敖)·이희희(李喜喜)의 지휘 아래 함곡관·동관을 지나 관중으로 들어갔다. 제3로군은 모귀(毛貴)의 지휘 아래 교주·내주·익도(益都)를 잇따라 함락하였다. 이 가운데 모귀의 군대가 가장 강하였다.

이외에도 원나라 장군 전풍(田豊)이란 사람이 홍건군에 가담했다.

모귀가 산동의 제남(濟南)을 함락하고 다시 북상하여 계주(薊州)를 함락한 후 대도(북경)에 육박하자, 원나라 황제 순제는 한때 천도까지 고려했다. 그러나 수도를 사수하겠다는 원나라 군사의 용전으로 모귀는 제남으로 퇴각하였다.

한편 관선생·파두반이 거느리는 제1로군은 다시 두 갈래로 나뉘어 태행산을 넘어 완주를 함락하고 대동을 약탈한 후 마침내 원나라의 여름철 수도인 개평부의 상도(上都)를 함락하였다.

상도를 유린한 홍건군은 다시 동북으로 진출하여 요양을 함락하고 고려까지 손을 뻗쳤다.

관중으로 들어갔던 백불신 · 이희희는 봉상까지 진출하였다가 차칸테무르가 거느리는 토벌군에게 패하여 촉(사천)으로 도망쳤으나 이희희의 잔당들은 영하를 함락하고 영무를 유린하여 기세를 올렸다.

이상 언급한 것이 한림아를 황제로 추대한 홍건군의 작전 경로와 전투 상황이다. 그들의 세력 범위는 꽤 넓은 것처럼 보이지만 실상은 그렇지 않았다. 이들은 원나라 대군에게 한번에 궤멸당할 것이 두려워 군대를 분산시켰다. 이렇게 분산된 홍건군이 많은 성읍을 공략 · 함락하기는 하였으나 대부분은 곧바로 원군에게 수복되고 말았다.

반란군 토벌 사령관 차칸테무르는 관중에서 농 지방에 할거하던 홍건군을 격파하고 그 주변을 수복한 다음 대군을 집결시켜 개봉의 유복통 공략에 나섰다. 토벌군은 행화영에 본진을 설치하고 성 주위에 성채를 쌓아 포위하였다. 1백여 일 동안 포위하자 성 안에서는 식량이 떨어졌다. 유복통은 최후의 수단으로써 한림아와 함께 정예 기병 1백 기를 앞세워 혈로를 뚫고 안풍으로 도망쳤다.

안풍으로 도망친 유복통은 부장 이무 · 최덕이 적병에게 겁을 먹고 분전하지 않았다고 호되게 꾸짖고 처벌하려 하자 두 사람은 도망쳐 원나라에 항복하고 말았다.

개봉성을 함락한 차칸테무르는 아들 쿠쿠테무르를 파견하여 전풍을 항복시키고 산동의 대부분 지역을 평정하였다. 그러나 지정 22년(1362) 항복한 전풍이 차칸테무르를 모살하고 익도로 달아났다. 쿠쿠테무르는 아버지의 원수를 갚기 위해 대군을 거느리고 익도를 포위하였다. 익도의 포위 소식을 들은 유복통은 전풍을 구하기 위해 구원군을 이끌고 익도로 올라오다가 원나라 토벌군에게 대패하고 안풍으로 달아났다. 구원군을 대파한 쿠쿠테무르는 땅굴을 파고 익도성에 들어가 전풍 등을 죽였다.

다음해인 지정 23년 장사성(張士誠)의 부장 여진(呂珍)은 안풍의 홍건군 본진을 포위하였다. 안풍을 포위당한 홍건군은 주원장에게 원병을 요청하였다.

주원장은 홍건군은 아니었으나 홍건군의 반란에 호응하여 호주에서 반란을 일으킨 곽자흥(郭子興)의 부장이었다. 그러나 주원장의 응원군이 미처 도착하기 전에 장사성의 부장 여진이 안풍성에 들어가 유복통을 죽였다. 원나라 말기 반란의 도화선이 되었던 난세의 영걸 유복통은 그의 뜻을 펴지 못한 채 어처구니없는 최후를 맞았다.

주원장은 안풍에서 탈출한 한림아를 우선 제주에 머물게 했다가 스스로 오왕(吳王)이라 칭한 뒤 다음해에 한림아를 죽였다는 설이 있다. 황제의 꿈을 꾸는 주원장에게 한림아의 존재는 장애물이 되기 때문이었다.

《명사(明史)》에는 "2년 후 한림아 죽음(又二年韓林兒卒)"이라고 기록되어 있으나 한림아를 남경으로 데리고 가던 도중 배가 뒤집혀 익사했다는 이설도 기록한 점으로 보아 부하에게 명하여 암살했을 것이라는 추측도 있다. 어쨌든 한림아의 죽음으로 한산동·유복통의 홍건군은 완전 멸망하고 말았다.

장사성은 태주 태생으로 대운하에서 소금을 밀매해 재산을 많이 모았다. 그는 이 재산을 남에게 나눠주기를 좋아하는 기분파로 같은 업계의 인사들에게는 인기가 대단하였으나 호족이나 지식 계급의 인사들에게는 직업상의 관념 때문에 괄시를 많이 받았다.

특히 호족 출신 구의(丘義)는 장사성을 몹시 무시하였기 때문에 그는 분통이 터져 견딜 수 없었다. 장사성은 동생과 18명의 장정을 거느리고 구의를 죽여 없애고 인근의 호족들의 집을 노략질하고 불질러버렸다. 독약을 마실 바에는 접시까지 핥는다는 식으로 장사성은 내친걸음에 군사를 일으킬 뜻을 굳혔다. 돈을 잘쓰는 기분파였기 때문에 많은 장정들이 그의 곁으로 모여들었다. 실업자들과 강제 노동에 불만을 품고 가담한 자들도 많았다. 장사성은 장정들을 거느리고 태주를 함락하고 다시 흥파를 함락한 다음 덕승호에 성채를 구축하였다. 그의 무리는 1만 명으로 늘어났다. 그는 다시 강북의 요충지 고우(高郵)를 함락하고 이곳을 근거지로 나라를 세웠다. 나라 이름을 대주(大周), 연호를 천우(天祐)로 정하고 자신을 성왕(誠王)이라 칭하였다.

이것이 지정 13년(1353)의 일로 홍건군의 한산동 · 유복통의 반란은 이보다 2년 전에 일어났다.

장사성의 반란군은 홍건군처럼 종교적 유대도 없이 개인적인 원한 관계로 일어난 집단이었다. 때문에 위계질서나 단결력에 있어 홍건군보다 취약점이 많았으나 원나라 조정에서는 장사성의 반란을 홍건군의 반란보다 더 중요시했다. 장사성이 점거한 태주에서 고우까지의 지방은 양주에서 북으로 올라오는 대운하의 연변으로 대운하의 대동맥을 가로막았기 때문이었다. 소금의 전매(專賣)는 국가 재정의 대부분을 차지했는데 그 소금의 50퍼센트는 장사성이 점거한 지방에서 생산되고 있었다. 또 화북 지방의 식량도 대부분 강남에서 이 대운하를 통하여 수송되었다. 만약 이

원말의 학자 휴식을
취하고 있는 학자의
거실에서 당시 학자의
생활을 엿볼 수 있다.

대운하의 운송이 저지당
하면 북쪽 지방은 즉시
식량난에 부딪히게 되어
있었다.

사태의 심각성에 비
추어 원나라 조정에서는
당시의 실권자 토크토를
사령관으로 임명하여 장
사성을 토벌토록 하였
다. 토크토는 대군을 거
느리고 장사성군을 격파
하고 고우성을 포위하였다. 고우성의 함락이 눈앞에 다가올 무렵
원나라 진영에서는 큰 이변이 일어났다.

갑자기 조서가 내려져 사령관 토크토가 해임되고 관직을 삭
탈당하여 회안으로 연행되는 사태가 벌어졌다. 토크토의 죄목은
군사비를 남용했다는 것이었으나 사실은 모두 하마(哈麻)의 참소
에 의한 것이었다.

* 영종(寧宗) : 순종 바
로 앞의 황제

하마는 어머니가 영종(寧宗)*의 유모였다는 관계를 이용하
여 일찍부터 궁중에 들어가 전중시어사(殿中侍御史)가 된 인물
이었다.

토크토와 하마는 정치적으로 매우 복잡한 배경을 가지고 있
었다. 토크토는 일찍이 베르게부스(別兒怯不花)의 참소로 죽을
뻔했는데, 하마의 변호로 무사한 일이 있었다. 그래서 토크토가
승상이 되자 하마를 중서우승(中書右丞)으로 기용하였는데 여중
백(汝中柏)의 참소로 아깝게도 선정원사(宣政院使)로 강등되고

말았다. 그런데 이 여중백은 토크토의 심복이었기 때문에 하마는 토크토를 원망하게 되었고 이후 황태자와 황후 기씨(奇氏)에게 참소하여 토크토에게 보복한 것이었다.

사령관의 파면으로 원나라 진영은 동요하기 시작하였다. 고우성에 갇혀 있던 장사성은 이제는 끝장이라고 단념했는데 하룻밤을 지내고 보니 원나라 진영이 크게 흔들리고 있었다. 장사성은 적이 혼란한 틈을 타 성문을 열어젖히고 일제히 출격하였다. 사령관이 없는 원군은 갑자기 무너져 성의 포위를 풀고 달아났다. 원나라의 내분이 장사성군을 빈사의 늪에서 회생시킨 것이다.

지정 16년(1356) 장사성은 소주(蘇州)를 점령하고 이어 호주 · 송강 · 상주를 장악한 다음 수도를 소주로 옮겼다.

장사성은 의욕적인 정치를 시행하여 수리 사업과 개간에 힘을 기울이고 산업과 공업 진흥에 힘쓰는 한편 세금을 면제하는 등 선정을 베풀어 소주는 바야흐로 지상천국이라는 소문이 퍼졌다. 장사성은 소주에서의 향락 생활을 즐기기 위하여 정치를 동생 장사신(張士信)에게 위임하였으나 장사신 또한 자신의 향락을 위하여 황경부(黃敬夫) · 채언문(蔡彦文) · 섭덕신(葉德新) 세 사람에게 정권을 위임함으로써 장사성의 소주 정권은 차츰 부패하기 시작하였다.

지상천국의 도시 소주의 지배자들은 매일같이 잔치를 벌여 향락에만 빠져들었다. 장사성이 소주로 천도한 지 얼마 안 돼 주원장이 남하하여 남경을 점령하였다는 소식이 들려왔다. 장사성은 긴장하지 않을 수 없었다.

두 반란 세력 간에 패권 쟁탈전이 벌어지는 것은 너무나 당연했기 때문이었다. 장사성은 주원장 세력을 견제하기 위하여 원나

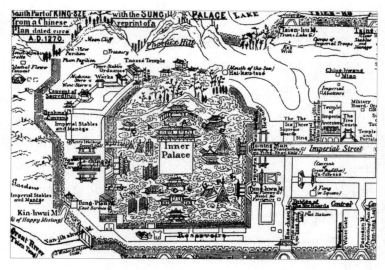

황성도 마르코 폴로가
묘사한 항주의 시가도.

라와 강화를 맺었다. 명목상은 강화였지만 사실은 귀순하는 것과
다름이 없었다. 당시 원나라의 세력이 미약했지만 그래도 천하에
군림하고 있는 것은 사실이었다. 장사성에게는 태위의 작위가 수
여되었지만 명목에 불과하였다.

　강화를 맺음으로써 장사성은 왕의 칭호는 물론 나라 이름과
연호도 사용할 수가 없게 되었지만, 그가 점령한 땅은 반환하지
않았다. 작위도 명목상의 것이었고 강화도 명목상의 강화였기 때
문에 당연히 소주는 장사성이 지배하고 있었다.

　그런데 장사성에게 또 하나의 행운이 찾아왔다. 고우성이 포
위되어 함락 일보 직전에 사령관 토크토의 파면으로 기사회생의
행운을 안았던 그는 이번에는 항주를 차지하게 되었다. 절강(浙
江)의 원군 진영에서 사사로운 감정 문제로 강절 우승상(江浙右
丞相) 타시테무르(達識帖木兒)와 항주의 수비대장 양완선(楊完
善)이 심각하게 대립한 끝에 우승상 타시테무르가 비밀리에 장사

이야기 중국사 · 3

성에게 항주에 출병할 것을 요청하였다. 장사성은 우승상의 요구에 따라 양완선을 공략·살해하고 실질적으로 항주도 손에 넣었다. 이것이 지정 18년(1358) 9월의 일이다.

절강을 손에 넣은 다음해에 장사성은 북경의 원나라 조정에 쌀 11만 석을 보내 자신의 뜻을 확인시키고 그로부터 5년 후인 1363년까지는 계속 양곡을 보냈다. 그러나 그 후부터는 양곡 수송을 중단하고 다시 왕이라 칭하였는데 이번에는 오왕(吳王)이라 했다. 이제 더 이상 원나라에 머리를 숙일 필요가 없다고 판단했기 때문이었다.

오왕 장사성이 점령한 지역은 남쪽은 소흥, 북쪽은 서주를 지나 제령(濟寧)의 금구(金溝)까지 이르렀고, 동쪽은 서해, 서쪽은 강력한 주원장의 세력과 접하고 있었다.

당시 장사성의 오나라는 경제적으로 부유하여 지상천국이라는 소문이 나 있었기 때문에 이곳으로 피난하여 이주해오는 문인들이 많았다. 그 가운데 저명 문사로는 요개(饒介)·왕몽(王蒙)·양유정(楊維楨)·진여언(陳汝言) 등을 들 수 있는데 장사성은 이들을 우대하였다.

장사성의 오나라가 원대한 계획 없이 사치와 향락에 빠져 있을 무렵 인접 지역에서는 군웅들이 싸움을 되풀이하면서 정세가 크게 변했다. 그러나 장사성은 여전히 향락에 빠진 나머지 마침내는 주원장에게 멸망당하는 비운을 맞이했다.

명의 창시자 주원장

주원장은 안휘성 봉양(鳳陽)의 가난한 집에서 태어나 어릴 때 목동 생활로 생계를 유지하였다. 17세 되던 해에 기근과 악질이 유행하여 부모 형제를 모두 잃게 되자 그는 황각사(皇覺寺)에 들어가 중이 되었다. 그러나 황각사에도 식량이 부족하여 승려들이 뿔뿔이 흩어지는 형편이었다. 주원장도 탁발승이 되어 이곳 저곳을 방랑하면서 그날그날 생계를 이어갔다. 그는 3년 동안 방랑 생활을 하면서 각 지방의 지리와 풍습을 알게 되었고 백성들의 고통도 체험하였다.

방랑 생활을 마치고 황각사로 돌아온 주원장이 목탁을 두드리던 어느 날 반란군의 함성이 들려왔다. 이 함성을 들은 주원장은 승려 생활을 청산하고 반란군에 가담할 마음을 굳혔다.

한산동·유복통 등 백련교가 반란을 일으키자 이에 호응하여 곽자흥이 호주에서 반란을 일으켰다는 사실은 앞서 언급한 바 있다. 주원장은 이때 황각사에서 나와 곽자흥의 군대에 참가하였다. 이때가 지정 12년(1352)의 일로 주원장의 나이 25세 때였다.

곽자흥군에 참가한 주원장은 서서히 두각을 나타내 곽자흥의 양녀를 아내로 삼을 정도로 신임을 받았다. 곽자흥의 양녀는 원래 마모(馬某)라는 사람이 어디선가 유괴하여 곽자흥에게 팔아넘긴 여성이었기 때문에 그저 마씨라고만 불렸을 뿐 본성은 확실치 않다. 이 마씨가 나중에 주원장의 어진 부인으로 내조의 공이 컸던 마황후이다.

처음 주원장이 곽자흥군에 참가했을 때 무슨 이유에서인지 간

첩으로 오인되어 포박당한 일이 있었다. 나중에 밝혀
진 일이지만 그의 생김새가 너무나도 무시무시했
기 때문이었다. 그런데 이 사실을 뒷받침할 만한
초상화가 전해져 흥미를 끈다.

　나중에 명나라 태조가 된 주원장을 그린
전혀 다른 종류의 초상화가 두 점 전한다. 그중
의 한 초상화는 아주 온후한 신사의 면모를 하
고 있는가 하면 또 다른 초상화는 말할 수 없을 정
도로 해괴한 모습을 하고 있다. 온후한 초상화는 지나
치게 분장한 군주로서의 초상이고 해괴한 초상화가 실물에
가까우리라는 것이 신빙성 있는 설로 인정되고 있다.

주원장 곰보에 추남이
지만 명왕조의 기초를
굳힌 주원장

　곽자흥은 포박당한 주원장의 생김새가 범상하지 않은 상이라
하여 포박을 풀고 10명의 병사를 거느리는 책임자로 임명한 결과
그가 눈부신 공을 세웠기 때문에 차차 중용하게 되었다.

　그 후 곽자흥의 군대도 원나라 토벌군의 공격을 받아 많은 피
해를 입었다. 주원장은 병력을 보강하기 위하여 고향으로 돌아가
군대를 모집하였다. 전란 중이라 실업자가 많았기 때문에 군대를
모으는 데는 큰 어려움이 없었다. 그는 서달(徐達)·탕화(湯和)
등 죽마지우 20여 명과 7백 명의 군대를 모집하였다. 이들은 모두
주원장의 심복으로 나중에 명나라 군사 조직의 모체가 되었다.

　주원장이 군대를 모집하여 돌아오니 곽자흥군에서는 내분이
일어나 팽대(彭大)·조균용(趙均用) 등의 신참 세력이 구세력과
권력 다툼을 벌이고 있었다. 이에 실망한 주원장은 서달·탕화·
비취(費聚) 등의 간부를 거느리고 남하하기 시작했다. 남하하는
도중에 싸워 이긴 원나라 군사를 합쳐 그의 병력은 2만 명의 대군

으로 증강되었다.

주원장은 이 과정에서 도중에 이선장(李善長)이라는 명참모를 얻었다. 지금까지 서달·탕화 등 심복 무장은 있었으나 이들을 부릴 참모가 없어 주원장이 고심하던 차였다.

주원장이 이선장에게 물었다.

"천하의 어지러운 싸움이 어느 때나 평정될 것 같소?"

이선장이 대답하였다.

"진나라가 어지럽자 한고조 유방이 서민의 신분으로 분연히 일어나 활달한 도량으로 적재적소에 인재를 등용하고 살인을 삼가한 까닭에 5년 만에 제업을 이룩할 수 있었습니다. 지금 원나라의 기강은 문란하고 천하가 크게 어지러우매 공께서는 하늘로부터 왕기(王氣)를 타고 나셨으니 한고조 유방을 본받으신다면 족히 천하를 평정할 수 있을 것입니다."

주원장이 남하하면서 남경을 점령한 것은 사실 이선장의 의견에 따른 것으로 이 계획은 확실히 장래를 내다보는 포석이었다.

남경을 거점으로 하자는 것도 이선장의 의견이었다. 주원장은 남경을 점령하고 이름을 응천부(應天府)로 고쳤다. 주원장이 남하하는 도중 그의 총수 곽자흥이 죽었기 때문에 주원장은 스스로 곽자흥군의 수령이 되었다.

장사성의 소주 점령과 주원장의 남경 점령은 거의 같은 시기에 이루어졌다. 주원장의 남경 점령 때 원나라 어사대부 복수(福壽)가 분전하다가 전사하였다. 주원장은 남경에 입성하자 다음과 같은 포고문을 내렸다.

"원나라의 정치가 문란하자 사방에서 군웅이 궐기하였다. 내가 남경

서달(왼쪽)과 유기(오
른쪽)

에 온 것은 오로지 백성들을 위하여 난을 제거하기 위함이다. 그러니
백성들은 안심하고 생업에 종사하라. 어진 자는 예로써 대접하여 등
용할 것이며, 지금까지 불편했던 악법은 모두 제거한다. 관리들은 우
리 백성들에게 절대 포학한 행동을 하지 말라."

남경에 들어간 후 이선장 외에 송염(宋濂)·유기(劉基)·도
안(陶安) 등 교양 있는 인물들이 참모로서 주원장을 보좌하였다.
여기서 각지에 할거한 주요 세력들의 활동 상황을 알아보기
로 하자.
남경을 근거지로 한 주원장의 세력 서쪽에는 서수휘(徐壽輝)
가 양자강 중류를 근거지로 할거했다. 서수휘는 한산동·유복통
이 거느리던 홍건군의 주류가 멸망한 후 그 잔당들을 모아 황제라
일컫고 나라 이름을 천완국(天完國), 연호를 치평(治平)이라 불
렀다. 서수휘는 원나라 토벌군과 싸워 패전하는 일이 많았다. 서

수휘는 그의 부장 예문준(倪文俊)을 승상으로 임명하였다. 예문준은 서수휘를 죽이고 자신이 황제가 될 음모를 꾸몄다가 이 계획이 실패로 돌아가자 황주로 도망쳤다.

면양(沔陽) 출신 진우량(陳友諒)은 일찍이 현의 하급 관리였다가 예문준의 부하로 있었다. 그는 예문준이 서수휘 모살에 실패하고 황주로 도망치자 예문준을 죽이고 군대를 차지했다. 이것이 지정 17년(1357)의 일이고, 그 다음해에는 안경(安慶)·용흥(龍興)·서주(瑞州)를 격파하고 강서의 요지를 공략하여 지주(池州)를 함락해 위엄을 떨쳤다.

곽자흥의 집단 가운데 주원장의 세력이 곽자흥 세력보다 더 강력했듯이 서수휘의 집단 가운데서는 진우량의 세력이 서수휘 세력을 능가했다. 지정 20년(1360) 진우량은 마침내 서수휘를 철퇴로 쳐죽이고 스스로를 황제라 칭하고 나라 이름을 한(漢), 연호를 대의(大義)라 칭하였다.

진우량이 지주를 함락함으로써 그의 세력권이 주원장의 세력권과 접하게 되어 두 세력 간의 관계가 긴장되기 시작하였다. 진우량은 소주의 장사성에게 사신을 보내어 우호 관계를 맺고 남경의 주원장을 협공하려 하였다. 이에 주원장은 절강의 방국진과 우호 관계를 맺어 진우량·장사성의 협공에 대항하였다. 주원장은 원래 방국진에게 큰 기대를 걸지 않았으며 일시적으로 심리적인 효과를 노렸을 뿐이었다.

그런데 방국진은 이때 원나라 조정에서 관직과 작위를 수여받았다. 원나라의 행성원수부도사(行省元帥府都事) 유기는 "반란을 일으키는 자는 모두 주살하는 것이 마땅하다."며 방국진의 관작 수여에 강력히 반대했다가 이 일로 사직하고 낙향하였다. 주원장은 유기의 현명함을 듣고 예물을 갖추어 유기를 참모로 맞아들였다. 이것이 유기가 주원장의 참모로 발탁된 경위이다.

유기의 자는 백온(伯溫)으로 절강의 청전현(靑田縣) 출신이었다. 23세 때 진사시에 급제한 수재로 인망이 높았다. 원나라 시대의 과거는 다른 시대와는 달리 이따금 시행되었고 특히 민족적 차별정책이 심했음은 익히 아는 사실이다. 그중에서도 가장 천대를 받았던 남인이 과거에 합격하기란 낙타가 바늘구멍으로 들어가기보다 더 어려운 일이었다. 이런 점에서 유민이나 호협 출신이 많은 명나라 건국 공신 가운데 유기는 이색적인 인물임에 틀림없었다. 마치 한고조 유방을 보좌한 장량(張良) 같은 존재로 주원장을 도왔다.

유기는 진우량과 장사성의 연합에 대처할 방안으로 다음과 같은 계책을 진언하였다.

"동쪽의 장사성에 구애받지 말고 오로지 서쪽만을 공격하십시오."

장사성은 향락에 급급할 뿐 별로 신망도 없는 진우량을 위하여 군사를 움직이지 않으리라는 것이 유기의 예상이었다. 과연 유기의 예상대로 주원장과 진우량이 격렬한 싸움을 벌여도 소주의 장사성은 군대를 움직이지 않았다.

지정 21년(1361) 주원장은 친히 병선을 이끌고 양자강을 거슬러 올라가 진우량군과 싸워 강주에서 이들을 격파하였다. 강주에서 패한 진우량군은 무창(武昌)으로 패주하였다.

지정 23년(1363) 진우량과의 협공 약속을 무시하고 향락에만 빠져 있던 장사성이 여진(呂珍)을 파견하여 안풍을 포위하자 주원장이 구원군을 이끌고 한림아를 구했다는 이야기는 앞서 언급했다. 이것이 3월의 일이고 다음 4월에는 진우량이 홍도(洪都)를 포위함으로써 천하의 대세를 판가름하는 일대결전이 벌어졌다.

주원장은 7월 남경을 출발하여 먼저 호구로 들어갔다. 이곳은 파양호(鄱陽湖)의 입구로서 예로부터 전략상의 요충지로 유명한 곳이었다.

진우량은 주원장이 친히 출진했다는 정보를 입수하자 홍도의 포위를 풀고 파양호에 들어가 주원장의 군사를 때려 부술 작정이었다. 이 전투에 동원된 진우량의 병력은 60만 명이었으며 큰 전선이 꼬리를 물어 수십 리에 뻗치고 깃발과 창이 산을 뒤엎을 정도였다.

그러나 이 같은 위용을 자랑하던 진우량의 함대는 때맞춰 불어오는 동북풍과 이에 편승한 주원장군의 화공으로 대패하고 말았다. 그 후에도 며칠간 싸움은 계속되었으나 진우량의 부장들이 잇따라 항복하고 8월에는 호구를 돌파하기 위하여 경강(涇江)에서 최후의 결전을 벌였으나 이 싸움에서도 패하고 진우량이 전사함으로써 원말 최대의 결전은 주원장의 승리로 막을 내렸다.

파양호에서 대승한 뒤 주원장은 일단 남경으로 돌아가 군사를 쉬게 하고 다시 10월에 무창으로 진군하여 진우량의 잔당들을 소탕하고 호북 일대를 완전히 평정하였다.

주원장과 진우량의 파양호 싸움에서 몇 가지 주목할 일이 있었다. 주원장의 장교들은 진우량군의 병선이 엄청나게 크고 자신들의 병선은 너무 작은 것을 보고 겁을 먹고 후퇴하려 했다. 그러자 주원장은 칼을 빼어 이들 10여 명 장교의 목을 베었다. 생사와 홍망이 걸린 결전에서는 예로부터 이런 일이 가끔 있었다. 주원장은 적군의 포로를 인도적으로 대한 반면 진우량은 포로를 모두 죽였다. 이런 점에서 주원장은 감정을 자제할 줄 아는 대장부이고, 진우량은 감정을 자제할 줄 모르는 인물임을 알 수 있다.

지정 24년(1364) 정월 주원장은 부하 장령들의 끈질긴 권유와 절대적인 추대에 따라 오왕(吳王)이라 칭하게 되었다. 장사성이 원나라와의 예속 관계를 끊고 오왕이라 칭한 것은 이로부터 4개월 전의 일이었다. 그러니까 장강 연안에 두 사람의 오왕이 탄생한 셈이다. 두 세력은 공존할 수 없었으므로 필연적으로 자웅을 겨루어야 했다.

주원장이 오왕이라 칭하고 점점 동쪽으로 세력을 뻗쳐 오는데도 소주의 장사성은 여전히 잔치를 벌여 향락에 빠져 있었다.

지정 25년(1365) 10월 오왕 주원장은 마침내 장사성 공격 명령을 내렸다. 주원장은 먼저 강북 회동(淮東)에 출병하여 다음해 3월에는 주원장의 부장 서달이 장사성의 거점이었던 고우를 함락한 데 이어 회안·호주·서주·숙주를 몰락시켰다. 이 지방은 오랫동안 장사성이 차지했지만, 이 일대는 곽자흥이 처음 군사를 일으킨 곳이었으며 특히 호주 땅에는 주원장의 선영이 있었다. 주원장의 머리에는 옛날 일들이 떠올랐다. 악질과 굶주림으로 죽은 가족들의 유해를 다행히 고향 사람 유계조(劉繼祖)의 도움으로 매장할 수가 있었던 일 등 옛날의 일들이 주마등처럼 스치고 지나갔다. 주원장은 잠시 틈을 내어 고향을 찾았다. 고향 어른들은 금의환향한 주원장을 크게 반겼다. 주원장은 먼저 선영에 소분(掃墳)* 하고 신세진 사람들에게 비단과 곡식을 내리는 한편 어른들을 초청하여 성대한 잔치를 벌였다. 옛날의 이야기들을 나누며 환담하

* 소분(掃墳) : 조상의 무덤에 제사지냄

던 주원장은 다음과 같이 당부했다.

"내가 고향을 떠난 지 10여 년, 그동안 수백 번의 어려운 싸움 끝에 이제 고향에 돌아왔습니다. 선영에 성묘하고 여러 어른들을 다시 만나게 되어 기쁘기 한량없습니다. 오래도록 머물러 함께 즐기지 못하는 것이 못내 섭섭합니다. 여러 어른들께오서는 자제들에게 효도와 농사에 전념토록 하시고 제발 멀리 떠나 상업에 종사하는 일이 없도록 유념해주셨으면 합니다. 아직도 세상은 어지러워 도적이 날뛰고 있으니 여러 어른들께오서는 자중하시기 바랍니다."

이것이 《명사(明史)》에 기록되어 있는 주원장의 인사말로 인간미가 넘쳐 흐른다. 한고조 유방이 고향인 패(沛)에 돌아가 고향의 어른들을 초청하여 잔치를 벌이고 〈대풍가〉를 만들어 부르게 했다는 고사를 상기시키는 이야기이다.

강북에서 돌아온 주원장은 응천성(남경)을 개축하는 한편 마침내 소주 공격에 나섰다. 서달을 대장군, 상우춘(常遇春)을 부장으로 삼아 20만 대군을 출동시켰다. 부장 상우춘이 곧바로 소주를 칠 것을 진언하였으나 주원장은 이를 받아들이지 않고 먼저 호주와 항주를 공략하여 소주를 고립시킨 다음 포위한다는 작전을 세웠다. 소주를 먼저 칠 경우 장사성의 군사 기지가 있는 호주의 장천기(張天驥)와 항주의 반원명(潘元明)이 구원군을 이끌고 달려올 것이므로 호주와 항주를 먼저 치는 것이 안전하다는 것이다.

20만 대군이 출동할 때 주원장은 장병들에게 다음과 같이 경고하였다.

"성을 함락하면 살육과 약탈을 절대 금할 것이며, 건물도 파괴하지 말라. 장사성의 어머니 묘소는 평강(소주)성 밖에 있다. 침범하거나 훼손하는 일이 없도록 하라.”

11월에 주원장의 전군은 마침내 소주를 포위하였다. 주원장이 안풍에서 구출해낸 소명왕 한림아가 12월에 죽었다. 송나라 황제를 일컫고 있던 한림아의 존재가 주원장에게 거추장스러웠음은 말할 것도 없다.

한림아가 죽기 얼마 전의 일이다. 새해를 맞이하여 주원장이 중서성(中書省)에 옥좌를 마련하고 한림아에게 배례를 올리는 의식이 있었다. 그런데 유기 한 사람만은 “목동에게 배례를 올려 무엇 한단 말씀이오.” 하고 배례를 올리지 않았다. 백련교의 난이 처음 발각되었을 때 한림아는 모친 양씨와 난을 피해 무안산으로 들어가 유복통을 맞아들일 때까지 근 4년 동안 숨어 지냈다. 이때 목동 생활을 했는지는 확실치 않으나 유기가 이렇게 말한 저의에는 ‘명목상의 존재에 불과한 한림아를 받들어 무슨 소용이 있겠느냐’는 뜻이 담겨 있다. 한림아는 결국 주원장의 명령을 받은 요영충에게 죽임을 당했을 것이 확실한 사실로 인정된다.

소주는 포위된 후 10개월이나 버티었으나 지정 27년(1367) 9월에 마침내 함락되었다.

장사성의 친위대 용사들은 잔당을 규합하여 최후의 결전을 시도하였으나 군중들이 사방으로 도망쳐 흩어지는 바람에 실패하였고 장사성은 집에서 자결하려 하는 것을 그의 부하 조세웅이 발견하여 구해냈다. 대장군 서달은 항복한 장사성의 부하 이백승(李伯昇)과 항주에서 항복한 반원소 등을 장사성에게 보내어 항복을 권하였으나 장사성은 눈을 감은 채 아무 말도 하지 않았다. 그는 체포되어 남경으로 연행되어 오던 도중 단식을 계속하다가 기회를 틈타 자결로써 일생을 마쳤다. 그때 그의 나이 47세였으며 주원장은 후히 장사지내도록 명하였다.

주원장의 군대가 항주를 함락하자 절강을 거점으로 한 방국진은 보물을 배에 싣고 도망쳤다. 그러나 부장들이 잇따라 항복하자 방국진도 마침내 주원장군의 부장 탕화의 권유에 따라 귀순하였다. 그는 남경에 이르러 주원장에게 머리를 조아려 사죄하며 용서를 빌었다. 방국진은 많은 보물을 바치고 주원장의 자가 국서(國瑞)이었으므로 그의 이름도 방곡진(方谷珍)으로 바꾸는 등 순종할 뜻을 분명히 하였다. 주원장은 방국진이 해적으로 오인받았기 때문에 반란을 일으켰을 뿐 큰 뜻이 없는 인물이라 판단하여 용서하고 광서행성 좌승(廣西行省左丞)이라는 관직을 내렸다. 물론 실권이 없는 명목상의 관직이었다.

소주를 함락한 직후 주원장은 북벌군을 편성하였다. 서달을 총사령관, 상우춘을 부사령관에 임명하여 총병력 25만 명이 동원되었다.

이 밖에 호정서(胡廷瑞)를 정남 장군에 임명하여 복건(福建)을 토벌토록 하고, 양경(楊璟)은 광서, 주양조(朱亮祖)는 온주(溫州), 탕화는 경원(慶元, 寧波)을 공략토록 하였다.

북벌군을 편성한 다음해인 지정 28년(1368) 주원장은 마침내 남경에서 황제의 위에 오르고 나라 이름을 명(明), 연호를 홍무(洪武)로 정하였다.

명나라 북벌군이 북상하는데도 원나라 조정에서는 내분에 급급할 뿐 북벌에 대처할 움직임이 없었다. 명나라 북벌군이 파죽지세로 진격하여 하남(河南)에 들어가자 원나라의 이사제(李思齊)·장양필(張良弼) 등은 서쪽으로 도망치고 정주로총관(汀州

路摠管) 진곡진(陳谷珍)은 명나라에 투항하였다.

3월에는 혜성이 나타나고 6월에는 큰 지진이 일어났고 흰 무지개가 태양을 꿰뚫는 등 미신을 깊게 믿던 당시 사람들은 불안해했다. 그러한 가운데 맥고(貊高)·관보(關保) 등 새로운 군벌과 쿠쿠테무르의 구세력과의 싸움이 벌어져 구세력인 쿠쿠테무르가 승리하여 새로운 군벌 세력을 제거하는 데 성공하였다. 이때에 이르러 조정에서는 쿠쿠테무르를 하남왕에 봉하여 명나라 공격에 대처하려 하였으나 이미 늦었다.

순제는 3궁의 후비와 황태자, 황태자비 등을 불러 모아 북쪽으로 파천하겠다는 뜻을 밝혔다. 울면서 간청하는 자도 있었으나 순제의 결의는 돌이킬 수 없었다. 쿠쿠테무르는 진영에서 기령(冀寧)으로 후퇴하였고, 명나라 군사는 이미 통주(通州)에 육박하고 있었다. 그런데도 명나라 군사의 전진을 저지할 힘은 없었다. 그날 밤 순제 일행은 건덕문을 빠져 나와 북행길에 올랐다.

순제는 응창부에서 죽었다. 그의 나이 51세였다. 순제가 죽은 후 명나라 군사는 곧바로 응창부를 습격하였다. 황태자 아이유시리타라(愛猶識理達臘)는 수십 기의 기병에게 호위되어 겨우 북쪽으로 도망칠 수 있었으나 후비들과 보물들은 모두 명나라 군사의 손에 들어갔다.

북쪽으로 도망친 황태자는 막북(漠北) 지방에 나라를 세웠는데 역사상 이 나라를 북원(北元)이라 부른다. 북원은 그 후 2백년 동안 존속하였으나 중국 왕조로서의 원나라는 사실상 지정 28년(1368)에 완전 멸망하였다.

원나라의 취약점

몽골의 사막 지대에서 일어나 강력한 무력을 앞세워 유럽과 아시아를 정복함으로써 역사상 유례 없는 대제국을 건설한 몽골도, 세조 쿠빌라이가 원왕조의 황제로서 남송을 멸망시키고 중국을 통일한 후 불과 90여 년 만에 종말을 고했다. 한마디로 중국 통치에 실패했기 때문이다. 무력이 지나치게 강했다는 점이 중국 통치의 실패 원인으로 지적된다.

몽골 사람들은 민족적 긍지가 매우 강하여 몽골 지상주의의 신념을 가졌다. 특히 정치적으로는 책임 있는 장관을 비롯하여 각급 기관장, 다루하치의 자리는 모두 몽골인이 독점하고 색목인이 이를 보좌하였을 뿐, 한인·남인은 최하위의 신분으로 괄시를 받았다. 중국을 지배하는 데도 중국의 전통을 무시하는 경향이 농후하였다. 황제란 천하만민의 복리증진을 위하여 존재한다는 중국적 이념을 무시한 채 그저 권력으로만 군림하려 하였다.

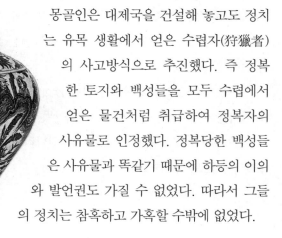

유목민 풍속 몽골인의 복식을 한 부인과 작고 다리가 짧은 몽골말이 묘사된 항아리.

몽골인은 대제국을 건설해 놓고도 정치는 유목 생활에서 얻은 수렵자(狩獵者)의 사고방식으로 추진했다. 즉 정복한 토지와 백성들을 모두 수렵에서 얻은 물건처럼 취급하여 정복자의 사유물로 인정했다. 정복당한 백성들은 사유물과 똑같기 때문에 하등의 이의와 발언권도 가질 수 없었다. 따라서 그들의 정치는 참혹하고 가혹할 수밖에 없었다.

몽골인들의 최고 권력자인 칸은 유력한 왕공들의 집회인 쿠릴타이에서 추대하기로 되어 있었으나 여기에는 한 가지 제한 규정이 있었다. 위대한 정복자가 나타나면 새로운 칸은 반드시 그의 혈통 가운데서 선출해야 한다는 규정이었다. 칭기즈칸은 위대한 정복자였기 때문에 그 후 몽골족의 칸은 반드시 칭기즈칸의 혈통 가운데서 선출되었다.

이와 마찬가지로 세조 쿠빌라이가 원제국을 세운 후 제위 계승 때마다 후계자 문제로 심한 내분이 있었으나 결국 황제로 선출된 후보자는 항상 세조의 혈통에서 나왔다. 이것은 세조가 대정복에 의해 원제국을 세웠으므로 원제국은 당연히 세조의 사유물이라는 몽골인의 사고방식에 기인하는 것이었다.

그래서 세조의 후계자들은 사유물을 지키기 위하여 가치 없는 투쟁을 되풀이함으로써 결국 자멸했다. 이러한 정권 밑에서 백성들을 위한 참다운 정치를 기대할 수 없었던 것은 너무나도 당연한 일이었다.

원대의 과학과 문화

나침반의 발명

진의 시황제가 중국을 통일하고 함양에 아방궁을 세웠을 무렵의 이야기이다. 아방궁에는 이상한 조화의 문이 있었다. 귀신도 모르게 쇠붙이를 숨겨 가지고 궁전에 들어가려고 하면 갑자기 벽에 꼭 달라붙어 몸을 움직일 수가 없었다. 문의 벽을 자기를 띤 돌로 만

4대 발명품 우표 중국 정부가 발행한 4대 발명품 우표. 제지술, 인쇄술과 함께 나침반과 화약 발명을 4대 발명품으로 기념하는 우표이다.

들었기 때문이었다.

나침반은 바로 이 자기에서 비롯되었기 때문에 원나라 시대 이전으로 소급하여 그 발전 과정을 더듬어 보기로 한다.

조위(曹魏) 시대(220~265) 명제가 지남차에 대한 호기심이 생겨 여러 학자들을 모아 토론을 벌였다. 대부분의 학자들은 옛날에 지남차가 있었다는 것은 한낱 공상일 뿐 물증이 없으므로 일고의 여지가 없다고 주장하였으나 마균(馬鈞)이란 사람의 의견은 달랐다.

"옛 문헌에 기록되어 있으니 전혀 근거 없는 것은 아니라고 생각합니다."

명제는 만족해하면서 마균에게 지남차를 만들도록 명령하였다. 마균은 이렇다 할 문헌과 자료가 없어 제작 과정에 여러 가지 어려움이 많았으나 경험에서 얻은 산 지식과 피나는 노력으로 마침내 지남차의 제작에 성공하였다.

마균이 제작한 지남차는 자석에 의한 것이 아니고 차가 움직이면 톱니바퀴의 작용에 의해 차 위에 있는 인형의 손이 방향을 가리키는 구조로 되어 있었다.

명제가 받은 선물 가운데 아주 예쁜 한 쌍의 인형이 있었다. 이 인형은 사람이 조종하지 않으면 움직이지 않았다. 그러나 전한 시대의 문학자 동방삭이 만든 인형은 아주 예쁠 뿐 아니라 인형 안에 장치되어 있는 기계의 조작에 의해 춤도 추고 얼굴도 마음대로 움직였다는 이야기가 전해오고 있었다. 이 이야기를 들은 명제는 마균을 불러 물었다.

"이 인형을 저절로 움직이게 하는 방법이 없겠소."

마균은 곧바로 대답하지 않고 인형을 손에 잡고 이모저모 살펴보고 나서 대답했다.

"한번 해보겠습니다."

"춤도 추게 할 수 있겠는가?"

마균은 자신있게 대답하였다.

"물론입니다."

며칠 후 마균은 한 쌍의 인형을 가지고 명제를 찾아갔다. 명제 앞에 인형을 세워놓고 기계를 작동하자마자 아름다운 인형은 북을 치기도 하고, 퉁소를 불기도 하고, 칼을 빼어 춤을 추는가 하면 금세 줄 위에서 물구나무서기를 하는 등 여러 가지 묘기를 부려 명제를 기쁘게 하였다.

마균은 인형을 세워놓은 대 밑에 인형과 연결시킨 원동기를 장치하여 수력(水力)으로 이 원동기를 돌려 인형을 조작하도록 만든 것이었다. 이것은 1천7백 년 전의 로봇이라고 말할 수도 있다.

마균이 고안해서 만든 지남차는 서진 말기에 아깝게도 자취를 감추어 행방이 묘연하였다. 그 후 후진(384~417) 때에 황제 요흥(姚興)이 지남차에 흥미를 가져 지남차를 만들었으나 이 지남차는 동진이 후진을 멸망시켰을 때 여러 가지 전리품과 함께 장안에서 동진의 수도 건강으로 운반해왔다. 그런데 웬일인지 부품이 많이 유실되어 차를 움직여도 방향을 가리키지 않았다. 그래서 이 지남차는 60년 동안이나 방치되었는데 유송 왕조를 멸망시킨 제왕 소도성이 갑자기 이 지남차에 관심을 갖게 되었다.

소도성은 그의 세력을 확장하기 위해 인재를 모으고 있었는데 학자 조충지(祖沖之)의 소문을 듣고 그를 불러 이 지남차를 수리하든지, 새로운 지남차를 어떻게 해서든 만들라는 명령을 내렸다. 조충지는 지남차를 새로 만들기로 결심하였다.

이 소문을 들은 삭어린(索馭驎)이라는 자가 소도성을 찾아와 장담했다.

"지남차를 만드는 일은 간단합니다. 신도 만들 수 있습니다."

소도성은 이 사람에게도 지남차를 한 대 만들도록 명하였다. 이렇게 해서 두 사람이 만든 지남차가 완성되어 황제의 화원에서 시험 경기가 열렸다. 소도성은 귀족과 고관들을 거느리고 높은 대에 올라 지남차 경기를 구경하였다.

먼저 두 필의 준마가 조충지가 만든 지남차를 끌고 달렸다. 지남차 위에 태워진 인형의 손은 말이 전후좌우로 마구 돌아도 똑바로 정남쪽을 가리켰다. 뒤로 한 바퀴 홱 돌아도 인형의 손은 여전히 정남쪽만을 똑바로 가리켰다. 인산인해를 이룬 관중들의 환호와 박수 소리가 천지를 진동시켰다.

이어서 두 필의 말에 끌린 삭어린의 지남차가 달리기 시작하였다. 지남차 위에 태워진 인형의 손은 처음에는 정남쪽을 가리켰으나 달리는 도중에 점점 틀어져 급커브를 돌자 인형이 크게 흔들리면서 그 손은 이미 정남쪽을 가리키지 않았다.

경쟁은 이렇게 막을 내리고 삭어린은 머리를 숙인 채 풀이 죽어 돌아갔다.

지남차가 톱니바퀴의 작용에 의해서 움직이는 것과는 달리 전국 시대에 발명했다는 '사남(司南)'은 천연 자석의 원리를 응용한 것인데 애석하게도 당시 어떠한 방법으로 만들어졌다는 기록이 없다.

사남은 한대(漢代) 이후 자취를 감추었으나 송대에 들어서면서 사남보다 진일보한 '지남어(指南魚)'가 만들어졌다.

지남어는 극히 얇은 강편(鋼片)으로 만들어졌는데 길이 6.6센티미터, 너비 1.6센티미터

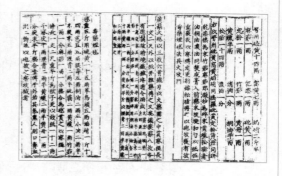

《무경총요(武經總要)》
《무경총요》 중 화약 배합 방법에 관한 내용

크기의 물고기 모양으로 강편의 중심 부분에는 홈이 패어 있어 물을 채운 그릇에 뜨게 되어 있다. 때문에 사남보다는 마찰도가 훨씬 낮았다. 지남어는 천연 자석이 아니고 인공 자성의 강편으로 만들었다. 송대에는 강편이나 철침(鐵針)을 천연 자석과 마찰시켜 자성을 얻는 자화법이 사용되었으나 지남어의 자화법은 이와는 달랐다.

먼저 강편을 물고기 모양으로 만들어 불에 달군 다음 그것을 꺼내어 물고기 모양의 꼬리 부분을 진북(眞北)으로 향하게 놓고 일정 일수가 지나 이 강편을 꺼내는 자화법이 사용되었다.

이러한 자화법은 여러 번의 시험을 되풀이한 끝에 얻어낸 것으로 이렇게 자화된 강편은 내부의 분자구조에 변화를 일으켜 자성을 오래 보존할 수 있었기 때문에 기능면에서는 천연 자석보다 훨씬 우수하였다.

송대에는 지남어를 군사적 목적에 사용하였으며, 지자장 자화법(地磁場磁化法)은 《무경총요(武經總要)》에 기록되어 있다. 이 책은 11세기 중엽에 쓰여진 것인데 나침반(羅針盤)이 항해에 사용된 것도 이 무렵을 전후한 시기로 보는 견해가 있다.

나침반의 바늘은 원래는 옷을 꿰매는 바늘이었는데 이것을

자화시켜 부표(浮標)를 매달아 물이 찬 용기에 띄워 방위를 측정하는 도구로 사용하였다. 이 물이 찬 용기가 나반(羅盤)이고 그 둘레에는 방위가 표시되어 있다. 이런 이유에서 나침반을 '지남침(指南針)', '지남부침(指南浮針)', '수라반(水羅盤)', '나반침(羅盤針)'이라고도 부른다.

물론 나침반이 항해에 사용되기까지는 1세기 이상에 걸치는 경험과 시련이 필요했다. 이는 굽힐 줄 모르는 인간 의지에서 얻어진 개가라고 할 수 있을 것이다. 송·원대에 이르러 해운업이 크게 발달한 것은 나침반에 힘입은 바 컸다.

송·원대 광주(廣州)·천주(泉州)는 국외에도 알려진 유명한 국제항구로서 50여 개국의 무역상들이 이곳을 방문하였다. 그 가운데서도 아랍 상인들은 모두 중국 배를 타고 싶어했다. 중국의 배가 크고 튼튼할 뿐 아니라 나침반을 갖추고 있어 안전하다고 생각했기 때문이다. 그 후 나침반은 아랍을 거쳐 유럽에 전해졌다.

화약의 발명

중국 고대 과학사에서 획기적인 발명이라고 일컬어지는 화약은 도교나 도사들이 불로불사(不老不死)의 선약을 만드는 가마솥에서 탄생했다고 전해진다.

불로불사의 선약을 만들기 시작한 것은 전한 시대부터라고 하는데, 화약이 만들어졌다는 기록은 수말(隋末)·당초(唐初)에 간행된 《단경(丹經)》에 처음 소개되었다. 이 《단경》의 저자는 바로 의학으로도 유명하며 선약 제조의 명인으로 알려진 손사막이었으므로 손사막은 중국 화약의 제조법을 최초로 소개한 인물이

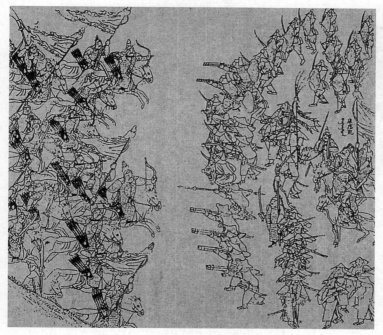

화약무기의 사용 원대에 발명된 화약은 후에 전쟁에서 많이 사용되었다. 그림은 화약무기를 사용하는 명나라 군사

라 할 수 있다.

송대에 이르러 화약은 가연성과 작열성이 군사 전문가들의 주목을 끌게 됨으로써 무기로 사용되기 시작하였다.

북송 초기에는 이미 화약을 이용한 무기들이 많이 등장하였다. 예를 들면 '석화시(石火矢)'라 불리는 '화전(火箭)'도 그 하나이다. 화전은 화살 끝에 화약을 장착하고 이를 점화시켜 발사하는 무기였다. 이것은 마치 현대의 소이탄과 같이 적의 장병에게 화상을 입히고 진지를 불태우는 데 위력이 있었다. 그 밖에 가스탄과 비슷한 '화구(火球)', '독연기(毒煙氣)'라든가 화염 방사기와 비슷한 '돌화창(突火槍)' 등도 만들어졌다.

남송에 들어와서는 작열성 화포가 사용되었다. 두 차례에 걸

원나라 시대

91

동화포 원대의 강력한
공격 무기였던 화포의
복제품

친 개봉 방위전에서 작열성 화포
가 크게 위력을 보였다.

첫 번째는 북송의 말기인
1126년경의 일이었다. 남침해온
금나라 군사는 개봉성 밑에 이르
렀다. 당시의 황제 흠종은 수레
를 타고 허겁지겁 도망치려 하였으나 항쟁을 주장하는 장군 이강
은 황제의 수레를 멈추게 하고 스스로 성벽 위에 서서 진두지휘
를 하였다. 이때 이강은 벽력포(霹靂砲)를 발포하였다. 벽력포가
금나라 진지를 강타하자 금군들은 거미 새끼 흩어지듯 도망쳐버
렸다.

갑자기 일어난 큰 사건이나 이변을 '청천벽력'이라고 말하는
것처럼 이 벽력포야말로 맑은 하늘에 갑자기 번개 치듯 우레와 같
은 큰 소리를 내며 적진에서 작열하였다. 석회가 흩날리면서 적
병사들의 눈을 멀게 하고 코를 막아 적의 전투력을 약화시켰다.
그러나 실제로 작열탄이라고 하기에는 위력이 약하여 연무탄(煙
霧彈)에 지나지 않았다.

두 번째의 개봉 방위전은 1232년에 있었다. 이 싸움에서의 수
비 측은 금나라였고 공격 측은 몽골군이었다. 오랫동안 교착 상태
에 빠진 이 전투에서 금나라 군사는 '진천뢰(震天雷)'라 불리는 작
열탄을 사용하였다. 몽골군은 성벽에 굴을 파고 그곳에 몸을 숨겨
성벽 위에서 내리쏘는 금나라 군사의 화살과 돌을 피했다. 그러자
금나라 군사는 진천뢰를 새끼줄로 매달아 몽골병이 숨은 성벽의
굴 곁에서 작열시켜 굴속에 숨은 몽골병을 폭사시켰다.

진천뢰의 표피는 철로 되어 있었기 때문에 폭발할 때 상당한

위력을 가지고 있어 명실공히 작열탄으로서의 구실을 다하였다. 포탄 표피가 종이에서 철로 바뀐 것은 화약 발달 사상 획기적인 진전이라 할 수 있다. 이 밖에 질그릇을 포탄의 표피로 사용한 예는 송·원대는 물론 명·청 시대까지 이어져 정성공(鄭成功)이 거느리는 해군도 이 질그릇으로 만든 화약병을 사용하였다.

원나라에 들어서면서 화포의 역사는 비약적으로 발전하여 철제의 화포가 만들어졌다. 북송 시대에는 화포의 포신도 대나무로 만든 죽통을 사용하여 그 화염도 불과 한 길 정도로 그쳤으나 원나라에서는 철로 만든 통을 사용하게 됨으로써 살상력을 크게 향상시켰다. 이러한 화포의 포신은 점점 대형화되어 마침내는 현대 무기의 일종인 대포의 전신이 되었다. 원나라 말기에는 화포 제작 기술이 더욱 발달하여 관군만이 아니고 각지에서 일어난 반란군까지도 대형 화포를 만들어 사용했고 몽골 왕조를 타도시키는 촉진제가 되었다.

원대 이후 화포의 사정 거리도 괄목할 만큼 향상되어 대나무 껍질로 만든 까마귀 속에 화약을 넣은 '신화비아(神火飛鴉)'라는 화포는 사정 거리가 1백 길(丈)이나 되었다.

또 '화룡출수(火龍出水)'라는 화포가 있었는데 이 화포는 5척(尺) 정도의 죽통으로 만든 용으로, 이 용의 앞뒤에 두 개의 로켓이 부착되어 있어 그 힘으로 용이 비행할 수 있었다. 이것이 제1단 로켓이고 용의 복부에는 제2단 로켓이 부착되어 있었다. 제1단 로켓의 힘으로 용이 1킬로미터 내지 1.5킬로미터 날면 제2단 로켓이 점화되면서 용의 입에서 불을 뿜어내며 적진을 공격했다는 것이다.

이러한 화포는 화약 연소 때 분사되는 에너지를 추진력으로 하는 것으로서 어느 의미에서는 오늘날 로켓의 전신이라고 할 수 있다.

희곡의 발달

형장으로 끌려가는 젊은 부인이 원망 섞인 말로 넋두리를 했다.

배우 인형 휘파람을 불고 있는 원대의 배우 모습. 당시 〈원곡(元曲)〉이라 불리는 잡극이 유행했다.

"천지신명이시여, 그대는 어찌해서 세상의 청탁(淸濁)을 그렇게도 분간할 줄 모른단 말씀이오. 어째서 성현이 강도가 되고 강도가 성현으로 둔갑한단 말씀이오. 땅이여, 너는 어째서 선악을 분간하지 못한단 말인가. 그러고서도 땅이라 할 수 있겠는가? 하늘이여, 그대는 어진 자와 어리석은 자를 잘못 알고 있소. 그러면서도 하늘 노릇을 하고 있으니 한심하오."

이 젊은 부인은 목을 치려고 망나니들이 칼춤을 추고 있는 형장에서 형 집행관에게 다음과 같이 호소하였다.

"나으리, 마지막 소원이오니 한 자 두 치 길이의 흰 천을 기 끝에 매달아주오. 만약 나에게 죄가 없다면 목이 잘릴 때 내 피는 한 방울도 남김 없이 모두 흰 천에 흩뿌려져 땅을 더럽히지 않을 것입니다. 또 한 가지 있사옵니다. 지금은 한여름입니다만 만약 나에게 죄가 없다면 하늘에서 흰 눈송이가 펄펄 흩날려 내 주검을 덮을 것입니다. 그리고 앞으로 3년 동안 초주(楚州) 땅에는 비가 내리지 않을 것입니다."

과연 부인의 말대로 목이 잘리는 순간 하늘에서는 갑자기 먹구름이 일며 눈이 펄펄 날렸고 그녀의 피는 한 방울도 남김 없이 모두 흰 천에 흩뿌려졌으며 초주는 3년 동안 한발이 계속되었다.

이 이야기는 원대 희곡의 대가 관한경(關漢卿)의 대표작 〈천지를 감동시킨 두아(竇娥)의 원한〉에 등장하는 한 장면이다.

3세 때 어머니를 잃고 7세 때 아버지와 사별한 두아는 채씨(蔡氏) 부인 외동아들의 민며느리로 팔려 갔다. 그런데 두아의 나이 19세 되던 해에 남편과 사별하는 비운을 맞았다. 그녀는 이 모든 것이 자신의 운명이라 생각하며 시어머니를 모시고 열심히 살아갔다. 그러나 이 기구한 운명의 두아에게는 또다시 뜻하지 않은 재앙이 다가왔다. 불청객인 장여아(張驢兒)와 장여아의 아버지가 아닌 밤중에 홍두깨식으로 두아의 집에 들이닥쳐 엉뚱한 수작을 거는 것이었다.

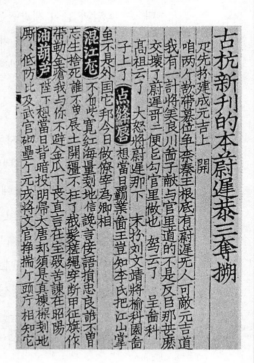

원대의 대본 배우의 독백 부분

장여아는 두아와 결혼하고 그의 아버지는 채씨 부인과 함께 살자는 음흉한 수작이었다.

의지 강한 두아가 이 요구를 강력히 거절하자 장여아는 채씨 부인의 사주에 의한 것이라 판단하고 양고기 수프에 독약을 넣어 채씨 부인을 살해하려 하였다. 그런데 이 수프를 마음씨 나쁜 장여아의 아버지가 잘못 마셔 그 자리에서 죽고 말았다.

그러자 장여아는 이 죄를 두아에게 뒤집어씌워 자신의 욕심을 채우려 하였다. 그는 두아에게 만약 자신의 아내가 되어준다면 이 일을 문제 삼지 않겠노라고 으름장을 놓았다. 두아는 사실 아무런 죄가 없으므로 관가에 고발하여 시비를 가리기로 하였다.

　　초주 태수는 돈에 눈이 먼 사나이였다. 장여아로부터 뇌물을 두둑이 받자 두아의 말은 들은 척도 아니하고 마구 구타하거나 물을 켜게 하는 등 심한 고문을 가하여 두아로 하여금 살인죄를 자백토록 강요하였으나 두아는 끝내 이를 시인하지 않았다. 태수는 방법을 바꾸어 이번에는 채씨 부인을 고문하려 하였다. 효성이 지극했던 두아는 할 수 없이 일보 후퇴하여 후일에 훌륭한 재판관을 만나 전후 사정을 호소하려 하였으나 '까마귀는 어디를 가나 검다.'는 속담과 같이 재판관은 모두 다 비슷하여 다른 재판관도 이렇다 할 심문도 하지 않은 채 두아에게 사형을 선고하였다.

　　마지막 장면은 두아의 원혼이 3년에 걸쳐 원죄(寃罪)를 푸는 것으로 끝난다.

　　이 두아의 원한은 그 후 7백 년 이상이나 중국의 연극 무대에서 공연되어 아낌없는 찬사를 받았다.

　　관한경은 유명한 극작가일 뿐 아니라 대학자이며 문인이기도 하였다. 또한 음악에도 조예가 깊은 다재다능한 인물이었다. 관리로서의 자질과 재능도 뛰어났으나 이민족의 지배자들에게 머리를 숙여가며 관직 생활을 한다는 것은 생각조차 할 수 없었다.

　　그는 연극을 통하여 사회의 하류 계층에 속하는 인생들의 생활과 애환·분노 등을 생생하게 묘사함으로써 음흉한 관리들을 규탄하고 학대받는 백성들을 대변하여 관중들의 공감을 받았다.

　　이렇듯 지배자와 타협할 줄 모르는 관한경의 행동은 권력자

들로부터 많은 오해와 중상을 받게
마련이었으나 그는 조금도 물러서
지 않았다.

관한경의 산곡(散曲) 〈불복로
(不伏老)〉에서는 다음과 같은 대사
를 볼 수 있다.

"나는 아무리 찌거나 삶아도
부드러워지지 않는다. 아무리 때리
고 볶는다 해도 끄떡없는 생생한
완두콩이다."

관한경은 불요불굴의 투지로
일관하며 일생 동안 63편의 희곡을
남겼는데 유감스럽게도 현재까지
남아 있는 것은 겨우 18편에 불과하다.

관한경은 중국 연극 사상 가장 많은 작품을 남긴 극작가로서
중국 연극계의 커다란 별이었다.

1958년 중국에서는 관한경의 창작 활동 700주년을 기념하는
행사가 전국에서 열려 관한경의 작품을 공연하면서 그의 위대한
업적을 기렸다.

〈불복로(不伏老)〉의
부분

원 왕 조 의 계 보

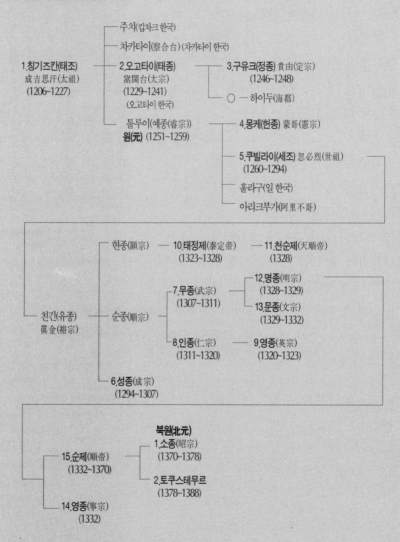

2
명나라 시대

The History of China

명나라 시대

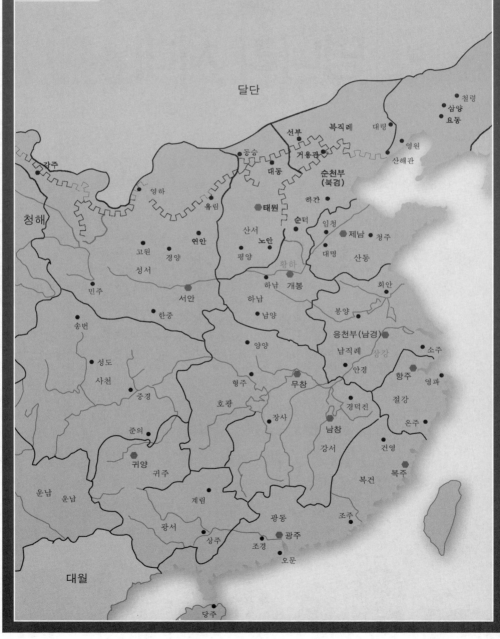

- 성도
- 요충지

달단

철령
삼양
요동
선부 북직례 대령
영원
동승 거용관 산해관
대동
순천부
(북경)
영하 하간
유림 순덕
태원 임청
청해 산서 노안 제남 청주
연안 평양 대명
고원 경양 황하 산동
성서 하남 개봉
민주 서안 하남 회안
한중 남양 봉양
송번 양양 응천부(남경)
남직례 소주
성도 안경 항주 영파
사천 무창 절강
중경 형주 경덕진 온주
준의 호광 장사 남창 건영
귀양 강서 복주
귀주 운남 복건
운남 계림 조주
광서 광동
상주 광주
조경
오문
대월

당주

명나라 시대 개괄

명의 태조 주원장은 원나라의 정치가 문란하고 국력이 쇠진한 틈을 타 한족 부흥의 기치를 높이 내걸고 일어난 백련교의 한산동·유복통을 수령으로 하는 곽자흥의 부하가 되었다. 주원장은 차츰 공을 세워 두각을 나타내면서 장사성·방국진 등의 군웅을 물리치고 1368년 명나라를 세워 남경에 도읍하였다. 이어 원나라의 잔존 세력을 막북으로 몰아내고 중국을 통일하였다.

그는 즉위 초기에는 원나라의 정치 제도를 그대로 답습하였으나 얼마 후 황제 직속하에 6부를 두고, 군사를 통괄하는 5군도독부를 두어 군사·행정의 권력을 한손에 장악하였다.

홍무제는 오랫동안 전란에 시달려온 백성들에게 휴식을 제공하고 경제를 안정시키기 위하여 감세와 면세를 실시하고 수리 사업과 개간 사업을 추진하여 생산 촉진에 주력하였다. 태조 홍무제는 자신이 죽은 후 공신들이 득세할 것을 크게 두려워한 나머지 창업의 공신들을 숙청하여 주씨의 명나라를 반석 위에 놓으려 하였다.

그러나 바로 손자인 건문제 때 '정난(靖難)의 변'이 일어나 연왕 주체가 영락제로 제위에 올랐다. 영락제는 용맹과감한 제왕으로서 변방을 침범하는 몽골의 잔존 세력을 완전 섬멸하기 위하여 여러 차례 친히 공격하였다. 정화(鄭和)로 하여금 대선단을 이끌고 동남아시아 일대와 인도양 일대를 평정하여 명나라의 국위를 선양하였다. 영락제는 1421년 수도를 북경으로 옮겼으며 《영락대전》을 편찬하였다.

영종 때에는 환관 왕진이 득세해 국정이 문란하였고 몽골 오이라트부가 침입한 '토목의 변'에서 영종이 포로로 잡혀가는 치욕을 겪었다. 헌종 성화제와 효종 홍치제의 치세는 명나라의 안정 시기로 일컬어진다. 그 후 정덕제가 즉위하자 다시 환관이 득세해 정치가 부패하였고, 특히 천계제 때의 환관 위충현(魏忠賢)의 횡포는 극에 달하였다.

신종 만력제가 즉위하면서부터 동북쪽에서 여진족의 누르하치가 세력을 확장하더니 끝내 중국을 침범하였고 이에 따른 백성들의 가중한 세 부담과 심한 기근으로 농민 반란이 잇따라 일어났다. 농민 반란 가운데 이자성은 그 세력이 강성하여 마침내 북경성을 점령했고 숭정제가 자결함으로써 명나라는 17대 277년 만에 멸망하였다.

그러나 이자성은 북경에 입성한 지 얼마 안 되어 산해관 총병 오삼계(吳三桂)의 반민족 행위로 인해 북경에서 쫓겨나고 만주족인 청나라가 마침내 중국을 통일하였다.

태조 홍무제의 정치

남경에서 황제의 자리에 오른 후 태조 홍무제가 곧바로 파견한 북벌군은 출진한 지 8개월 만에 원나라 수도 대도(북경)를 공략, 함락함으로써 홍무제는 명실공히 중국 통일의 대업을 이룩하였다. 그 후 20여 년의 동정·서벌 끝에 확장된 명나라의 영토는 동쪽으로는 대만을 위시하여 그 부속 도서를 포함한 지역과 남쪽으로는 남중국해의 도서, 서쪽으로는 바라시 호, 북쪽으로는 대막(고비 사막)에 이르는 광대한 지역에 미치고 있었다.

홍무제가 정치적으로 주력한 것은 오랫동안 전쟁에 시달린 백성들에게 휴식을 제공하여 생산을 촉진시킨 일이었다. 다음으로 황제가 최고 권력을 장악할 수 있도록 행정기구를 정비한 일이었다.

홍무제는 세금을 경감하고 면세를 실시하였다. 특히 수리 사업에 주력하여 생산을 장려하고 백성들의 생활 안정에 역점을 두는 정책을 폈다.

홍무제는 또 이민에 의한 황무지의 개간에도 힘을 기울였다. 이 개간 정책은 20여 년간 끈질기게 추진한 끝에 커다란 성과를 올렸다. 기록에 의하면 홍무 원년으로부터 25년까지의 경지 면적이 5천7백만 헥타르였는데 이 가운데 거의 50퍼센트가 개간에 의한 토지였다. 창고에 보관된 양곡도 2배 가까이 증가하여 2천2백만 석을 상회하였고, 각 주현의 곡물 창고는 모두 가득 찼다. 인구도 원나라 전성기보다 7백만 명이나 증가하여 전국 총인구가 6천만 명에 달했다.

홍무제의 이 같은 정책은 피폐해진 농민에게 활기를 불어넣어 명왕조의 지배 기반을 공고히 하였다.

홍무제는 또 행정 기구를 정비하여 권력을 황제에게 집중시켰다.

원나라 말기의 행정 체계는 부패하여 행정 기구로서의 기능을 상실했다. 이를 직접 체험한 홍무제는 행정 기구의 정비와 법률의 제정·집행에 큰 힘을 쏟았다.

명나라 초기의 행정 기구는 원나라의 제도를 그대로 답습한 것으로서 중앙에는 중서성을 두고 중서성의 장관인 좌·우승(左右丞)이 백관을 통솔하고 황제를 보좌하여 전국의 정치를 관장하도록 되어 있어 승상의 권력이 지나치게 비대한 단점이 있었다.

홍무제는 창업한 후 초대 승상에 이선장, 그 다음에는 왕광양(汪廣洋)을 기용하였는데 왕광양은 죄를 얻어 죽임을 당하였다. 그 후임으로 호유용(胡惟庸)을 기용하였다. 호유용은 출세욕이 매우 강한 인물이었다. 그는 정원(定遠) 태생으로 홍건군 봉기 때부터 주원장의 심복으로 활약한 인물이었다. 그가 출세하게 된 경위는 이선장의 추천으로 태상소경(太常少卿)이라는 차관급 관직에 기용된 때부터이다. 이러한 관계로 이선장과 호유용의 사이는 매우 친밀하였다.

명왕조 초기의 정계에서 가장 두각을 나타낸 것은 이선장과 유기 두 사람이었다. 두 사람 모두 홍무제의 명참모로서 명왕조 건국의 최고 공신이었다. 그런데 두 사람 사이에 미묘한 움직임이 일기 시작하였다. 그러자 유기는 선견지명이 있어서였다고 할까

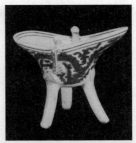

명대의 자기

홍무제

* 당시 사람들은 현대인들이 상상할 수 없을 만큼 미신을 깊이 믿는 경향이 있었다.

자진해서 정계에서 은퇴함으로써 대립 관계는 표면상 종식되었으나 이선장은 내심 불만을 품고 있었다.

그 후 유기는 호유용에게 독살당했다는 소문이 퍼졌다. 이선장과 호유용의 사이가 친밀했고 인척 관계까지 맺고 있었다는 점에서 볼 때 아마도 두 사람이 공모해 유기를 제거했을 것이라고 추측한 것이다.

승상의 자리에 오른 후 호유용은 지위를 이용하여 당파를 결성하고 점차 전횡하는 경향이 많았다. 심지어는 각 주현에서 올라오는 상주문 가운데 자신에게 불리한 내용의 상주문은 황제에게 올리지도 않았다. 인사 문제도 그의 전결 권한이었기 때문에 조정에서는 점차 그의 파벌이 형성되었다.

태조 홍무제는 승상 호유용의 이 같은 행동이 달갑지 않았다. 언젠가는 철퇴를 내리겠다고 생각하며 호유용의 행동을 면밀히 감시하였다.

그러던 어느 날 호유용의 집과 그 주변에서는 이상한 일이 잇따라 일어났다. 우물과 그의 선대의 무덤에서 석순(石筍)이 돋아난 것이다.* 석순이 돋아난 것은 분명 길조라고들 야단법석을 떨었다. 호유용은 이것은 분명 자신이 천자가 될 징조라고 판단하고 은밀히 역모를 꾸몄다. 그는 어사대부 진녕(陳寧), 중승(中丞), 도절(涂節) 등과 결탁하여 은밀히 거사 계획을 짰다.

그러나 이 계획은 사전에 누설되고 말았다. 홍무 13년 정월 공모자의 한 사람인 도절이 역모가 실패할 것으로 예상하고 밀고했기 때문이다. 그런데 이 기록과는 달리 〈왕광양전〉의 기록에 의하면 도절이 밀고한 것은 모반이 아니라 유기의 독살 사건이라고 되어 있다. 객관적으로 볼 때 도절이 호유용과 역모를 공모했다면 구태여 독살 사건을 밀고하여 일을 복잡하게 만들 리 없었을 것이다. 체포된 호유용은 보복으로 도절을 역모의 공모자로 끌어들였는지도 모를 일이다.

호유용의 역모와 관련하여 또 다른 기록도 있다.

호유용은 어느 날 홍무제에게 다음과 같이 아뢰었다.

"신의 집 뜰에서 예천(醴泉)*이 솟아오르고 있습니다. 태평성대를 예고하는 길조라고 생각되옵니다. 한번 거동하시어 구경하심이 어떻겠습니까?"

옛날에는 하늘에서 감로(甘靈)*가 내리고 땅에서 예천이 솟으면 길조라 하여 크게 기뻐하였다.

호유용의 말을 들은 홍무제는 크게 기뻐하며 호유용의 집으로 거동할 차비를 서둘렀다. 홍무제가 탄 수레가 막 궁정을 떠나려 하자 정계의 내부 사정에 정통한 운기(雲奇)라는 환관이 수레 앞을 가로막았다. 그리고 홍무제에게 무엇인가 말하려 하였으나 너무 긴장해서였는지 혀가 꼬부라져 말이 나오지 않았다. 홍무제가 노하여 그의 무례함을 꾸짖자 운기는 숨이 끊어질 듯 몰아쉬며 호유용의 집 쪽을 가리키면서 머리를 마구 흔들었다. 홍무제는 아무래도 이상하다 생각하여 높은 대에 올라 호유용의 집을 바라보았다. 그 순간 홍무제는 깜짝 놀라고 말았다. 호유용의 집에 투구와 갑옷으로 무장한 병사들이 여기저기 숨어 있는 것이 아닌가. 홍무제를 거짓말로 유인하여 살해하고 자신이 황제가 되기 위한 계략이었다. 홍무제는 급히 군사를 보내어 호유용을 체포하였다.

* 예천(醴泉) : 단물이 솟는 샘

* 감로(甘靈) : 하늘에서 내려주는 물로 불사의 달콤한 이슬

준열한 심문 끝에 밝혀진 호유용의 주요 죄상은 외국에서 천자에게 바치는 공물을 받고도 이를 보고하지 않았다는 것과 외국 세력과 결탁하여 역모를 꾀했다는 것으로 호유용이 일본과 북원에 각각 사자를 보내어 역모 때 지원을 요청했다는 사실도 들통났다.

호유용, 진녕, 도절 등 반란 주모자는 말할 것도 없고 호유용의 당파로서 역모에 가담했을 것으로 인정되는 자는 가족들까지 연좌되어 1만 5천여 명이 처형되었다.

이 사건은 홍무제에게 큰 충격을 주었다. 홍무제는 승상의 권한이 너무 비대했기 때문에 이 같은 역모 사건이 일어난 것이라 생각하고 재발을 방지하기 위해 중서성과 승상 제도를 폐지하고 육부(六部, 吏·戶·禮·兵·刑·工)를 황제 직속하에 두는 행정 제도를 채택하였다.

군사 제도에도 개혁을 가하여 중앙에 대도독부를 두어 전국의 군사 행정을 관리하던 원나라 제도를 폐지하고, 전·후·좌·우·중의 5개 도독부를 두되 통수권을 모두 황제가 장악토록 하였다.

홍무제는 또 법질서의 확립에 힘을 기울여 불법 행위에 대하여는 지위의 고하를 막론하고 엄히 다스렸다.

홍무제가 황제가 된 지 얼마 안 되어서의 일이다. 천하가 아직 안정되지 않고 백성들이 기아에 허덕이고 있음을 안 홍무제는 곡물을 절약하는 방안으로 금주령을 내렸다. 그런데 군사적 공로가 많은 공신 호대해(胡大海)의 아들이 이 금주령을 무시하고 술을 밀조한 사건이 발생하였다. 대신들은 호대해가 군사적 공로가 많으므로 그의 아들을 처형하지 않는 것이 좋겠다고 두둔하였다.

그러나 홍무제는 이를 단호히 거절하였다.

"설사 호대해가 짐을 배반하는 일이 있더라도 국법을 어긴 자는 용서할 수 없다."

마침내 호대해의 아들은 처형되고 말았다. 다음과 같은 일도 있었다.

명나라 초기에는 궁정이나 군부에 양마가 없어 무척 고심하였다. 홍무제는 이 문제를 해결하기 위하여 차(茶)와 양마의 물물교환을 생각해냈다. 홍무제는 민간인들에게 차의 매매를 금지시키고 국가가 관리토록 하였다. 그런데 공교롭게도 홍무제의 사위인 구양륜(歐陽倫)이 자신의 지위를 믿고 차를 밀매매한 사건이 일어났다. 이 사실을 안 홍무제는 크게 노하여 구양륜을 체포하여 법적인 제재를 가하였다.

효릉 참도의 석상들

호유용의 역모가 있은 지 10년 후인 홍무 23년(1390)에 무시무시한 옥사가 재연되었다. 건국의 원훈이며 국가의 최고 원로격인 태사 한국공(太師韓國公) 이선장이 사사(賜死)되었다. 이선장의 죄목은 호유용의 사건과 관련이 있었다는 것이었다. 확실히 호유용은 이선장이 추천해 출세한 인물이며 이선장과 인척 관계가 있었으므로 그 사건에 전혀 책임이 없다고 할 수 없었다. 그러나 10년이 지난 후에 그 사건에 관련시켜 사사했다는 것은 너무 가혹한 감이 있다.

홍무제는 41세에 즉위했다. 건국 초기의 20대의 젊은 간부들은 이제 40대의 혈기 왕성한 나이에 이르렀다. 63세가 된 홍무제는 자신이 죽은 뒤의 일을 생각하지 않을 수 없었다. 궁전에서 곱게 자라 자비심 많은 황태자 주표(朱標)가 과연 40대 역전의 용사들을 통제할 수 있을 것인가? 홍무제는 마음이 놓이지 않았다. 홍무제는 10년 전 호유용의 사건 때 소수의 공신만을 제거한 것을 후회했다.

"50대였던 그때와 지금의 사정은 다르다. 황태자가 다루기에 힘겨운 존재들은 내가 모두 제거해야 한다."

이것이 홍무제의 황태자를 위한 포석이었다.

건국의 최고 원훈이며 원로인 이선장을 죽인 뒤의 공신 제거 작업은 급속도로 진행되었다. 17세 때부터 홍무제에게 종군하여 진우량과의 싸움에서 큰 공을 세우고 광동 평정의 주역이었던 육중형(陸仲亨)을 비롯하여 그 밖에 수많은 공신과 가족이 연루되어 1만 수천 명이 숙청당했다.

이처럼 무시무시한 숙청의 바람이 불어닥친 2년 뒤 홍무 25년(1392) 홍무제가 그토록 애지중지하던 황태자 주표가 죽었다.

홍무제의 비통은 형언키 어려운 것이었다. 홍무제는 비통한 가운데 황태자의 아들인 손자를 황사로 정하고 이렇게 생각하였다.

"황태자에게 제위를 물려줄 경우 지금까지의 숙청으로 안심이 되지만 손자인 경우는 또 다르다. 더 많은 공신들을 제거하지 않고서는 안심이 안 된다."

홍무제의 집념은 이제 이성을 잃었다. 일모도원(日暮途遠)이라는 말이 있다. 나이는 늙고 할 일은 많음을 비유한 말인데 어쩌면 주원장의 심정을 그대로 대변한 말인지도 모른다.

"두 번에 걸친 숙청 끝에 대부분의 공신들은 제거했지만 황사(손자)에게 장애가 되는 위험한 인물은 모두 제거해야 한다. 그리해야 주씨의 천하가 안전하게 될 것이다."

홍무제는 자신에게 주어진 시간이 많지 않음을 깨닫고 있었다. 황태자가 죽은 다음해인 홍무 26년(1393) 66세의 홍무제는 세 번째 숙청 작업에 착수하였다.

표적이 된 인물은 양국공(凉國公) 남옥(藍玉)이었다. 호유용의 경우도 그러했지만 홍무제가 숙청의 중심 인물로 겨냥한 사람은 세간의 여론도 좋지 않은 인물이었다.

남옥은 명왕조 건국 공신 상우춘의 처남이었다. 상우춘은 홍무제가 북벌군을 일으켰을 때 서달을 보좌하는 부장으로 출전하여 많은 전공을 세웠으나 회군하자마자 병사하였으며 남옥은 촉으로 출정하여 사천 평정에 공이 있었다. 특히 서달의 부장으로서 막북(漠北)에 원정했을 때는 원나라의 황자·황녀·후비 등 황족 1백30여 명과 장교 30여 명을 포함한 7만 명의 남녀 포로와 말·낙타 5만 필을 전리품으로 챙기는 큰 공을 세웠다. 남옥은 이 같은 공로를 빙자하여 여러 가지 범법 행위를 저지르는 일이 많았다.

홍무제는 남옥에게 철권(鐵券)*을 내리면서 그의 공적을 칭
찬하고 아울러 범법 행위도 지적하였다. 이에 불만을 품은 남옥은
그 후 더욱 오만한 행동을 하였고 홍무제도 남옥을 달갑잖게 생각
하게 되었다.

홍무제는 특무 기관인 금의위(錦衣衛)의 지휘자 장모(蔣某)
의 고발이라는 형식을 취하여 남옥을 역모의 중심 인물로 체포해
처형하고 그의 당파로 인정되는 자와 그 가족들을 포함하여 2만
여 명을 숙청하였다.

세 번에 걸친 대숙청 작업으로 태조 홍무제를 도와 명왕조의
기초를 구축한 문무공신은 거의 다 숙청되었다. 66세가 된 홍무제
는 정신력이 이미 쇠하여 자신을 잃은 반면 남을 의심하는 마음만
강해졌다. 한 번 사람을 죽이기 시작하자 자신도 모르게 이성을
잃어 엄청난 살육으로 번졌다.

이선장은 처음 홍무제를 만났을 때, "한고조 유방을 본받는다면 천하를 평정하는 일은 그다지 어려운 일이 아닐 것입니다."라고 진언한 바 있었다. 확실히 홍무제는 유방을 본받은 일이 많았다. 오히려 유방을 능가할 만한 일이 있으니 그것은 공신을 숙청하는 면에서였다.

한고조 유방도 공신을 숙청하기는 하였다. 그러나 한신과 팽월 두 사람만 억울하게 숙청당하였을 뿐 역모의 혐의가 있었던 경포·노관·한왕 신 등은 무사했었다. 유방은 군사를 일으킬 때부터 행동을 같이한 동지들에게 해를 가할 생각은 없었다. 소하·조참·장량 등이 건재했다는 사실이 이를 입증한다. 그러나 홍무제는 거의 대부분의 공신들을 숙청하였다. 같은 서민 출신으로서의 유방과 홍무제를 비교해볼 때 두 사람 다 후계자의 일을 걱정했다는 점에서는 일치하지만 유방의 공신 숙청에는 여후가 더 적극적인 데 반하여 주원장의 경우는 마황후가 만류하는 역할을 했다.

조익(趙翼)은 주원장의 공신 숙청과 관련하여 다음과 같이 논평했다.

"여러 공신들의 힘으로 천하를 차지하고 천하가 평정되자 그 공신들을 모조리 죽였으니 그 잔인함은 실로 천고에 없었던 바다. 모름지기 사람을 의심하여 죽이기를 좋아하는 것은 그 천성 탓이었다."

홍무제의 사람 의심하는 일은 여기에 그치지 않았다.

음력 정월 보름날 밤에 있었던 일이다. 홍무제는 그림책을 넘겨보다가 수박을 안은 부인이 말에 타고 있는 모습을 흥미있게 쳐다보고 있었다. 그러다가 말의 발이 지나치게 큰 것에 눈길이 멈췄다. 그 순간 홍무제의 머리에는 엉뚱한 생각이 번개 치듯 스치고 지나갔다.

"이것은 분명 마황후의 발이 큰 것을 조소한 것이 분명하다."

홍무제는 즉흥적으로 관리와 백성들을 닥치는 대로 죽였다.

문무공신들이 거의 다 숙청되고 다행히 살아 남은 조정 신하들도 언제 죽을지 몰라 전전긍긍하고 있었다.

홍무제의 잔인한 숙청 과정을 지켜보고 있던 황태손은 가만히 있을 수가 없었다. 어느 날 홍무제에게 말하였다.

"폐하, 인명의 살상이 지나치시면 화기를 손상시킨다고 들었사옵니다."

홍무제는 그 자리에서는 아무 말도 하지 않았으나 다음날 황태손을 불러 가시가 많이 돋친 막대기를 가리키면서 그 막대기를 들어보라고 명하였다. 황태손이 주저하는 모습을 보고 홍무제는 말하였다.

"가시가 있으면 손을 찌른다. 내가 살아 있을 때 가시들을 모두 없애 너에게 건네주는 쪽이 좋을 것이야."

홍무제의 이 말에서 그가 얼마나 많은 가시(공신)들을 살상시켰는지 알 수 있다. 홍무제는 홍무 31년(1398) 71세로 죽었다.

●

정난의 변

홍무제가 죽은 후 얼마 안 되어 홍무제의 아들과 손자 사이에 피비린내 나는 골육상잔의 비극이 벌어졌다. 홍무제의 넷째 아들인 연왕 주체(朱棣)와 황태손 주윤문(朱允炆)과의 싸움이었는데 이를 '정난(靖難)의 변'이라 부른다.

홍무제가 71세로 타계하자 황태손 주윤문이 즉위하니 이 이가 건문제(建文帝)이다. 그는 학문을 좋아하는 청년으로 즉위 당시 22세였다. 명나라가 창업한 지 이미 30년이 지났으니 무력의 시대가 지나고 바야흐로 문의 시대가 개막된다는 뜻에서 연호를 건문(建文)으로 정하였는데 여기에는 건문제의 의견이 많이 반영되었다.

후일담이지만 황태자 주표가 죽었을 때 홍무제는 연왕 주체를 황태자로 세우려 했다. 인물 · 재능 면에서 말한다면 장남인 황태자 주표보다 넷째 아들 주체가 훨씬 현명하다고 홍무제 자신도 평가하고 있었기 때문에 주표는 아버지의 기분을 항상 민감하게 살피며 고민했다. 홍무제가 황태자를 불만족스럽게 생각한 것은 그의 성격이 지나치게 인자하고 너그러웠기 때문이었다. 명왕조의 기초를 튼튼히 하기 위하여 가차 없이 숙청을 단행했던 홍무제는 황태자의 성격에 마음이 놓이지 않았다. 이에 비하면 넷째 아들 주체는 용맹 과감한 무장으로 북벌에도 참가하여 혁혁한 무공을 세웠다. 이런 점을 감안한 홍무제는 주체를 연왕에 봉하여 북경을 지키게 하였다. 원나라의 잔존 세력이 막북으로 도망쳐 북원 정권을 세우고 호시탐탐 기회를 노리자 주체를 북원의 침입을 막는 강력한 번병(울타리)으로 보낸 뒤 홍무제는 안심하였다.

황태자 주표가 죽자 홍무제는 주체를 황태자로 세우려고 중신들과 의논하였다. 그러자 학자 유삼오(劉三吾)가 반대하고 나섰다.

"황태자가 죽었으면 손자로 적통을 잇게 하는 것이 예법이옵니다."

황후 봉관 명나라의 13릉 중 만력제의 능에서 발견된 봉관이다. 금, 진주, 보석으로 아름답게 장식된 관으로 중국 공예의 정수를 볼 수 있다.

반대하는 이유는 또 있었다. "넷째 아들을 후계자로 정하신다면 차남인 진왕 주상(秦王朱樉)과 삼남인 진왕 주강(晋王朱棡)은 어찌하란 말씀입니까?"

중신들의 반대에 부딪힌 홍무제는 주체를 황태자로 세우는 일을 단념할 수밖에 없었다. 홍무제는 대성통곡하며 못내 아쉬워했다. 어쩌면 장래의 불상사를 예감했을지도 모르는 일이다.

결국 16세의 손자 주윤문을 황태손으로 세웠지만 홍무제의 마음은 우울하였다. 나약한 성격의 황태손이 그 무거운 짐을 감당해낼지 염려되었기 때문이었다.

어느 날 홍무제는 황태손과 시를 읊으며 즐기고 있었다. 홍무제가 먼저 한 구 읊었다.

"말꼬리, 바람에 흩날려 천 가닥 실을 이루네."

그리고 황태손에게 대구(對句)의 시를 짓도록 하였다. 그러자 황태손이 화답하였다.

"양의 털 비에 맞아 털방석을 이루네."

홍무제는 너무 박력이 없는 데 불만을 표시했다. 곁에서 지켜

보고 있던 연왕 주체가 다시 화답했다.

"용의 비늘 햇빛 받아 만 가닥 금을 이루네."

중국에서는 용은 황제를 상징하는 상상의 동물로 인정된다. 홍무제는 이 기백 넘치는 글귀를 보고 크게 기뻐하였다.

1398년 홍무제가 타계하고 황태손 주윤문이 건문제로 즉위하자 제태(齊泰)를 병부상서(兵部尙書), 한림원 수찬 황자징(黃子澄)을 태상경(太常卿)에 임명하여 국정을 담당토록 하였다. 그리고 학문으로 인망이 높은 한중부교수(漢中府敎授) 방효유(方孝孺)를 한림원시강으로 삼았다. 제태와 황자징은 정치가라기보다는 건문제와 학문을 토론하는 상대역으로 적합한 인물들이었다.

건문제의 정치는 이 학자들에 의해 서막이 열렸다. 이들은 당시의 정치 상황을 전한 초기와 흡사하다고 판단하였다. 전한 경제(景帝) 때 각지에 봉해진 황족들이 연합하여 이른바 오초 7국의 난을 일으킨 사실을 상기하였다. 명나라도 각지에 황족을 번왕으로 봉하여 각각 군대를 거느리고 있었다.

"왕들의 권력을 약화시키고 중앙의 권력을 강화하자."

이것이 건문제 정권의 기본 방침이었다. 이 같은 기본 방침은 대체로 시의적절했다. 그러나 현실 정치를 처리할 능력이 부족해 역효과를 일으키고 말았다.

제일 먼저 표적이 된 인물은 주왕 주수(周王朱橚)였다. 주수는 마황후가 낳은 다섯 황자 가운데 막내였다. 건문제 정권이 가장 두려워하는 인물은 연왕 주체로 그를 제거하고 싶은 마음은 간절하였으나 그럴 만한 구실이 없었다. 주왕 주수는 홍무제 생존시에도 범법 행위가 많았기 때문에 공격의 대상으로 삼는 데는 별 어려움이 없었다. 건문제가 즉위한 지 3개월 후인 8월 국경을 경비한다는 명목으로 이경륭(李景隆)이 군사를 이끌고 갑자기 개봉부에 나타나 왕궁을 포위하고 불문곡직 주왕을 체포했다.

아버지를 닮아 마음이 인자했던 건문제는 아버지와 형제간인 주왕을 석방하려 하였으나 제태와 황자징이 한사코 반대하여 결국 운남으로 유배되었다.

다음해 4월에는 제왕 주부(朱傅)·대왕 주계(朱桂)가 폐서인 되었다. 이에 불안을 느낀 상왕 주백(朱柏)은 절망한 나머지 분신자살하고 민왕 주편(朱楩)은 장주(복건)로 유배되었다. 이렇게 왕호를 박탈당하거나 종신 금고 또는 폐서인되었다가 마침내는 사형에 처해지는 자도 있었다. 일련의 조치로 각지의 번왕들은 전전긍긍했다.

연왕 주체는 번왕들의 수난은 결국 자신을 노리기 위한 전주곡임을 잘 알고 있었다.

홍무제는 유언에서 "제왕(諸王)으로서 나라를 가진 자는 절대 수도로 올라와서는 안 된다."고 명한 바 있었다. 때문에 연왕 주체는 홍무제의 부음을 듣고도 그대로 북경에 머물러 있었고 다만 고치(高熾)·고구(高煦)·고수(高燧) 세 아들만 남경으로 보내어 문상토록 하였다. 고치는 훗날 인종 홍희제(仁宗洪熙帝)로 심성이 어질고 영민하였으나 고구는 난폭한 무뢰한이었다. 때문에 아버지 연왕은 남경에서 혹시 고구가 문제를 일으키지나 않을까 두려워 조정에 자신이 병석에 있으니 자식들을 귀국시켜 달라고 청원하였다.

건문제의 오른팔격인 제태는 이 세 사람을 인질로 잡아둘 것을 주장하였으나 황자징은 연왕의 청원을 들어주는 것이 좋다는 견해를 보였다. 언젠가는 연왕을 숙청해야 하는데 인질을 잡아두

면 연왕이 경계를 게을리하지 않아
어려움이 따를 것이기 때문이다. 주
왕 때처럼 신속한 행동으로 제거하
기 위해서는 상대방을 안심시켜야
한다는 것이었다. 결국 황자징의 주
장대로 연왕의 세 아들은 귀국이 허
용되었다. 그러나 귀국 도중 문제아
고구가 숙소의 관리를 살해하는 등
난폭한 행동을 저질러 조정에서는
연왕을 비난하는 소리가 높아졌다.

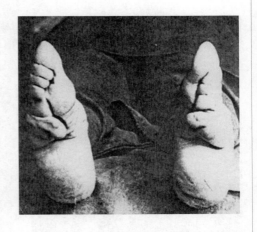

전족 인위적으로 여성의 발을 묶어 작게 만들던 풍습으로, 전족을 하지 않은 발은 천시되었다. 명대에 특히 성행하다가 중화민국 시기에 이르러서야 소멸되었다.

　　연왕은 자식의 난폭한 행동 때문에 막다른 골목으로 몰리게
되었다. 이 일로 인하여 연왕을 안심시키려 했던 황자징의 작전은
실패로 돌아갔다.

　　조정에서는 북경에 파견되어 있는 포정사(布政使) 장병(張
昺), 도사(都司) 사귀(謝貴), 장사(長史) 갈성(葛誠)에게 연왕 주
체를 체포할 것을 명하였으나 연왕이 선수를 쳐 이들을 살해하고
7월 계유일(癸酉日)에 군사를 일으켜 수도 남경을 향해 남하하기
시작하였다. 출진에 앞서 연왕은 명분을 내세웠다.

　　"임금 곁에 있는 간악한 무리를 제거하여 황실의 위난을 평
정하기 위함이다."

　　연왕은 '황실의 위난을 평정하기 위한 군사 행동'이라 하여
자신의 군대를 정난군(靖難軍)이라 칭하였다.

　　정난군은 삽시간에 거용관을 돌파하여 회래·밀운·준화·
영평 등을 잇따라 함락하니 한 달이 채 못 되어 그의 병력은 수만
명으로 증강되었다.

건문제는 경병문(耿炳文)을 대장군에 임명하여 연왕의 반란군을 토벌토록 하였다.

그러나 경병문이 패전하고 그 후임으로 교체된 이경륭(李景隆)마저 패전하여 덕주가 함락되었다. 후임 성용(盛庸)은 동창(東昌)의 전투에서 연왕군을 대파하였으나 이어지는 전투에서는 패전을 거듭하였다. 이렇게 일진일퇴의 공방전이 4년 동안이나 이어지다가 결국 연왕이 승리를 거두었다. 연왕의 승리는 건문제의 우유부단한 행동 때문이었다.

전투가 연왕군의 우세로 진행되자 건문제는 제태와 황자징을 파면하고 연왕에게 정전을 요구했다가 동창의 전투에서 조정군이 대승을 거두자 파면시켰던 두 사람을 복귀시키고 다음

전족 여성의 신발

전족을 한 여성

과 같은 조서를 내렸다.

"한집안끼리 무력으로 싸움을 벌이는 것은 매우 유감스럽고 상서롭지 못한 일이다. 짐에게 숙부를 죽였다는 악명을 씌우는 일이 없도록 하라."

한창 사기가 올라 분전하는 조정군에게 이 같은 내용의 조서가 내려지자 조정군은 전의를 상실하였다. 연왕을 죽였다간 큰일이라 생각하여 화살조차 제대로 쏘지 못하였다. 이러한 상태라면

조정군의 패배는 불을 보듯 뻔한 일이었다.

　병력면에서는 조정군이 훨씬 우세하여 한 번의 작전에 50만 명의 대군을 동원했으나 이를 제대로 지휘할 사령관이 없었다. 역전의 명장들은 홍무제가 거의 다 숙청했기 때문이었다. 이에 비하여 연왕군은 실전에서 단련된 기동력을 발휘하여 일거에 남경을 공격할 작전을 세워 성공하였다.

　연왕군은 기회를 잃지 않고 회하(淮河)를 건너 양주(揚州)를 함락하고 숨돌릴 겨를도 없이 남경을 향해 진군하였다. 남경은 심리적으로 크게 동요하고 있었다. 6월 계축일에는 조정군의 성용(盛庸)이 남하하는 연왕군을 포자강에서 맞아 싸워 승리하였다. 그런데 서전에서는 승리하고도 그 후 이어지는 전투에서는 패전하는 것이 조정군의 전황이었다. 성용군이 승리한 직후 조정군의 도독 첨사(都督僉事) 진선(陳瑄)이 거느린 수군이 연왕군에 항복함으로써 연왕군은 쉽게 장강을 건널 수 있었다. 그러자 장강 남쪽 연안을 수비하던 수비대장 동준(童俊)도 항복하였다. 연왕군은 파죽지세로 용담을 함락하고 을축일(乙丑日)에는 남경의 금천문을 공격하였다. 이때 조정군의 좌도독 서증수(徐增壽)가 연왕군과 내통하려 한 사실이 발각되어 처형되었다. 수도 방위의 중책을 맡고 있는 사령관이 적군과 내통하려 하였으니 건문제의 정권도 종말이 다가오고 있음이 분명했다. 뒤이어 곡왕 주혜(谷王朱橞)와 조국공 이경륭이 적과 내통하여 성문을 열어젖히고 연왕군을 맞아들였다.

　건문제는 연왕군이 노도처럼 궁궐로 밀려오는 것을 보고 궁전에 불을 질렀다. 남경에 입성한 연왕은 우선 건문제를 찾기 위해 궁전의 불탄 자국을 샅샅이 뒤졌으나 불탄 황후의 시체만 확인했을 뿐 건문제의 시체는 발견할 길이 없었다.

《명사(明史)》에도 다음과 같이 기록되어 있다.

"궁중에 불길이 치솟은 뒤 건문제의 종적은 알 길이 없다."

그 후 건문제는 중으로 가장하여 어디론가 탈출했다는 소문이 떠돌았으나 종적은 찾지 못했다.

일반적으로 전하는 이야기의 줄거리는 이러하다. 일찍이 홍무제가 죽을 때 당시의 황태손에게 한 개의 상자를 내려주면서 유언하였다.

"평화시에는 절대 열어보지 말고 아주 위급한 상황에 처했을 때 열어보도록 하라."

남경이 함락되어 연왕군이 물밀 듯이 궁정으로 몰려오자 건문제는 이 상자를 열었다. 그러자 거기에는 가사(袈裟)*와 면도 · 은전이 있었고 또 탈출 경로를 그린 지도가 들어 있었다. 건문제는 승려의 차림으로 변장하고 지하도를 통하여 탈출했다는 것이다.

* 가사(袈裟) : 중이 장삼 위에 걸쳐 입는 옷

연왕 주체는 건문제의 중신이었던 제태 · 황자징 · 방호유 등을 숙청하였는데 그 숙청 방법이 지나치게 가혹하여 사람들의 빈축을 샀다.

연왕 주체는 군신들의 추대를 받아 부득이 즉위한다는 형식을 취하여 제위에 오르니 이 이가 영락제(永樂帝)이다. 영락제의 수석 참모는 도연(道衍)이라는 승려였는데 도연은 방효유를 죽여서는 안 된다고 영락제에게 건의했다. 영락제도 방효유의 학문을 높이 평가하여 그를 등용할 생각이었다. 그러나 방효유는 연왕을 혐오하여 연왕과 얼굴을 마주하려 하지 않았다. 연왕이 입궐할 것을 명하자 방효유는 소복 차림으로 연왕 앞에 나아가 대성통곡하며 건문제의 죽음을 비통해했다. 영락제는 크게 노하여 방효유를 하옥시켰다.

그로부터 얼마 뒤 연왕은 즉위식 때 내릴 조서의 기초를 누구에게 맡길까 망설이고 있었다. 그러자 측근 가운데서 방효유를 추천했다. 그래서 영락제는 방효유에게 재차 입궐할 것을 명하였다. 그러자 이번에는 삼베로 만든 상복을 입고 입궐하여 또 대성통곡하며 건문제의 죽음을 애통해했다. 영락제는 끓어오르는 노여움을 꾹 참고 부드러운 말로 조서를 기초할 것을 부탁하였으나 방효유는 고개를 숙이지 않았다. 연왕은 지필묵을 가져오게 하여 강제로라도 조서를 쓰게 할 작정이었다. 방효유가 붓을 들자 일동은 긴장하였다. 방효유는 서서히 움직이며 써내려가다가 갑자기 멈추며 붓을 땅바닥에 내동댕이쳤다. 종이에는 커다란 글씨로 단 넉자만 쓰여져 있었다.

"연적찬위(燕賊篡位)*".

영락제는 크게 노하여 큰 소리로 꾸짖었다.

"너는 죽는 것이 두렵지도 않단 말이냐!"

방호유는 의연한 태도로 대답하였다.

"목이 잘려 선혈이 흐를지라도 조서만은 쓰지 않겠소이다."

영락제가 말하였다.

"죽는 것이 두렵지 않단 말이로군! 그렇다면 네 죄가 그대의 구족(九族)에게까지 미쳐도 좋단 말인가?"

방효유가 말하였다.

"구족뿐이 아니라 십족(十族)에게까지 미친다 해도 할 수 없는 일이외다!"

이 말을 들은 영락제는 칼로 방효유의 입을 두 귀 밑까지 찢도록 하고 방효유의 친족을 모조리 체포하라는 명령을 내렸다. 당시 관례상 '구족'이란 아버지의 일족 4대, 어머니의 일족 3대, 아내의 일족 2대를 합쳐 일컬었는데 '십족'이라는 말은 일찍이 전례가 없었다. 방효유의 친구와 문하생까지를 포함하여 이를 십족이라 하였다.

영락제는 방효유의 십족을 처형할 때 목을 자르기 전에 한 사람 한 사람 모두 방효유 앞에 끌고 와 방효유에게 보이는 가혹한 행동까지 하였다. 그래도 방효유는 풀이 죽지 않고 그의 의지를 끝까지 지켰다. 그리고 최후에는 취보문 밖에서 책형에 처해졌다.

영락제는 '정난'이라는 미명 아래 이렇듯 잔혹한 행위를 저질렀다. 하늘이 두려워하고 땅도 슬퍼할 잔학한 행위였다. 후세의 역사가들은 진의 시황제와 영락제의 잔인성을 비교하여 다음과 같이 말했다.

"폭군 진시황도 잔인하기로 유명했지만 그래도 죄인을 다스릴 때는 3족을 멸하는 데 그쳤을 뿐이다. 그런데 영락제는 10족까지 벌하였으니 그 잔인함은 진의 시황제를 훨씬 능가한다 할 것이다."

영락제의 치적

막북 원정과 안남 정벌

황제의 자리에 오른 영락제는 문무 양면에 걸쳐 재능을 발휘하여 민심의 안정과 국력의 신장에 힘을 기울였다. 영락제는 즉위 후 얼마 동안은 남경을 수도로 정했으나 그곳에 편안히 앉아 있을 수

오랑캐의 사냥

만은 없었다. 일단 막북으로 도망친 몽골의 잔존 세력이 대원 제
국의 부흥을 노려 자주 국경을 침범했기 때문이었다. 그뿐 아니라
원나라를 이은 명나라의 국력이 원나라에 미치지 못하는 데 대하
여 영락제는 내심 참을 수 없는 분노를 느끼고 있었다. 최소한 원
나라의 판도만큼은 가져야 한다는 것이 그의 소망이었다.

　그의 소망은 단순히 일시적인 욕망이나 충동에 의한 것이 아
니었다. 그래서 영락제는 친히 군사를 거느리고 5차에 걸쳐 막북
지방에 원정하여 몽골족과 싸웠고 안남(安南), 수마트라에도 원
정군을 파견하였다. 그리고 환관 정화(鄭和)로 하여금 대함대를
이끌고 동남아시아, 서남아시아, 중동을 거쳐 멀리 동부 아프리카
까지 항로를 개척하게 하여 명나라의 국위를 해외에 과시하였다.

영락제의 대외 정책은 태조 홍무제의 소극적인 쇄국주의의 범위를 훨씬 넘는 것으로 원나라 세조 쿠빌라이가 꿈꾸던 이른바 세계 제국형의 정책과 흡사한 것이었다. 의욕적인 군주 영락제는 내심 세계

활을 든 군사

제국을 건설하겠다는 욕망에 불타고 있었음이 분명했다.

영락제의 제1차 몽골 원정은 영락 8년(1410)에 있었다. 그 전해에 동몽골의 잔존 세력인 달단부(革莘革旦部)의 벤야시리(本雅失里)가 세력을 통합하여 강력해지자 콧대가 높아져 명나라 사신을 살해하였다. 이 보고를 받은 영락제는 크게 노하여 구복(丘福)을 대장군으로 삼아 10만여 명의 군사를 이끌고 이를 토벌토록 하였다. 그러나 구복은 켈루렌 강의 싸움에서 도리어 전멸당하는 대패배를 맛보았다.

결국 다음해인 영락 8년(1410) 영락제는 친히 50만 대군을 거느리고 토벌에 나서 오논 강의 전투에서 벤야시리를 대파하였다. 패전한 벤야시리는 서몽골에서 새로 일어난 오이라트부(瓦剌部)로 도망쳤다가 그곳에서 살해되었다. 한편 벤야시리의 부장 아루타이(阿魯臺)는 흥안령으로 도망쳐 저항했으나 결국은 패하여 명나라에 항복하였다.

동몽골의 달단이 명나라에 의해 타격을 받자 이번에는 서몽골의 오이라트가 강력해져 국경을 침범했다. 영락제는 제2차 친정에 나서 오이라트를 트라 강에서 격파하였다. 이 싸움은 명나라

오논 강 영락제가 벤야시리를 대파한 오논 강. 칭기즈칸이 태어나고 자란 곳이기도 하다.

와 오이라트와의 최초의 대회전이었는데 명나라는 대포의 위력으로 승리를 거둘 수 있었다.

2차 원정이 끝난 후 영락제는 수도를 남경에서 북경으로 옮겼다. 북방민족과의 싸움이 한두 번에 그치지 않고 장기화할 경우에 천자가 남경에 있으면 작전상 신속히 대처할 수 없는 불리한 점이 있었다. 그래서 전에도 남경을 떠나 북경에 머무르는 일이 많았다. 영락제는 마침내 북경을 수도로 정하고 남경을 제2의 수도로 정하였다(1421).

영락제의 제2차 원정에서 오이라트가 패하여 그 세력이 약화되자 이번에는 동몽골의 아루타이가 세력을 만회하여 재차 명나라에 대항하였다. 영락제는 아루타이 토벌에 나섰으나 아루타이가 깊이 숨어 나타나지 않았으므로 별다른 전과 없이 회군할 수밖에 없었다.

그 후에도 4차, 5차에 걸친 원정이 강행되었으나 아루타이는 멀리 도망쳐 추적할 수가 없었다.

　　누차에 걸친 친정에도 불구하고 아루타이를 체포하지 못함으로써 이렇다 할 전과는 없었으나 북방민족들에게 국경을 침범하면 명나라가 반드시 대군을 동원하여 토벌에 나선다는 사실을 확실히 보여줌으로써 함부로 국경을 침범하지 못하게 한 효과는 매우 컸다. 영락제는 제5차 원정에서 귀환하던 도중 병이 들어 타계하였다. 영락제가 죽은 후에도 북방의 국경은 잠시 동안 안정을 유지하였다. 이것은 영락제의 여러 번에 걸친 친정이 거둔 효과라 할 수 있을 것이다.

　　영락제는 북방에 친정하기 4년 전인 영락 4년(1406) 현재의 베트남인 안남(安南)에 출병하여 안남을 병합하였다. 당시 안남에서는 진씨(陳氏) 왕조가 호씨(胡氏)의 세력에게 밀려나 진씨 대신 호씨가 정권을 세우고 있었다. 호씨에게 밀려난 진씨 왕조의 진천평(陳天平)이 명나라에 망명해 있었다. 영락제는 진천평을 안남왕으로 세우기 위하여 그를 안남으로 보냈으나 호씨는 진천평을 살해하였다.

영락제는 주능(朱能)을 대장군으로 삼아 안남 원정을 명하였다. 7월에 출발한 주능이 10월에 진중에서 병사하자 장보(張輔)가 대신 지휘관이 되어 가림강(嘉林江)에서 안남군을 대파하고 호씨 왕을 포로로 데리고 돌아왔다. 영락제는 포정사(布政使)를 파견하여 안남을 다스리게 하고 진씨의 후손을 찾아 안남왕에 세우려 하였으나 찾지 못하고 안남을 명나라에 복속시켰다.

이에 안남 사람들은 크게 반발하여 여리(黎利)를 중심으로 반항 운동을 일으켰다. 명나라는 영락제가 죽은 뒤 마침내 안남왕 여씨(黎氏)의 독립을 인정했다.

정화의 원양 항해

영락제의 제2의 대남 정책은 환관 정화(鄭和)에게 명하여 7회에 걸쳐 남해 제국을 항해한 일이었다. 영락제의 막북 친정이나 안남 원정 등은 그의 세계 제국 지향의 야망을 여실히 반영한 것이었다. 대규모의 원정을 강행할 수 있었던 배경은 쇄국주의적 정책을 취한 태조 홍무제가 30년에 걸쳐 지출을 억제하고 국가 경제를 충실히 했기 때문이었다.

세계 제국의 꿈에 불타고 있던 영락제의 사업으로서 특기할 이 7회에 걸친 대항해는 환관 정화에 의한 것이었다. 7차 항해 가운데 마지막 7회는 영락제가 죽은 후 그의 손자 선덕제(宣德帝) 때 실시되었다.

정화는 홍무 4년(1371) 운남의 곤양(昆陽)에서 태어났다. 본 성명은 마삼화(馬三和)였다. 그런데 곤양에서 태어난 마씨의 자손이 어떻게 해서 정화라는 이름으로 바뀌고 환관으로 등용되었

헌릉 능원 선덕제의
릉이다.

을까?

　정화가 태어난 것은 홍무 4년이니 이 해는 홍무제 주원장이
명나라를 세운 지 4년이 되는 해이다. 당시 명나라는 아직도 운남
을 평정하지 못하고 있었다. 운남이 명나라의 수중에 들어온 것은
홍무 15년(1382)이었다. 홍무 14년 9월 정남 장군 부우덕(溥友
德)의 지휘 아래 남옥(藍玉)과 목영(沐英)이 각각 좌우 부장군이
되어 운남 토벌에 나섰다. 그때까지 운남은 원나라 잔존 세력이
지배하고 있었다. 정화의 아버지는 마하지(馬哈只)였는데 그의
집안은 대대로 원나라의 함양왕(咸陽王)으로서 원나라 세력과 긴
밀한 유대 관계를 맺고 있었다. 명나라 원정군이 운남을 토벌하자
마하지는 결사적으로 명군에 저항하다가 전사하였다. 명군에 저
항했으므로 정화의 일가족은 반항 세력으로 인정되어 당시 12세
였던 정화는 억울하게 거세당하는 수모를 겪었다. 그 후 명나라
군사에게 연행되어 전리품으로서 당시 홍무제의 넷째 아들인 연
왕 주체에게 헌상되었다. 이것이 정화가 영락제와 인연을 맺게 된

경위이다.

영락제는 지인지감(知人之鑑)*이 뛰어난 인물이었다. 그는 정화의 인물과 재능을 높이 평가하여 그를 측근에 두고 시험해보기로 하였다. 연왕 주체(영락제)와 조카 건문제와의 사이에 일어난 '정난의 변' 때 정화는 이미 30대의 나이였다. 이 싸움에서 정화는 기대 이상의 공을 세움으로써 영락제는 비로소 정화라는 성명을 하사하였다.

그 후 영락제는 정화를 태감(太監)으로 발탁하였다. 이 관직은 후에는 환관 전체를 일컫는 명칭으로 바뀌었지만 당시로서는 환관의 최고 지위의 관직이었다.

영락제는 대항해를 계획했을 때부터 총지휘자로서 정화를 점찍었다.

제1차 대항해는 영락 3년(1405)에 있었다. 이때 정화가 거느린 선단의 규모는 거선 62척, 승무원 2만 7천8백여 명이었다. 이 거선들은 남경의 보선창(寶船廠)에서 만들어진 것으로 길이 150미터, 너비 62미터에 이르렀다. 전문가의 계산에 의하면 현재의 8천 톤급에 해당하는 거선이었다.

제1차 정화의 대항해가 있은 지 93년 후에 바스코 다가마가 아프리카의 남단 희망봉을 최초로 항해함으로써 역사에 그 이름을 남겼지만 그때의 기함이 겨우 120톤이었다는 사실을 감안한다면 정화의 함대가 얼마나 거대하였는가를 짐작할 수 있다.

《명사(明史)》에 기록된 정화의 함대 규모는 과장된 기록이라

정화의 배 크기 정화의 함대는 2,500톤 정도로 추정되는데, 이는 200~250톤 정도였던 콜럼버스의 산타마리아 호의 약 10배 정도의 크기였다.

* 지인지감(知人之鑑) :
사람을 알아보는 식견

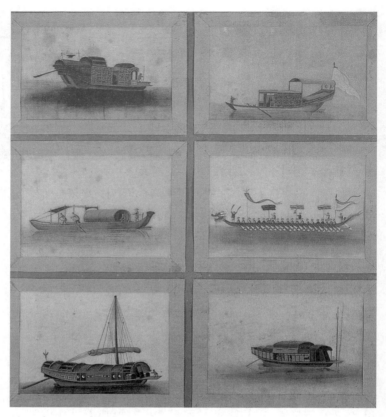

하여 오랫동안 신빙성이 없는 것으로 인정되었다. 그러나 1957년 남경 교외의 보선창 터에서 발굴된 거대한 키(舵)에 의해 《명사》에 기록된 숫자가 과장되지 않았음이 증명되었다.

영락제가 정화에게 이처럼 대규모 항해를 명한 목적은 명나라의 국위를 외국에 과시하여 명나라를 종주국으로 받들게 하자는 데 있었다. 종주국이라 해서 내정을 간섭하려는 것은 아니었고 명목상 신종(臣從) 관계를 맺고 그 나라에 한하여 무역을 허용하는 것이 영락제의 기본 방침이었다.

정화는 들르는 나라마다 명나라의 취지를 들어 설득 작전을 폈다. 대부분의 나라는 정화에게 설득당해 신종 관계를 맺는 국서 (國書)를 제출하고 교역에 찬성하였다.

당시 교역된 중국의 상품은 도자기·비단이 주종을 이루었고, 외국물품은 후추·용연향(龍涎香)·진주·산호 등을 비롯하여 사자·표범·호마(縞馬)·타조·서마(西馬) 등등 진기한 짐승도 포함되어 있었다. 여기서 '서마'란 아마도 아라비아의 명마를 가리키는 말인 듯하다.

양적으로 가장 많은 것은 후추였다. 마르코 폴로의 《동방견문록》에서 도시의 번영상을 설명할 때 후추의 사용량을 든 점으로 볼 때 당시 사람들이 얼마나 후추를 선호하였는가를 알 수 있다.

국위 선양과 외국과의 교역 촉진이 정화 함대의 목적임에는 틀림없었으나 이에 못지않은 또 하나의 큰 목적이 있었다.

남경의 궁전에 불을 지른 후 행방불명된 건문제의 행방을 추적하는 것이 목적이었다는 설도 있다. 앞서 언급했듯이 궁전의 불탄 자국에서 건문제의 유해는 끝내 발견되지 않았다. 때문에 항간에서는 건문제가 탈출했을지도 모른다는 의혹이 떠돌았다.

당시에도 동남아시아 각국에는 많은 화교들이 살고 있었다. 건문제가 혹시 동남아 지방으로 탈출하여 추대를 받아 영락제의 정부를 전복하려 할지도 모르는 일이었다.

이러한 가능성을 염려한 영락제는 정화의 함대에 2만 7천여 명의 인원을 배치하여 정신적으로 건문제 옹립 세력과 싸움을 벌인 것이라고 보는 견해도 있다. 찬탈자로서의 영락제의 뇌리에는 어쩌면 살아 있을지도 모를 건문제의 존재가 항상 염려되었을 것이다.

결론적으로 말하여 정화의 7회에 걸친 대항해의 목적은 국위 선양, 교역 촉진, 건문제의 행방 추적이라는 세 가지 큰 명제를 안고 있었다.

정화의 항해에서 무력 충돌이 일어난 예가 몇 번 있었다. 그 중 가장 큰 무력 충돌은 제3차 항해 때의 일로 실론(錫蘭, 지금의 스리랑카) 왕과의 싸움이었다. 당시의 실론 왕은 명나라로부터의 책봉을 거부하였기 때문에 싸움이 벌어졌다. 정화는 기습 작전으로 왕궁을 공격, 포위하여 국왕을 포로로 삼았다. 스리랑카는 중국에 비하면 약소국임에는 틀림없었으나 정화의 함대가 본격적인 무력 충돌을 일으킨 것은 이것이 처음이었다. 제1차 항해 때도 두 번 충돌이 있었다. 수마트라의 팔렘방에서 있은 진조의(陳祖義) 사건과 자바 섬의 내란 사건이었다.

팔렘방에는 당시에도 많은 화교들이 살고 있었다. 정화는 건문제의 행적을 수색하기 위하여 세밀하게 조사했다. 수색 결과 건문제가 잠입한 형적은 발견되지 않았으나 화교들은 두 파로 갈라져 있었다.

한 파는 진조의를 수령으로 하는 해적단과 같은 존재로 이들은 다른 한 파인 양민들을 무척 괴롭혔다. 정화는 진조의의 일당 5천여 명에게 공격을 가하여 이들을 해산시키고 수령 진조의는 포로로 삼았다. 자바 섬에서의 내란 사건은 자바의 동왕(東王)과 서왕(西王)이 패권을 차지하기 위하여 서로 싸움을 벌이던 중 정화의 부하가 희생된 사건이었다. 그들의 싸움은 서왕의 승리로 돌아갔는데 정화가 이를 엄중 항의하자 서왕은 사람을 보내 사죄하고 황금 6만 냥의 배상금을 지불할 것을 약속함으로써 사건은 일단락되었다.

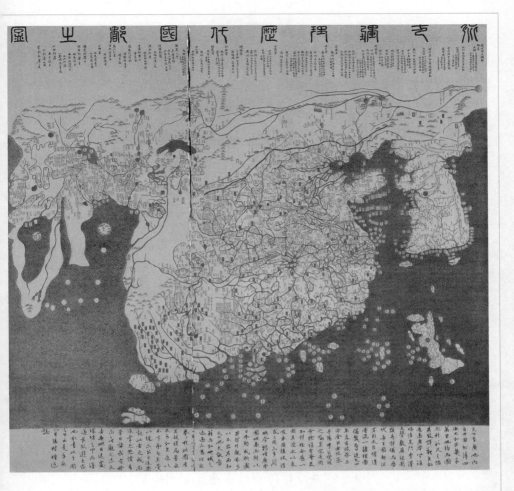

제3차 항해 때 포로로 잡힌 실론 왕은 명나라로 연행되어 왔다가 얼마 후 석방되었으나 제1차 항해 때 포로가 된 진조의는 명나라에서 참형에 처해졌다. 자바 섬에서 받기로 약속한 배상금은 1만 냥으로 감액되는 조치가 내려졌다. 벌할 것은 벌하고, 용서할 것은 용서한다는 것이 명나라의 기본 방침이었으나 여기에는 정화의 의견이 크게 참작되었다.

정화가 거느리는 대함대는 이상의 몇 가지 사건을 제외하고

혼일강리역대국도
1402년(태종 2년)에 조선에서 제작된 지도로, 게빈 맨지스는 정화의 함대가 이 지도를 가지고 항해했을 것으로 추정했다.

지도 1418년 제작된 중국 지도를 기본으로 1763년에 제작된 지도가 최근 공개되었다. 이는 당시의 중국이 이미 아메리카 대륙과 남극 대륙에 대한 지식을 갖고 있었음을 암시한다.

는 가는 곳마다 평화적이고 공평한 거래를 함으로써 각국 사람들로부터 큰 환영을 받았다. 정화는 명나라의 국위를 선양함과 아울러 그 지방의 풍속·습관을 존중하고 우호 관계를 맺어 교역할 것을 청하였다. 많은 나라에서는 우호 관계를 맺고 국왕·추장·왕자·왕족·사절들을 정화의 함대에 탑승시켜 중국을 방문토록 하였다.

이렇게 정화는 많은 나라와 우호 관계를 맺고 명나라의 국위를 선양하는 대임무를 완수하였다. 영락 21년(1423) 정화가 제6차 대항해에서 귀환할 때는 무려 1천2백 명이 넘는 각국의 사절과 상인들이 남경에 와서 활발하게 교역하였다. 동남아 각국의 국왕과 황후도 남경을 방문하여 영락제가 주최한 성대한 환영연에 참석했다는 기록도 있다.

정화의 마지막 대항해였던 제7차 항해에서는 가장 멀리 아프리카의 동해안까지 도달했다가 귀환하였다.

정화의 대항해는 중국인들의 시야를 넓히는 데도 크게 공헌
하였다. 정화의 부관들은 각국에서의 견문과 체험을 정리하여 많
은 저서를 펴냈다.

이 저서는 중국 항해사에 새로운 장을 엶과 동시에 지리학의
발전에도 크게 도움을 주었다. 또한 550년 전의 아시아·아프리
카와의 교류를 연구하는 데 귀중한 자료가 되고 있다.

《영락대전》의 편찬

영락제의 업적 가운데 빼놓을 수 없는 문화적 업적으로는 《영락
대전(永樂大典)》의 편찬을 들 수 있다. 많은 인재를 등용한 영락
제는 즉위 후 곧바로 조서를 내려 학자 해진(解縉)을 중심으로 백

영락제

과전서(百科全書)를 편찬하도록 명
하였다. 이 백과전서의 편찬 취지는
지금까지의 역사가 남긴 문화 유산
을 총정리하여 학자들의 연구 자료
로 삼는다는 것이었다. 영락제의 명
을 받은 당시의 석학들이 1년간의
각고 끝에 《문헌대성(文獻大成)》이
라는 유서(類書)를 완성했으나 영락
제는 만족하지 않았다. 그는 《문헌대
성》의 단점을 지적하고 요광효(姚廣
孝), 해진에게 재편찬을 명하였다.
《문헌대성》의 편찬에 참가한 학자는
149명에 불과하였으나 재편찬 때는

무려 2,169명의 학자가 참가하여 3년 후에 편찬을 완료하였다.

이때 정리한 서적은 7, 8천 종류에 이르렀고 항목 배열은 운(韻)을 기준으로 하였다. 내용은 천문(天文), 지리(地理), 삼교(三敎, 儒·佛·道敎), 구류(九流, 儒家·道家·陰陽家·法家·名家·墨家·縱橫家·雜家·農家), 역사, 정치 제도에서 의학, 연극, 기예 등을 총망라한 역사상 유례가 없는 최대 규모의 백과전서였다. 영락 연간에 편찬되었기 때문에 이를 《영락대전》이라 부른다.

《영락대전》은 2만 2천937권, 1만 109책, 3억 7천만여 자에 이르는 방대한 것이었기 때문에 명·청 두 시대에 걸쳐서도 판각(板刻) 출판은 엄두도 못냈다. 그 후 정본은 명나라 시대에, 부본은 청나라 시대에 각각 흩어져 분실되었다. 그 경위를 더듬어 보면 《영락대전》은 북경의 문연각(文淵閣)*에 보관되어 있었는데 1900년 8개국 연합군이 북경에 침입했을 때 그 일부가 소실되고 일부는 국외로 반출되었다. 지금도 여러 나라에 《영락대전》이 산재해 있는 것도 이 때문이다. 현재 중국 국내에 남아 있는 것은 겨우 110여 책에 지나지 않는다. 어쨌든 《영락대전》의 편찬은 중국 문화사상 손꼽히는 장거였음은 말할 나위가 없다.

* 문연각(文淵閣) : 고궁 가운데 있는 청나라 시대의 궁정 도서관

영락제 이후의 정치

영락 22년(1424) 7월 영락제가 제5차 원정에서 귀환하던 도중 유목천(楡木川, 내몽골 자치구)에서 죽었을 때 그의 죽음은 잠시 동

안 비밀에 붙여졌다. 황태손 주첨기(朱瞻基)가 영락제의 영구를 맞이하러 하북성에 왔을 때에야 비로소 영락제의 죽음을 천하에 발표하였다. 그 이유는 소상히 밝혀지지 않았으나 후계자 문제로 중신들 간에 의견이 엇갈렸기 때문으로 보인다.

황태자 주고치는 지나치게 인자하고 병약하였으며 둘째 아들 주고구는 용맹 과감한 면은 있으나 무뢰한 비슷한 성격의 소유자였다. 후계자의 자리를 둘러싸고 무신들은 한왕 주고구를 옹립하려는 움직임을 보였고 문신들은 한왕이 너무 난폭하다 하여 호의적인 태도를 보이지 않았을 뿐 아니라 이미 황태자가 엄연히 책립되어 있으니 재론의 여지가 없다는 입장을 취했다. 그러면서도 황태자가 너무 나약하다는 점에는 다소 불만이 있었다. 그러나 황태손 주첨기의 자질이 뛰어났기 때문에 중신들은 일단 황태자 주고치를 후계자로 옹립하는 데 양해했다. 말하자면 황태자는 아들 주첨기의 덕을 톡톡히 본 셈이었다.

결국 황태자 주고치가 즉위하니 그가 인종(仁宗) 홍희제(洪熙帝)이다. 홍희제는 병약하다기보다는 이상 체질에 가까웠다. 어려서부터 지나치게 비만하여 보행마저 불편하였기 때문에 영락제는 식사 조절을 엄명할 정도였다. 즉위한 다음해에 홍희(洪熙)로 개원(改元)했기 때문에 홍희제라 부른다. 그러나 즉위한 지 1년이 채 못 된 1425년 5월에 타계하니 이때 그의 나이 48세였다.

홍희제의 재위는 1년이 채 못 되지만 아버지 영락제가 원정에 나설 때는 황태자로서 황제의 정무를 대행한 일이 많았다. 정무를 대행할 때의 홍희제는 아버지 영락제의 정치 자세에 매우 비판적인 의견을 가지고 있었다.

홍희제가 영락제의 죽음 소식을 듣고 정식으로 즉위하기 전에 한 일은 4년이나 투옥되어 있던 호부상서(재무 장관) 하원길(夏元吉)을 석방한 일이었다. 하원길은 영락 연간의 뛰어난 정치가로 호부상서로 있으면서 북경 천도, 잦은 원정, 대항해 등에 따르는 막대한 재정을 원활하게 조달한 인물이었다. 영락 19년(1421) 다시 친정 논의가 일자 하원길은 지나친 백성들의 부담과 막대한 경비 부담 등을 들어 이에 반대했다가 영락제의 노여움을 사 같은 반대 의견을 제시했던 형부상서(법무 장관) 오중(吳中)과 함께 투옥되었다.

홍희제가 정식으로 제위에 오르기 전에 하원길과 오중을 석방한 것은 자신도 이들과 같은 의견을 가졌던 것으로 해석되며 영락제의 정치 노선에 반대하고 있었다는 사실을 시사한다.

아버지의 친정 동안에 국정을 담당한 홍희제는 원정이 얼마나 국력을 소비하고 백성들을 괴롭히는가를 잘 알고 있었다. 하원길과 오중이 반대의견을 제시했던 때의 친정에는 민간인 징발이 23만 5천 명, 양곡이 무려 37만 석에 달하였다.

홍희제는 아버지 영락제가 자주 원정을 하게 된 원인은 북경을 수도로 정했기 때문이라고 생각하였다. 북경은 막북과 가깝기 때문에 막북의 동정에 민감하지 않을 수 없다. 남경을 수도로 한다면 막북의 움직임에 그렇게 민감하지 않아도 되며 원정할 필요도 없지 않겠는가? 이것이 홍희제가 황태자 시절에 생각한 일이었다. 그래서 즉위하자 곧바로 남경 천도를 고려했다.

홍희제의 천도 계획은 영락제의 세계 지향적 팽창 정책에서 태조 홍무제의 민족 국가 지향적 수축 정책으로의 전환을 의미하는 것이기도 하였다. 그러나 이 계획은 그의 1년도 못 되는 재위 기간 때문에 실현되지 못하였다.

홍희제의 뒤를 이어 제위에 오른 선덕제(宣德帝) 주첨기는 즉위한 지 얼마 안 되어 숙부인 한왕 주고구의 반란이라는 중대 국면을 맞았다.

홍희제가 죽었다는 급보가 남경에 머무르던 황태자에게 전해지자 황태자는 급히 북경으로 향했다. 이 같은 사실을 안 한왕 주고구는 도중에서 황태자를 암살하려 하였으나 실패하고 말았다. 황태자 주첨기가 북경에 돌아와 즉위한 다음해인 선덕 원년 (1426) 8월 한왕은 마침내 반란을 일으켰다.

선덕제 주첨기는 건문제처럼 우유부단한 인물이 아니었다. 그는 '정난의 변'에서 얻은 역사적 교훈이 무엇인가를 잘 알고 있었다. 숙부인 한왕 주고구의 반란 보고를 받은 선덕제는 양영(楊榮)의 진언에 따라 즉시 친정에 나섰다. 남경의 궁전에 앉아서 출진한 장병들에게 "숙부를 죽였다는 누명을 쓰지 말게 하라."는 조서를 내린 건문제와는 본질적으로 달랐다. 선덕제가 직접 낙안을 공략하자 한왕은 저항할 힘을 잃고 항복하였다. 이 반란에 가담한 자 640여 명이 주살되고 국경 수비군으로 쫓겨난 자가 1,500여 명에 달했다. 한왕 주고구와 그의 가족들은 자금성(紫金城)의 서안문 안에 '소요성(逍遙城)'이라는 건물을 새로 지어 그곳에 유폐되었다.

그로부터 수년 후 선덕제가 소요성으로 찾아가 그들의 동태를 살피던 중 유폐되어 있던 주고구가 갑자기 선덕제를 발로 차는 사건이 발생하였다. 선덕제가 크게 노하여 3백근 무게의 구리 항아리에 주고구를 집어넣고 뚜껑을 덮어버렸다. 동작이 기민하고 힘이 장사였던 주고구가 항아리 속에서 몸을 버팅기며 힘을 다하여 뚜껑을 밀자 뚜껑이 움직이며 젖혀지려 하였다. 선덕제는 항아

서광계 명말 정치가. 가톨릭 신자로 마테오 리치와 친하게 지내며 중국 예수회의 중심이 되었다. 서양의 천문학 저서를 번역하는 등 활발한 활동을 했다.

리 주위에 숯과 섶을 수북히 쌓아놓고 불을 댕겼다. 이글이글 타오르는 불로 달궈진 구리 항아리 속에서 한왕 주고구는 비참한 최후를 마쳤다.

명나라 역대 황제 가운데 선덕제는 현명한 군주로 손꼽힌다. 그는 세 사람의 양씨(楊氏)를 측근에 두어 정치적 비서역으로 삼았다. 이 세 사람은 영락제 이후 명나라의 정치를 운영하는 중심적인 역할을 담당했다. 한왕 주고구가 반란을 일으켰을 때 신속하고 과감하게 친정에 나서도록 진언한 양영이 바로 이 세 사람의 양씨 가운데 한 사람이었다.

세 사람 가운데 가장 나이가 많은 사람은 양사기(楊士奇)였고 양영은 양사기보다 여섯 살 어렸다. 또 한 사람 양부(楊溥)는 양영보다 한 살이 적었다. 세 사람 모두 영락제 때 등용되어 황태자의 교육을 담당했다. 영락제가 죽고 홍희제가 즉위하자 이들 세 사람의 지위는 급격히 상승하여 문연각(文淵閣)·문화전(文華殿) 등의 학문 연구 기관의 대학사·학사에 임명되어 황제의 고문이 되었다. 홍희제가 죽고 선덕제가 즉위한 후에도 세 사람에 대한 황제의 신임은 두터웠고 지위 또한 변함이 없었다.

역사적으로 볼 때 왕조의 창업기에는 일정 기간 혼란이 있게 마련이고 이 혼란기가 지나면 안정기를 맞는 것이 보통인데 안정기에는 현명한 군주가 안정된 정치적 기반 위에 선치를 베푸는 시기이다. 전한 초기 '문경(文景)의 치(治)'가 그러했고, 당나라 '정관(貞觀)의 치(治)'가 바로 그것인데, 명나라 시대의 선치로는 인종 홍희제와 선덕제의 치세인 '인선(仁宣)의 치(治)'를 꼽고 있다. 이 선치를 이룩하는 데 공헌한 중심 인물이 바로 세 양씨이다.

홍희제가 즉위한 지 1년도 못 되어 타계한 데 비하여 선덕제는 선덕 10년(1435)에 타계하였다. 재위 기간은 홍희제보다 길었으나 나이는 38세로 홍희제의 47세보다도 더 적었다. 두 황제 모두 단명하였다는 사실에 아쉬움을 느끼지 않을 수 없다.

명나라의 내우외환

환관의 발호

선덕제가 38세의 나이로 타계하고 손황후가 낳은 황태자 주기진(朱祁鎭)이 겨우 9세의 나이로 즉위하니 이 이가 영종(英宗)이다. 지금까지 명나라 역사를 서술할 때 황제를 지칭하는 호칭으로 홍무제, 건문제, 영락제, 홍희제, 선덕제라 일컫다가 유독 영종만을 묘호(廟號, 임금의 시호)로 부르는 것은 명나라 역사에서 처음 있는 일이다. 그것은 명나라 역대 황제인 17제(帝) 284년의 역사 가운데 영종 한 사람만이 정통(正統)과 천순(天順)이라는 두 가지 연호를 사용하였기 때문에 혼동을 피하기 위해서이다. 두 가지 연호를 사용한 경위는 이후에 밝히기로 한다.

홍무제가 건국한 지 68년째에 명나라는 처음으로 나이 어린 황제를 맞았다. 9세인 어린 영종이 친히 정무를 담당할 수 없었기

자금성 명·청 시대의
궁전인 자금성 원경

때문에 선덕제의 유조에 따라 영종의 할머니(홍희제의 황후)인 태
황태후 장씨가 정무를 담당하게 되었다. 그러나 태황태후는 여자
가 직접 정치를 담당하는 것은 창업 이래 금해온 법이라 하여 직
접 정무에 임할 것을 사양하고 세 사람의 양씨에게 국정의 운영을
위임하였다. 그러나 세 양씨들은 모두 늙어 영종 즉위 때 양사기
의 나이 이미 71세의 고령이었다.

　　나이 어린 영종의 입장에서 본다면 젊은 측근이 절실히 필요
했다. 그래서 영종도 그가 황태자 시절에 그의 교육을 담당했던
환관 왕진(王振)을 기용하였는데 이 왕진의 기용은 명나라 역사
의 앞날에 어두운 그림자를 드리우는 계기가 되었다.

　　명나라 역사상 환관에 의한 폐해는 영종 시대부터 비롯되기
시작하였지만 영종 초기에는 태황태후 장씨가 세 사람의 양씨에

게 국정 운영을 맡겨 역사상 내각(內閣) 정치의 효시로 일컬어지는 정치체제를 형성했기 때문에 황제의 측근으로 기용된 환관 왕진도 힘을 쓰지 못하였다.

세 사람 가운데 양영이 정통 5년(1440) 70세로 죽고, 이어 정통 7년에는 태황태후 장씨가 죽었다. 그리고 양사기는 그의 아들의 일로 근신 중이어서 정치에 참여하지 못했다. 이때에 이르러 왕진은 서서히 그의 본모습을 드러내기 시작하였다. 양부 혼자서 고군분투하였으나 왕진의 횡포를 억제하기에는 역부족이었다. 그러한 가운데 양사기가 정통 9년 80세로 타계하고 이어 양부마저 정통 11년 75세로 타계하자 왕진은 거침없이 날뛰기 시작하였다.

당시 내각에는 마유(馬愉)·고곡(高穀)·조정(曹鼎) 등이 있었으나 힘을 쓰지 못하고 내각의 권한은 점차 사례감(司禮監)*으로 옮겨갔다. 사례감의 장관은 왕진이었으므로 국정의 권한은 모두 그의 손으로 넘어갔다.

* 사례감(司禮監) : 환관의 내각

영종은 어렸을 때부터 그의 교육을 담당했던 왕진을 즉위 후에도 '왕 선생'이라 부르고 왕 선생의 말이라면 일체 반대하는 일이 없었다. 저속한 말로 왕진은 영종을 잘 길들였다고 할 수 있다. 이렇게 되자 왕진은 더욱 기고만장하여 권위를 과시하려 하였다.

왕진의 횡포 사실을 몇 가지 예로 들면, 태황태후가 죽은 다음해에 그는 궁전의 동쪽에 어마어마한 대저택을 짓는가 하면 지화사(智華寺)를 건축하고 미얀마에 토벌군을 파견하였다. 무엇이든 그의 의사대로 통과되지 않은 일이 없었다.

한림원 시강(侍講) 유구(劉球)는 상주문을 작성하여 올렸는데 이 가운데 왕진을 비판하는 표현이 있었다. 이를 안 왕진은 마순(馬順)에게 명하여 유구를 죽였다. 죽이는 방법도 지해(肢解)

지화사 명나라의 건축
양식이 그대로 남아
있는 건물이다.

라 해서 팔다리를 잘라내는
잔인한 형벌을 썼다.

좨주(祭酒, 국립대학 총
장) 이시면(李時勉)은 권력에
머리를 숙이지 않는 강직한
학자로서 평소 왕진에게 인사
조차 하지 않았다. 언젠가 왕
진은 국자감 증축 문제로 이
시면을 방문했다. 이때도 역시 이시면의 왕진을 대하는 태도는 냉
랭하기만 하였다. 권위 의식에 차 있던 왕진은 무슨 구실이든 붙
여서 이시면을 한번 혼내주려 벼르고 있었다. 때마침 이륜당(彛
倫堂) 옆의 나무가 너무 무성하여 사람들의 왕래에 지장을 주었
기 때문에 이시면이 그 나뭇가지를 자르게 한 일이 있었다. 왕진
은 이것을 트집잡았다.

"제멋대로 공공의 수목을 자른 죄는 용서할 수 없다."는 구실
을 내세워 이시면의 목에 칼을 씌우고 국자감 문 앞에 이시면을
세워 망신을 주었다. 이 같은 일은 사대부에게는 죽음보다도 더한
굴욕이 아닐 수 없었다.

어사 이탁(李鐸)은 왕진에게 무릎을 꿇지 않았다는 이유만으
로 철령위(鐵嶺衛)로 좌천되었다. 왕영(王永)·장환(張環)·고
충(顧忠) 등은 왕진의 죄상을 폭로하는 벽보를 붙였다가 책형에
처해졌다. 왕진이 자신의 권위를 만천하에 과시하려고 비굴한 횡
포와 만행을 일삼았다.

토목보의 참패

명나라가 가장 경계해야 할 상대는 막북으로 도망친 몽골족의 잔존 세력이었다. 이들은 자신들을 중원에서 몰아낸 명나라에 대하여 항시 복수의 칼을 갈며 호시탐탐 기회를 노렸다.

명나라 창건 이후 몽골의 세력은 동족의 달단과 서쪽의 오이라트가 명나라의 군사적 행동 여하에 따라 성쇠를 되풀이하는 시소 게임을 되풀이하였다. 그러다 영종의 시대에 들어서면서 서쪽 오이라트가 에센(也先)의 지도 아래 점점 세력을 확장했다. 정통 13년(1448) 11월 조공으로 바치는 말의 문제로 시비가 벌어져 결국 국경을 침범하는 사건이 발생하였다.

말을 조공으로 받게 된 역사적 배경을 살펴보자.

언제부터인가 오이라트의 조공 사절단은 매년 11월에 말을 조공물로 가지고 북경으로 들어오게 되어 있었다. 명나라가 말을 조공으로 받기로 한 배경은 이(利)로써 적을 회유하여 그들로 하여금 충돌을 일으키지 않게 하기 위한 정책에서였다. 송나라 시대의 세공과 비슷한 것으로 당초부터 적자를 각오한 것이었다. 일종의 평화를 사들이는 대금이었으므로 너무 적자가 많으면 곤란하기 때문에 가능하면 억제하려는 것이 명나라의 기본 정책이었다. 처음에는 오이라트에서 오는 사신의 수를 50명으로 정했다. 그 후 오이라트에서 해마다 말의 수와 사신의 수를 일방적으로 늘렸다. 말의 값도 지불해야 하고 사신 한 사람 한 사람에게 일일이 은상을 내려야 하기 때문에 명나라 입장에서는 사신의 수가 많을수록 경제적 부담이 가중되게 마련이었다.

정통 13년(1448) 오이라트는 2천5백 명의 사절단을 북경에 파견하였다. 그들이 말한 2천5백 명은 실제 인원보다 1천 명을 불려서 말한 숫자였다. 숫자를 불리는 일은 지금까지 흔히 있었던 일로 명나라에서도 속는 줄 알면서 눈을 감아 은상을 내려 적당히 돌려보내는 것이 연례 행사처럼 되어 있었다. 그러나 왕진은 실제 인원에 한해서만 은상을 내리고 말값도 오이라트가 제시한 값의 5분의 1로 깎았다.

오이라트의 에센은 끓어오르는 분노를 누르지 못하고 마음속으로 뇌까렸다.

"인원을 불리는 일은 관례인데도 이를 인정하지 않다니 괘씸하기 짝이 없다. 게다가 말값을 깎아도 어느 정도이지 너무 하지 않는가. 평화의 대가를 지불하는데 인색하면 어떻게 되는지 맛을 톡톡히 보여줘야 한다. 금후의 일을 생각해서라도 우리들의 생각을 명나라에 보여줘야 한다."

명나라의 무사

다음해 7월 오이라트군은 일제히 명나라 국경을 침범하였다. 동쪽 요동으로부터 서쪽 감숙성에 이르기까지 전 국경에 걸쳐 노도처럼 공격했다. 일종의 위협적인 군사 행동이었다. 에센이 직접 거느린 주력 부대는 산서의 대동(大同)을 공격해 들어왔다. 각 요충지를 지키고 있던 명나라의 참장(參將) 오호(吳浩), 서령후 송영(宋瑛), 무진백 주면(朱冕) 등이 잇따라 패전하여 전사하였다. 양화(陽和)의 전투에서는 감군(監軍)으로 있는 환관 곽경(郭敬)의 작전 미숙으로 대패하고 곽경은 풀숲에 숨어 겨우 목숨을 보존하였다.

이 같은 급보를 접한 명나라 조정에서는 영종이 참석한 가운데 중신회의를 열어 대책을 논의했다. 왕진은 영종의 친정을 권하였고, 병부상서 광야(鄺埜), 병부 시랑 우겸(于謙) 등을 비롯한 중신들은 성급한 친정에 반대하였

146

으나 왕진은 친정을 고집하였다. 왕진이 친정을 강행하는 이상 아무도 이를 저지할 힘이 없었다.

마침내 친정이 결정되어 영종은 50만의 대군을 거느리고 북경을 출발하였다. 북경은 영종의 동생 주기옥(朱祁鈺)을 유수(留守)로 삼아 지키게 하였다. 영종의 친정인 만큼 많은 고관과 장군들의 시종들까지도 함께 떠났다.

황제의 행렬이 거용관(居庸關, 북경 북서쪽 60킬로미터)을 넘자 군신들은, "이곳부터는 작전 지역입니다. 황제께오서는 이곳에 머무르시어 제군을 통독하시고 작전은 일선부대 지휘관에게 위임하시는 것이 좋을 듯 합니다."라고 진언하였으나 왕진은 듣지 않았다.

왕진의 의견에 거역하는 자는 지위의 고하를 막론하고 엄벌이 내려졌다. 병부상서 광야와 호부상서(재무 장관) 왕좌(王佐)도 왕진의 의견에 반대했다 하여 온종일 풀숲에서 무릎을 꿇는 수모를 겪었다.

왕진은 일개 환관일 뿐 군사 작전에는 완전 백지였다. 50만이라는 병력의 숫자만 믿고 있는 형편이었다. 8월 2일 영종은 대동(大同)에 도착하였다. 왕진은 아무런 작전도 구상하지 않고 무턱대고 북쪽으로 진군할 작정이었다. 왕진의 머리에는 영락제가 친정할 때 몽골군이 명나라의 50만 대군을 보고 겁에 질려 산 깊숙이 숨어 그 모습을 나타내지도 않자 명군은 위엄을 과시하고 개선해 돌아왔다는 옛 생각으로 가득 차 있었다.

오이라트의 캐러반
20세기 초의 오이라트 캐러반의 모습

오이라트의 전통 주거지 원형의 천막인 오이라트의 전통 주거지. 오이라트족은 서몽골 지역의 몽골계 부족으로 한때 북로와 함께 막강한 세력을 가졌다.

자신도 그렇게 되리라고 굳게 믿고 있을 뿐이었다.

그러나 양화의 전투에서 패배를 체험한 환관 곽경이 오이라트군의 용맹과 그들을 가벼이 보아서는 안 된다고 끈질기게 설득하자 왕진도 일단 회군하기로 마음을 바꾸었다.

왕진은 자진해서 거세 수술을 받은 인물로 보통 사람으로는 상상조차 할 수 없는 극단적인 자기 중심주의자였다. 그는 회군하는 길을 자형관(紫刑關, 하북성)에서 북경으로 도달하는 직행길을 버리고 울주(蔚州)로 우회하는 길을 택하였다. 울주는 왕진의 고향이었으므로 황제를 자신의 생가에 모시어 자신의 명예를 고향사람들에게 과시하고 싶은 생각에서였다.

군대의 행진이 40리 정도 움직였을 때였다. 이래서는 안 된다는 생각이 퍼뜩 왕진의 머리를 스치고 지나갔다. 당시 울주 지방은 벼이삭이 황금 물결을 이루고 있어 수확기를 앞두고 있었다. 그동안의 행군에서 대군이 지나가는 곳마다 농작물이 짓밟혀 황폐화되는 것을 목격한 왕진은 다른 곳은 몰라도 적어도 자기 고향의 농작물만은 피해를 입혀서는 안 된다고 생각했다. 그래서 왕진은 다시 길을 변경하여 선부(하북성 선화현)를 경유하기로 했다.

왕진의 행군길 변경 명령에 따라 전군은 우회하여 다시 북쪽으로 향했다. 이 때문에 군대가 몹시 피로해졌다. 이때 병부상서 광야가 대책을 진언하였다.

"정예군으로 호위군을 편성하여 황제의 후방을 호위케 하여 황제일행은 거용관으로 직행하는 것이 좋을 듯합니다."

병부상서의 진언에 대하여 왕진은 콧방귀를 뀌면서 큰 소리로 호통쳤다.

"썩은 선비가 무슨 병법을 안다고 그 따위 말을 하는 거요. 그 따위 말을 다시 하는 자는 용서하지 않겠소."

병부상서 광야가 지지 않고 대꾸하였다.

"나는 사직과 백성들을 위해서 말했을 뿐이오. 어찌 당신을 두려워하겠소."

왕진은 좌우 사람들을 꾸짖어 광야를 물리치게 하였다.

왕진이 다시 택한 길은 북쪽에 치우쳐 있어 오이라트의 군대가 자주 출몰하는 곳이었다. 높은 기동성과 민첩한 정보 수집망을 거미줄처럼 펼치고 있는 에센은 명군의 움직임을 빠짐없이 포착하여 추적하고 있었다. 에센은 길게 뻗쳐 행군하는 명군의 최후미 부대에 공격을 가하였다. 황제의 호위군을 지휘하던 공순후 오극충(吳克忠)과 그의 동생 도독 오극근(吳克勤)이 분전하다가 전사하였다. 이를 구하기 위하여 성국공 주용(朱勇)과 영순백 설수(薛

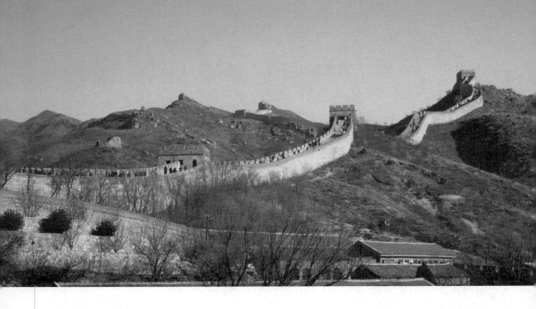

만리장성 토목보의 참
패로 명나라는 외세로
부터 스스로 보호하기
위해 장성을 축조하고
보수했다.

授)가 4만의 군사를 이끌고 뒤돌아 달려왔으나 이들도 요아령이
라는 곳에서 궤멸되고 말았다. 이것이 8월 13일의 일이었다.

후미 부대를 궤멸당한 명군은 다음날 토목(土木)이라는 곳에
도착하였다. 이곳에는 영락제 때 쌓아 놓은 성채가 있었고 이곳에
서 약 10킬로미터 되는 곳에 회래성(懷來城, 하복성 회래현)이 있
었다. 제장들은 모두 이 회래성으로 들어갈 예정이었다. 그런데
여기서 왕진은 큰 실수를 저지르고 말았다. 그는 수송 부대가 아
직 도착하지 않았으니 그대로 토목의 성채에서 기다려야 한다는
것이었다.

왕진에게 초보적인 군사 지식만 있었더라도 이런 실수는 저
지르지 않았을 것이다. 수십만 대군을 토목의 성채에 주둔시킨 것
은 화를 자초하는 일이었다. 그곳에는 물이 한 방울도 나오지 않
았다. 명군에서도 군사 전문가가 있어 이 같은 사실을 잘 알고 있
었으나 왕진의 의사를 거역할 수 없었다.

다음날 오이라트군은 토목의 성채를 포위하였다. 명군은 물

을 얻기 위해 두 길 이상이나 땅을 팠으나 어느 곳에서도 물은 한 방울도 나오지 않았다. 시간이 지날수록 갈증은 더욱 심해져 명군의 사기를 저하시켰다. 이때 오이라트군의 한쪽 병력이 포위를 풀고 후퇴하기 시작하였다. 명군에게 올가미를 씌우기 위한 작전이었음은 말할 것도 없다. 그러나 갈증에 시달린 명군은 가만히 앉아서 죽기를 기다릴 수만은 없었다. 명군은 성채를 빠져 나오면서 공격하였으나 대기하고 있던 오이라트군의 4만 기병에게 여지없이 짓밟혀 섬멸되고 말았다.

수십만의 사상자를 내는 대참패였다. 영종의 친정을 강행했던 장본인 왕진은 호위 장교에게 박살(撲殺)당하고, 영종의 친정을 반대했던 병부상서 광야와 총사령관 영국공 장보(張輔) 등은 조정·왕좌 등의 중신과 함께 장렬히 옥쇄(玉碎)*하였다.

영종은 어찌할 바를 몰라 초원에 주저앉아 있다가 오이라트군의 포로가 되었다. 친정 중에 황제가 포로로 된 일은 역사상 없었던 일이었다. 이 사건이 '토목의 변'이다.

패전 소식이 북경에 전해지자 북경은 크게 동요하였다. 황태후 손씨의 명에 따라 영종의 이복동생 성왕 주기옥(郕王朱祈鈺)이 감국(監國)으로서 국정을 담당하다가 곧바로 제위에 올랐다. 포로가 된 영종을 상황으로 추대하고 그 다음해에 연호를 경태(景泰)로 고쳤기 때문에 성왕은 경태제로 불린다.

경태제가 즉위하자 중신들은 친정의 책임자인 왕진 일족을 처벌할 움직임을 보였으나 경태제는 애매한 태도를 보일 뿐이었다. 이에 불만을 품은 중신들이 일제히 일어나 서둘러 처벌을 요구하자 경태제는 마지 못해 왕진의 일파였던 마순에게 왕진 일족을 체포하라는 명령을 내렸다. 그러나 백관들은 마순을 보는 순간

* 옥쇄(玉碎): 충절을 위하여 깨끗이 생명을 버림.

고함쳤다.

"이 자도 왕진의 앞잡이다. 죽여 버려야 한다."

백관들은 갑자기 달려들어 마순과 두 사람의 환관들을 박살하였다. 조정 안의 분위기는 바야흐로 살기로 가득 차 수습의 기미가 보이지 않았다.

경태제가 어쩔 줄 몰라 허둥지둥할 때 병부시랑 우겸이 달려와 아뢰었다.

"폐하, 마순은 죽어 마땅한 사람입니다. 백관들의 이 같은 행동은 국가의 앞날을 위한 우국충정에서 나오는 일이오니 폐하께서는 이 점을 헤아리셔야 합니다."

경태제가 우겸의 말을 듣고 노여움을 풀자 백관들의 감정도 서서히 진정되면서 험악했던 분위기가 수습되었다.

왕진의 일족은 모두 체포되어 주살되고 왕진의 재산도 몰수되었는데 금·은이 60여 창고, 옥반(玉盤)이 1백 개, 6, 7척 높이의 산호수가 20여 그루나 되었다.

그 옛날 동진 시대 최고의 부를 자랑했던 부호 석숭은 6, 7척 높이의 산호수가 6, 7그루에 지나지 않았는데도 당시 사람들은 놀라 자빠질 지경이었는데 왕진은 20여 그루나 소유하고 있었다 하니 그 부패상을 짐작할 수 있다.

'토목의 변'에서 대승을 거두고 영종을 포로로 삼은 에센은 영종을 방패로 유리한 협상을 벌이려 하였으나 명나라에서는 이미 경태제가 새로운 황제로서 즉위하였다. 때문에 인질로서의 가치가 떨어진 영종은 사실상 그들이 기대한 만큼 귀중한 존재가 아니었다. 이에 에센은 무력으로 북경을 공략하려 하였다.

명나라 조정은 오이라트군의 북경 공격에 대처할 대책을 논의했다. 이 자리에 참석한 서정(徐珵)은 형세가 아주 위급한 것으로 보고 자기의 처자를 미리 남쪽 소주로 대피시킨 인물이었다. 그는 회의석상에서 말했다.

"내가 점을 쳐본 결과 이상한 징조가 보이고 있소. 천명이 다한 듯하오. 북경을 버리고 남경으로 천도하는 것이 좋을 듯하오."

서정의 말을 들은 회의장의 분위기는 자못 침통하였다. 개중에는 소리 내어 엉엉 우는 자도 있었다. 잠자코 회의를 지켜보고 있던 우겸이 큰 소리로 말하였다.

"남경 천도를 주장한 사람은 앞으로 나오시오. 머리를 깨버리겠소. 북경은 천하의 근본이오. 이 근본을 지키지 못하면 천하는 반드시 어지러울 것이오. 남쪽으로 도망간 송나라의 비극을 되풀이해서야 되겠습니까?"

회의장을 가득 메운 조신들은 이 같은 우겸의 말에 공감되어 북경을 사수하겠다는 결의를 다졌다. 그리고 8월 2일에는 우겸이 병부상서로 임명되어 북경 사수 체제를 갖추게 되었다.

10월에 이르러 에센은 먼저 자형관을 공략하고 이어 공격 목표를 북경으로 돌렸다. 이에 대항하는 북경의 수비군은 10만 명에도 미치지 못하였고 그 가운데 무기를 가진 자는 1만 명도 안 되었다. 그러나 우겸은 "나라를 지키자.", "민족을 지키자."라며 장병들을 독려하여 사기를 진작시키며 만전의 준비를 갖추었다. 각처에서 원군이 속속 북경으로 몰려들어 사기는 충천하였다.

에센은 우선 영종을 방패삼아 명나라에 투항을 종용하였으나 이것이 실패로 돌아가자 북경성을 공략하기 시작하였다. 북경 수비군 사령관 우겸은 북경의 북쪽 성문인 덕승문에 복병을 배치시켜 놓고 적을 성벽 아래까지 유인하여 협공작전으로 에센군을 마구 무찔렀다. 에센군은 대패하여 많은 사상자를 냈으며, 에센의 동생 소로(索羅), 재상 마오나하이(卯那孩)도 이 싸움에서 전사하였다. 5일간에 걸친 전투에서 에센군은 1만여 명의 전사자를 내고 9만의 기병이 사기가 떨어져 전투력을 상실하였다. 명나라의 원군이 속속 북경을 향해 들어온다는 정보를 듣고 퇴로를 차단당할 것을 염려한 에센군은 북경에서 철수하였다.

원래 에센이 국경을 침범한 것은 무역 문제 때문이었다. 그러나 사태가 전면전으로 확대되어 무역이 모두 정지되자 그들의 경제 생활에도 당장 불편한 점이 많았다. 그리고 영종을 아무리 억류해봤자 하등의 소득이 없을 것이 뻔했다. 그래서 에센은 경태제 정권에 대하여 누차 강화할 것을 요청하였다.

경태제로선 이 강화의 제의가 몹시 괴로운 것이었다. 만약 강화가 성립되면 영종이 귀환할 것이고, 귀환할 영종을 어떻게 대우해야 할 것인가가 큰 문제였다. 그러나 조정 대신들의 입장은 경태제와는 달랐다. 그들은 어쩔 수 없는 상황에서 경태제가 즉위한 것이므로 영종이 설사 돌아온다 하더라도 동요가 없을 것이라고 의견을 모아 에센의 강화 제의에 응하기로 결정하였다.

마침내 오이라트와 명나라 사이에 강화가 성립됐고 영종은 북경으로 송환되었다.

북경에 돌아온 상황 영종은 자금성(紫金城)의 남궁(南宮)에 연금되어 우울한 나날을 보냈다.

한편 경태제는 일찍이 영종의 아들 견심(見深)을 황태자로 세웠으나 이때에 이르러 마음이 변하였다. 아무래도 자신의 아들을 황태자로 세워야겠다는 생각에 측근들을 매수하여 황태자 폐립문제를 거론토록 하였다. 경태 3년 5월 마침내 황태자 폐립이 단행되어 경태제의 소망은 이루어졌으나 다음해 11월 황태자 견제(見濟)가 죽고 말았다.

경태 8년 경태제가 중병으로 병상에 눕게 되자 군신들은 다시 황태자를 세울 것을 건의하였으나 경태제는 이를 거부하였다.

궁정에서는 이상한 분위기가 감돌기 시작하였다. 후계자가 없는 황제, 그리고 연금 상태에 있는 영종은 일찍이 제위에 올랐던 그의 형이 아닌가? 이런 상황이라면 새 황제를 옹립하려는 움직임이 싹트게 마련이었다.

경태 18년(1457) 1월 17일 이른 아침 경태제가 병상에서 신음하고 있을 때 장군 석형(石亨)과 서유정(徐有貞) 등이 쿠데타를 일으켰다. 2천 명의 군사가 동원되었으나 유혈 사태는 벌어지지 않았다. 남궁의 돌담문을 부수고 들어가 연금되어 있는 영종을 수레에 태워 봉천문(奉天門)으로 들이닥쳤다. 그 시각은 군신들이 입궐하는 시간이었다. 봉천문에서 상황 영종은 입궐하는 군신들에게 말하였다.

"경 등은 경태제가 중태라는 이유를 들어 짐을 맞아 복위시켰다. 경들은 맡은 바 임무에 전과 같이 충실하라."

그러자 군신들은 이심전심으로 일제히 소리를 맞추어 '만세!'를 불러 환영하였다. 이 사건이 '탈문(奪門)의 변'이다.

마침내 영종이 복위하고 연호를 천순(天順)으로 고쳤다. 아버지를 이은 즉위가 아니었기 때문에 즉위한 다음해까지 기다릴 필요 없이 연호를 고친 것이다. 이렇게 해서 영종은 두 가지 연호를 사용하게 되었다.

병상에 있던 경태제는 폐위되고 2월 1일에 타계하였다.

영종은 우겸을 비롯한 수십 명의 중신들을 경태제를 옹립했다는 죄목으로 체포하였다. 그리고 체포한 지 6일 후에 우겸을 북경의 저잣거리에서 처형했다. 우겸이 체포되던 날 그의 가택도 샅샅이 수색당하였다. 수십 년의 고관 생활에도 불구하고 우겸의 집에서는 서적을 제외하고는 값진 물건이라곤 한 점도 발견되지 않았다. 그는 처형될 때 60세였다. 60평생을 청렴결백한 생활로 일관했음을 만천하에 보여준 것이다.

'토목의 변'이라는 사상 최대의 치욕으로 멸망의 위기에 처한 나라를 어렵게 구한 공로자 우겸은 억울하게 죽었다. 이 같은 충신을 다만 경태제 옹립 세력이라는 이유만으로 처형한 영종은 암군이라 불러 마땅할 것이다.

우겸이 죽은 후 변방에서 끊이지 않고 소요가 일어났다. 영종은 이때에 이르러서야 비로소 우겸의 충정을 깨닫고 그를 죽인 일을 후회하였다.

"우겸이 살아 있었더라면 오랑캐도 이렇게 함부로 날뛰지는 못했을 것이다."

명왕조의 몰락은 영종이 맹목적으로 왕진을 총애하고 우겸을 처형한 뒤 시작되었다고 평하는 사람도 있다. 명왕조가 이렇듯 말기적 증상을 보이면서도 곧바로 멸망하지 않은 이유는 관료들의 책임을 철저히 추궁하여 신상필벌로 엄격히 다스렸기 때문이다. 우겸이 억울하게 죽은 것이 석형과 서유정의 모함에 의한 것이라는 사실이 백일하에 드러나자 이들은 영종의 복위에 큰 공을 세웠는데도 불구하고 서유정은 운남에 유배되고, 석형도 역모를 꾀했다는 혐의로 처형되었다.

영종 복위에 공을 세운 또 한 사람의 환관 조길상(曹吉祥)은 그 뒤 영종의 신임을 잃게 되자 쿠데타를 일으켜 영종을 폐하고 어린 황태자를 황제로 세우려다 실패하고 책형에 처해졌다. 죄상이 드러나면 환관과 공신들도 죄의 경중에 따라 엄벌에 처함으로써 기강을 확립하고 공평한 정치를 실현했다. 자기를 옹립한 공로자도 죄가 있으면 용서하지 않겠다는 결의를 보인 것이다.

영종 복위 후에는 그 이전의 실정을 반성하고 새로운 정치를 시도하였기 때문에 천순 연대(1457~1464)의 정치는 비교적 안정을 되찾았다. 뒤를 이은 헌종(憲宗)의 치세 23년은 환관과 귀비 만씨(萬氏) 등의 횡포로 어두운 먹구름이 드리웠으나 그 뒤를 이은 효종(孝宗)의 홍치 시대(1488~1505) 18년은 선치의 시대로 일컬어져 번영을 구가하였다.

효종 전후의 시대가 명왕조의 역사상 번영한 시대였다. 그러나 오직 효종 홍치제만 명군으로 일컬어질 뿐 효종의 뒤를 이은 무종(武宗) 정덕제(正德帝)는 향락에 도취되어 환관에게 정치를 일임함으로써 기강이 해이해지고 정치가 문란해졌다.

●
정치의 부패와 민란

명왕조 일대의 명군으로 불리던 효종 홍치제(弘治帝)가 홍치 18년(1505) 5월 36세의 젊은 나이로 병사하자 황태자 주후조(朱厚照)가 뒤를 이었다. 이 이가 무종(武宗) 정덕제(正德帝)이다. 정덕제는 금욕주의적인 아버지 홍치제와는 달리 탐미주의적이었다. 그는 정덕 2년(1507) 8월 역사상 처음 듣는 '표방(豹房)'이라는 이름의 건물을 서화문 근처에 세웠다. 이 건물은 외관상 이슬람 사원과 비슷하였으나 내부는 해괴망측할 만큼 환상적인 분위기가 감돌았다. 정덕제는 밤낮을 가리지 않고 이곳에 머물며 유흥과 환락에 빠져들었다.

정덕제는 자연 정치에는 무관심해져 실권은 환관 유근이 장악하였다.

유근이 사례감의 장관으로서 정치적 실권을 장악한 것은 정덕 원년(1505)이었다. 그는 관직을 알선하고 거액의 사례금을 받는 수법으로 어마어마한 재산을 모았다. 그가 실각했을 때 몰수된 재산이 황금 250만 냥, 은 5천만 냥, 그 밖의 보물류를 합하여 국가 세입의 수배에 달했다 하니 그의 부정이 얼마나 심했는지 짐작할 수 있다.

관리 임명은 원래 이부상서(내무 장관)의 소관 업무였으나 이부상서 장채(張綵)도 유근과 결탁하여 자신의 지위를 확보하려 하였다. 뇌물을 받은 것은 유근만이 아니고 장채도 마찬가지였다. 엄청난 권력을 바탕으로 재산을 모은 유근은 황제 교체기에 흔히 일어나는 권력구조의 변화문제가 염려스러웠다. 유근은 심복인 장채와 이 문제를 신중히 논의하였다.

장채가 그의 계책을 말하였다.

"지금 폐하께는 아들이 없으니 황족 가운데서 황제를 세우게 될 것입니다. 그때 유약(幼弱)한 황족을 골라 세운다면 우리들의 지위는 변함이 없을 것입니다."

장채의 말을 들은 유근은 조금 안심이 되었으나 황제가 죽기 전의 일을 생각하니 또한 불안하기 짝이 없었다. 가장 안심할 수 있는 것은 자신이 천자가 되는 길이었다. 유근의 생각은 여기까지 이르렀다. 때마침 유근의 형이 죽어 그의 장례일에는 관리들이 회

장(會葬, 장례에 참례함)할 것이므
로 그 날을 거사일로 정하였다.
그러나 유근의 거사 계획은 같은
환관인 장영(張永)의 고발로 물
거품이 되고 말았다.

장영이 유근의 모반을 고발
할 때 정덕제는 술에 취해 있으면
서, "모반할 테면 제멋대로 하라
지."라고 말하며 별로 놀라거나
걱정하는 표정도 보이지 않았다.
자유분방한 방탕아 기질의 정덕
제는 답답하기 짝이 없는 천자의
자리 따위 누구에게든 당장 내주
고 싶은 심정이었는지 모른다. 유
근 일당은 모두 체포되어 처형되
었다.

정치를 멀리하고 유흥에 빠
진 정덕제 시대에는 뇌물이 성행
하면서 정치가 문란해지고 민란
이 자주 일어났다.

〈맹촉궁기도〉 명대 화
가 당인의 그림으로
당시의 미인상을 알
수 있다.

정덕 5년(1510)에 일어난 유육(劉六)·유칠(劉七)의 난은 그
이름도 듣기 어색한 '뇌물의 난'이라 불렸다. 얼마나 뇌물이 판을
치고 황금 만능의 시대였으면 이러한 이름이 붙여졌을까 의심이
날 지경이다. 이 '뇌물의 난'을 통해 당시의 부패상을 한번 짚고
넘어가기로 한다.

종이돈 명대에 종이돈이 발명되었다. 최초의 종이돈은 엄밀히 말하자면 어음과 같은 것이었다.

유육과 유칠은 형제지간으로 본명은 유총(劉寵)·유신(劉宸)이었다. 문안(북경과 천진 사이) 출신이었는데 두 사람 모두 용맹이 뛰어났기 때문에 지방의 관리가 치안 유지를 위하여 그들을 이용했다. 말하자면 경찰 대행 업무와 비슷한 것이라 할 수 있다. 이들은 모두 도적을 체포하는 등 눈부신 활약을 보여 표창을 받을 정도로 공적을 세웠다. 그러나 당시 사회 현상은 아무리 공적이 있어도 뇌물을 바치지 않으면 공적을 인정받을 수 없고, 공공기관과 관련 있는 직업을 가진 사람은 당연히 뇌물을 바치는 풍조가 만연되고 있었다. 당시 최고의 집권자였던 환관 유근의 부하 양홍(梁洪)이라는 자가 유육·유칠에게 뇌물을 요구했다가 거절을 당하자 그 보복으로 조정에 고발하였다.

"유육·유칠은 도적의 무리입니다."

표창을 받아야 할 유육·유칠은 억울하게 도적의 누명을 쓰고 정부측으로부터 토벌당하는 신세가 되었다. 억울하기 짝이 없는 일이었다. 조정에서는 유근의 심복인 포도어사(捕盜御史) 영고(寧杲)와 유상(柳尙)을 보내어 이들을 토벌토록 하였다. 궁지에 몰린 유육 등은 할 수 없이 진짜 도적의 괴수인 장무(張茂)에게로 도망쳐 들어갔다.

장무의 휘하에는 많은 무리들이 모여들었는데 대부분은 세금을 내지 못해 도망쳐 온 자, 죄를 짓고 도망쳐 온 자들이었다. 장무의 무리는 날이 갈수록 점점 증가되어 세력이 확대되었다.

이 같은 보고를 받은 조정에서는 참장(參將) 원표(袁彪)를 토벌사로 삼아 대군을 동원하여 장무 토벌에 나섰다. 동원된 병력이 너무 많았기 때문에 장무로서는 무력으로 대항해봤자 승산이 없었다. 이들은 작전을 바꾸었다. 돈만 있으면 죽을 사람도 살릴 수 있는 황금 만능의 시대였으므로 유육·유칠은 뇌물로써 사태를 수습하여 위기를 모면할 공작을 폈다.

다행히 유근의 심복인 환관 장충(張忠)이 장무와 동향으로 바로 이웃에서 살던 사이였으므로 유육 등은 이 인연을 이용하여 장충을 만나 교섭을 진행시켰다. 교섭 결과 뇌물의 액수는 은 2만 냥으로 낙착되었는데 최종 결정권자인 유근에게 바칠 은 1만 냥은 별도 지불해야 한다는 조건이었다.

유육 등은 은 3만 냥을 염출하는 방법을 연구하였으나 최종 결론은 국고를 털 수밖에 없었다. 도적의 구명(救命) 공작금을 마련하기 위해 또 도적질을 해야 하는 상황에 몰린 것이다. 국고를 털기 위해서는 더 많은 무리를 모으지 않으면 안 되었으므로 그들은 서둘러 준비를 진행시켰다. 준비가 진행되는 가운데 그들은 더 큰 것을 노리게 되어 마침내 반란으로 확대되었다. 유육 등은 패주성(하북성 문안 북쪽)을 공략하여 수비대장을 죽이고 기세를 올리며 많은 군중들을 모았다. 이들 가운데는 조수(趙鐩)라는 사대부가 있었는데 그는 반란을 피하던 중 아내가 반란군에게 잡히자 맨주먹으로 두 사람의 반란군을 죽이고 반란군에게 잡힌 자였다. 유육은 그의 호기와 용맹에 감동하여 포박을 풀어주고 동참할 것을 설득하여 가담시켰다. 조수는 반란군의 간부가 되자 사대부다운 명령을 전군에 내렸다.

"살인·약탈·겁탈을 일체 금한다."

조수가 반란군에 가담함으로써 이 반란군은 정의군의 성격을 띠게 되었다.

조정에서는 혜안백(惠安伯) 장위(張偉)를 총병관에 임명하고, 우도어사(右都御史) 마중석(馬中錫)을 군무 제독으로 삼아 반란군 토벌에 박차를 가하였다. 그런데 장위·마중석은 모두 귀족 출신으로 군사에 관한 지식이 전혀 없는 사람들이었다. 그래서 이들은 토벌보다는 귀순 공작에 힘을 쏟았다.

때마침 조정군의 참장 상옥(桑玉)이 유육·유칠 형제를 추격한 끝에 민가에서 그들을 포위하였다. 유육·유칠은 몇 사람의 부하밖에 거느리지 않았기 때문에 독 안에 든 쥐가 되고 말았다. 위기에 몰린 이들은 상옥에게 두둑한 뇌물을 보냈다. 그러자 상옥은 포위망을 늦추었고, 그 사이에 반란군의 제언명(齊彦名)이 원군을 거느리고 달려와 유육 형제는 간신히 위기를 모면하였다.

그 후 반란의 규모는 더욱 확대되었다. 반란군은 두 갈래로 나누어 유육 형제와 제언명은 산동으로 향하고, 양호(楊虎)·조수는 하남으로부터 산서로 향해 공격을 가하였다. 이들은 종횡 무진으로 각 주·현을 마구 짓밟아 피해 지역이 점점 늘었다. 지나는 곳마다 노략질과 살상이 심하여 무인지경을 이루었다.

마중석은 산동 덕현(德縣)에 진을 친 유육의 군영에 견여(肩輿, 어깨에 메는 임시로 만든 간단한 수레)를 타고 단신으로 들어가 유육을 만나 이해득실을 들어 귀순할 것을 권유하였다. 유육은 솔직히 본래 반란을 일으킬 마음이 없었고 우발적으로 끌려들어간 것이 사실이었으므로 마중석의 권유에 따라 귀순을 고려했다. 그러나 동생 유칠의 의견은 달랐다.

"기호지세(騎虎之勢, 범을 타고 달리는 듯한 기세로 중도에서 그만둘 수 없는 형세)는 중간에 그칠 수 없습니다. 하물며 환관이 천하의 권리를 장악하고 있는 이때에 아무리 마중석이 생명을 보장한다는 등 갖가지 조건을 제시한들 그것이 지켜질지 극히 의문스럽습니다. 환관들의 내키는 대로 내뱉는 한마디에 죽임을 당할 가능성도 적지 않습니다."

유칠의 말을 듣고 보니 유육도 그렇게 생각되었다. 유육은 귀순할 생각을 철회하였다.

유육 형제가 거느리는 수만의 군중은 하북 · 산동을 횡행하고, 양 호 · 조수가 거느리는 13만의 병졸과 5천의 기병은 강소 · 호북에까지 세력을 뻗쳤다.

토벌군의 책임자인 장위 · 마중석은 이따금 북경의 조정에 승전보를 올렸으나 이것이 모두 허위 보고임이 밝혀져 전적 불량이라는 이유로 북경으로 소환되어 사형 선고를 받고 투옥되었다. 이들을 대신하여 새로 파견된 병부시랑 육완(陸完)과 부도어사 팽택(彭澤)은 부지런히 승전보를 올리지 않으면 생명이 위태롭고, 그렇다고 허위 보고를 할 수도 없었다. 그들은 어쩔 수 없이 보통 양민을 습격하여 승전을 가장했다.

유육의 군대도 관군이 추격하면 양민을 방패로 내세웠기 때문에 무고한 양민들이 관군과 반란군 가운데서 억울한 죽임을 당하였다.

이러한 사태가 이어지는 동안 조정군의 도독과 도어사, 지휘관이 자주 교체되면서 많은 전사자를 냈다.

결국 선부(宣府, 북쪽 변방과 가까운 곳)의 군사와 요동의 군대가 동원되어 출동함으로써 유육 등의 반란 사건은 어렵게 진압되었다. 유육은 한구(漢口, 호북성)의 싸움에서 익사하고 유칠과 제언명은 진강(강소성)까지 후퇴했다가 배를 버리고 낭산(狼山)으로 들어갔으나 육완군에 포위되었다. 제언명은 전사하고 유칠은 자살로 최후를 마쳤다. 조수는 강하(江夏, 호북성)까지 도망쳤으나 체포되어 북경으로 압송돼 처형되었다. 유육 등의 반란군이 섬멸된 것은 정덕 7년(1512) 8월이었다.

뇌물 문제로 시작된 반란은 뇌물 에피소드를 남기면서 어렵게 끝났다. 이 반란으로 인한 국고의 지출은 중앙에서만도 은 2백만 냥에 달했고, 반란에 휩싸인 각 지방의 재정은 빈털터리가 되었다.

유육의 반란과 때를 같이하여 강서 · 사천에서도 반란이 일어났다. 사천에서는 남정서(藍廷瑞)라는 자가 순천왕(順天王)이라 일컫고 10만 명의 무리를 모았으나 정부의 계략에 말려들어 사로잡히고 그의 부하 요마자(廖麻子)가 탈출하여 최후까지 저항하자 조정에서는 토벌 사령관을 해임하고 유육의 반란을 진압한 팽택을 기용함으로써 어렵게 진압할 수 있었다.

●

북로 남왜의 화

정덕 15년(1520) 8월 정덕제가 남경에 거동하여 9월에 적수지(積水池)에서 노닐다가 배가 전복되는 사건이 일어났다. 다행히 정덕제는 구조되었으나 이때부터 병이 들어 다음해 3월 후사 없이 31세의 나이로 타계하였다. 유조에 따라 그의 사촌동생 주후총(朱厚熜), 즉 세종 가정제(世宗嘉靖帝)가 즉위하였다. 가정제의 아버지 홍헌왕(興獻王)은 정덕제의 아버지 홍치제의 바로 아래 동생이었다. 홍헌왕의 영지는 호북의 안육(安陸)이었다. 주후총은 4월 계미일에 안육을 떠나 20일 후에야 북경에 도착하여 즉위하고 다음해에 가정(嘉靖)으로 연호를 바꿨다.

가정제가 즉위하자 바로 그의 아버지 흥헌왕에 대한 호칭 문제가 정치문제로 거론되었다. 이른바 '대례(大禮)의 의(議)'라는 것이었다. 중국의 관례에 따르면 가정제는 직계가 아닌 방계에서 황제의 위를 이었을 뿐 아니라 항렬이 같은 세대이므로 그 후사가 될 수 없다는 것이었다. 따라서 백부인 효종의 후사가 되므로 효종 홍치제를 황고(皇考)라 칭하고 친아버지 흥헌왕은 황숙부(皇叔父)라 칭하는 것이 마땅하다고 대신 양정화(楊廷和) 등이 주장하였다. 이에 대하여 진사 장총(張聰) 등은 친아버지를 숙부라 칭하는 것은 인륜을 어지럽히는 일이라 하여 가정제의 뜻에 영합하였다. 그러나 대부분 중신들의 의견은 양정화의 주장과 같았다. 중신들은 가정제가 흥헌왕을 황고 헌황제(皇考獻皇帝)라 칭하는

고비 사막 고비 사막은 한(漢)민족에게 두려운 존재였던 흉노와 몽골민족의 활동무대였다.

것은 천만부당하다 하여 궐문 앞에 엎드려 농성을 벌였다. 가정제가 환관을 보내어 물러가도록 명하자 중신들은 궐문에 매달려 방성대곡하며 '효종 홍치제'의 이름을 되풀이하였다. 가정제의 결정대로라면 황통에서 효종 홍치제가 제외되기 때문이었다.

가정제는 격노하여 중신 190여 명을 하옥시키고 주모자는 변방의 군영에 유배시켰다. 4품 이상의 관료는 봉급을 박탈하고 5품 이하의 관리에게는 장형(杖刑)을 가하였는데 편수(編修) 왕상(王相) 등 16명이 장형으로 목숨을 잃었다. 이 '대례의 의'는 그 후 3년 동안의 논란 끝에 결국 효종 홍치제를 황백고(皇伯考), 그의 황후로서 아직 생존해 있는 장씨를 황백모(皇伯母)라 칭한다는 조서가 내려짐으로써 가정제의 뜻대로 끝맺어졌다.

《명사(明史)》에는 "이로부터 관료들의 사기가 떨어졌다."고 기록되었다. 정의파가 물러나고 절조 없는 무리들이 정권을 장악한 것이다. 추종자들은 자신들의 지위를 굳게 다지기 위하여 정의파들을 모두 추방하였다.

정권이 교체되면 모든 관직에 있던 자가 경질된다는 당파의 화는 이때부터 시작되었다.

황제의 뜻에 영합한 장총 등 이념 없는 관료들의 손에 넘어간 정치가 어떤 방향으로 흘러갈지는 짐작하고도 남는다. 가정제는 도교(道敎)에 매혹되어 도교의 신에 제사 지내는 기원문 작성에 능한 인물들을 등용하는 등 정치는 더욱 문란해졌다. 전대의 환관이 무색할 정도의 악랄한 뇌물 정치가 공공

대복선 척가군이 왜군을 물리칠 때 탔던 배

연히 행해졌다.

　명왕조 역사의 쇠망 원인으로 지적되는 사건 가운데 빼놓을 수 없는 것이 '북로 남왜(北虜南倭)의 화(禍)'이다. 이는 황금만능의 풍조가 만연되던 가정제 정권에 일어난 사건이었기 때문에

더 큰 비극이 아닐 수 없었다. 북로는 북쪽 몽골 세력을 가리키는 말이고, 남왜는 남쪽 왜구(倭寇)를 지칭한다.

　토목의 변 이후 몽골의 역사로서 먼저 북로 쪽으로 눈을 돌려보자.

　토목의 변에서 오이라트부의 주력 부대를 지휘했던 에센이 토크토부가칸(脫脫不花汗)과 그의 일족을 제거하고 스스로 칸의 자리에 오른 것은 토목의 변이 있은 지 2년 후(1451)의 일이었다. 칸의 지위에 오른 에센은 권위를 과시하기 위하여 부하에게도 강압적인 자세를 취하고 무리한 일을 강행해 오히려 그 권위를 손상시키는 결과를 가져왔다. 얼마 후 에센이 부하에게 살해됨으로써 오이라트의 세력은 점점 쇠퇴하기 시작하였다.

　그러자 오이라트와 상호 견제적인 세력 관계에 있던 달단부가 세력을 확장하여 다얀칸(達延汗)이라는 강력한 지도자가 몽골 전체를 통일하게 되었다. 이때가 에센이 죽은 후 30년 되는 시기였다. 에센이 죽은 후 다얀칸이 등장하기까지 30여 년 동안 북방의 초원지대에는 통일된 세력이 없었다. 만약 명나라에 의욕적인 군주나 정치가가 있었더라면 이 시기가 북방 문제를 해결할 좋은 기회였으나 명나라는 북쪽에 눈을 돌릴 여력이 없었다.

다얀칸이 죽은 후 달단부에서는 칸의 후계 문제를 둘러싸고 내분이 있었으나 다얀칸의 손자 알단칸(俺答汗)이 내분을 수습하고 칸의 자리에 올랐다. 명나라 역사에서 말하는 '북로의 화'란 바로 이 알단칸에 의한 침공을 의미한다.

가정 3년(1524) 8월 대동(大同)에서 병란이 일어나 순무도어사 장문금(張文錦)이 살해되었고 가정 12년(1533)에는 같은 대동에서 총병 이근(李瑾)이 살해되었다. 그런데 대동이란 곳은 몽골군에 대한 명나라의 중요한 방위 기지였다. 이 방위 기지에서 병란이 자주 일어난 것은 군대에 대한 대우가 나빴을 뿐 아니라 반란을 일으킨 후 도망치기가 용이한 곳이라는 점도 있었다. 그들이 도망쳐 들어가는 곳은 당시 달단부가 지배한 몽골땅이었다. 그곳에는 농사에 적합한 토지가 있어 도망쳐 들어가면 농지가 무상으로 대여되기 때문에 변방의 군대 생활보다는 손에 익은 농경생활이 좋다고 생각하는 병졸들이 많았다.

이렇게 해서 막북의 실력자 알단칸의 휘하에는 몽골족뿐만 아니라 많은 한족들이 모여들었다. 대동에서 반란을 일으키고 도망쳐 들어간 한족들은 결과적으로 달단부의 명나라 침공에서 길잡이 노릇을 하게 되었다. 이 병졸들은 알단칸에게 제2의 칭기즈칸, 제2의 쿠빌라이가 되어 다시 중국을 지배해야 한다고 은근히 충동질하였다. 만약 중국에 제2의 원왕조가 건설된다면 그들이 건국 공신이 될 수 있다는 막연한 꿈 때문이었다.

가정 21년(1541) 알단칸은 삭주로부터 안문관에 침입하여 태원을 유린하고 노안·심주·분주 등 산서 지방을 거쳐 하북 깊숙이 침공하였다. 이번 침공에서 명나라는 20여 만 명이 살상되고, 가축 2백만 필을 약탈당하는 참상을 맛보았다.

알단칸의 남침은 이에 그치지 않고 마치 연례 행사처럼 되풀이되었다. 가정 29년(1550)에는 대동에 침입하여 총병 장달을 죽이고, 고북구(古北口)를 거쳐 통주·백하를 유린한 다음 마침내 북경성을 포위하기에 이르렀다. 다행히 각지로부터 급히 원군이 달려왔기 때문에 알단칸은 북경을 포위한 지 며칠 후 포위를 풀고 철수하였다. 알단칸의 북경 포위는 명왕조의 간담을 서늘하게 한 사건으로 '경술(庚戌)의 변'이라 불린다.

다음해인 가정 30년 명나라에서는 대동과 선부에 마시(馬市)를 열게 함으로써 알단칸은 그의 목적을 달성한 셈이었다. 명나라는 창건 이래 명의 책봉을 받은 나라에 한하여 이른바 조공 무역을 허락했고 몽골족의 조공 무역은 주로 마시(馬市)를 통해 이루어졌다. 생산성이 낮은 유목민족에게 있어 마시는 사활이 걸렸다고 할 정도로 그들의 경제 생활에 큰 영향을 끼쳤다. 그렇기 때문에 몽골족들의 국경 침공 문제는 대부분 이 마시 문제를 둘러싸고 일어난 것이 보통이었다. 마시가 열리면 중국에서는 싫든 좋든 말을 사야 했고 말을 사자면 막대한 적자를 감수해야 했기 때문에 분쟁이 끊이지 않았다.

명나라 군대(복원도)

특히 이번 마시는 봄·가을에 걸쳐 열리기로 되어 있어 조정에서는 논란이 많았다. 병부 소속의 양계성(楊繼盛)은 조정에서 격한 어조로 강력히 반대하였다.

"지난날의 치욕을 씻지 못한 채 또 마시를 연다는 것은 참을 수 없는 굴욕입니다."

그러나 대장군 구란(仇鸞)은 호통을 치며 마시의 재개를 결정하였다.

"더벅머리 아이, 아직 오랑캐 맛을 못 봐서 지껄이는 말이다!"

그 후 반대했던 양계성은 좌천되었다. 사실 마시 재개 문제는 이미 달단측에 통고한 사실이었기 때문에 번복할 경우 다시 대군이 몰아닥칠 것이 뻔했다. 어쩌면 국가를 멸망시킬지도 모를 위험한 발언을 했다 하여 양계성을 좌천시켰지만 구란은 사실은 달단측과 내통한 자였다.

마시가 재개되자 그들의 집단적 약탈행위는 마치 공인된 것처럼 공공연해져 변경의 주민들을 크게 괴롭혔다. 가정제는 구란에게 명하여 달단족을 대동에서 몰아내려 하였으나 구란은 도중에서 복병을 만나 만족할 만한 전과를 올리지 못한 채 악성 종양으로 사망하였다. 구란이 죽은 후 달단부와 내통한 문서가 발견되어 그 시체는 육시처참되었다.

명나라가 곧바로 마시를 폐지하자 알단칸은 또 한바탕 폭력을 휘둘러댔다.

북로의 화가 진정된 것은 가정제의 뒤를 이은 융경제(隆慶帝) 시대였다. 달단부에서 미묘한 사건이 일어났다. 융경 4년 (1570) 10월 알단칸의 손자 바한나기가 갑자기 명나라로 투항했다. 바한나기는 그의 사촌을 아내로 맞이했는데 미인 중에서도 뛰

영포선 절강성 동부의 항구도시 영포에서 건조된 배. 영포는 한국이나 일본과의 해상교통 발착지였다.

어난 미녀였다. 알단칸이 욕심을 내어 그녀를 빼앗아 갔는데 그녀는 다름 아닌 알단칸의 외손녀였다. 우리의 상식으로는 도저히 상상할 수조차 없는 일이었다. 화가 난 바한나기는 그 길로 마구 달려 명나라에 투항한 것이다.

일세의 영걸 알단칸도 나이가 들어 망령이 들었는지도 모를 일이었다. 절세의 미녀를 빼앗아 기분은 좋았으나 손자인 바한나기도 가엾은 생각이 들었다. 알단칸은 협상을 제의하였다.

"바한나기를 송환하고 조공 무역을 인정하는 대가로 명나라에서 가장 바라는 것을 돌려주겠다."

명나라가 가장 바라는 것이란 명나라를 배반하고 달단부에

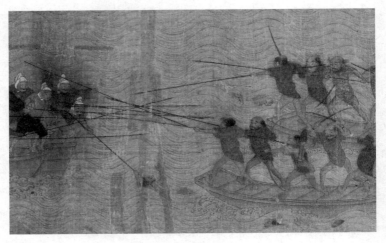

투항한 조전(趙全) 등 9명의 한족 출신 병사들이었다.

협상은 순조롭게 이루어져 명나라에서는 알단칸을 순의왕(順義王)에 책봉하고 마시의 재개를 허락하였으며 달단에서 명나라에 송환된 조전 등은 책형에 처해졌다. 달단으로 송환된 바한나기는 알단칸으로부터 소용장군(昭勇將軍)의 칭호를 받아 명예를 회복하였으며 그 후 20여 년 동안 북쪽 변경에서의 무력 충돌은 일어나지 않았다.

알단칸이 끊임없이 명나라의 북쪽 변방을 침범할 무렵 동남쪽 해안에서는 해적을 중심으로 하는 왜구가 각지에 출몰하여 잔인한 약탈을 일삼았다.

가정 31년(1553) 8월 한 무리의 해적이 절강성의 상우현(上虞縣)에 상륙하며 처참하기 이를 데 없는 살인과 약탈을 감행하였다. 이 해적들은 이에 그치지 않고 다시 항주에서 절강 서쪽을 지나 안휘성 남쪽을 유린한 다음 남경에 육박하였다. 그 후 또다시 표양·무석·소주 등지에 상륙하여 절강·안휘·강소의 3성을 유린하면서 80여 일에 걸쳐 4천 명 이상을 살상한 다음에야 전멸되었다. 그런데 이들 해적의 수가 총 1백여 명이라는 소수집단이었다는 사실에 새삼 놀라지 않을 수 없었다.

이 해적들의 처참한 잔학상은 차마 눈을 뜨고 볼 수 없었다. 절강에 상륙한 일단의 해적들은 젖먹이 어린아이를 장대 끝에 매달고 펄펄 끓는 물을 끼얹어 어린아이들이 어쩔 줄 몰라 울부짖는 모습을 보곤 손뼉을 치며 환성을 질러댔다. 또 임신한 부인을 잡으면 태아가 남자인가 여자인가 내기를 걸고 그 자리에서 임신부의 배를 갈라 내기에서 이긴 자에게 술을 실컷 마시게 하는 만행을 저질러 그들의 술자리에는 임신부의 시체가 산더미처럼 쌓였다.

중국에서 왜구로 인한 피해의 역사는 원나라 말기까지 거슬러 올라간다. 왜구들은 원나라 세조 쿠빌라이의 일본 침략을 보복이라도 하듯 원나라 말기부터 중국 연안을 괴롭히다가 아시카가 막부(足利幕府)의 아시카가 요시미츠(足利義滿)가 영락제로부터 책봉을 받고 조공 무역을 행할 권리를 얻은 후부터는 왜구들의 침범이 잠시 감소되는 추세였다. 그러나 이 조공 무역은 극히 제한된 특권 계급의 이권을 충족시켰을 뿐 지방의 호족이나 상인들의 이익은 전혀 고려되지 않았다. 중국도 마찬가지로 일본과의 무역이 허락된 극소수의 특허 상인 이외는 무역의 이득을 얻을 수가 없었다. 그 결과 양국의 호족들 사이의 밀무역이 서서히 이루어졌다.

이들 호족들의 최초의 무역 중계지로 등장한 것은 절강의 영파(寧波) 근처의 쌍서(雙嶼)였다. 언제부터 이곳을 무대로 밀무역이 이루어졌는지 기원은 확실치 않으나 적어도 명나라 초기부터 많든 적든 상습적으로 밀무역이 이루어졌을 것으로 보인다.

가정 26년(1547) 우부 도어사에서 절강 순무로 임명되어 복주 · 흥주 · 장주 · 천주 · 건녕 5부의 군사 책임자를 겸직하게 된 주환(朱紈)은 밀무역을 철저히 단속하기 시작하였다.

당시 상황은 청나라 말기의 아편 문제와 비슷하였다. 국가의 기본 방침은 아편을 절대 금지시키는 것이었으나 이것은 한낱 헛구호일 뿐 아편 거래는 공인된 것이나 다를 바가 없었다. 가정 연대의 밀무역도 이와 마찬가지였다. 밀무역을 엄연히 금지하고 있는데도 절강 · 복건 연해의 호족들은 공공연히 거래를 하는 실정이었다. 주환은 이 밀무역 거래를 묵인해서는 안 된다고 결연한 태도를 보였다. 그는 부임과 동시에 밀무역 기지인 쌍서항과 복건 장주(漳州)의 월항(月港)을 소탕하고 밀무역의 거두 이광두(李光頭)를 체포하였다.

절강 · 복건을 무대로 밀무역을 통하여 톡톡히 재미를 보던 무리들은 주환의 이 같은 강경책에 불만을 가지게 되었다. 그러나 주환은 추호도 굽힘이 없이 부임 다음해인 가정 27년에는 구산양(九山洋)이라는 곳에서 일본인 무역업자 계천(稽天)과 허동(許棟)을 생포하였다. 허동은 이광두와 함께 밀무역의 우두머리였다. 허동의 수하에 있던 왕직(王直)이 나머지 잔당들을 이끌고 일본의 오도(五島)로 도망쳐갔다. 주환은 왜인 60여 명과 밀무역 알선업자 90여 명을 연병장에서 처형하는 등 계속 과감한 조치를 취하였다.

주환의 과감한 조치에 밀무역업자들의 비난의 소리는 더욱 높아졌다. 그들은 북경 조정의 고급 관료들과 밀착해 주환을 모함했다. 고급 관료들의 입에서 주환을 헐뜯는 소리가 퍼지기 시작하였다.

어사 진구덕(陳九德)은 주환이 조정의 재가를 받지 않고 많은 사람을 처형한 사실을 탄핵하였고 병부급사중(兵部給事中) 두여정(杜汝楨)이 실제 조사를 위하여 현지에 파견되었다. 두여정이 현지에 도착하자 밀무역업자들은 두여정에게 뇌물 공세를 폈다. 결국 두여정은 이렇게 보고하였다.

"어사 진구덕의 탄핵이 타당합니다."

밀무역업자들의 입장에서 보면 주환을 제거하지 않으면 그들의 이익이 보장되지 않았고, 주환도 이 같은 사태를 예견하고 있었음이 그의 탄핵 반론(反論) 소문 중에 나타나 있다.

"외국 도적은 제거하기 쉬우나 중국의 도적을 제거하는 일은 어렵습니다. 중국 연해에 출몰하는 도적을 없애는 일은 오히려 쉬우나 중국 의관(衣冠)의 도적을 없애는 일은 매우 어렵습니다."

해적 퇴치보다도 관복을 입은 관료라는 큰 도적을 물리치기가 더 어렵다는 뜻이다. 주환의 예견대로 그는 관복을 입은 큰 도적들에 의해 죽음의 함정에 빠져들게 되었다. 그는 죽음에 앞서 다음과 같은 비통한 말을 남기고 스스로 독약을 마시고 죽어갔다.

"나는 가난하여 뇌물을 바치지 않았기 때문에 죽는 신세가 되었다. 비록 천자께서 나를 살려주려 해도 대신들이 나를 죽일 것이고 절강의 무역업자들 또한 나를 살려두지 않을 것이다. 나는 스스로 결단하여 목숨을 끊으리라!"

주환이 자살함으로써 밀무역 금지는 사실상 유명무실하게 되고 밀무역업자들은 다시 날뛰기 시작하였다.

허동의 부하로서 오도로 도망쳤던 왕직은 다시 밀무역 조직을 만들어 대규모의 밀무역을 통하여 새로운 재벌을 형성하게 되었다. 그리고 밀무역 거래의 우두머리가 되었다.

주환이 죽은 후 조정에서는 악덕 대신 엄숭(嚴嵩)이 권력을 장악하고 있었기 때문에 감히 왜구 소탕 문제를 거론하는 자가 없었다. 그럴수록 왜구는 더욱 거세게 중국 연해를 유린하였다. 주환이 죽은 7년 뒤 오랜만에 의욕적인 인물 호종헌(胡宗憲)이 절강 총독에 임명되었다. 호종헌은 주환처럼 강압책을 쓰지 않고 회유책을 써 왕직 귀순 공작을 폈다.

호종헌의 공작이 주효하여 왕직은 귀순할 목적으로 귀국하였다. 왕직은 그동안 환관들을 통하여 궁정 내에 자기 지지 세력을 확보해 두었기 때문에 귀순할 경우 자신의 생명은 안전할 것으로 믿었다.

호종헌은 왕직을 귀순시키는 한편 무력으로 왜구들을 진압하였다. 왕직이 귀국하자 형식상 투옥시키긴 하였으나 그에게 파격적인 대우를 하였다. 왕직은 귀순한 포상으로서 고위 관직을 기대하였으나 조정 안에서의 호종헌의 세력이 점점 미약해져 도저히 왕직을 비호할 능력이 없게 되었다.

왕직은 투옥된 지 약 2년 후인 가정 38년(1559) 마침내 항주의 관항구(官港口)에서 참형에 처해졌다. 호종헌은 조정에서의 세력이 미약하여 왕직을 지나치게 비호할 경우 오해를 받아 자신의 지위마저 위태하리라고 생각했기 때문에 눈치만 보는 수밖에 없었다. 이처럼 조정에서의 세력 판도는 복잡 미묘하였다. 결국 호종헌도 그의 지지 세력이었던 조문화(趙文華)의 실각으로 초조해지기 시작하였다.

왜구 토벌이라는 중책을 위임받은 고관이면서도 자신의 임무보다는 끊임없이 움직이는 북경 조정의 세력 판도에 신경을 곤두세워야 하는 것이 당시 관료들의 숨길 수 없는 고충이었다.

왕직의 처형으로 그를 지지하고 있던 무리들이 크게 반발한 것은 당연한 일이었다. 그들은 절강을 비롯하여 복건·광동 연안 일대에서 무장 보복 습격을 되풀이함으로써 이로 인한 피해는 자꾸 늘어만 갔다.

호종헌은 미신을 좋아하는 가정제에게 길조로 일컬어지는 흰 거북과 5색의 영초(靈草) 등을 헌상하여 호감을 사려고 온갖 힘을 쏟았으나 그 또한 위기를 넘길 수는 없었다. 군사비를 횡령했다는 등 10개의 죄목으로 총독의 직책이 박탈되고 가정 42년(1563)에 마침내 체포되자 자살함으로써 최후를 마쳤다.

무능한 조정과 부패한 군대, 이런 현실에서 왜구들이 날뛰는 것은 당연하였다. 가정 후반기에 이르러 악덕 대신 엄숭의 권력이 약화되고 서계(徐階)·장거정(張居正) 등 강직한 인물들이 기용되자 다시 왜구 토벌이 시작되어 연해 지방에서 왜구의 그림자는 점점 사라지게 되었다. 이 왜구 토벌에 공을 세운 것은 척계광(戚繼光)이 지휘하는 척가군(戚家軍)이라 불리는 부대였다.

척계광의 자는 원경(元敬)으로 등주(登州, 산동성 봉래현) 출신이었다. 군벌 가문에서 태어나 젊었을 때부터 큰 뜻을 품고 있었다.

등주 지방 주둔군의 참모장으로 군대 생활을 시작한 그는 후에 절강·복건 지구의 왜구들의 살인·약탈에 대처하기 위하여 절강지구 사령관에 임명되었다. 절강에 부임한 척계광은 장병들 가운데서 용맹한 자를 선발하여 맹훈련을 실시하였다.

그러나 이 부대도 왜구와의 실전에서는 겁을 먹고 어렵게 포위한 왜구들을 놓쳐 버리는 실수를 저질렀다. 이로 인해 가정제의 문책을 당하긴 했으나 그 문책의 집행을 유예하고 계속해서 왜구를 소탕하라는 명령이 내려졌다. 척계광은 전번의 실패를 거울 삼아 과감히 군대를 개편하였다. 그는 가정 38년(1559) 가을 절강의 금화(金華)·의오(義烏) 지방에서 "우리 힘으로 해적을 몰아내고 백성들의 생명·재산을 보호하자."는 구호를 내걸고 군사를 모집하였다. 그 지방의 광산 근로자와 농민들이 이에 호응하여 3천 명이 응모했다. 그는 이 3천 명으로 새로운 부대를 편성하여 2개월에 걸쳐 맹훈련을 실시하였다. 이 부대는 조국과 백성을 위하여 싸운다는 결의에 차 있어 그 사기와 전투력이 하늘을 찌를 듯하였다.

척계광은 장병들을 엄격한 규율로 다스렸다. 어느 날 장병들이 집합 정렬했을 때 큰 비가 내렸다. 장병들은 곧 해산 명령이 내려질 줄 알았으나 해산 명령은 좀처럼 내려지지 않았다. 결국 장병들은 아침 일찍부터 한낮까지 한 사람도 이탈하지 않고 전원이 '부동 자세'로 꼿꼿이 서 있었다. 그 지방 사람들은 이처럼 엄한 군기를 가진 이 부대를 척가군(戚家軍)이라 불러 칭찬하였다.

척가군은 태주(台州)·선거(仙居)에서 왜구들과 싸워 연전연승했다. 그들이 향하는 곳에는 감히 대적하는 자가 없었다. 이렇게 해서 이 일대의 왜구의 화는 잠시 소강 상태에 들어갔다.

그 후 척가군은 복건 지구로 옮겨 왜구 토벌 작전을 펼쳤다. 이 무렵 이 지역에는 왜구의 3대 소굴로 일컬어지는 영덕현의 횡서(橫嶼), 복청현의 우전(牛田), 흥화부의 임돈(林墩)이 자리잡고 있었다.

횡서는 육지로부터 10리 정도 떨어진 외딴 섬이었다. 이곳은 썰물 때 육지와 이어지는 해안선을 제외하고는 사방이 바다로 둘러싸여 있었다. 썰물 때 육지로 이어진다 하더라도 진흙탕이었고 밀물 때는 배가 왕래할 수 있을 정도였다. 척계광은 먼저 그 일대 지형을 상세히 조사한 후 작전 계획을 세웠다. 그는 병사 개개인이 모두 마른 풀을 짊어지고 있다가 썰물 때 진흙탕이 된 곳에 마른 풀을 깔고 전진하여 삽시간에 왜구 2천6백여 명을 소탕하고 횡서를 그의 수중에 넣었다.

우전의 왜구들은 횡서의 패배 소식을 듣고 한층 경비를 강화하였다. 복청에 도착한 척계광은 적의 경계를 누그러뜨리기 위하여 일부러 이렇게 말했다.

"우리 군대는 몹시 지쳐 있다. 당분간 이곳에서 느긋이 휴식을 취한 후 기회를 보아 공격할 작정이다. 왜구의 소탕은 하루 아침에 이루어지는 것이 아니므로 서서히 침착하게 공격할 작정이다…"

이 말을 들은 우전의 왜구들은 염탐꾼을 보내어 척가군의 동태를 살피도록 하였다. 과연 척가군이 느긋이 휴식을 취하고 있다는 것이었다. 그래서 왜구들은 경계를 누그러뜨렸다. 이 틈을 타 척가군은 기습공격을 가하여 우전의 왜구를 단번에 소탕하였다.

이렇게 해서 복건 지구에서도 대승을 거둔 척계광은 절강으로 돌아왔다. 그러자 척가군이 철수했다는 사실을 탐지한 왜구들은 다시 많은 무리들은 규합하여 흥화(興化)로 몰려들었다. 왜구의 두목은 큰 소리로 외쳤다.

"우리들의 병력은 1만 명을 넘는다. 척계광이 없는 곳은 우리들의 천하다."

그러나 이들의 수명도 그리 길지는 못하였다. 복건 지구의 수비를 담당했던 유대유(兪大猷)의 부대와 복건에서 철수한 척계광

부대의 연합군에게 여지없이 분쇄당해 궤멸되고 말았다.

가정 43년(1564)에는 복건의 산적 오평(吳平)이 왜구의 잔당을 끌어들여 만행을 저질렀으나 이 또한 유대유·척계광의 연합군에게 패하여 멀리 안남으로 도망쳤다가 마침내 궤멸되었다. 이렇게 해서 중국의 동남 연해 지방의 왜구는 완전 소탕되고 오랫동안 소요가 끊이지 않았던 연해 지방에도 평화가 찾아들었다.

임진왜란과 이여송

가정 45년(1566) 가정제가 방사 왕금(王金)이 바친 단약(丹藥)을 마시고 죽자 융경제(隆慶帝)가 제위를 이었고 융경제에 이어 만력제(萬曆帝)가 제위에 올랐다. 만력 20년(1592) 조선에서 임진왜란이 일어났다. 임진왜란에 대한 역사는 우리나라 역사에 상세히 기술되어 있으므로 여기서는 《명사》에 기록되어 있는 자료를 참고하여 전반적인 것만 서술하기로 한다.

고려를 멸망시키고 조선을 세운 태조 이성계(李成桂)는 명나라에 사신을 보내어 국호 개정을 청원해 국호를 《조선》으로 정하게 했다는 기록이 명나라 홍무 25년(1392) 《명사(明史)》의 〈조선전(朝鮮傳)〉에 나타나 있다.

명나라는 속국의 내정에는 일체 간섭하지 않는 것이 기본방침이었다. 명나라의 책봉을 받은 이상 일본은 명나라의 연호와 역법(曆法)을 사용하는 것이 원칙이었으나 일본은 그렇게 하지 않았고 명나라 역시 이런 이유로 일본을 문책하려 하지 않았다. 다만 국서(國書)에 명나라의 연호만 쓰여 있으면 그대로 묵인하는 정책을 썼다.

그런데 똑같이 명나라의 책봉을 받은 조선이 명나라에 대하는 태도는 일본과는 현격한 차이가 있었다. 그 구체적 실례를 들면 영락제가 북경으로 천도함으로써 명나라와의 거리가 가장 가까운 나라가 되어 조선과의 관계가 극히 밀접해졌다. 일본이 10년 일공(十年一貢, 10년에 한번 조공함)인 데 비하여 조선은 일세양공(一歲兩貢, 1년에 두 차례 조공함)을 원칙으로 했다.

이러한 일본이 임진년(1566)에 무려 15만 8천의 군사를 동원하여 조선을 침범했다.

그러면 당시 중국에서 일본을 어느 정도 이해했는지 《명사》〈일본전〉의 1절을 참고하면 다음과 같다.

"일본은 예로부터 왕이 있고 그 밑에 '관백(關白)'이라는 최고 실권자가 정권을 장악하였는데 당시의 관백은 오다 노부나가(織田信長)였다. 노부나가가 어느 날 사냥을 갔다가 나무 밑에 누워 있는 사람을 만났는데 그 자가 놀라 일어나다가 노부나가의 행렬과 충돌하였다. 노부나가가 그 자를 잡아 힐문하였는데 그 자는 자기 이름이 다이라노 히데요시(平秀吉)라 했고, 사쓰마 주(薩摩州)의 노예 출신이라 했다. 말을 잘할 뿐 아니라 웅용(雄勇), 민첩하여 노부나가의 호감

《제감도설(帝鑑圖說)》
만력제가 9세라는 어린 나이에 즉위하자 장거정은 제왕이 지켜야 할 덕행을 그림으로 설명한 책을 저술해 황제에게 바쳤다.

동래부 순절도 임진왜란 때 동래부사 송상현과 휘하 장병의 순절 그림.

을 샀다. 노부나가는 처음에는 마굿간 일을 시키고 기노시타(木下)라 불렀다. 그 후 차츰 노부나가의 눈에 들었고 노부나가는 기노시타의 계책을 이용하여 20여 주를 병합함으로써 마침내 그를 섭진진(攝津鎭) 수비대장으로 임명하였다. 노부나가의 참모 아기지(阿奇支)라는 자가 죄를 짓자 노부나가가 히데요시로 하여금 그의 토벌을 명하였다. 이윽고 노부나가가 그의 부하 아케치(明智)로부터 살해당하자 히데요시는 아기지를 토벌한 후 부장 고니시 유키나가(小西行長) 등과 함께 군사를 돌려 아케치를 주멸함으로써 그의 명성을 더욱 떨쳤다. 마침내 노부나가의 셋째 아들을 폐하고 관백의 자리에 오르니 그때가 만력 14년(1586)이다."

관백이 된 다이라노 히데요시(나중의 豊臣秀吉)가 조선에 출병한 일에 대하여 《명사》는 이렇게 기록하였다.

"조선 침략과 아울러 중국을 침략하고 조선을 빼앗아 갖고자 함이다."

그러나 당시 명나라로선 일본이 명나라를 침략한다는 것은 도저히 생각조차 할 수 없는 일이었다. 명나라에서는 일본을 규모가 좀 큰 왜구 정도로 생각하는 사람들이 많았다.

조선을 침략한 일본군은 서전에서는 크게 승리하였다. 당시 조선은 오랫동안 평화를 누려왔기 때문에 전국의 난세에서 전쟁에 익숙한 일본군을 대항할 힘이 없었다. 더구나 그들은 조총(鳥銃)이라는 신무기의 이점을 이용하여 파죽지세로 북상하여 고니시 유키나가가 거느린 부대는 한양을 함락한 데 이어 평양까지 북상하였다.

한편 가토 기요마사(加藤淸正)가 거느린 부대는 함경도까지 유린하여 호남을 제외한 대부분의 국토가 유린되고 두 왕자가 포로로 잡히는 등 매우 급박한 위기에 몰리게 되었다. 조선의 선조 임금은 의주까지 몽진길에 올랐고 명나라에 원군을 청하는 사자들의 발길이 끊이지 않았다.

명나라 조정에서는 조선의 원병 요청 문제를 검토한 끝에 구

* 건주위(建州衛) : 영
락제 때 여진족을 누르
기 위하여 남만주 건주
(길림)에 두었던 주둔군

* 남방병(南方兵) : 중
국 본토 출신으로 구성
된 군사

* 화전(火箭) : 불을 달
고 쏘는 화살

하지 않으면 안 된다는 결론을 내렸다. 이여송(李如松)이 명군의
제독(提督)으로서 구원군을 이끌고 압록강을 건넌 것은 임진년
12월 25일이었다. 이여송은 건주위(建州衛)*의 여진인 왕고(王杲)
가 반란을 일으켰을 때 당시의 실권자 장거정(張居正)이 토벌사
령관으로 기용한 인물이었다. 많은 전공을 세운 그가 바로 조선족
출신 이성량(李成梁) 장군의 아들이었다. 그러니까 이여송은 명
나라 원군을 이끌고 고국의 위기를 구하기 위하여 조선으로 간 것
이다.

이여송이 거느린 원군은 요동병과 남방병(南方兵)*으로 편성
되어 있었다. 요동병은 이여송의 직속 부대였고 남방병은 대포와
화전(火箭)* 등 강력한 무기로 무장된 부대로 급히 편성되었다.

이여송이 평양 공격에 나선 것은 임진년을 지난 계사년 1월 8
일이었다. 이여송은 호준포(虎蹲砲, 옛날의 대포)와 화전으로 무
장한 부대를 앞세워 일제히 평양 공격 명령을 내렸다. 이여송도
친히 진중으로 말을 달려 직접 지휘에 나서니 포성은 천지를 진동
하고 화전은 적진을 향해 마구 날았다. 고니시 유키나가가 지휘하
는 왜병들은 조총을 마구 쏘아댔으나 대포의 위력 앞에 맥을 쓰지
못하여 달아나기 시작하였다. 그날 밤 왜병들은 대동강을 건너 한
양 쪽으로 달아났다.

이여송이 별 힘을 안 들이고 평양을 탈환한 것은 주로 남방군
의 호준포와 화전의 위력 덕이었다.

이여송은 평양 탈환에 이어 개성을 수복하고 한양을 탈환하기
위해 직속 부대인 요동병만을 이끌고 내려갔다. 이여송의 작전은
한양 탈환의 공을 자신의 직속 부대인 요동병에게 돌리기 위해서
였으나 예기치 못한 패전을 맞보게 되었다.

이여송의 직속 부대가 한양을 향해 내려가던 중 벽제관(碧蹄館)에서 왜병에게 포위되어 이여송은 위급한 순간에 몰렸고 그의 부장이 육탄방어해 간신히 위기를 모면하였다. 왜병들은 대포나 화전이 없는 명나라 군사를 조금도 두려워하지 않았다.

도요토미 히데요시

이 벽제관에서의 패전 후 강화 문제가 다시 대두되었다. 이여송은 이 난을 강화로 해결하려 하였다. 그는 심유경(沈惟敬)을 적진에 보내어 궁지에 몰린 왜장 고니시 유키나가·가토 기요마사와 담판짓고 왜병들을 한양에서 철수토록 하였다. 사실 이 강화 문제는 평양 탈환 이전부터 심유경이 추진하던 일로서 처음부터 도저히 성립 불가능한 것이었다.

양측 수뇌부에서 제시한 강화조건을 참고로 살펴보자. 먼저 도요토미 히데요시가 제시한 강화의 조건은 7개 조항이었다.

1. 명나라 황녀(皇女)를 일본의 후비(后妃)로 삼는다.

2. 무역 증서제(貿易證書制)를 부활한다.

3. 일본과 명나라 양국 대신이 각서를 교환한다.

4. 조선 8도 가운데 4도를 일본에 건네준다.

5. 조선의 왕자 및 대신을 인질로 일본에 보낸다.

6. 포로로 잡고 있는 두 조선 왕자를 귀국시킨다.

7. 조선의 권신이 앞으로 일본에 배반하지 않겠다는 서약을 한다.

이에 명나라가 요구한 조건은 3가지였다.

1. 조선에서 완전 철군할 것.

2. 조선의 두 왕자를 송환할 것.

3. 관백 도요토미 히데요시가 사죄할 것.

심유경과 왜장 고니시 유키나가는 상대국에서 제시한 조건이 피차 양측에서 도저히 받아들여지지 않을 것이 확실하므로 양측에 모두 숨겼다. 심유경은 명나라 황제 만력제에게 다음과 같은 사죄문을 위조하여 바쳤다.

"도요토미 히데요시가 바라는 것은 오직 왜왕으로 책봉되는 일이며 그리 되면 그는 대대로 번신(藩臣)으로서 영구히 조공을 바치겠다 하옵니다."

이 사죄문이 위조된 사실을 알 까닭이 없는 북경의 조정에서는 신중히 검토한 끝에 결정을 내렸다.

"책봉은 허락하지만 조공은 허락할 수 없다."

도요토미 히데요시를 일본 국왕에 책봉하는 것은 허락해도 좋지만 조공 무역은 허락할 수 없다는 것이다. 우선 책봉만 하고 그 후의 태도를 보아 조공 무역 문제를 결정하겠다는 속셈이었다.

명나라에서는 이종성(李宗城)을 책봉정사(冊封正使)로 임명했는데 이종성은 강화의 속사정을 잘 알고 있었으므로 겁을 먹고 부산으로 도망치고 말았다. 그래서 부사(副使)로 임명되었던 양

방형(楊方亨)을 정사로 승격시키고 수행원이었던 심유경을 부사로 임명하여 도요토미 히데요시를 왜국왕에 책봉한다는 책서(冊書)와 일본국왕지인(日本國王之印)이라 새긴 금인(金印), 그리고 명나라의 관복을 가지고 왜국으로 건너갔다.

이들 사절단이 오사카 성(大阪城)에 들자 도요토미 히데요시는 이들을 직접 인견하고 책봉서와 금인·관복을 받았다. 다음날 도요토미 히데요시는 명나라에서 내린 관복을 입고 사절단을 잔치에 초대하였다. 고니시 유키나가와 심유경은 당초부터 도요토미 히데요시를 속여 강화를 성립시키기 위하여 억지 연극을 꾸며 댄 것이다. 그러나 그가 제시한 강화 7개 조항이 무시되었음을 안 도요토미 히데요시는 크게 노하여 제2차 출병을 명하기에 이르렀다. 이것이 곧 정유재란(丁酉再亂)이다.

도요토미 히데요시의 2차 출병은 고전의 연속이었다. 결국 히데요시가 죽어 왜병이 철수함으로써 7년간이나 끌어오던 임진왜란은 그 종지부를 찍게 되었다.

7년에 걸친 왜란은 조선의 정치·경제·문화·사회면에 커다란 영향을 끼쳐 일대 전환기를 맞이하게 되었다. 국제적으로 명나라에서는 임진왜란을 틈타 여진족의 청(淸)나라가 두각을 나타냈고 왜국에서는 도요토미 히데요시의 세력이 몰락하고 도쿠가와 이에야스(德川家康)의 막부 시대가 열렸다.

마지막으로 《명사》〈일본전〉에 나타난 임진왜란 총괄 내용을 간추리면 다음과 같았다.

"오랫동안 끌어오던 이 난은 도요토미 히데요시의 죽음으로 왜병이 철수함으로써 그 막을 내렸다. 그러나 관백 도요토미 히데요시가 조선을 침략한 이래 7년 동안에 수십만의 군사를 잃었고 군량과 군비의 지출이 수백만에 달했다. 이 싸움은 실로 명나라와 조선에 있어 승산 없는 싸움으로 끝을 맺었다."

비밀 경찰과 환관

명나라 태조 홍무제 때의 일이다. 어느 날 황제의 자문역으로 있던 송염(宋濂)이 자기 집에 손님을 초대하여 이야기를 나누며 술을 마셨다. 다음날 송염이 입궐하자 홍무제는 송염을 불러 다짜고짜 물었다.

"어제는 어떤 손님을 초대하여 무슨 요리를 먹었으며 무슨 이야기를 나누었소."

송염은 어제 있었던 일을 소상히 아뢰었다.

"좋아요, 좋아. 경은 짐을 속이려 들지 않는군!"

홍무제는 고개를 끄덕이며 한 장의 그림을 송염 앞에 내밀었다. 순간 송염은 깜짝 놀라지 않을 수 없었다. 거기에는 어제 있었던 잔치의 모습이 그려져 있었는데 앉은 자리는 말할 것도 없고 음식이 놓인 자리 등이 한치의 어긋남도 없이 그려져 있었다. 송염의 등에서는 식은 땀이 흘러내렸고 자기 자신이 감시를 당하고 있다는 사실에 새삼 놀라지 않을 수 없었다.

이것은 명나라 초기에 있었던 이야기지만 감시 방법은 그 후에 더욱 심해졌다.

만력제의 뒤를 이은 천계제(天啓帝) 때의 일이다. 어느 날 밤

하루의 일을 끝낸 네 사나이가 술을 마시고 있었다. 술이 몇 순배 돌아 거나하게 취한 한 사나이가 당시의 권력자 위충현(魏忠賢)을 비난하기 시작하였다. 나머지 세 사람은 아무런 대꾸도 하지 않고 침묵을 지키고 있었는데 갑자기 사복 차림의 몇 사람이 들이 닥쳐 네 사람을 모두 체포해갔다. 사복 차림의 사나이는 다름 아 닌 비밀 경찰이었다.

위충현은 이 네 사람을 불러내 그 현장에서 자기를 비난한 사 나이의 가죽을 벗겨 죽여 버렸다. 그리고 다른 세 사람에게는 상 금을 주어 석방하였으나 이 세 사람은 어찌나 놀랐던지 간이 콩알 만하게 오그라들어 사소한 일에도 깜짝깜짝 놀라는 증세를 보였 다. 백성이나 관료들을 감시하는 명대의 이러한 비밀 경찰 기구를 '창위(廠衛)'라고 불렀다.

창위의 '위(衛)'는 금의위(錦衣衛)의 약칭으로 원래는 황제 의 신변을 경호하는 친위 사단이란 뜻이었다. 홍무제는 곧잘 대신 들의 행동을 의심하여 이 금의위의 장교들에게 대신들의 동태를 살피도록 하였기 때문에 금의위는 황제 직속의 비밀 경찰 기구로 변모하게 되었다. 비밀 경찰들의 횡포는 극에 달하여 사람 죽이기 를 식은 죽 먹듯 하였다. 이들은 모두 흰 가죽신을 신었기 때문에 북경의 백성들은 흰 가죽신을 신은 사람을 보기만 하면 마치 호랑 이라도 나타난 것처럼 숨도 제대로 못 쉬었다.

명대에 있어 창위(비밀경찰)와 환관 정치는 서로 표리(表裏) 를 이루면서 사회의 암적인 존재로 악명을 떨쳤다.

환관 중에서도 몇몇은 성실하고 솔직한 인물로서 국가와 민 족을 위해 활약한 경우도 있었다. 정화(鄭和), 회은(懷恩), 금은 (金恩) 등이 그러했다. 그러나 나머지 대부분은 전반적으로 국가를 위기에 몰아넣고 재앙을 가져왔다. 그 가운데서도 왕진(王振), 왕직(王直), 유근(劉瑾), 위충현(魏忠賢) 등이 가장 악명높았다.

환관 왕진에 대해서는 앞서도 언급한 바 있어 생략하기로 한다. 왕직은 성화제(成化帝) 때의 태감(환관의 우두머리)으로 6년간 실권을 장악하고 있던 자였다. 그의 권력이 얼마나 절대적이었던지 일반 백성들이 황제의 존재는 몰라도 왕직의 이름은 모르는 사람이 없었다.

유근은 정덕제 때의 태감으로 공경 대신들이 모두 그의 문하에서 배출되었다. 유근이 모반죄로 재판에 회부된 일이 있었다. 그때 유근은 재판석상에서 재판관들에게 호통을 쳤다.

"무례한 놈들, 너희들은 모두 나의 문하가 아니더냐. 나를 재판한다니 말이 되느냐?"

재판을 담당했던 형부상서 유경(劉璟)은 호통 치는 소리에 놀라 벌벌 떨며 그 자리를 떴고, 그 밖의 배석관료들도 슬슬 자리를 피했다. 동석했던 부마도위(황제의 사위) 채진(蔡震)이 일어서며 큰 소리로 말하였다.

"나는 황제의 사위이지 너의 문하는 아니다. 내가 재판관으로서 너를 재판하겠다."

이렇게 해서 아수라장을 이루었던 재판장이 겨우 수습되었다. 그러나 이 같은 유근의 횡포도 천계제 때의 태감 위충현에 비하면 새 발의 피에 불과하였다. 위충현은 불량배 출신으로 궁정에 들어와서 황제의 손자인 주유교(朱由敎)의 시중을 들었다. 그러는 가운데 주유교의 유모 객씨(客氏)와 음란한 관계를 맺어 황제의 총애를 받기 시작하였다. 그 후 주유교가 16세에 천계제로 즉위하자 천계제는 연극 구경과 오락에 빠져 모든 정치를 위충현에

게 위임했다. 권세에 영합하는 무리들은 모두 위충현 앞에 무릎을 꿇음으로써 환관벌(宦官閥)이 형성되었다.

환관벌의 횡포는 조야의 뜻있는 사람들의 불만을 불러일으켰다. 조신(朝臣) 양연(楊漣) · 좌광두(左光斗) 등은 목숨을 내걸고 위충현의 파면을 주장하였으나 그 결과는 그들이 예상한 대로 박해와 추방이 있을 뿐이었다. 추방된 사람들은 시골에 묻혀 후학들을 지도하며 세월을 보내기도 하였다. 당시 조정의 정치를 비판하는 여론이 있었으나 환관벌은 이들을 동림당(東林黨)*이라는 죄명을 씌워 죽여 버렸다. 이렇게 해서 성실하고 강직한 관료들은 하나 둘씩 위충현의 손에 죽임을 당하였다.

어리석은 황제는 동림당 탄압의 일환으로 전국의 학교를 폐쇄하고 위충현의 생사당(生祠堂)*을 짓도록 명령하였다. 뿐만 아니라 죽은 후에 제사지낼 위충현의 사당도 짓도록 하였다. 연안에 있는 위충현의 사당은 유리질의 유약(釉藥)을 칠한 기와로 지붕

* 동림당(東林黨) : 명나라 말기 정치 개혁을 목적으로 결성된 단체로서 고헌성(顧憲成) · 고반룡(高攀龍) 등이 주도하였음

* 생사당(生祠堂) : 살아 있을 때부터 받들어 제사지내는 사당

을 이어 궁전을 방불케 하였으며 소주에 세운 생사당 안에 안치된 위충현의 상에는 금으로 늘어뜨린 장식물이 부착되었다. 심지어 이 생사당의 위충현 상에 절을 하지 않는 사람은 사형에 처해졌다. 위충현이 가는 곳이면 어느 곳에서나 관민이 길바닥에 엎드려 '구천세(九千歲)', 혹은 '9천9백세'를 외쳤다. 당시 '만세'는 황제에 한해서만 사용하는 말로서, 다른 사람에게는 절대 써서는 안 되는 말이었다. 만약 이런 규정이 없었다면 위충현에게도 만세를 외쳤을 것이다.

이렇게 환관의 위력은 위충현 시대에 최절정에 달했다. 더욱 해괴한 일은 학문과 덕행이라곤 찾아볼 길 없는 위충현이 성현(聖賢)으로서 공자묘(孔子廟)에 배향된 일이었다. 천계제는 봄·가을 두 차례에 걸쳐 공자묘에서 제사를 올리고 불량배 출신의 환관의 위패 앞에도 무릎을 꿇고 머리를 숙였다. 이 얼마나 해괴망측한 추태란 말인가! 하늘이 웃고 땅이 놀랄 일이었다.

화무십일홍(花無十日紅)이요, 권불십년(權不十年)은 고금을 통하여 변할 수 없는 진리이다. 그렇게 하늘을 찌를 듯한 위충현의 권세도 그 한계가 있었다. 천계제가 죽고 숭정제(崇禎帝)가 즉위하자 위충현은 곧바로 파면되었다. 위충현도 역시 일말의 양심은 있었던지 자신이 지은 죄를 두려워하여 자살했다. 이때가 천계 7년(1627)으로 각지에서 농민 반란이 일어나기 시작하였다.

이렇게 해서 국가와 국민에게 커다란 재앙의 씨를 뿌렸던 위충현은 죽었지만 창위 제도는 여전히 맹위를 떨쳐 환관들이 권세를 농락함으로써 명왕조의 멸망을 부채질하였다. 명왕조의 운명은 마침내 구제불능의 늪에 빠져들었다.

누르하치의 등장

일찍이 영락제가 만주의 여진족을 복속시킨 후 그 세력을 분산·약화시키기 위하여 건주(建州)·해서(海西)·야인(野人)의 3개로 분할하여 통치하였다. 건주와 해서는 지명이지만 야인이란 미개인이라는 뜻임은 말할 것도 없다.

건주 여진은 주로 요동의 산간 지방에 거주했다. 그 수장은 명나라로부터 건주위(建州衛)의 지휘사로 임명받아 건주위에 소속되어 있는 여진족을 다스렸다. 그렇기 때문에 지휘사는 명에 호의적이었고 생활 양식도 중국풍이었다.

명나라 만력 20년(1592) 조선에서 임진왜란이 일어나자 명나라는 구원군을 파견하고 이에 따른 막대한 군사비와 군량의 지출

오르도스 명 말에 유
목민족인 <u>오르도스</u> 부
족이 점거했다고 해서
오르도스란 지명이 붙
었다. 황하 유역에 해
당하는 오르도스는 유
목과 농업에 적합하지
만 지금은 농경지로
바뀌었다.

등에 국력을 기울이다 보니 여진족에 신경을 쓸 여력이 없었다.
이 틈을 노려 건주위에 소속되었던 여진족의 영걸 누르하치가 점
차 세력을 확대해 나갔다.

누르하치의 등장은 여진족의 영웅 아골타가 세운 금나라
(1115~1234)가 멸망한 지 약 300여 년 후의 일로 그는 여진 각부
를 통일하여 만주족을 형성한 후 마침내 명나라를 멸망시키고 청
왕조(淸王朝)를 창업하는 기반을 다졌다.

만주족에 대해서는 다음과 같은 전설이 전해진다.

옛날 세 사람의 선녀가 장백산 기슭의 연못에 내려와 목욕하
며 즐기고 있었다. 그곳에 한 마리의 까치가 날아올랐는데 까치의
입에는 새빨갛게 익은 탐스런 과일이 물려 있었다. 까치는 그 과

일을 언덕에 살며시 떨어뜨리고 크게 울고는 어디론가 날아가버렸다. 이를 본 한 선녀가 급히 언덕으로 올라가 빨갛게 빛나는 과일을 손에 쥐었다. 그리고 옷을 입기 위하여 그 과일을 입에 물고 소매 속으로 팔을 집어넣다가 아차하는 순간에 그만 과일을 삼켜버렸다. 그런데 이게 웬일일까? 그 선녀는 그때부터 임신이 되어 얼마 후에 남자아이를 낳았다. 이 아이가 바로 만주족의 시조라는 것이다.

만주족은 꽤 오랜 역사를 가진 민족으로서 선진(先秦) 시대에는 숙신(肅愼), 수·당 시대에는 말갈(靺鞨), 오대 이후는 여진이라 불리다가 명나라 후기부터 만주족이라 불리게 되었다. 이 만주라는 말은 원래는 민족을 가리키는 말이었으나 차츰 지역을 가리키는 말로 사용되었다.

누르하치는 건주위에 속하는 수장의 집에서 태어났다. 아버지는 타커시(搭克世)라는 인물로 성은 애신각라(愛新覺羅)였다. 애신은 '금(金)', 각라는 '족(族)'을 뜻하는 말이다. 누르하치는 어려서 어머니를 잃고 계모의 손에서 자라다가 19세 때 가출하여 조선족 출신 명나라의 장군 이성량의 가신이 되었다는 설이 있다.

누르하치가 두각을 나타내게 된 배경에는 이성량 장군의 힘이 크게 작용하였다. 그런 점에서 두 사람의 만남은 숙명적이었다고 할 수 있다.

이성량 장군에 대해 부연한다면 임진왜란 때 명나라 제독으로서 구원군을 이끌고 조선에 건너가 고니시 유키나가의 왜군을 평양에서 격퇴시킨 이여송 장군의 아버지라고 설명하는 것이 알기 쉬울 것이다.

건주 여진의 수장 왕고가 반란을 일으켜 무순(撫順)을 침략

누르하치

하여 명나라 군관을 살해하는 사건이 일어났을 때 이성량은 토벌사령관으로서 6만 명의 명군을 거느리고 왕고의 반란군을 대파하였다. 부상을 입은 왕고는 해서(海西) 여진의 하다부(哈達部)로 도망쳤는데 하다부의 수장 만한(萬汗)이 망명해온 왕고를 명나라에 인도하고 말았다.

왕고는 참형에 처해졌고 그의 아들 아타이(阿臺)가 보복의 기회를 노리게 되었다. 그는 하다부에 보복하기 위하여 하다부와 대립 관계에 있는 예헤부(葉赫部)와 손을 잡고 끊임없이 군사를 움직였다. 이성량은 하다부의 만한을 구하기 위하여 아타이를 공격하게 되었다. 이 싸움에서 누르하치의 할아버지와 아버지가 죽었다고 역사는 기록하고 있다.

만력 11년(1583) 이성량이 아타이를 공격하자 누르하치의 할아버지는 손녀딸인 아타이의 아내를 구해내기 위하여 아타이 성 중으로 들어갔다. 이 싸움에서 누르하치의 일가는 명나라 편에 서 있었다. 누르하치의 할아버지는 손녀딸을 성 밖으로 데려오기 위하여 성 안으로 들어갔고 동행한 아버지는 성 밖에서 기다리고 있었다. 그런데 아타이는 그의 처를 성 밖으로 내보내려 하지 않을 뿐 아니라 오히려 이성량과 협조한다 하여 누르하치의 할아버지를 억류하였다. 성 밖에서 기다리고 있던 누르하치의 아버지는 아무리 기다려도 아버지가 나오지 않자 점점 초조해지기 시작하였다. 그는 상황을 살피기 위하여 성 안으로 들어갔으나 아타이는 그마저 억류하였다.

이윽고 명군의 총공격이 시작되어 격렬한 싸움이 벌어졌다. 아타이는 이성량의 화공책에 의해 패사하였다. 이 북새통에 누르하치의 할아버지는 불에 타 죽고, 아버지는 난입하는 명나라 군사에게 적군으로 오인되어 죽임을 당했다.

명나라측 기록에 의하면 누르하치의 할아버지와 아버지가 성안에 들어간 것은 아타이의 아내인 손녀딸을 구하기 위함이 아니었고 아타이에게 항복을 권하기 위해서라고 기록되어 있다. 어쨌든 누르하치의 할아버지와 아버지는 명나라에 가담하여 명나라를 위하여 활약한 것이 틀림없음에도 불구하고 모두 희생당했다. 이때 누르하치는 25세의 청년이었다. 이성량은 할아버지와 아버지를 한꺼번에 잃은 누르하치에게 큰 빚을 진 셈이 되었다.

명나라의 여진족 분산 정책은 일단 성공을 거두었으나 이에 따른 문제가 대두했다. 여진족 내의 군소 부족끼리의 다툼이 끊이지 않아 요동 전체가 항상 소요 상태에 있는 것이었다.

이성량은 이에 대한 대책으로서 여진족 가운데서 가장 위엄있고 신뢰받는 세력을 길러 명나라가 배후에서 조종하는 정책으로 전환할 구상을 했다. 이성량은 여진의 하다부를 염두에 두었으나 당시 하다부의 세력도 내분 때문에 지리멸렬한 상태였다.

다음으로 물망에 오른 것이 예혜부였으나 이들은 몽골계 여진으로서 체질적으로 반명(反明) 감정이 강했다. 아타이가 명나라에 보복전을 펼쳤을 때도 예혜는 아타이를 구원하였고 특히 하다와는 불구대천의 원수지간이었다. 이 같은 상황을 판단한 이성

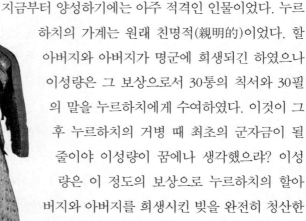

누르하치의 갑옷

량은 누르하치에게 눈을 돌렸다.

누르하치는 나이도 젊지만 현명하고 유능하였다. 지금부터 양성하기에는 아주 적격인 인물이었다. 누르하치의 가계는 원래 친명적(親明的)이었다. 할아버지와 아버지가 명군에 희생되긴 하였으나 이성량은 그 보상으로서 30통의 칙서와 30필의 말을 누르하치에게 수여하였다. 이것이 그 후 누르하치의 거병 때 최초의 군자금이 될 줄이야 이성량이 꿈에나 생각했으랴? 이성량은 이 정도의 보상으로 누르하치의 할아버지와 아버지를 희생시킨 빚을 완전히 청산한 것으로 알았을지 모르나 누르하치는 부조(父祖)를 잃은 사무친 원한을 그렇게 쉽게 잊어버릴 인간이 아니었다. 후에 명나라에 대하여 반기를 들 때 그는 '칠대한(七大恨)'을 내세웠다.

그 첫째 조항에 "우리 조상은 대대로 명나라에 충성을 바치고 순종했다. 그런데 만력 연간에 이르러 갑자기 우리의 부조가 죄없이 주살당하였다. 이것이 천추에 씻을 수 없는 첫째의 한이다."라고 그의 심정을 토로했다.

누르하치는 명나라에 대한 사무친 원한을 가슴속 깊이 새겨둔 채 후일을 위하여 명나라에 순종하는 태도를 보임으로써 철두철미하게 자신의 세력 증강에 명나라를 이용하였다.

이성량의 주선으로 누르하치는 명나라로부터 좌도독 용호장군의 칭호를 받았다. 뿐만 아니라 매년 은 8백 냥씩 보수도 받았다. 이 같은 명나라의 힘을 배경으로 결국 누르하치는 건주 여진을 통일하기 위한 기반을 굳히게 되었다. 명나라로선 양호유환(養虎遺患)*의 격이 된 셈이었다.

누르하치는 만력 11년(1583) 군사를 일으켜 건주 여진에 속해 있는 5부(部)를 토벌하여 만력 17년(1589)에는 모두 항복시켜 건주 여진의 세력을 통일하는 데 성공하였다. 이렇게 해서 누르하치는 북쪽의 해서 여진과 대항할 수 있는 세력을 확보하였으며 그 후 명나라와의 통상을 통하여 더욱 국력을 충실히 다졌다.

누르하치는 이미 일개 지방의 영주라기보다 제국의 주인이 되겠다는 결의를 마음속으로 은근히 다지고 있었다. 그리고 건주 여진의 이름을 만주(滿洲)로 개칭하였다. 여진족에서 새로운 만주족으로 바뀐 것이다.

누르하치의 세력 확대에 불안을 느낀 해서 여진은 변방의 여러 부족을 규합하여 누르하치의 만주 세력을 제지하려 하였다. 해서 여진은 9부 연합군을 결성하여 만주를 공격하였으나 누르하치는 9부 3만의 연합 세력을 격퇴시켰을 뿐 아니라 이 연합군에 참가했던 장백산의 2개 부족을 원정하여 그 영토를 병합하기에 이르렀다.

9부 연합군을 격퇴시킨 누르하치의 저력에는 명나라와의 교역에서 얻은 경제적 이익이 큰 비중을 차지하고 있었다. 그만큼 경제력은 국력과 불가분의 관계에 있었다. 누르하치의 만주 정권이 부강해짐에 따라 이성량도 점점 부를 이룩하게 되었다. 이성량과 누르하치와의 관계는 부즉불리(不卽不離)*의 관계에 있었다. 인삼·모피·진주를 구입하기 위해 요동에 모여든 상인들은 어떠한 형식으로든 이성량에게 상납금을 바쳐야 했다. 산지에서 구입

심양의 고궁 누르하치 시대의 수도 성경

하여 교역 장소까지 운반하고 그곳에서 상인의 손에 넘어가기까지의 중간 이익을 누르하치와 이성량이 절반씩 착복하였다. 이렇게 해서 막대한 부를 이룩하게 된 이성량은 차츰 자기 자신의 임무를 소홀히 하게 되었다.

조그마한 소란을 진정시키기 위해 강력한 견제 세력을 키운 것까지는 좋았으나, 이 견제 세력이 명나라의 지배에서 벗어날 정도로 강성해진다면 큰 문제가 아닐 수 없다. 이 시점에서 이성량은 누르하치의 커져가는 세력에 과감하게 제재 조치를 가했어야 했는데도 불구하고 거저 굴러들어오는 황금에 눈이 어두워 그대로 방관했다.

이성량은 요동의 군사 책임자로 22년 동안 재임하면서 10여 차례나 승전보를 올렸다. 즉 변경 지방의 무장으로서 세운 공로로 따지면 2백 년 이래 으뜸이라는 평을 받을 정도로 빛나는 공을 세운 것이다. 그의 자제들에게도 모두 관직과 작위가 수여되는 등 그 일족의 영화는 극에 달했다. 이때에 이르러 이성량은 확실히 타락해 있었다. 그는 굴러들어오는 큰 돈으로 조정의 권신들에게 막대한 선물을 보내어 중앙에 많은 지지 세력을 확보하였다.

이따금 진등운(陳登雲)·허수은(許守恩) 등 청렴정직한 순안사(巡按使)들이 실정을 보고하려 하였으나 순무(巡撫) 이송(李松)·고양겸(顧養謙) 등이 저지하는 실정이었다. 그러나 저지하는 데도 한계가 있었다. 이성량이 아무리 뇌물 세례를 퍼부어도 이성량을 비난하는 소리는 그칠 줄 몰랐다. 그러는 사이 이성량 옹호 세력이었던 신시행(申時行)·허국(許國)·왕석작(王錫爵) 등이 조정에서 물러나자 이성량의 지위도 흔들리기 시작하였다.

만력 19년(1591) 만주족 10만 기(騎)의 침입을 막지 못한 실책을 이유로 이 해 11월 어사 장학명(張鶴鳴)의 의견이 받아들여져 이성량은 마침내 해임되었다. 다만 영원백(寧遠伯)이라는 작위는 그대로 유지하고 나이가 늙어 퇴임한다는 형식이 취해졌다.

이성량을 해임시킨 것까지는 좋았으나 그 후임으로 교체된 군사 책임자들은 이미 강대해진 누르하치의 세력을 견제하기에는 역부족이었다. 이성량 해임 후 10년 동안에 후임으로 교체된 인물이 무려 18명에 이르는 상황이었다.

누르하치가 이렇게 요동 지방에서 세력을 확장하고 있을 무렵 조선에서 임진왜란이 일어났다. 명나라에서는 조선에 원병을 보내고 그에 따른 군량과 군수물자의 보급 등에 주력하다 보니 누르하치에 신경을 쓸 여유가 없었다. 임진왜란이야말로 누르하치에게 있어서는 천재일우의 호기가 아닐 수 없었다.

만력 44년(1616) 1월 누르하치는 해서 여진의 대부분을 통일하고 요령성 신빈현에서 왕의 자리에 오르고 나라 이름을 금(金)이라 칭하였는데 역사상으로는 후금(後金)이라 칭한다. 이때 누르하치의 나이 53세였으며 연호를 정하지 않고 자신의 호를 '천명(天命)'이라 칭하였는바 이것이 그 후 연호처럼 사용되어, 천명 원년 … 5년 등으로 불리게 되었다. 물론 이 당시의 누르하치는 중국의 일개 할거 정권에 지나지 않았다.

누르하치는 후금을 세운 다음해에 명나라에 대한 선전포고로써 무순(撫順)을 공격하였다. 무순의 공략과 함락에는 누르하치가 창시한 팔기군(八旗軍)이 맹위를 떨쳤는데 그 후 팔기 제도는 청나라 군사제도의 근간이 되었다.

이 팔기 제도는 원래는 사냥을 할 때의 조직에서 출발한 것이다. 사냥을 할 때 3백 명을 한 '니루(牛彔)'로 했는데 이것을 군제로 개편하여 5개 니루를 1 '쟈란(甲喇)', 5개 쟈란을 1 '구사(固山)'로 하였다. 이 '구사'가 바로 '기(旗)'를 뜻하는 말이다.

이 기의 색깔을 황·남·홍·백의 4색으로 나누어 짐승을 몰

팔기군의 기 수렵 단위를 전투 단위로 편제한 팔기군의 기

아녕을 곳을 미리 정하여 황색의 깃발을 세운다. 짐승을 모는 몰 이꾼들이 3대로 나누어 차츰 포위망을 압축해 들어간다. 3대의 중앙에서는 남색기를 표적으로 하는 1대가 움직이고 동시에 그 좌우에서는 홍기와 백기가 각각 황색기를 향하여 돌진하는 조직으로 되어 있었다.

이 제도는 누르하치가 1601년에 제정한 것으로서 수렵 단위를 전투 단위로 편제한 일종의 사회 조직 제도였다. 누르하치가 왕위에 오른 다음해인 1615년에는 인구가 증가함에 따라 황남홍백의 4색기에 각각 선을 둘러 8기로 개편하였다. 남·황·백색기에는 붉은 색의 선을 두르고, 홍색기에는 흰색 선을 둘렀다. 두르지 않은 기를 정황(正黃), 정백(正白), 정홍(正紅), 정남(正藍)이라 부르고, 선을 두른 기를 양황(鑲黃), 양백(鑲白), 양홍(鑲紅), 양람(鑲藍)이라 칭하였다.

누르하치는 만주족을 군사 체제로 편성하였으므로 남녀노소를 막론하고 모두 군단인 이 팔기에 소속되었다.

청대 기록을 보면 한족 출신인 경우 본적을 복건성 남안현이라든지, 절강성 모모현이라고 기록하고 있으나 만주족인 경우는 정황기 출신, 혹은 남황기 출신이라는 식으로 기록했다. 이런 점에서 볼 때 팔기는 바로 만주족의 호적이었다고 볼 수도 있다.

누르하치가 왕위에 올랐을 무렵의 '니루'의 수가 4백에 달했다. 니루를 3백 명으로 계산한다면 12만 명이 되는 셈이다. 이 팔기 제도는 군사·행정·생산의 각 방면에 걸친 직능을 겸비하고 있어 평상시에는 생산에 참여하고 전시에는 전투에 참가하였다.

누르하치가 반명의 기치를 높이 들고 무순을 공격할 때 만주 팔기는 두 패로 나뉘어 공격하였다. 누르하치는 무순성의 수비대

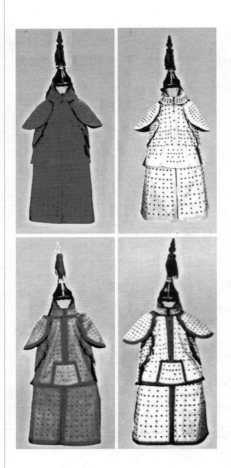

장에게 항복 권고문을 보냈다. 무순성 수비대장은 명나라 유격 장군 이영방(李永芳)이었다. 그는 항복 권고문을 보자 전의를 잃고 그대로 항복하고 말았다. 이영방은 후에 누르하치의 손녀딸을 아내로 맞이하고 후금의 총병(摠兵)으로 승진하였다. 힘 안 들이고 무순성을 함락한 누르하치의 만주 팔기는 승세를 몰아 동주 · 마하단성도 쉽게 함락했다.

만주 팔기는 무순성의 성벽을 허물고 일단 철수하였다. 무순성의 함락 소식을 접한 명나라 광녕 총병 장승음(張承蔭) 등이 1만 명의 군사를 이끌고 누르하치를 맹추격하자 누르하치도 군사를 돌려 대항하였다. 그러나 신의 미소는 누르하치에게 보내졌다. 갑자기 큰 바람이 일며 모래와 자갈이 명나라 진지 쪽으로 몰아닥쳤다. 명나라 군사는 싸우기도 전에

팔기군의 갑옷 팔기군은 기뿐만 아니라 갑옷의 색도 달랐다. 황색에 붉은 선이 있는 갑옷은 양황기, 흰 갑옷은 정백기, 흰색에 붉은 선이 있는 갑옷은 양백기, 붉은 갑옷은 정홍기이다. 그림 중 위의 두 기는 정황기와 함께 팔기군의 상삼기(上三旗)였다.

모래와 자갈의 공격을 받고 대오가 흔들리기 시작하였다. 만주 팔기는 이 틈을 노려 명나라 군사에 공격을 퍼부어 총병 이하 간부들을 모두 죽이고 대승을 거두었다.

무순 함락 소식을 접한 명나라 조정은 경악을 금치 못하였다. 누르하치를 토벌하기 위하여 동원령이 내려지고 병부 시랑 양호(楊鎬)가 요동 경략으로 임명되어 4로(路) 총지휘관으로서 심양(봉천)에 주둔하게 되었다. 명군은 4로로 나누어 누르하치를 공격

건륭제의 팔기군 건륭
제의 팔기군 중 남색
의 갑옷을 입은 정남
군의 모습

할 작전을 세웠다.

산해관 총병 두송(杜松), 보정 총병 왕선(王宣), 개원 총병
마림(馬林), 요양 총병 유정(劉綎) 등 쟁쟁한 인물들이 대거 기용
되었다.

명군은 3월 1일을 기하여 4로군이 총집결하여 요동 경략 양
호의 지시를 받기로 되어 있었다. 그러나 산해관 총병 두송이 자
기 혼자서 공을 세우고자 살짝 빠져나와 작전 시간보다 먼저 혼강
(渾江)을 건넜다. 두송은 전쟁이란 용맹 한 가지만으로도 능히 이
길 수 있다고 생각한 단순한 군인에 불과할 뿐 장수의 재목이 못
되었다. 혼강은 급류였기 때문에 뗏목이나 배로는 도저히 건널 수
없었다. 두송은 할수없이 말을 태워 장병들을 도하시키느라 혼강

을 건너는 데도 많은 사상자를 내고 말았다. 도하 후 두송은 2만의 군사를 살이호(薩爾滸)에 포진시키고 자신은 1만의 군사를 거느리고 계번성(界藩城)으로 향하였다. 누르하치가 계번에 성을 쌓고 있다는 정보를 얻었기 때문이었다. 1만 5천 명의 인부가 성을 쌓고 있었고 이를 호위하는 군사는 4백 명에 불과하였으니 공사중인 계번성을 공략한다는 두송의 생각은 결코 어리석은 작전은 아니었다.

그러나 그것은 하나만 알고 둘은 모르는 작전이었다. 두송의 움직임을 예의주시하던 누르하치는 아들 홍타시에게 2기(旗)의 군사를 주어 계번성을 구원토록 하고 자신은 6기(旗) 4만 5천 명의 군사를 거느리고 살이호에 포진한 명나라 본진을 공략하였다. 명나라 본진은 유수 부대였으므로 경계가 소홀하였다.

해질 무렵에 이르러 갑자기 폭풍이 일면서 모래가 날려 지척을 분간할 수 없이 어두컴컴해졌다. 명나라 군사는 너무나 어두워 횃불을 들면서 싸웠고 반대로 누르하치의 6기는 어두운 곳으로부터 밝은 곳을 공격하게 되었다. 명나라 군사는 화살을 쏘아댔지만 모두가 빗나갈 뿐이었고 누르하치의 군사가 쏘아대는 화살은 백발백중하였다. 싸움은 명군의 대패배로 막을 내렸다.

계번성으로 향했던 두송의 1만 병력도 복병을 만나 고전하던 중 살이호의 패전 소식을 듣고 전의를 상실하였다. 설상가상으로 살이호에서 승리한 누르하치의 6기병이 그곳으로 집결했기 때문에 싸움이 되질 않았다. 총병 두송은 화살에 맞아 전사하고 명군은 전멸했다.

두송군의 전멸 소식을 접한 요동 경략 양호는 모든 군에 격문을 보내어 분전할 것을 명하였으나 개원 총병 마림은 도망치고 요양 총병 유정은 전사함으로써 패전을 거듭할 뿐이었다. 이것이 역사상 유명한 '살이호의 대전'으로서 이 싸움에서의 패배는 명나라가 쇠망하고 청나라가 일어나는 분수령이 되었다. 이 살이호의 싸움은 누르하치에게는 커다란 수확이었다. 누르하치의 최대 고민은 인구 부족이었는데 이 싸움에서의 승리로 유정 휘하에 있던 병졸을 흡수함으로써 그만큼 인구가 증가된 것도 누르하치의 세력에 큰 보탬이 되었다.

살이호의 대전은 명나라 만력 47년(1619), 후금의 천명 4년 3월의 일이었다. 명나라에서는 패전의 최고 책임자인 요동 경략 양호를 체포해 하옥하고 후임으로 웅정필(熊廷弼)을 기용하였다. 그는 요동 순안을 지낸 유능한 인물로 그 지방 사정에도 밝았다. 요동 경략으로 기용된 그가 가장 두려워한 것은 누르하치의 전력이 강하고 명나라의 전력이 약한 것이 아니라 조정 정치가 부패하여 환관이 제멋대로 권력을 휘두르는 바람에 정당한 이론과 정책이 반영되지 않는 점이었다. 그는 요동 경략으로 임명되자 조정의 앞날을 위한 상소를 올렸다.

"논쟁을 일삼아 신의 사기를 꺾는 일이 없도록 하시옵고, 질서를 교란시켜 신의 일을 방해하는 일이 없도록 하시옵소서."

그는 임지에 도착하자 앞서 있었던 살이호의 싸움에서 도망쳤던 장수 유우절(劉遇節)·왕첩(王捷)·문정(文鼎) 등 3명을 군중이 지켜보는 앞에서 목베는 등 문란한 군기를 바로잡기 위한 과감한 조치를 취하였다. 그리고 전사한 장병들을 위하여 정중한 제사와 아울러 위령식도 거행하였다.

웅정필은 "굳게 지키고 함부로 싸우지 않는다."는 기본 전략을 세웠다. 웅정필은 여기저기 흩어졌던 군사를 모아 어렵게 18만 명의 병력을 모으는 한편 무기와 말, 장비 등을 수선하였다. 그는 각지에 군대를 배치하여 연락망을 구축하였다. 소규모 전투는 자력으로 격퇴하고 그것이 불가능할 때에만 원군을 요청한다는 체제를 만들었다. 또 유격대를 편성하여 누르하치의 소규모 군대를 공격하거나 농사짓는 일을 방해하는 작전을 폈다. 누르하치도 이같은 웅정필의 전략을 두려워하여 1년 이상 싸움을 걸지 않았다. 웅정필도 기본 전략을 고수하면서 좋은 기회를 노리고 있었다.

그러나 웅정필이 요동 경략으로 임명된 다음해에 만력제가 죽고 그 뒤를 이은 태창제(泰昌帝)마저 급사하자 천계제가 즉위하기에 이르러 정치의 풍향은 급속도로 바뀌기 시작하였다.

"긴 안목으로 보아 도중에서 잡음이 일지 않도록 하셔야 합니다."

웅정필의 충정어린 상소도 황제의 교체와 때를 같이 하여 무효화되기에 이르고 말았다.

"웅정필은 요동에서 세월만 허비할 뿐 싸울 뜻이 없습니다."

웅정필에 대한 탄핵이 일기 시작하였다. 그가 가장 두려워하던 일이 현실로 다가왔고, 실망한 나머지 자진해서 사직원을 내고 물러났다. 의욕과 투지에 불탔던 인물이 의욕을 잃었으니 그것은 말기적 증상이 아닐 수 없었다.

웅정필의 후임으로 원응태(袁應泰)라는 인물이 요동 경략으로 기용되었다. 그는 유능한 관리로서의 정평은 있었지만 군사적 재능은 신통치 않았다.

당시 몽골에는 큰 흉년이 들어 수만을 헤아리는 몽골 사람들이 명나라 영토에 몰려들어와 걸식하고 있었다. 원응태는 이들을 모두 받아들였다. 명나라에서 받아들이지 않으면 누르하치 쪽으로 갈 것이 뻔했다. 인구 부족에 고민하던 누르하치는 그들을 기꺼이 받아들여 생산과 병력에 활용할 것이기 때문에 몽골의 굶주린 백성을 모두 받아들인다는 원응태의 판단은 결코 잘못된 것이 아니었다. 그러나 원응태는 이들 가운데 누르하치의 밀정이 섞여 있다는 사실을 눈치채지 못하였다. 원응태는 수만에 달하는 몽골의 백성들을 요양(遼陽)과 심양의 두 성에 옮겨 수용하였다. 이것이 화근이 되어 그 해 봄에 요양과 심양의 두 성이 함락되었다.

몽골의 백성들 가운데 섞여 있던 만주의 밀정이 어떻게 활약했는지는 정확히 알 수 없으나, 심양을 지키던 하세현(賀世賢)이 누르하치에게 유인당해 성 밖으로 나갔다가 복병을 만나 급히 성으로 들어오려 하였으나 밀정들에 의해 성 안으로 들어오지도 못하고 전사하였다. 이 싸움에서 누르하치의 군사도 고전을 면치 못해 참장과 유격장 등 여러 고위 간부가 전사하였다.

심양성을 지키는 명나라 군사는 1만여 명에 불과한 데 비하여 누르하치는 우익 4기군을 동원하여 거의 3만에 가까운 병력이었다. 숫자상으로도 명군을 압도한 셈이었다.

심양 함락 5일 후 누르하치는 전군을 집결시켜 요동 공격에 나섰다. 승기를 잡은 김에 파죽지세로 몰아붙일 작정이었다. 당시 요양은 요동 경영의 중심지로서 요동 경략도 그곳에 주둔하고 있었다. 명나라 3만의 병력이 최후까지 항전하였으나 누르하치의 팔기군을 당해내지는 못하였다. 원응태는 분전하다가 불 속에 몸을 던져 자살하였고 성 안 도처에서는 불길이 마구 치솟았다. 모두가 몽골 백성에 뒤섞여 들어간 밀정의 소행이었다.

요양이 함락되자 50채, 70여 성이 추풍낙엽처럼 누르하치의 손으로 넘어갔다. 이렇게 하여 요하 동쪽의 명나라 영토는 모두 잃게 되었다.

요양의 함락 소식은 명나라 조정을 공포의 도가니로 몰아넣었다. 뒤늦게 웅정필을 탄핵했던 고관들이 좌천되고 웅정필이 다시 기용되었다. 그와 동시에 왕화정(王化貞)을 광녕 순무(廣寧巡撫)로 임명하였다. 이 왕화정의 기용은 커다란 패배를 가져오는 결과를 낳았다. 신중한 성격인 웅정필과 호언장담을 좋아하는 왕화정의 성격은 상호 보완하는 입장에서 본다면 매우 이상적이었지만 협조 관계가 이루어지지 않을 경우에는 기름과 물 같은 관계에 지나지 않았다.

왕화정은 자기 혼자 힘으로 큰 공을 세울 수 있다는 자신감에 넘쳐 있었다. 무순에서 누르하치에게 항복했던 이영방이 비밀리에 사자를 보내어 내응하겠다는 통보를 해왔고, 피도(皮島)에서 게릴라 활동을 하고 있던 모문룡(毛文龍)도 누르하치의 배후를 습격하겠다고 약속한 것이다. 또 몽골에서도 40만 명의 원군을 보내겠다고 통보해왔다.

왕화정은 이 같은 약속을 그대로 믿었다. 그의 뇌리에는 단독으로 큰 공을 세우고 개선하는 생각이 가득 차 있었다. 제도상으로는 순무가 경략의 지시를 받게 되어 있었으므로 순무가 공을 독점하기 위해서는 그 공이 경략에게 돌아가지 않도록 사전 공작이 필요했다. 이 사전 공작이란 경략과 순무가 불화(不和, 서로 사이가 나쁨)하다는 사실을 확실히 해두는 것이었다. 그렇게 되면 논공행상 때 두 사람의 불화로 인하여 순무의 개인 의사에 따라 작전을 수행했음이 입증되기 때문이었다.

당시 조정은 환관 위충현이 전권하던 시기였다. 왕화정은 모든 수단과 방법을 동원하여 위충현의 호감을 샀다. 그 결과 왕화정은 수만 명의 군사를 배치받았고, 경략인 웅정필은 겨우 수천 명의 군사만을 거느리게 되었다. 웅정필은 왕화정이 믿는 여러 조건들을 그대로 믿어서는 안 된다고 여러 번 충고하였으나 왕화정은 오히려 웅정필이 질투하는 것으로만 생각했다.

　웅정필은 무순의 싸움에서 싸워보지도 않고 누르하치에게 투항한 이영방을 비롯하여 피도에서 게릴라 활동을 가장하여 밀수를 일삼는 모문룡 등은 도저히 믿을 수 없는 무리라는 사실을 익히 알고 있었으며 몽골군 40만 명이 응원군으로 온다는 말도 잠꼬대 같은 소리라는 사실을 너무나도 잘 알고 있었다.

　이 같은 일련의 사태로 웅정필과 왕화정은 사사건건 대립하게 되었다. 웅정필의 충고를 무시하고 출전했던 왕화정은 누르하치의 만주 팔기에게 여지없이 박살나고 말았다. 웅정필의 충고대로 이영방의 내응도, 피도에서의 게릴라의 배후 교란도, 몽골의 40만 응원군도 모두 그림자 하나 비치지 않았다.

　웅정필과 왕화정은 모두 체포되어 사형 선고를 받았으나 실제로 형을 받은 것은 오히려 웅정필이었다. 환관 위충현의 힘이 작용했기 때문이었다. 명나라에서는 이미 문무 관원에 대해 공정한 평가를 할 수 없게 되었고 신상필벌의 기풍이 사라진 지 오래였다.

　광녕의 싸움에서 궤멸한 명군은 산해관 서쪽으로 도망쳤다. 누르하치는 수도를 요양에서 심양으로 옮겼다. 이곳이 후에 봉천(奉天)이라 불리는 곳이다.

　누르하치가 거느리는 만주 팔기는 승승장구하여 요하를 건너 요서(遼西)를 공격하였다. 산해관을 넘으면 바로 명나라 수도 북경이었다. 산해관은 북경의 최후 보루로서 난공불락의 요새였음

원숭환

은 말할 것도 없거니와 앞에는 영원성(寧遠城)이 버티고 있어 그렇게 용맹을 떨치던 만주 팔기도 이 성을 공략하다가 그만 지쳐 버렸다.

영원성은 명나라 명장 원숭환(袁崇煥)이 지키고 있었다. 사실은 영원성을 쌓은 것도 원숭환이었고, 성터를 잡은 것도 그였다.

원숭환은 영원성을 굳게 지키면서 총병 만계(滿桂), 참장 조대수(祖大壽) 등과 긴밀히 협조하며 만주군과 대항했다. 누르하치는 명군의 포로를 석방하여 영원성에 보내 다음과 같은 말로 항복을 권고하였다.

"나는 30만 대군으로써 이 성을 공략하겠다. 이 성을 함락하는 것은 시간 문제이다. 만약 너희가 항복한다면 높은 관작을 내려 우대할 것이다."

원숭환은 물론 이를 거부하였다. 성 밖 주민들을 모두 성 안으로 이주시키고 성 밖의 민가를 모두 불태웠다. 적의 거점으로 이용될 것을 염려했기 때문이었다. 그뿐 아니라 누르하치의 밀정을 엄중히 단속, 적발하여 불의의 사태에 대비하였다.

원숭환은 지금까지 전투에서 명군이 패한 원인을 냉정히 분석하여 병력면에서 우세한 만주 팔기의 대군이 열세인 명군을 공격하여 승리를 거두었다는 사실에 주목했다. 그는 소수의 병력으로 다수의 병력을 격파할 수 있는 방법을 연구하였다. 그것은 우수한 무기로써 병력의 열세를 보완하는 방법이었다.

원숭환은 우수한 무기가 남쪽에서 반입되고 있다는 사실을 잘 알고 있었다. 그는 복건(福建)의 군당국에 명하여 포르투갈의 대포를 수송해오도록 하였다.

포르투갈의 대포가 영원성의 요처 이곳저곳에 배치되었다. 누르하치의 만주 팔기는 이 같은 사실을 전혀 알 턱이 없었다. 누르하치는 친히 진두에 서서 영원성을 단숨에 밀어붙일 작정으로 마구 공격했다.

누르하치의 마음은 이미 영원성을 함락하고 산해관을 넘고 있었다. 그러나 영원성에서는 믿기 어려울 정도로 가공할 불덩어리가 벼락 치듯 굉음을 내면서 마구 쏟아졌다.

한 발에 수백 명이 살상될 정도의 불덩어리였다. 아무리 용맹한 만주 팔기인들 어찌 이렇듯 무시무시한 불덩어리 앞에 떨지 않을 수 있겠는가?

지금까지 단숨에 승부를 결판냈던 누르하치는 뜻하지 않은 고전에 당황하지 않을 수 없었다. 그는 실망한 나머지 다음과 같은 말을 뇌까렸다.

"짐이 25세의 젊은 나이로 군사를 일으킨 이래 싸우면 반드시 이기고 공략하면 반드시 빼앗았다. 이제 와서 이 영원성 하나를 빼앗지 못하다니 이 어찌 천명이 아니겠는가!"

누르하치는 이로부터 여러 날을 시름에 잠겼다가 병을 얻어 죽었다고 청나라 역사는 기록하고 있다. 그러나 사실은 명군이 쏜 대포에 맞아 부상을 입고 그 부상이 악화되어 사망한 것으로 인정되고 있다.

홍타시의 조선 출병

누르하치가 죽은 것은 명의 천계 6년(1626)이고 그의 여덟째 아들 홍타시가 누르하치의 뒤를 이으니 나중의 청나라 태종으로 중국을 통일한 인물이다.

홍타시가 즉위한 다음해인 천계 7년에 명나라 천계제가 죽고 그의 동생 주유검(朱由檢)이 즉위하니 그가 사종 숭정제(思宗崇禎帝)로서 사실상 명나라의 마지막 황제이다. 천계제의 죽음으로 일세의 권력을 뒤흔들던 환관 위충현이 체포되어 자살하였다. 이때부터 명나라는 일찍이 겪어보지 못했던 내우외환에 직면했다. 한쪽에서는 후금의 홍타시가 중국 본토를 호시탐탐 넘보고 있었고, 국내적으로는 도처에서 반란이 일어나 명나라는 결국 내우외환으로 인하여 패망하게 되었다.

청의 태종 홍타시는 우리나라 역사상 영원히 잊을 수 없는 치욕을 안겨준 인물이다. 그는 두 차례에 걸쳐 조선을 침범하였는데 우리나라 역사에서 말하는 '정묘호란(丁卯胡亂)'과 '병자호란(丙子胡亂)'이다.

정묘호란은 홍타시가 즉위한 다음해에 일어났다. 여기서 홍타시가 조선을 침범하게 된 역사적 배경을 조금 살펴보자.

나중에 청나라 제1대 황제가 된 누르하치가 건주위의 수장으로서 명나라 요동 경략 이성량의 비호 아래 세력을 확장하여 건주여진과 해서 여진을 통일하고 후금을 세웠다는 이야기는 앞서 언급했다. 그로부터 20년 후 누르하치가 반명의 깃발을 높이 들고 무순을 함락하자 명나라에서는 크게 놀라 양호(楊鎬)를 요동 경략으로 임명하며 4로군을 총지휘하게 하였다. 명나라에서는 사태의 긴박성을 감안하여 조선에 원병을 요청하기에 이르렀다. 이때가 조선조 광해군 11년의 일이다. 조선에서는 임진왜란 때 명나라 원군에 의해 위기를 모면한 일 등 조선조 개국 이래 친명 정책을 써왔기 때문에 강홍립에게 1만 5천의 군사를 주어 명나라를 구원토록 하였다.

강홍립이 거느리는 조선 원군은 양호의 4로군에 소속되었다.

명대의 청화 항아리
가정제 때의 것으로 보이는 뚜껑이 있는 청화 항아리. 놀고 있는 아이들의 모습이 그려져있다.

광해군은 강홍립을 보내면서 다음과 같은 밀지를 내렸다.

"그대는 명군에 속해 출진하지만 대세를 관망하여 우세한 쪽에 가담하라."

밀명을 받은 강홍립은 전세가 후금에게 유리하자 별로 싸우지도 않고 항복하고 말았다. 그러나 이 광해군의 밀지 사건은 후에 커다란 파문을 일으켰다.

"조선은 원래 명나라로부터 책봉을 받은 나라로서 긴급한 상황에 처해 있을 때는 서로 협조하기로 되어 있었다. 그렇기 때문에 임진왜란 때 원병을 보내지 않았던가? 그럼에도 불구하고 국왕인 광해군이 '대세를 관망하라'는 밀지를 내렸으니 이것은 분명히 명나라에 대한 배반 행위이다."

명나라는 광해군을 힐책했다.

그 후 누르하치가 죽고 홍타시가 즉위했을 때는 광해군이 실각하고 인조가 즉위한 후였다. 인조는 광해군이 취했던 양면 외교

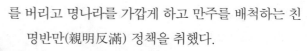

를 버리고 명나라를 가깝게 하고 만주를 배척하는 친명반만(親明反滿) 정책을 취했다.

후금의 홍타시에게 있어 인조의 정책은 매우 충격적인 일이 아닐 수 없었다. 원래 홍타시는 누르하치가 생존해 있을 때부터 조선의 양면 외교를 달갑지 않게 생각했다. 그것은 만주족의 중국 통일에 대한 배후의 방해 세력이 될 가능성이 있기 때문이었다.

오채 천마 항아리 오채 항아리. 천마가 화려하게 그려져 있다.

또한 명나라 장수 모문룡이 압록강 하구의 가도(椵島)에 주둔하여 게릴라 활동을 벌이면서 후금 세력을 견제했으므로 후금으로서는 우선 후금의 배후를 위협하는 조선을 정벌하여 모문룡을 고립시키는 것이 시급한 문제로 대두되었다.

이에 홍타시는 즉위한 다음해인 1627년 조선 출병을 단행하였다. 조선 공략에 동원된 부대는 만주 팔기 가운데 양남기를 중심으로 편성된 아민(阿敏)이 거느리는 부대였다. 아민은 먼저 압록강 하구의 철산에 있는 모문룡을 습격, 격파하고 의주를 향해 진격하였다. 당시 의주 부윤은 이완(李莞)이었는데 그는 이날 따라 기생과 더불어 단꿈을 꾸고 있어 후금의 군대가 침범해온 일조차 모르고 있었다. 아민이 거느리는 후금군은 의주를 함락하고 대동강을 건너 노도와 같이 한양으로 몰려왔다.

조선 조정에서는 의논 끝에 인조를 비롯하여 비빈과 왕자들을 우선 강화도로 피난시키고 명나라에 구원을 요청하였다. 그러나 명나라도 이미 구원군을 보낼 여력이 없었고 조선과 가장 가까이 있는 가도의 모문룡도 후금군의 견제 때문에 조선에 손을 쓸수가 없었다.

조선 조정은 척화(斥和)와 화친(和親) 양론이 서로 맞서 격론을 벌였으나 힘이 없는 조정은 할 수 없이 조건부 화친을 체결하고 후금군은 철수하였다.

이것이 이른바 정묘호란으로 화친 조건은 다음 두 가지였다.

1. 조선은 후금과 형제지국이 된다.
2. 조선은 금나라와 화친하는 동시에 명나라와도 우호 관계를 유지한다.

숭정제

그러나 후금은 화친을 체결한 후에도 국경을 침범하여 약탈을 자행하는 일이 많았다.

1636년(인조 10년) 홍타시는 나라 이름을 대금에서 대청(大淸)으로 바꾸고 앞서 체결한 형제지국을 군신의 나라로 바꾸자는 등 조선을 멸시하는 행동을 취했다. 이때 홍타시의 나이 48세였다.

홍타시가 나라 이름을 대청으로 바꾸고 천지신명께 제사를 올려 황제 즉위식을 거행하자 각지에서 온 조하(朝賀)의 사절단이 예물을 바치고 배례를 올렸으나 조선 사신 나덕헌(羅德憲)과 이곽(李廓)은 배례를 올리지 않았다.

앞서 조선은 형제지국이 된다는 조건으로 화친을 체결하였으므로 군신의 예로 대청을 섬겨야 할 이유가 없었다. 조선은 명나라를 종주국으로 받들었으므로 만약 조선 사신이 홍타시에게 배례를 올린다면 그것은 두 임금을 섬기는 것과 같았다. 두 임금을 섬기는 것은 유교의 윤리상 용납되지 않는 일이었기 때문에 조선 사신들은 배례를 완강히 거부하였다. 그러자 태종 홍타시의 측근들은 목청을 높여 주장하였다.

"조선 사신의 목을 베어 위엄을 보여야 합니다."

그러나 홍타시는 이를 거절하였다고 《청사고(淸史稿)》〈태종전(太宗傳)〉에 기록되어 있다.

"조선 사신의 목을 베 원망을 사는 구실이 되는 것을 짐은 바라지 않는다. 조선 사신을 석방하여 귀국시키도록 하라."

조선 사신이 귀국하는 길에 청나라에서는 조선 국왕을 책망하는 글과 아울러 왕자를 인질로 보내라고 요구했다.

사실 조선으로서는 명나라를 종주국으로 받들었으므로 두 사람의 황제를 받들 수 없는 형편이었다. 인질을 보내는 것은 종주국 이외의 나라에 대해서는 할 수 없는 일이었다. 조선 조정은 이 문제를 놓고 격론을 벌인 끝에 청태종의 요구를 묵살하기로 하고 회답을 보내지 않았다.

청태종 홍타시는 황제로 즉위하던 해 11월에 마침내 10만 대군을 거느리고 조선 친정에 나섰다. 10만 대군은 12월 9일 압록강을 건넜고 10일에는 안주, 13일에는 평양을 거쳐 14일에는 이미 장단에 이르렀다. 힘이 없는 조선 조정은 아연할 수밖에 없었다. 청나라 기병들은 중간에 아무런 저항도 받지 않고 문자 그대로 파죽지세로 남하하고 있었다.

조선에서는 12월 4일 우선 대군과 비빈 등을 강화도로 피난시키고 임금 인조도 강화도로 몽진하

청대의 갑옷 투구의 금박장식과 소매 끝까지 갑옷미늘이 달려 있는 것이 특징이다.

이야기 중국사 · 3

려 하였으나 적병이 이미 도성에 나타났다는 정보에 따라 강화도
를 포기하고 남한산성으로 들어갔다.

　12월 16일 청나라 대군은 드디어 남한산성을 완전 포위하고
강화도의 수비가 허술한 틈을 타 강화도마저 함락하고 말았다. 고
립무원의 남한산성은 식량 부족과 추위 때문에 사기가 떨어지고
각지에서 올라오는 원군도 도중에서 청나라 군사에게 격퇴되어
원군의 모습은 보이지 않았다.

　남한산성의 성중에서는 척화파와 화친파 사이에 대책을 논의
한 끝에 화친파의 주장 최명길(崔鳴吉)의 제의를 받아들여 우선
항복하기로 하였다.

　1637년 1월 30일 성문이 열리고 조선 국왕 인조와 왕세자는
삼전도(三田渡)에 마련된 수항단(受降壇)에서 명나라 황제로부터
받은 책봉서를 바쳐 두 마음이 없음을 맹세하고* 청태종에게 항복
하였다. 근세 역사상 일찍이 없었던 조선의 치욕이었다. 이것이 병
자호란의 전말이다.

　이 항복은 청나라가 요구한 다음 사항을 지키겠다는 약속과
같은 것이었다.

* 명나라를 섬기지 않
겠다는 뜻

1. 조선은 청에 대하여 신하의 예를 행한다.
2. 조선은 이 시각으로부터 명나라와의 우호 관계를 끊는다.
3. 기일 내에 왕세자와 제2자 및 대신의 자녀를 인질로 보낸다.
4. 청국이 명나라를 칠 때는 반드시 원군을 보낸다.
5. 내외 고관과 혼인을 맺고 친하게 지낸다.
6. 세폐로 황금 1백 냥, 백은 1천 냥, 기타 20여 종의 토산품을 바
   친다.

7. 정삭(正朔)·경조(慶吊)의 사신은 명나라의 예에 따라 지킨다.

이와 같은 항복 조건에 따라 소현세자와 봉림대군의 두 왕자가 인질로 보내지고 척화파의 홍익한(洪翼漢)·오달제(吳達濟)·윤집(尹集) 등 세 사가 청나라로 잡혀 갔다.

청은 1639년 삼전도에 청태종의 송덕비를 강제로 세웠으며 조선은 사실상 명나라와 관계를 끊고 청나라에 복속하게 되었다.

태종의 중국 침입

청의 태종 홍타시는 명나라의 배후 세력인 조선의 정벌과 아울러 어떻게 하면 영원성의 원숭환을 제거할 수 있을까 하는 문제로 골치를 앓고 있었다. 원숭환이 영원성을 굳게 지키고 있다는 사실은 만주군에 있어 커다란 장벽이 아닐 수 없었다. 어떻게 해서든 이 장벽은 꼭 무너뜨려야겠다고 다짐한 홍타시는 양면 작전을 구상하였다.

그 하나는 명군과 맞설 수 있는 무기를 개발하는 것이고 또 하나는 모략을 써서 원숭환을 제거하자는 계획이었다.

첫 번째 무기 문제는 모문룡의 휘하에 있다가 투항해온 공유덕(孔有德) 등이 누르하치를 쓰러뜨리고 만주군을 공포에 몰아넣었던 대포를 원형 그대로 고스란히 가져와 해결했다. 홍타시는 이 대포를 모델로 성능이 보다 우수한 대포를 제작하라는 명령을 내렸다. 모문룡 휘하에 있던 장수로는 공유덕 외에도 경중명(耿仲

明)·상가희(尚可喜) 등이 있었는데 모두가 역전의 장군으로서 명군의 약점을 잘 알고 있었다. 홍타시는 이들 3인에게 왕작(王爵)을 내려 우대하였는데 과연 이들은 그 후의 대명전(對明戰)에서 크게 활약하였다.

우리는 여기서 모문룡이라는 인물에 대해 알아볼 필요가 있다. 모문룡은 절강 출신으로 원래는 하급장교로 요동에 부임했다. 임진왜란 때 명나라 원군의 일원으로 요동에 갔다는 설도 있다. 그때가 마침 누르하치가 세력을 확장할 무렵으로서 모문룡은 압록강 근처에서 누르하치의 세력을 견제하는 임무를 맡았다. 모문룡이 어떻게 해서 압록강 근처에 머무르게 되었는지 그 경위는 확실히 알 수 없지만 아마도 그곳에서 비합법적인 무역을 행하면서 누르하치의 후방을 교란시키고 있었음이 분명하다. 그러면서 북경의 조정에 대해서는 그의 전과를 크게 확대, 보고하여 높은 평가를 받았다. 이로 인하여 광녕 순무 왕화정은 모문룡의 활약을 크게 기대했다가 배반당했다.

허위 보고에 의해 모문룡은 총병으로 승진하고 좌도독의 관직까지 수여받았다. 모문룡이 근거지로 하는 압록강 하구의 가도는 무역 상선이 많이 통과하는 곳이었으므로 모문룡은 이들 상선으로부터 통행세를 징수하였다. 또 가도에서는 밀수상품이 비밀리에 거래되었는데 이들 상인들은 사전에 모문룡에게 응분의 상납을 하는 것이 보통이었다.

또 명나라의 제도상 군대가 주둔하는 곳에는 반드시 문관을 파견하여 감독의 임무를 담당하였다. 모문룡은 특수한 사정을 핑계 삼아 문관의 파견을 거부하였다. 이렇게 해서 가도 일대는 밀수기지화되었다. 모문룡은 이 같은 사실이 조정에 알려지면 곤란하다 생각하고 북경 조정의 유력자에게 뇌물 공세를 벌였다. 이 같은 모문룡의 행동을 몹시 불쾌하게 생각한 것은 영원성의 원숭환이었다. 누르하치의 세력을 견제하겠다고 호언장담하던 그가 일격에 패하여 가도로 도망치지 않았던가?

원숭환은 이러한 모문룡을 그대로 방치할 수 없었다. 그는 모문룡을 처벌키로 결정하고 모문룡을 소환, 체포하였다. 그리고 그를 논죄하였다.

"너에게 12가지 참형에 처할 죄가 있다."

첫째는 대장이 외부에 있을 때는 문관의 감독을 받아야 하는데도 이를 거부하여 병마전량(兵馬錢糧)의 점검을 받지 않은 죄, 둘째는 신하된 자로서 임금을 속인 죄, 상선을 노략질하여 스스로 도적질한 죄, 난민을 시켜 인삼을 도적질하게 하고 굶겨 죽인 죄, 철산의 전투에서 패하고도 이긴 것처럼 허위 보고한 죄 등이었다.

이 중 한 가지 죄만으로도 참형에 처해 마땅하거늘 모문룡의 죄는 12죄목에 이르렀다. 제 아무리 뛰고 나는 재주가 있다 한들 어떻게 이 죄를 모면할 수 있겠는가?

모문룡이 처음 원숭환으로부터 소환 명령을 받았을 때 2만 8천 명의 군사를 거느리고 갔다. 그는 이 정도의 군세라면 어떤 사람도 자기를 해칠 수 없을 것으로 확신했다. 그러나 원숭환은 모문룡의 부하들이 지켜보는 앞에서 모문룡의 주살을 선고하면서 "참형에 처할 자는 오직 모문룡일 뿐 너희들은 아무 죄도 없다."라고 덧붙여 말하였다. 찬물을 끼얹은 듯한 추상 같은 분위기에서 줄줄이 벌여선 2만 8천의 병사들은 누구 하나 옴쭉달싹도 못했다.

원숭환은 모문룡 주살의 경과를 상세히 북경 조정에 보고하고 그 말미에 이렇게 기록하였다.

"모문룡은 대장인지라 신이 마음대로 주살할 수 없습니다. 삼가 석고대죄(席藁待罪)*를 청하옵니다."

* 석고대죄(席藁待罪) : 거적을 깔고 엎드려 처벌을 기다림

아무리 원숭환이 순무의 지위에 있을지라도 조정의 허가 없이 대장을 목벨 수는 없는 것이다. 긴급한 사태이므로 부득이 목을 베었지만 서슴없이 죄를 기다리겠다는 태도를 보인 것이었다.

모문룡이 가도에서 저지른 일은 모두 명명백백 드러났으므로 숭정제는 원숭환의 독단적인 행동을 용서하기로 일단락지었으나 이 사건은 후유증을 낳았다.

원숭환의 선언대로 모문룡 한 사람만 참형에 처해지고 나머지 부하들은 모두 사면되었지만 갑작스런 직속 상관의 처형에 불만을 품은 자들이 있었다. 이들은 바로 홍타시에게 투항하였는데 앞서 언급한 공유덕 · 경중명 · 상가희 등의 무리였다. 이렇게 되고 보니 원숭환의 모문룡에 대한 처형은 어느 의미에서는 중대한 후유증을 수반하였다고 볼 수 있다.

홍타시가 원숭환을 제거하기 위해 고민한 또 한 가지 방법은 모략을 쓰는 일이었다. 이때 명나라는 명대 최후의 황제인 숭정제 시대에 접어들고 있었다. 숭정제는 특히 의심이 많은 인물로 소문이 나 있었다. 재위 17년 동안에 40여 명의 각료를 파면시키거나 사형에 처한 점에서 보더라도 그는 확실히 사람을 의심하는 경향이 짙었다. 의심이 나면 즉시 처분하는 성급한 성미였다. 홍타시는 이 같은 숭정제를 이용하려 하였다. 홍타시는 다음과 같은 소문을 퍼뜨렸다.

"원숭환은 후금과 대치하면서 극비

만주족의 종이공예

리에 후금과 내통했다."

소설 같은 이간책이었지만 의심이 많은 숭정제는 말려들고 말았다. 적대 관계에 있는 후금 쪽에서 내통한 증거를 만들어내는 것이므로 그것은 아주 쉬운 일이었다. 누르하치가 죽었을 때 원숭환은 사자를 보내어 조문하고 홍타시의 즉위를 축하한 일이 있었는데 이것은 단순한 직무상의 왕래에 지나지 않았다. 그러나 이 같은 사실은 원숭환이 후금과 내통하고 있었다는 증거로써 매우 설득력이 있었다. 또 북경의 조정에서도 원숭환에게 불리한 여론이 일고 있었다. 원숭환의 모문룡 단독 처형이 월권 행위였다고 지적하는 여론과 함께 모문룡으로부터 뇌물을 받은 고급 관료들이 가세함으로써 원숭환을 비난하는 소리가 점점 높아졌다.

의심 많은 숭정제의 주위에 원숭환을 두둔하는 세력은 적고 비난하는 세력이 많은 데 그의 불행이 있었다.

설상가상으로, "원숭환이 후금과 내통했기 때문에 후금 사람들의 침입을 묵인하고 있다."는 소문이 퍼졌다. 이 소문을 만들고 퍼뜨린 것은 물론 후금의 홍타시였다.

마침내 원숭환은 소환당해 투옥되기에 이르렀다. 원숭환의 부하인 조대수(祖大壽)와 하가강(何可綱) 등은 원숭환이 적과 내통한 사실이 없는데도 이간책에 말려 억울하게 투옥된 데 불만을 품고 1만 5천 기의 군사를 거느리고 산해관을 나와 후금에 항복하고 말았다. 거짓 소문이 현실로 나타난 실례라 할 수 있겠다.

숭정 3년(1630) 7월, 원숭환은 마침내 저잣거리에서 책형에 처해졌다.

원숭환의 후임으로 손승종(孫承宗)이 산해관 방면 총사령관으로 임명되었다. 손승종은 한때 후금에게 빼앗겼던 준화(遵化) · 영평(永平) · 천안(遷安) · 난주(灤州)의 4개 성을 수복하는 등 개가를 올렸으나 이것은 일시적 현상에 지나지 않았다. 사실 홍타시는 이 무렵 대포 제작에 한창 열을 올리고 있었다.

후금에서 대포가 제작된 것은 천총(天聰, 후금의 연호) 5년(1631) 6월로 원숭환이 처형된 다음해의 일이었다. 그로부터 5년 후인 1636년 홍타시는 국호를 대청으로 고치고 연호를 숭덕(崇德)이라 칭하였는데 이때 홍타시의 나이 48세였다. 그가 국호를 대청으로 고친 것은 여진족의 범위를 벗어나 세계 제국을 건설하겠다는 결의를 보인 것이었다. 이후부터 홍타시를 청의 태종이라 칭하기로 한다.

태종이 제위에 오른 해에 조선 친정과 아울러 명나라 정벌이 감행되었다. 이때 명나라 정벌은 태종의 동생 아지커(阿濟格)가

총지휘를 맡았다. 그는 독석구(獨石口)로부터 거용관(居庸關)으로 들어가 북경에 육박했다가 보정(保定)에 이르렀다. 56전 56승의 전과를 거두어 12성을 빼앗고 18만에 이르는 인축을 포로로 삼았다.

숭덕 3년(1638)에는 태종이 친정에 나섰다. 태종은 산해관을 향해 진격하였고 태종의 동생 도르곤(多爾袞)은 밀운현으로부터 침공하였다. 도르곤은 예친왕(睿親王)이라 불리는 사람으로 그는 산동까지 진격하여 제남(濟南)에서 명나라 황족 주유추(朱由樞)를 포로로 연행하였다. 청군이 철수할 때 천진의 운하를 건넜다. 명나라 장군 왕박(王樸), 조변교(曹變蛟), 유광조(劉光祚) 등은 가까이서 이를 지켜보면서도 서로를 눈치만 살필 뿐 한 사람도 감히 싸울 생각을 하지 않았다. 청군이 운하를 건너는 데 수일이 소요되었다. 도하 중인 적에게 공격을 가하는 것은 전쟁의 기본 상식인데도 감히 공격할 생각조차 않았으니 이들은 이름뿐인 허수아비 장군이었음이 분명하다.

이번의 침공 작전에서 청나라는 50성을 싸워 이기고 8성을 항복시켰으며 46만 명을 포로로 하는 전과를 올렸다. 청군이 이처럼 침공작전을 벌여 연전연승하면서도 점령하지 않고 철수하는 이유는 명나라에 산해관이라는 철옹성 같은 군사 기지가 있기 때문이었다. 비록 다른 길로 돌아 산해관 안의 땅을 점령한다 하더라도 장기간 한 곳을 점거하고 있다간 산해관으로부터 명군이 퇴로를 차단할 것이 확실하며 그리 되면 고립무원의 함정에 빠져들어 자멸할 수밖에 없는 형편이기 때문이었다.

청의 태종은 세계 제국 건설의 꿈을 실현시키기 위해서 무슨 방법으로든 이 산해관을 공략하여 함락하지 않으면 안 되었다. 산해관은 그만큼 난공불락의 금성탕지(金城湯池)였다. 청나라가 이 산해관을 함락하기 위해서는 우선 산해관의 외성(外城)에 해당하는 네 성을 함락해야 했다. 이 네 성은 금주(錦州, 영원성), 송산(松山), 행산(杏山), 탑산(塔山)으로 산해관은 이 네 성과 긴밀한 연락 관계를 가지고 있어 그 한 성을 함락하는 일도 용이하지 않았다.

어떠한 희생을 치르더라도 이 난관을 돌파해야겠다고 결심한 태종은 먼저 금주성을 공략할 작전을 세웠다. 이 금주성은 앞서 여러 번 언급한 바와 같이 원숭환·손승종이 굳게 지키고 있는 성이었다. 이 금주성을 공략하면 반드시 다른 외성에서 원군이 달려올 것이 확실하였다. 특히 금주성은 송산성과 행산성과의 연락이 긴밀하였기 때문에 금주를 함락하자면 송산·행산과의 연락을 두절시키는 것이 급선무였다.

청군은 금주성에 원군이 달려오는 길에 책(柵) 등을 세워 원군이 달려오는 길을 막고 금주성을 포위, 공격할 작정이었다.

청군이 금주성을 포위하니 과연 명나라 원군이 금주성으로 달려오다가 길이 막히자 송산성에 집결함으로써 송산성이 일대 격전장이 되었다.

이 송산성의 전투야말로 두 나라의 운명이 걸린 건곤일척(乾坤一擲)의 대회전이었다.

전투의 중대성에 비추어 명나라가 파견한 군대는 총독 홍승주(洪承疇), 순무 구민앙(丘民仰)이 거느리는 13만의 병력이었으며, 지휘관은 왕박·당통·조변교·오삼계(吳三桂)·백마은(白馬恩)·마과(馬科)·왕정신(王廷臣)·양국주(楊國柱) 등 기라성 같은 8명의 총병(摠兵)이었다.

태종 홍타시는 명나라 군사가 송산성에 집결했다는 보고를 받자 급히 송산성으로 달려왔다. 그는 수도 심양에서 밤낮을 쉬지 않고 달려오느라 심한 코피를 흘렸다. 서행을 권하는 부하의 만류에도 불구하고 그는 6일 만에 송산의 척가보(戚家堡)에 도착할 수 있었다. 확실히 이번 기회는 청나라로선 놓칠 수 없는 좋은 기회였다. 코피 정도로 이 호기를 놓칠 수는 없었다.

명나라의 현지 군 수뇌부의 홍승주 등은 군량과 무기를 확보하여 굳게 지키는 것이 상책이라는 데 의견을 모아 '수비'에 철저를 기한다는 작전을 세웠다. 그러나 북경 조정의 병부상서(국방장관) 진신갑(陳新甲)은 지구전에 따른 군사비의 가중을 염려하여 속전속결을 주장하였다. 진신갑은 병부의 직원 장약기(張若麒)를 현지에 파견하였는데 장약기는 성질이 광포하고 방자한 인물이었다. 그는 현지에 도착하자 진신갑의 지시대로 속전속결을 강요하여 북경 조정에 대하여 잇따라 승전보를 올림으로써 현지군이 싸움을 벌이지 않을 수 없게 만들어 놓았다. 홍승주 이하 현지의 군 수뇌들은 굳게 지킨다는 원칙을 버리고 본의 아니게 자신이 없는 싸움을 벌일 수밖에 없는 긴박한 상황에 빠졌다.

울며 겨자 먹기식의 싸움에 이길 수 있는 경우가 있을 수 있겠는가? 싸움의 결과는 명군의 대패배로 끝났다. 산해관의 외성 모두가 청나라의 수중에 들어가고 남은 것은 오직 벌거숭이가 된 산해관뿐이었다.

심양의 소릉 청 태종 홍타시의 묘소

명군의 최고 책임자인 총독 홍승주는 청나라에 항복하고, 군 수뇌로서 끝까지 싸우다 장렬한 최후를 마친 것은 오직 구민앙과 조변교 두 사람뿐이었다. 총병 오삼계와 왕박은 목숨을 겨우 보전하여 탈출하였고 명군의 전사자는 5만 3천 명을 넘었다.

현지 군 수뇌의 굳게 지킨다는 작전을 속전속결로 변경시켜 패전을 자초했던 광포하고 방자한 장약기는 어선에 몸을 숨겨 뱃길로 탈출하였다. 이 인물이야말로 그 후 반란군에 항복하였다가 또다시 청나라에 항복하는 등 추태를 보인 지조없는 인간이다. 이 같은 인물이 일국의 운명을 좌우하는 중대한 작전을 변경시켰으니 대세를 내다보고 정확한 판단을 내릴 만한 인물이 숭정제 주변에는 없었다고 할 수밖에 없다.

홍승주의 항복은 처음에는 북경 조정에 순직했다는 소문이

전해졌다. 조정에서는 이 소문을 믿고 단을 쌓아 홍승주의 영령에
제사지내기를 무려 16회, 그동안 숭정제도 친히 제사에 임한 일까
지 있었다. 그 후에야 홍승주가 항복하여 포로가 되었다는 소식이
전해져 사람들을 어리둥절하게 하였다.

　　홍승주의 항복이냐 순직이냐 하는 문제를 놓고 항간에서는
여러 가지 이야기가 떠돌았다.

　　홍승주의 재능을 높이 평가한 청의 태종이 그를 항복하도록
끈질기게 설득하였으나 홍승주는 단식으로 자결하겠다는 뜻을 굽
히지 않았다. 태종은 항복한 사람들에게 홍승주에 대한 여러 가지
일을 캐물어 홍승주가 여자를 좋아한다는 사실을 알아냈다. 태종
은 미녀를 옥중에 보내어 인삼즙을 권하여 마시게 했다는 설이 있
다. 단식해서 죽을 각오가 서 있었다면 인삼즙 따위를 마실 턱이
없었겠지만 미녀의 유혹에는 그도 약하여 결국 인삼즙을 마시고

항복했다는 것이다. 그런데 홍승주를 유혹한 이 미녀가 다름 아닌 태종의 총희였다는 이야기가 있다. 그러나 청나라측 문헌을 보면 이 같은 일은 없었던 것이 확실시되고 있다.

청나라측 기록에 의하면 태종은 원래 홍승주를 자기 나라에 머무르게 하여 부릴 생각은 없었으나 홍승주가 자진해서 항복하기를 원하였고, 한족 출신의 대신들이 그를 보증하였기 때문에 마지 못해 항복을 받아들였다고 기록되어 있다. 이것은 전설이 아니고 기록으로 남아 있기 때문에 신빙성이 있는 것으로 보인다.

명나라는 송산성 싸움에서 대패해 큰 타격을 받았다. 점점 더 해가는 청나라의 압력과 이와 병행하여 각지에서 일어난 반란이 확산돼 결국 명나라의 운명을 넘어뜨리고 말았다. 명나라는 송산성에서의 패배 2년 후인 숭정 17년(1644) 마침내 멸망의 비운을 맞았다.

이자성의 반란

명나라에서 반란이 일어나기 시작한 것은 앞서 언급한 바와 같이 명의 천계 7년(1627)으로 태종 홍타시가 조선에 출병하여 정묘호란을 일으켰던 해부터였다. 명나라는 청나라와의 계속되는 싸움으로 막대한 군사비를 감당해야 했고 세금을 과중하게 징수하지 않을 수 없었다. 과중한 세금 부담은 일반 백성들의 생활을 압박하였고 세금을 내지 못하면 도망칠 수밖에 없었다. 이로 인해 반란이 더욱 거세졌다.

도망친 백성들이 갈 곳은 반란 집단밖에 없었다. 백성들이 도망치면 농촌이 황폐하여 기근이 따르게 마련이고 이 기근은 많은 농민들을 더욱 반란 집단에 가세하게 하였다.

기근이 가장 심했던 곳은 하남과 섬서 지방이었다. 섬서 지방에서는 동원된 군대에게 군량을 공급하지 못함으로써 마침내 반란이 일어나게 되었다.

이들 반란군은 처음 왕가윤(王嘉胤)의 지도 아래 고영상(高迎祥)·장헌충(張獻忠)·마수례(馬守禮)·나여재(羅汝才) 등의 간부들이 이끌었다. 그 후 두각을 나타내어 명왕조를 멸망시킨 이자성은 처음에 고영상의 부하로서 활약한 인물이었다.

반란군의 세력이 날이 갈수록 확대되자 명나라 조정은 홍승주를 총사령관으로 임명, 대군을 동원하여 반란군을 토벌토록 하였다. 이때 반란군의 수는 3만 내지 4만 명에 이르렀으나 훈련이 안 된 오합지졸에 불과하였다. 홍승주가 거느리는 정부군에 의해 힘없이 패배하여 반란군의 수령 왕가윤은 명나라의 부총병 조문조(曹文詔)에게 죽임을 당하고 말았다.

이자성

반란군의 수령 왕가윤이 죽었다 해서 반란이 진압된 것은 아니었다. 왕가윤이 죽자 그의 간부였던 고영상이 다시 반란의 무리를 집결시켜 날이 갈수록 그 형세가 확대되었다.

숭정 8년(1635)에 반란군의 양상은 새로운 국면에 접어들었다. 조정에서는 홍승주에게 병부상서(국방장관)의 직을 더하여 각지의 반란군을 하남에 몰아넣어 일망타진할 작전을 세웠

이자성 행궁

다. 이 같은 움직임에 대하여 각지의 반란군은 하남의 형양(滎陽)에서 군사회의를 열어 정부군에 대항할 대책을 논의하였다. 이 회의에서는 고영상 · 장헌충 · 마수례 · 나여재 등 13가(家) 72영(營)의 수령들이 얼굴을 맞대고 작전을 숙의하였다. 구체적인 작전 토의에 들어가자 이들의 의견은 좀처럼 좁혀지지 않았다. 마수례는 하북으로 돌아가 정부군과 싸워야 한다고 주장하였고 장헌충은 그것은 자멸하는 길이라 하여 강력히 반대하고 나서 회의장은 자못 어수선한 분위기에 쌓였다.

바로 이때 한 젊은 장령이 자리를 박차고 일어섰다. 떡 벌어진 두 어깨에 높은 코, 눈동자는 샛별처럼 빛났다. 그는 줄줄이 늘어 앉은 수령들을 바라보며 힘찬 어조로 말하였다.

"대장부란 원래 단신으로도 적과 싸울 용기를 가져야 합니다. 지금 10만의 병마(兵馬)가 힘을 합친다면 두려울 것이 없습니다. 적이 포위 작전으로 나온다면 우리는 군사를 네 갈래로 나누어 싸우면 될 것입니다. 정부군은 다 썩은 군사인지라 우리의 상대가 되질 않습니다."

이 젊은 장령의 힘에 넘치는 한마디 말에 회의장의 모든 수령들은 용기가 솟구쳤다. 그들은 연합 전선을 형성하여 군사를 나누어 정부군의 공격에 대처한다는 구체적인 작전에 합의하였다.

일부 병력은 남쪽으로 향하여 사천 · 호북의 정부군을 공략하고 또 일부 병력은 서쪽으로 나아가 섬서 지방의 정부군을 공략한다. 북쪽에도 일부 병력을 파견하여 황하를 견제하고 하남의 정부군과 대항하며 일부 병력으로 기동 부대를 편성하여 각지를 뛰어다니며 응원 내지는 유격전을 벌이기로 하였다.

고영상 · 장헌충은 주력 부대를 이끌고 동쪽으로 향하여 정부군의 병력을 그쪽으로 유인하여 홍승주의 포위 작전을 교란시키기로 하였다.

분산되었던 각지의 반란군이 연합하여 통일된 작전 계획으로 전투를 벌인 일은 중국 역사상 일찍이 없던 일이다.

형양의 작전회의가 끝난 후 고영상 · 장헌충의 연합군은 질풍과 같은 형세로 동쪽으로 진군하여 10일이 채 못 되어 안휘성의 봉양성(鳳陽城)을 함락하였다. 이 봉양성은 명태조 주원장의 고향으로 명나라 조상의 묘가 있는 곳이었다. 봉양성이 반란군에 의해 함락되고 조상의 묘가 불탔다는 소식을 들은 숭정제는 소리 내어 통곡하고 그 화풀이로 봉양 순무 양일붕(楊一鵬)을 처벌하였다.

화룡출수 주로 물 위에서 사용하는 병기. 150센티미터 정도 되는 용머리 모양을 한 대나무 안에 든 화전의 추진력을 이용해 로켓식으로 발사하는 무기이다.

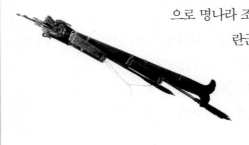

형양 회의에서 반란군이 연합 작전을 펼칠 것을
호소한 젊은 장령은 그 후 명왕조를 타도한 반란
군의 지도자 이자성이었다.

이자성(李自成, 1606~1645)은 연안의 미
지현(米脂縣) 출신으로 본명은 이홍기(李鴻基)
였다. 그는 역부(驛夫) 출신의 실업자로서 고영
상의 조카딸을 아내로 맞이하고 있었다. 숭정 2년
(1629) 감숙 · 섬서 일대에서 반란이 일어나자 그 지방의 관
리들을 죽이고 다음해 4월 고영상의 휘하로 들어갔다.

대순의 화폐 대순통보
의 앞면

고영상은 자신을 틈왕(闖王)이라 칭하였다. 틈(闖)은 말이
거침없이 문을 뛰어나온다는 뜻의 한자이므로 용장 · 맹장을 상징
적으로 나타낸 뜻이다. 고영상의 휘하에 들어온 이자성은 일군의
장령이 되어 형양 회의 때부터 두각을 나타내기 시작하였다.

반란군의 연합 작전이 있은 다음해에 이르러 반란군의 형세
가 점점 침체하면서 7월에는 고영상이 섬서 순무 손전정(孫傳庭)
에게 잡혀 북경에서 주살되었다. 이자성은 고영상의 자리를 승계
하여 제2대 틈왕이 되어 끝까지 정부군에 저항하였다. 그는 정부
군의 취약점을 노려 사천으로 들어가 총병 후양주(侯良柱)를 죽
이고 각지를 공략하였다.

그러나 그 후의 이자성은 고전의 연속이었다. 사천의 자동 싸
움에서 대패하여 겨우 18기로 적의 포위망을 뚫고 도망친 일도 있
었고, 동관 남원의 전투에서도 참패를 당하여 7기만을 거느리고
겨우 목숨을 보전하여 섬서 남쪽의 상락산 속으로 들어가 은신하
였다. 그래서 북경 일대에서는 이자성이 죽었다는 소문이 나돌았
고 한때는 그 소문이 사실로 인정되기도 하였다. 산 속에 들어가

명대의 기마병사 명나라 고급관리의 무덤에서 나온 토용으로 조형적으로 뛰어나다.

은신한 이자성은 결코 적에게 항복하지 않겠다는 결의를 다지고 지금까지의 전투의 경험을 되새기며 재기의 날을 기다렸다.

숭정 11년에 이르러 섬서 · 하북 · 호북 · 광동 · 광서 지방의 반란군도 대부분 진압되어 반란의 불길은 가물가물 꺼져갔다. 그러나 명나라 조정은 한숨 돌릴 겨를이 없었다. 동북 지방의 청나라 군사가 점점 북경을 압박했기 때문이었다. 숭정제는 이 같은 중대 사태에 대비하기 위하여 하남 · 섬서 지방의 정부군에게 격문을 보내어 북경 방위에 철저하라는 명령을 내렸다. 숭정제의 명에 따라 하남 · 섬서 지방의 정부군이 속속 북경으로 이동하였다.

정부군의 북상은 각지의 반란군에게 재기를 노리는 기회가

되어 반란군의 활동이 차츰 활발해졌다. 숭정 12년(1639) 5월에
는 한동안 잠잠했던 장헌충·마수례도 호북 지방에서 반명의 기
치를 들고 반란이 다시 일어났다.

숭정 13년(1640) 9월 이자성은 사천의 파서산(巴西山), 어복
산(魚腹山)에서 50기를 거느리고 출진하여 호북을 거쳐 하남으로
나왔다. 이자성의 하남 진출은 매우 현명한 판단이었다. 당시 하
남 지방은 수년 동안 한발·폭풍 등 자연재해가 잇따라 농토가 황
폐하고 곡가가 치솟아 농민들이 기아에 허덕이고 있었다. 그러나
정부에서는 아무 대책도 세우지 못해 농민들의 반감이 고조되었
다. 이런 때 이자성이 나타난 것이다. 농민들은 "틈왕이 돌아왔
다."고 기뻐하며 다투어 이자성의 휘하로 모여들었다. 한 달도 채
못 되어 수만의 병력이 집결하여 함께 싸울 것을 맹세하였다.

이 가운데는 지식인 출신의 이암(李巖)·우금성(牛金星)·
송헌책(宋獻策) 등이 있어 그들의 진언에 따라 균전면량(均田免
糧)*과 군기의 엄수에 주력하였다. 예를 들면 "말을 논·밭에 놓
아 농작물을 짓밟거나 쓰러뜨리는 자는 참형에 처한다.", "살인을
한 자는 죽인다.", "부녀자를 겁탈한 자는 중형에 처한다."는 등
엄정한 기율을 세워 이를 엄격히 시행하였다. 그리고 이자성의 군
대는 가는 곳마다 부잣집 창고를 열어 가난한 사람에게 곡식과 재
물을 나누어 주었다. 이 소문을 들은 백성들은 이자성을 크게 환
영하였다.

이자성은 이처럼 지식인과 중소 지주들의 절대적인 지지를
얻어 장헌충의 정권보다 비교적 안정된 세력을 구축하였다. 숭정
14년(1641) 이자성은 낙양을 공략하여 함락하였다. 이 낙양은 역
사상 여러 왕조의 수도로 군림하던 곳으로 당시에는 만력제가 가

* 균전면량(均田免糧) :
농토를 고루 나누어 주
고 곡식을 거둬들이지
않음

장 사랑하던 정비(鄭妃)의 소생 복왕(福王) 주상순(朱常洵)이 살고 있었다. 이자성의 군대가 낙양을 함락하자 복왕은 성 밖으로 도망가 영은사에 숨어 있다가 발각되었다.

복왕은 막대한 토지를 가진 대지주로서 횡포와 탐학이 심하여 백성들의 분노를 사고 있었다. 이자성의 반란군은 승전을 축하하는 술자리에 복왕을 끌어내어 그의 살과 사슴고기를 섞어 요리를 만들어 안주로 먹었다. 사람들은 이 술을 복록주(福祿酒)라 불렀다.

승리의 축하연이 끝나자 이자성은 복왕의 창고를 열어 쌀 수십만 석, 금 수십만 냥을 백성들에게 나누어 주었다. 백성들은 "만세! 만세!" 환호를 외치며 이자성을 황제처럼 환영하였다.

이자성의 낙양 함락과 거의 때를 같이하여 호북 · 사천에서는 장헌충이 병부상서 양사창(楊嗣昌)과 싸움을 벌이고 있었다.

처음에는 양사창의 전세가 우세하였다. 양사창이 장헌충을 공격하자 장헌충은 공격을 피해 사천으로 들어갔다. 양사창은 장헌충을 추격하여 사천으로 들어가 사천 순무 소첩춘(邵捷春), 참군 요대형(廖大亨)과 합세하여 앞뒤에서 장헌충을 포위하였다. 그리고 다음과 같은 방문을 내붙였다.

"장헌충의 목을 베는 자에게 은 1만 냥을 상으로 내리겠다."

이 같은 방문이 나붙은 다음날 양사창의 진영 곳곳에는 다음과 같은 벽보가 붙어 있었다.

"양사창의 목을 베어가지고 오는 자에게 은 3전(錢)을 주겠노라!"

양사창은 놀라지 않을 수 없었다. 자신의 몸값이 겨우 은 3전이라니! 게다가 자신의 진영에 이런 벽보가 나붙다니! 양사창은 이 일을 곰곰이 생각하느라 공격을 늦추고 있었다.

양사창이 우물쭈물하고 있는 틈을 노려 장헌충은 그의 부대를 이끌고 사천을 빠져나와 하루에 3백 리를 달리는 강행군 끝에 한밤중에 호북의 양양에 도착하였다. 장헌충은 고요히 잠들어 있는 성문을 열고 양사창의 사령부를 점령한 후 힘 안들이고 양양을 함락하였다. 장헌충은 양왕 주익명(朱翊銘)을 생포하여 그를 술자리에 끌어낸 후 술잔을 주고받으며 말하였다.

"왕에게는 아무런 죄가 없소. 죄가 있는 것은 양사창이니 우리들이 바라는 것도 오직 양사창의 목이오. 그러나 유감스럽게도 그 놈은 사천에 가 있으니 오늘은 왕의 목을 빌릴 수밖에 없소. 허나 이 모든 책임이 양사창에게 있다는 사실을 알아야 하오. 분명히 말하거니와 양사창의 목을 베면 그대의 목을 돌려주기로 하겠소! 내 말이 어떻소? 자, 한잔 드시오."

마침내 양왕 주익명은 죽임을 당하고 말았다.

양사창은 양양이 함락되고 복왕과 양왕이 모두 반란군의 손에 죽었다는 소식을 듣자 죄책감을 누를 길 없어 자살하였다. 양사창의 후임으로 임명된 정계예(丁啓睿)는 양사창보다도 못한 인물이었다. 그는 이자성을 토벌할 일에는 감히 엄두도 못 내고 기껏 장헌충을 토벌할 작전만을 세웠다. 그의 휘하 좌옥량(左玉良) 장군을 시켜 장헌충을 토벌토록 하자 좌옥량은 신양의 전투에서 장헌충을 격파하고 자못 사기가 왕성하였다. 패배한 장헌충은 다시 사천으로 도망쳐 들어갔다. 같은 해 11월 이자성은 남양을 함락하고 당왕(唐王) 주율막(朱聿鏌)을 주살하였다.

이자성은 계속해서 개봉을 공략하였으나 병부시랑(국방차관) 손전정이 원군을 거느리고 선방하였기 때문에 쉽게 함락되지 않았다. 숭정 15년(1642) 9월에 어렵게 개봉을 함락하였다. 이때 이 자성은 황하의 둑을 터 개봉을 물에 잠기게 하는 비상작전을 썼다. 둑을 터 놓아 물이 개봉의 북문을 깨뜨리고 동남쪽 문에 세차게 쏟아지는 소리는 마치 우레와 같았다. 명나라 조정은 이 고립무원의 개봉성에 식량조차 보급할 수 없었다. 이 싸움을 '시원(柿園)의 전투'라고 하는데 굶주린 명나라 군사가 감나무 밭의 땡감을 먹으며 겨우 연명하였기 때문에 붙여진 이름이다.

개봉 함락 두 달 후에 이자성은 여녕(汝寧)을 함락하였다. 이 싸움에서 명나라 여녕총병 호대위(虎大威)는 전사하고 전 총독 양문악(楊文岳)이 체포돼 살해되었다.

숭정 16년(1643) 정월 이자성은 승천(承天)을 함락하였다. 그는 양양을 양경(襄京)이라 개명하고 궁전을 지었다. 그리고 스스로 신순왕(新順王)이라 일컫고 우금성 등에게 명하여 정부 기구를 구성토록 하였다. 겨울에는 서쪽으로 진군하여 동관·서안을 공격하고 감숙·섬서로 진출하였다.

숭정 17년(1644)은 중국 역사상 중요한 해였다. 이자성은 이 해 정월 초하룻날 아침 서안에서 즉위식을 올리고 나라 이름을 대순(大順), 연호를 영창(永昌)이라 정하였다. 서안을 서경(西京)으로 삼아 장안(長安)이라 부르고 스스로 대순왕(大順王)이라 칭하였다. 이자성은 조상에게 제사를 올리고 존호를 추증하는 한편 공신에게 봉작을 내렸다. 꼭 1년 전 승천부에서 즉위식을 올리고 신순왕이라 일컬었지만 당시는 임시 정권의 테두리를 벗어나지 못한 상태였다. 승천부에서 즉위식을 올린 후 북경을 공략하느냐 남경을 공략하느냐를 놓고 이론이 분분하였으나 북경과 남경은 수도와 제2의 수도이므로 아무리 국력이 쇠약해졌다고는 하지만 두 곳의 방위력을 무시할 수 없다는 결론이 내려져 결국 보다 안전한 관중(關中)을 택하게 되었다. 그래서 동관을 거쳐 서안으로 들어갔다.

이자성은 곧바로 동정군(東征軍)을 일으켜 2월에는 친히 보병 40만 명, 기병 10만 명을 거느리고 용문(龍門)에서 황하를 건너 분주(汾州)를 공략하고 산서 최대의 도시인 태원(太原)을 함락하였다. 태원의 함락 소식은 북경 조정에 큰 충격을 던졌다.

이자성군은 태원에 이어 대주(代州)를 공격하였다. 그러나 강직한 총병 주우길(周遇吉)이 대주를 끝까지 지켰다. 군량이 떨어지자 할 수 없이 영무(寧武)로 후퇴하였으나 주우길은 여기에서도 굳게 버티어 이자성을 크게 괴롭혔다. 이자성은 시가전을 벌여 고전 끝에 영무를 점령하였다. 주우길은 끝까지 버티다가 그를 체포하려는 이자성군에게 계속 호통을 쳐가며 순사하였다.

승승장구 파죽지세로 정부군을 몰아붙인 이자성도 주우길과의 두 차례에 걸친 뜻밖의 고전으로 예기가 꺾였다. 그는 앞으로 대동(大同)·양화(陽和)·선부(宣府)·거용(居庸) 등 대군의 주둔지를 공략할 생각에 두려운 마음이 들었다. 만만하게 보았던 주우길과의 싸움에서도 그렇게 고전했으니 하물며 대군이 주둔하는 향후 공격 지점에서는 어떠한 희생이 따를지 겁났던 것이다.

이자성은 제장들을 불러모아 작전을 논의하는 자리에서 다음과 같이 말하였다.

"우리는 주우길과의 대전에서 뜻밖에 고전하였소. 앞으로 공격할 대동 등의 수비가 모두 염무성과 같을진대 차라리 돌아갔다가 다음 기회를 노리는 것이 어떻겠소?"

이자성이 이렇게 좌절감에 빠져 있을 때 그의 용기를 북돋우는 소식이 날아들었다. 대동 총병 강양(姜瓖)과 선부 총병 왕승윤 (王承允)으로부터 항복을 자청하는 서면이 도착했다. 이자성은 이에 용기를 얻어 계속 동쪽으로 진격하였다.

대동과 선부의 군단이 항복하였으므로 이자성은 일사천리로 북경 가까이까지 진격할 수 있었다. 이자성군은 3월 12일에는 창평에 도달하였다. 명나라 역대 황제의 능묘가 있는 곳으로 12릉 (陵)이라 불리는 곳이었다. 이자성은 12릉의 향전(享殿)*을 불태워버리고 북경을 향해 계속 진군하였다.

3월 15일 숭정제의 집무실에 이자성으로부터 통첩이 날아들었는데, 다음과 같이 적혀 있었다.

"18일 유주에 이를 것임."

유주란 북경을 뜻하는 말이다. 이자성이 3일 후 북경을 유린하겠다는 협박장이었다. 남은 시간은 이제 3일밖에 없었다.

숭정제는 16일 중신회의를 열고 민심 안정과 군수물자 조달 등에 대한 대책을 물었다. 회의가 진행되는 동안 또 한 장의 봉서가 날아들었다. 숭정제의 얼굴빛이 갑자기 창백해지면서 봉서를 펼쳐든 두 손이 부르르 떨렸다. 그리고 그는 아무 말 없이 허둥지둥 내전으로 들어갔다. 중신들은 무슨 영문인지 몰랐으나 잠시 후 봉서에 적힌 내용이 알려졌다.

북경 근교의 창평이 지난 12일에 반란군의 수중에 들어가 능묘의 향전이 모두 불타버렸다는 소식이었다. 반란군은 이미 북경 40킬로미터 지점까지 육박했다는 사실이 알려진 셈이다.

이자성의 반란군은 예정보다 빠른 3월 17일 북경성 밑에 도착하였다. 반란군을 맞이하는 북경은 무방비 상태나 마찬가지였다. 겨우 15만 4천 명의 군사가 있었으나 그나마 노약자·환자들이 대부분이어서 성벽 곳곳에 배치할 병력도 모자라는 실정이었다. 숭정제는 수천 명의 환관을 보내 병사들을 감독하도록 하였다. 이들 환관들은 병사들에게 마구 채찍을 휘둘러 병사들의 불만과 반감을 불러일으켰다. 병사들은 전의를 완전히 상실하여 대포를 쏠 때도 반란군에게 먼저 손짓하고 발포하는 등 오히려 반란군을 돕는 행동까지 하였다. 적군의 동정을 탐지하기 위하여 파견된 명군의 척후병까지도 모두 반란군에 가세하여 돌아오는 자가 한 사람도 없었다. 사자로 파견한 환관까지도 반란군에 투항한 뒤 숭정제에게 퇴위를 종용하는 형편이었다.

3월 18일 반란군의 공세는 더욱 거세졌다. 해가 뉘엿뉘엿 질 무렵 숭정제에게 가장 신임받던 조화순(曹化淳)이 창의문(彰義門)을 열어젖히고 반란군을 맞아들였다. 밖에는 이자성이 대기하고 있었다. 이자성에게 항복한 환관 두훈(杜勳)이 조화순을 설득하여 성문을 열게 한 것이다.

반란군은 노도처럼 성 안으로 몰려들었다. 명왕조의 운명은 이제 풍전등화와 같았다. 여기서 한 가지 의문을 제기하지 않을 수 없다. 도대체 명나라의 기라성 같은 장군들은 어디서 무엇을 하고 있었기에 이 같은 위기를 그대로 방치했단 말인가?

사실 명나라도 전혀 계획이 없었던 것은 아니었다. 다만 그때그때의 상황에 대처하는 기동성이 떨어져 이 같은 엄청난 비극을 초래한 것이다. 이자성이 태원을 함락하였을 때 명나라의 총사령관 왕영길(王永吉)은 관외(關外, 산해관 밖)의 4성을 포기하는 한이 있더라도 최정예 부대를 가장 유능한 총병 오삼계(吳三桂)에게 주어 북경을 방어해야 한다고 주장하였다. 오삼계는 왕영길의 주장에 따라 50만의 정예군을 거느리고 북경으로 향했으나 때는 이미 늦었다. 오삼계가 풍윤(豊潤)에 도착했을 때 이자성은 이미 북경을 함락한 후였기 때문에 그 이상 진군할 수 없었던 것이다.

성 안으로 들어간 이자성의 반란군은 다른 성문을 열어젖히고 반란군들을 맞아들였다. 북경에는 외성과 내성이 있었고 내성 안에 황제가 거처하는 자금성(紫金城)이 있었다. 반란군은 외성에서 내성을 무찌르고 다시 자금성에 육박하였다.

반란군이 성내에 진입했다는 보고를 받은 숭정제는 안절부절 못하였다. 그는 환관 왕승은(王承恩)을 데리고 자금성을 나와 만수산(萬壽山)*에 올라가 멀리서 북경 시내를 살펴보았다. 북경 내성의 9개문 밖 여러 곳에서 반란군들의 횃불이 붉게 타올랐고 우렁찬 환호소리가 북경 하늘 아래 메아리쳤다. 숭정제는 혼자말로 뇌까렸다.

"북경이 벌써 이 지경에 이르렀단 말인가!"

숭정제는 중대한 결심을 하였다.

자금성으로 돌아간 숭정제는 술을 가져오라 하여 한 잔, 두 잔… 연거푸 마셔댔다. 그는 이미 죽을 각오를 하였으나 명나라의 황통이 끊겨서는 안 된다고 생각하였다. 어떻게 해서든지 황태자와 영왕(永王)·정왕(定王)은 살려야겠다고 생각하여 평민 차림으로 변장시켜 각각 그들의 외가인 주씨(周氏)와 전씨(田氏) 집에 피난시켰다. 세 황자들은 모두 나이가 어렸다. 이들 네 부자는 헤어질 때 서로 부둥켜 안고 오열을 터뜨렸다.

세 아들을 궁 밖으로 피난시킨 숭정제는 황후와 후비들에게 자결하도록 명하였다. 황후 주씨는 스스로 목을 매어 죽었고 후비 가운데서도 자결하는 자가 많았다. 그러나 숭정제는 할 일이 남아 있었다. 황자들은 피난을 시켰으나 황녀들은 어떻게 할 것인가?

* 만수산(萬壽山) : 북경성 중심에 위치한 가장 높은 산으로 경산이라고도 함

그들을 그대로 살려두면 반란군에게 욕을 당할 염려가 있었다. 장평공주는 15세의 아리따운 소녀였다. 그녀는 수령궁(壽寧宮)에 있었다. 숭정제는 칼을 빼어든 채 수령궁으로 들어갔다.

"너는 무슨 죄로 짐의 딸로 태어나 꽃다운 나이에 이 같은 비운을 맞게 되었단 말이냐!"

탄식하면서 장평공주의 왼팔을 칼로 내리쳤다. 그리고 겨우 여섯 살 난 소인공주(昭仁公主)가 있는 소인전으로 들어가 딸을 칼로 찔렀다.

어린 소인공주는 그 자리에서 숨을 거두었으나 장평공주는 왼팔에 상처를 입고 유혈이 낭자한 채 숨을 헐떡거리고 있었다. 시녀들이 그녀를 부추겨 도망할 것을 권하였으나 그녀는 고개를 가로저으며 다음과 같이 말하였다.

"부황께서 나에게 죽음을 내리셨으니 내 어찌 감히 살기를 바라겠느냐. 또 도적들이 들어오면 반드시 나를 찾을 것이니 나는 숨을 곳이 없느니라."

시녀들이 억지로 그녀를 끌고 밖으로 나갔다.

명나라가 멸망한 후 곧바로 청나라와 이자성이 싸움을 벌여 장평공주는 무사히 몸을 숨길 수 있었다. 후일담이지만 청왕조가 중국을 통일한 다음해에 그녀는 신분을 밝히고 불문(佛門)에 귀의하겠다고 청원하였으나 청왕조는 그녀를 용서하여 결혼할 것을 권하였다. 결국 주세현(周世顯)이라는 청년과 결혼하여 평범한 일생을 누렸다.

악몽 같은 18일이 지나고 19일 아침이 되자 숭정제는 친히 경종을 울려 중신들을 불렀으나 중신들은 모습을 비치지 않았다. 이제는 측근들로부터도 완전히 버림받은 것이다.

숭정제는 왕승은을 데리고 다시 만수산으로 올라갔다. 만수산에는 황제의 장수를 기원하는 뜻으로 세운 수황정(壽皇亭)이 있었다. 숭정제는 이곳을 죽음의 장소로 택했다. 숭정제는 소복 차림에 왼발은 맨발, 오른발에는 붉은 신을 신었다. 관은 벗겨졌고 긴 머리로 얼굴을 가린 채 죽어 있었다. 그의 흰 옷깃에는 다음과 같은 유조(遺詔)가 씌어 있었다.

"짐이 제위에 오른 지 17년, 위로는 하늘에 죄를 짓고, 반역의 무리에게 땅을 잃은 것이 세 차례였다. 이제 도적이 창궐하여 궁궐까지 이르렀으니 이것은 모두 중신들이 짐을 그르쳤기 때문이다. 짐은 죽어 지하에 돌아간들 선제를 뵐 면목이 없다. 그래서 머리털로 얼굴을 가리고 죽는다. 도적들은 짐의 시신을 갈기갈기 찢어도 좋고 문관들을 모두 죽여도 좋지만 다만 능침만은 허물지 말라. 또 우리 백성들 한 사람이라도 상하지 말라."

이 유서를 보면 숭정제는 끝까지 망국의 책임을 중신들에게 돌리고 있다. 황제의 장수를 기원하는 뜻으로 세운 수황정에서 34세의 젊은 나이인 숭정제가 죽었다는 것은 얄궂은 운명이 아닐 수 없다. 이 비극의 수황정, 황제 곁에서 순사한 것은 오직 왕승은 한 사람뿐이었다. 명나라는 16제 277년 만에 역사의 막을 내리게 되었다.

산해관과 오삼계

3월 19일 새벽 수황정 옆에서 비극의 일생을 마친 숭정제의 체온이 채 가시기도 전에 수십만의 반란군이 '틈왕기(闖王旗)'를 높이 들고 보무도 당당히 북경성 선무문을 통해 입성하였다. 점심때가 되면서 덕승문 일대에는 각양각색의 제등(提燈)이 내걸리고 수만의 인파가 북과 꽹과리를 두들기며 모여들었다. 이자성이 부하 장령들과 함께 이곳에서 입성식을 거행했기 때문이다.

　이윽고 이자성은 여느 때와 마찬가지로 털 모자에 푸른 옷을 입고 말을 탄 채 장령들의 호위를 받으며 당당한 모습으로 입성식장에 나타났다. 길 양쪽에는 '영창원년(永昌元年)', '대순왕만세(大順王萬歲)'라고 쓰여진 황색 깃발들이 나부끼고 있었다. 이자성은 이 광경을 보고 만면에 미소를 지었다. 이자성은 군중들의 박수를 받으며 장안문을 통과하여 숭천문(천안문)으로 자금성에 들어갔다. 자금성에 들어선 이자성은 말에 채찍을 더하여 황극전(皇極殿)으로 들어갔다. 이때부터 자금성 하늘에는 이자성을 상징하는 '틈왕기'가 펄럭였다.

　대순왕(大順王) 이자성은 숭정제와 주황후를 황제·황후의 예로써 장사지냈다. 그리고 금후에 대해 일련의 정령을 공포하는 한편 수백 명의 관리를 하북·하남·산서·산동·섬서·사천·강소·호북 등지에 파견하여 지방 정권의 귀순에 힘을 기울였다. 이자성은 천하통일이 실현된 것으로 믿었다.

　이자성의 북경 점령을 기정사실로 판단한 각 지방의 주둔군과 행정 기관은 이자성의 신정권을 지지하고 그 명령에 복종하겠

오삼계

다는 맹세의 문서를 보내느라 분주하였다. 이자성은 산해관 수비대장 오삼계의 동정에 신경을 곤두세웠다. 산해관은 만주족의 중국 침입을 견제하는 동북 지방의 최후 보루로서 50만 명의 대군을 거느린 오삼계가 버티고 있기 때문이었다.

오삼계는 이자성의 북경 입성을 저지하기 위하여 50만 대군을 이끌고 북경으로 올라가던 중 이미 북경이 함락되었다는 소식을 듣고 분루를 삼키며 산해관으로 발을 돌린 명나라의 유능한 장군이었다.

이자성이 북경을 함락하고 자금성 하늘 높이 틈왕기가 펄럭인다는 소식은 청나라에도 즉시 전해졌다. 이때 청나라에서는 태종 홍타시가 이미 죽고 8세 난 어린 아들 푸린이 즉위해 숙부인 예친왕이 섭정으로 정무를 담당하고 있었다. 중국 통일의 야망에 불타던 예친왕은 이 기회에 꿈을 실현하고자 친히 대군을 거느리고 심양을 떠나 산해관 쪽으로 향했다.

산해관을 지키던 명나라 장군 오삼계는 가중되는 청군의 압력과 이자성군의 동태에 어떻게 대처해야 할지 몰라 망설이고 있었다. 이때 그의 아버지 오양으로부터 편지 한 장이 도착하였다. 그 편지에는 다음과 같이 쓰여 있었다.

"나는 이자성에게 충성할 것을 맹세했다. 너도 일찌감치 항복하는 것이 좋을 것이다."

아버지의 편지를 받은 오삼계는 크게 동요하기 시작하였다. 이때 이자성으로부터 군용 자금조로 백은 4만 냥이 전해졌다. 오삼계의 마음은 이자성에게 귀순하는 쪽으로 점점 기울어졌다. 그런데 오삼계의 심경을 뒤바꿀 만한 충격적인 소식이 전해졌다. 이자성이 북경에 있는 오삼계의 집을 덮쳐 아버지를 연행해갔다는 소식이었다. 오삼계는 이 소식을 가지고 온 사람에게 반사적으로 물었다.

"진원원(陳圓圓)은 무사하더냐?"

"원원 아씨는 이자성의 부장 유종민이 데리고 갔습니다."

그런데 유종민은 이자성의 부장 가운데서도 가장 포악한 인물이었다.

원원의 소식을 듣자 오삼계는 큰 소리로 부르짖었다.

"대장부가 한 여자를 구하지 못한대서야 말이 되는가?"

오삼계의 태도는 돌변하였다. 그리고 즉시 청나라에 구원을 요청하는 서신을 보냈다. 지금까지 대치하던 명나라의 적 청나라의 힘을 빌려 이자성을 쳐 없앨 작정이었다. 민족 반역 행위를 자행한 것이다.

그러면 오삼계로 하여금 민족을 배반하고 매국 행위를 저지르게 한 진원원(陳圓圓)은 도대체 어떤 여인일까? 진원원의 성은 형(邢)이고 이름은 원(沅)이라 했다. 원래 소주 태생의 명기였는데 그 후 북경으로 올라왔다. 우연한 기회에 연회석상에서 오삼계의 눈에 들어 오삼계를 매료시켰다. 그 후부터 오삼계는 진원원을 총애하여 보물처럼 아꼈다. 그렇게 애지중지하던 진원원을 포학하기로 이름 높은 유종민이 빼앗아갔다는 소식을 듣자 오삼계는 질투와 분노로 머리털이 곤두섰고 얼굴은 시뻘겋게 달아올라 어찌할 바를 몰랐다.

오삼계는 청나라에 투항하는 형식으로 원군을 요청하였으나 이자성이 보낸 4만 냥의 백은도 뿌리치기 아까운 생각이 들었다. 그래서 이자성에게 충성을 바칠 것처럼 가장하여 그 백은도 받아 넣었다. 그리고 백은을 가져온 사자와 그의 부하들을 모두 죽여 버렸다.

청나라에 구원을 요청할 오삼계

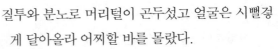

동사자 자금성 태화문 앞의 동사자

의 특사가 말에 채찍을 가하여 심양으로 달려가고 있을 때 옹후(翁後, 요령성 광녕 부근)에서 공교롭게도 예친왕의 행렬과 마주쳤다. 오삼계의 특사는 예친왕에게 구원을 요청하는 서한을 바쳤다. 예친왕은 너무나도 뜻밖의 일에 자못 가슴이 설렐 지경이었다. 그는 애써 흥분된 마음을 진정시키며 마음속으로 말하였다.

'산해관은 난공불락의 명나라 요새이다. 일찍이 태종 홍타시도 정면 공격을 피했던 금성탕지가 아니었던가? 그런데 이제는 산해관을 지키는 명나라 군대의 안내를 받으며 산해관을 넘게 되었으니 정녕 하늘이 우리 청나라를 도움이로다!'

예친왕은 오삼계의 특사에게 지원 의사를 흔쾌히 밝히고 산해관을 향해 진군하였다. 그러면서 작전을 구상하였다.

"오삼계가 거느리는 산해관의 명군과 이자성군과의 싸움은 격렬할수록 좋다. 양군이 사투를 벌여 힘이 다 빠졌을 때 우리의 철기가 돌격해야 한다. 그래야 우리의 희생을 최소한으로 줄일 수 있고 나중에 오삼계를 제거하는 데도 유리하다. 오삼계의 전력을 극도로 약화시켜야 한다."

한편 산해관의 동정에 신경을 곤두세우던 이자성은 오삼계의 움직임에 크게 노하여 친히 20만 대군을 거느리고 오삼계 토벌에 나섰다. 이때 이자성의 진중에는 포로가 된 숭정제의 황태자와 오삼계의 아버지 오양, 그리고 오삼계가 가장 소중히 여기는 애첩 진원원도 함께 있었다.

이자성의 선봉군은 산해관 가까이 있는 일편석(一片石)에 당도했다. 예친왕이 주력 부대를 거느리고 일편석을 돌파하자 오삼계는 기다리고 있었다는 듯 산해관의 성문을 활짝 열어젖히고 청군을 맞아들였다. 산해관에 입성한 예친왕은 오삼계의 전 장병들에게 어깨에 흰 천을 두르고 변발(辮髮)*할 것을 요구하였다. 오삼계로선 예친왕의 요구를 거절할 수 없었다. 흰 천과 변발은 적과 아군을 식별하기 위해 취한 조치라고 하지만 청나라 문헌에는 오삼계가 자진해서 변발을 하고 "입관토적(入關討賊)*을 간절히 요청하였다."고 기록되어 있다. 이것은 신빙성이 없는 기록으로 보는 사람이 많다.

예친왕이 산해관에 들어간 4월 23일부터 바로 싸움이 시작되었다. 예친왕은 오삼계에게 산해관의 성문을 열고 나가 이자성군의 주력 부대로 돌격하도록 명하였다.

이자성군은 산해관 북쪽 산으로부터 해안에 걸쳐 20만의 대군이 포진하고 있었다. 오삼계가 성문을 열고 출격하자 이자성군은 길게 뻗어 있는 장사진의 양 날개를 급히 꺾어 오삼계를 포위할 태세를 보였다. 마침내 양군 사이에 격전이 벌어져 수십 번의 충돌이 되풀이되면서 혈전이 계속되었다.

오후가 되면서 갑자기 거센 바람이 일며 모래와 자갈이 어지

* 변발(辮髮) : 머리의 주위를 깎고 중앙의 머리만을 따서 뒤로 길게 늘이는 것으로 만주족의 풍습임

* 입관토적(入關討賊) : 관에 들어와 도적을 토벌함

럽게 날리고 우레 소리와 같은 굉음이 양 진영을 맹타하였다. 이윽고 어지럽게 날던 모래가 서서히 걷히면서 시계가 환해지는 순간 이자성은 자신의 눈을 의심하였다. 이자성의 주변에 널려 있는 군사들은 모두 만주풍의 갑옷과 투구를 갖추고 변발을 한 상태였다. 이자성은 소스라치게 놀라며 외쳤다.

"만주 군사가 나타났다!"

이자성은 말을 채찍질하여 앞장서 도망쳤다. 이자성군은 뜻하지 않은 만주 군사의 출현으로 당황했을 뿐 아니라 전의를 잃고 크게 동요하기 시작하였다. 수십 차례의 충돌로 기진맥진한 이자성군 앞에 충분히 휴식을 취한 새로운 적이 나타난 것이다. 그것도 용맹하기로 이름 높은 청군의 철기(鐵騎)가 아니었던가? 이자성군은 여지없이 궤멸되어 서쪽으로 도망칠 수밖에 없었다. 이자성은 영평까지 도망쳐 그곳에서 숨을 돌리고 왕칙요(王則堯), 장약기(張若麒) 두 사람을 오삼계에게 보내어 강화를 제의하였다. 이자성은 오삼계의 아버지 오양을 인질로 잡고 있었기 때문에 강화를 낙관했으나 오삼계는 이미 강화를 받아들일 능력마저 없었다. 강화 제의를 일축하고 추격을 계속하자 이자성은 인질로 잡고 있던 오삼계의 아버지를 살해하였다.

그 길로 이자성은 북경까지 단숨에 도망쳐 돌아갔다. 얄궂은 일은 우금성 등 측근들이 황제 즉위식 행사준비를 막 마쳤을 때 이자성이 패하여 돌아온 것이다. 이자성은 서둘러 오삼계의 가족을 몰살했다. 남녀노소를 불문하고 38명 모두 죽음을 맞았다.

이자성은 4월 29일 자금성(紫金城)의 무령전(武寧殿)에서 즉위식을 올리고 황제를 칭하였다. 즉위식을 올리면서도 이자성의 마음은 초조하기만 하였다. 그를 추격하는 청군이 곧바로 북경

에 들어올 것만 같았다. 즉위식을 올린 직후 이자성은 도망칠 준
비를 서둘렀다. 그는 자금성 안에 있는 엄청난 금을 녹여서 금괴
(金塊)로 만들어 일단 서쪽으로 도망쳤다가 재기할 때 군자금으
로 활용할 작정이었다. 이날 밤 도망칠 준비를 끝낸 이자성은 궁
전과 성루에 불을 지르고 다음날인 30일 나머지 군대를 거느리고
서쪽으로 향하였다.

　　이자성이 북경을 떠난 다음날인 5월 1일 예친왕이 거느리는
청군이 북경에 입성했다. 명나라의 문무백관들은 성 밖까지 나와
새 권력자의 입성을 환영하였다. 40일 전 이자성을 환영했던 바로
그 자리에서 이번에는 이민족인 청군을 맞아들여야 하는 북경 백
성들의 심정은 착잡하기만 하였다.

건청궁 내부 황제가
백관을 접견하는 곳.
순치제가 쓴 '정태광
명(正太光明)'의 액자
가 걸려 있다.

북경 입성을 앞두고 예친왕은 부하 장병들에게 다음과 같은 훈시를 내렸다.

"이번 출진은 폭력을 제거하고 백성들을 구하며 유적들을 소탕하여 천하를 편안하게 하기 위함이다. 무고한 사람을 죽이지 말고 재물을 약탈하지 말 것이며 집을 불사르지 말라. 이를 어기는 자는 엄벌에 처할 것이다."

예친왕이 거느리는 청군은 해방군처럼 당당한 모습으로 북경에 입성하였다. 예친왕은 무령전에서 명나라 관료들의 조하(朝賀)를 받았다. 이틀 전 이자성이 황제 즉위식을 올린 자리였다.

다음날 예친왕은 숭정제의 죽음을 발표하고 백성들에게 3일간 복상(服喪)하라는 명령을 내렸다. 그리고 예에 따라 숭정제를 이장하고 능묘를 세워 사릉(思陵)이라 불렀다. 또 명나라 모든 관료들에게 직장 복귀 명령을 내렸다. 이때부터 명나라 관리들은 청나라 관리들과 함께 사무를 담당했으며 공공기관의 직인은 한자와 만주 문자를 함께 사용하게 되었다.

만주족의 청왕조가 수립되자 명나라 관리들은 그들에게 복종해야 했다.

예친왕이 북경에 입성한 후 얼마 있다가 청나라 어린 황제 순치제(順治帝, 푸린)가 북경에 천도함으로써 청나라는 지방 할거

의장용 갑옷1, 2 고위 무관의 의장용 갑옷들

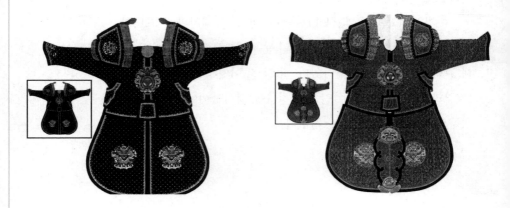

정권에서 명실공히 중국을 통일하는 왕조가 되어 2백 수십 년에 걸치는 청나라의 역사가 펼쳐지게 되었다.

이상의 역사에서 볼 때 진원원이라는 한 여성이 우연히 역사의 흐름에 결정적인 역할을 한 것처럼 보인다. 만약 진원원이 이자성군에게 정중한 보호를 받았더라면 오삼계는 이자성의 투항권고를 받아들였을 것이다. 그리고 중국은 분명 한족 정권에 의해 유지되었을 것으로 생각된다.

그러면 오삼계로 하여금 민족 반역 행위를 저지르게 하여 역사의 흐름을 뒤바꾼 진원원은 어떻게 되었을까? 이자성은 남녀노소 가리지 않고 오삼계의 일족 38명을 모두 처형하였으나 공교롭게도 진원원만 형벌을 면하였다. 이자성이 진원원을 처형하려 하자 진원원이 다음과 같이 애원하였다.

"만약 소녀를 살려 이곳에 머무르게 해주신다면 오삼계를 설득하여 추격을 늦추도록 하겠습니다."

오삼계의 추격이 몹시 두려웠던 이자성은 진원원을 그곳에 남겨둔 채 도망쳤다. 이렇게 해서 진원원은 오삼계의 곁으로 돌아갈 수 있었고 몇 년 후 운남에서 병사했다.

명대의 과학과 문화

동방의약의 원전 《본초강목》

명나라 중엽 이후 중국 사회는 커다란 격동기를 맞이하였다. 즉 봉건주의적 생산 관계가 쇠퇴하고 자본주의가 싹트기 시작하였다.

역사의 전환기에 중국 고대 과학을 집대성한 《본초강목(本草綱目)》이 출간된 것은 의의가 자못 크다 하겠다.

명나라 가정제 때의 일이다. 기주(蘄州, 호북성)의 와초패(瓦硝壩)라는 마을에 조상 대대로 의원을 가업으로 한 이언문(李言聞)이 살고 있었다. 그는 고향 부근에서 꽤 유명한 의사로 알려져 있었다. 이언문에게는 늘 시름시름 앓는 아들이 있었는데, 아버지의 자상한 보살핌과 건강관리 덕분에 산에 올라가 약초를 캘 수 있을 정도로 건강이 호전되었다. 이 사람이 후에 대의약학자(大醫藥學者)가 된 이시진(李時珍, 1518~1593)이다. 이시진은 아버지를 도와 약을 짓는 사이에 예로부터 전해 내려오는 전통 의약에 강한 흥미를 느끼게 되었다. 그러나 아버지는 아들이 의약의 길보다는 경전을 읽어 벼슬길에 올라 입신 출세하기를 희망했다.

현대에서는 의사가 인기 직업으로 각광받고 있지만 당시만 해도 비천한 직업이라 하여 대부분 혐오하는 경향이 있었다. 그래서 이언문은 자식에게 직업을 물려주려 하지 않았다.

이시진은 싫으면서도 아버지 이언문의 뜻에 따라 경전을 공부하여 14세 때 관리 등용 시험을 치르기 위한 지방 예시에 합격하였다. 그러나 그 후 중앙에서 치르는 시험에서 세 차례나 거듭 낙방해 관리의 길은 단념할 수밖에 없었다. 결국 이시진은 가업을 잇게 되었다. 적성에 맞는 일인만큼 이시진은 어떠한 고난도 참고 견디어 훌륭한 의사가 되겠다고 굳게 맹세하였다.

이시진의 자는 동벽(東璧), 호는 빈호(瀕湖)라 했다. 그는 생애를 통하여 많은 저서를 남기고 있지만 대표작은 역시 《본초강목》이다.

고대의 약은 초류(草類), 즉 식물이 주를 이루었다. 중국 고대 전설상의 제왕인 신농씨(神農氏)가 여러 가지 초목(草木)을 친히 시험하여 약을 만들었다는 전설은 태고의 약전(藥典)이 초류를 주로 했음을 단적으로 표현해 주고 있다.

이시진은 고대로부터 전해오는 약학서가 수백 년 동안 고증이나 수정 없이 그대로 전해져 많은 오류가 있다는 사실을 깨달았다. 의사들이 약학서의 오류를 모른 채 그대로 처방해 본의 아니게 귀중한 생명을 잃게 하는 수가 많다는 사실을 안타까워했다. 의사는 물론이고 약학서가 잘못되었기 때문이라고 생각하였다.

이시진은 수백년 내려오면서 얼마나 많은 사람들이 이 같은 의학서의 오류 때문에 생명을 잃었을까 생각하니 가만히 있을 수가 없었다. 그는 잘못된 의약서를 바로잡는 일이 극히 어려운 일인 줄 알면서도 기필코 바로잡아 귀중한 생명을 보호해야겠다는 결의를 다졌다.

이시진은 우선 옛 의약서부터 연구하기 시작하였다. 단숨에 8백여 종에 이르는 약학서를 독파하여 약물에 대한 지식을 넓히면서 많은 의문을 느꼈다. 어떤 의학서에는 백화사(白花蛇)*의 약효는 다른 뱀과는 다르고 몸에 24개의 마름모꼴 무늬가 있다는데 과연 그런가? 다른 책에는 물고기(魚)가 풀의 종자에 의해 생식(生殖)된다고 하는데 과연 그런가?

이시진은 의문을 풀기 위하여 아버지에게 질문하였다. 아버

* 백화사(白花蛇) : 독사의 일종으로 한번 물리면 5보(步) 내지 1백 보(步) 내에 죽는다고 해서 '5보사(五步蛇)', '백보사(百步蛇)'라고도 함

지는 백화사에 대해 다음과 같이 대답하였다.

"백화사는 이곳, 즉 기주에 많기 때문에 일명 기사(蘄蛇)라고
도 불린다. 용봉산 일대에 많이 서식하는데 다른 뱀과는 다르다.
너도 직접 용봉산에 올라가 한 마리 잡아 시험해보는 게 좋을 것
이다. 그리 되면 백화사의 특징을 소상히 알 수 있을 것이다."

이시진은 아버지의 가르침에 따라 용봉산에 가 위험을 무릅
쓰고 백화사를 잡았다. 그리고 여러 가지를 조사하여 의문을 완전
히 풀었다. 이시진은 이 같은 경험을 거울삼아 의약서의 오류를
바로잡기 위해서라도 책에만 의존할 것이 아니라 실제 경험을 통
하여 연구해야 한다는 사실을 절실히 느꼈다. 그 후 이시진은 왕
진갈 때 반드시 약상자를 어깨에 둘러메고, 손에는 약초 채집에
필요한 호미를 쥐고 여기저기서 약초를 채집하여 그 약효를 시험,
확인하였다.

이시진이 38세 때의 일이다. 초왕의 초대를 받아 왕자의 난치
병을 치료한 일이 있었다. 초왕은 이시진의 의술에 감탄하여 자신
의 전속의로 삼으려 하였으나 이시진은 약초를 채집하는 호미를
놓을 수 없었다. 그 후 황제가 명의 이시진의 소문을 듣고 그를 수
도로 불러들여 어의로 임명하였다. 일개 시골 의사로서는 꿈과 같
은 영광이었으나 그는 태의원(황제의 병원)에 재직하면서도 언제
나 의약서 수정 사업이 마음에 걸렸다. 이시진은 생각하였다.

'황실의 힘을 빌려 천하의 명의를 한자리에 모아 이들이 힘
을 합쳐 본초(本草)의 수정 사업을 한다면 얼마나 효과적일
까…?'

이시진은 이 계획을 보고하였으나 황실에서는 이시진의 우쭐
한 생각에서 나온 행동이라 하여 오히려 견책 처분을 내렸다. 부

아가 난 이시진은 어의 직을 사임하고 전처럼 약상자를 어깨에 둘러메고 왕진을 다니면서 농부·사냥꾼·어부 등을 스승으로 삼아 여러 가지 가르침을 받았다.

"물고기는 풀의 씨에서 생겨나는 것입니까?"

이시진은 지긋한 나이의 어부에게 물었다. 어부는 보고 경험한 예를 들어가면서 물고기는 대개 늦은 봄에서 초여름에 걸쳐 암수가 수중에서 방란방정(放卵放精) 생식(生殖)한다는 사실을 설명해주었다.

세월은 유수처럼 흘러갔다. 이시진은 27년에 걸쳐 각지를 돌아다니면서 약초를 채집하여 여러 가지를 조사한 끝에 의약서의 오류를 바로잡았다. 그리하여 마침내《본초강목(本草綱目)》을 완성하기에 이르렀다.

《본초강목》은 50권, 190만여 자, 1천892종류의 약물, 1만 1천91예(例)의 처방과 동식물의 삽화 1천110개를 소개하고 있어 명실공히 '동방의학의 거전'이라 할 수 있다.

《본초강목》의 약물 분류는 광물, 식물, 동물의 순으로 되어 있으며 간단한 것에서 복잡한 순으로 배열되어 있다. 또 무기물에

《본초강목(本草綱目)》

서 유기물로, 저급에서 고급 순으로 하여 자연계의 발전 과정이 반영되어 있다. 진화론의 창시자 다윈이 탄생하기 2백여 년 전인 당시에 이 분류법은 특기하고도 남을 과학적인 분류라 할 수 있다. 2백여 년 후《본초강목》을 읽고 난 다윈은 경탄을 금치 못하면서 말하였다.

"이시진이《본초강목》을 탈고한 것

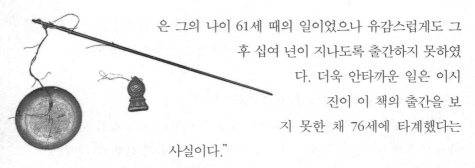

은 그의 나이 61세 때의 일이었으나 유감스럽게도 그 후 십여 년이 지나도록 출간하지 못하였다. 더욱 안타까운 일은 이시진이 이 책의 출간을 보지 못한 채 76세에 타계했다는 사실이다."

천칭 은이나 약재를 잴 때 사용하던 작은 저울

《본초강목》이 출간된 것은 이시진이 죽은 후 3년째 되는 해였다. 그로부터 10년쯤 후에 한국과 일본에도 전해졌다. 《본초강목》은 라틴어 · 프랑스어 · 러시아어 · 독일어 등 여러 나라 말로 번역 · 출판되었는데 영문판만 하더라도 10여 종에 이른다. 이처럼 이시진이 오랜 세월을 두고 심혈을 기울여 저작한 동양의약의 보전 《본초강목》은 중국뿐 아니라 많은 외국 사람들의 건강과 행복 증진에 크게 기여하였다.

천공개물

동양의약의 보전으로 일컬어지는 《본초강목》이 출판된 후 중국 고대 과학기술 전서로 일컬어지는 송응성(宋應星)의 《천공개물(天工開物)》이 발간되어 좋은 평가를 받았다. 《천공개물》은 중국 고대의 공업뿐 아니라 농업까지 소개하고 있어 중국 농공업전서(農工業全書)로도 일컬어지고 있다.

송응성의 자는 장유(長庚)로 1587년 강서성 봉신현에서 태어났다. 그는 어렸을 적부터 연구심이 왕성하였다. 29세 때 형 응승(應升)과 함께 지방시에 합격하였으나 중앙에서는 다섯 차례나 실패를 거듭하였다. 그러나 시험을 치르기 위해 북경으로 여행하면서 그는 견문을 넓힐 수 있었다. 남쪽 강남으로부터 북쪽 북경까지의 여행 도중에 직접 보고 들은 각지의 생산 활동에 관한 지식은 책에서 보던 것과는 차이가 많았다. 이를 통해 송응성은 중국 과학기술사의 권위자로서의 토대를 구축하였다.

그가 48세 때 강서의 지방 학교에서 교편 생활을 하게 되었는데 임기는 3년이었다. 그는 이 3년 동안 수업 여가를 이용하여 고대 과학의 계통적 연구에 주력하여 《천공개물》을 저술하였다. 이때 그의 나이 51세였다. 《천공개물》은 탈고되자 곧바로 친구의 도움으로 출판되었는데 숭정 10년(1637)에 발간되었기 때문에 《천공개물》 초판을 '숭정판' 이라 부르기도 한다.

《천공개물》은 18권으로 이루어져 있으며 그 내용은 아주 다양하다. 곡물의 재배와 가공, 잠사, 면사의 방직과 염색, 제염·제당, 착유, 벽돌의 제조, 도자기 제조, 제지·주조·채광·야금, 조선에서 무기·화약의 제조법, 석회·유황·백반 등의 채취법과 제조법이 기록되어 있다. 갖가지 제품의 원료 가공법 등 생산 과정이 상세히 설명되어 있고, 123폭의 삽화까지 들어 있다. 이 같은 삽화는 자못 입체감을 느낄 수 있을 정도로 정확하다는 평을 받고 있다.

송응성은 중국 과학기술을 전면적으로 총괄해 나가면서 새로운 분야에 문제를 제기하고 그의 과학적 견해를 서술하였다.

송응성의 연구 성과는 매우 귀중한 것으로 그의 철학적 토대가 된 유물 변증법은 당시 일반 철학자와 비교해도

동의 제련 《천공개물》의 일부분

활 만들기 《천공개물》
의 일부분

손색이 없을 정도였다. 송응성의 철학 사상은 《천공개물》 전편에 흐르고 있지만 특히 이 책의 제목에 잘 나타나 있다.

《천공개물》의 '천공(天工)'이란, 인공(人工)에 대한 자연력을 가리키는 말로 모든 자원은 대자연에 의해 생성된다는 뜻이고, '개물(開物)'이란, 이 자연력을 이용하는 인류의 힘을 뜻하는 말이다. 즉 자연력은 인류가 개발해 비로소 인류가 필요로 하는 물질이 된다는 뜻이다.

여기에는 사람과 물질과의 관계에 있어서 송응성의 유물적이고 변증적인 사고방식이 강하게 나타나 있다. '천공', 즉 자연력을 토대로 할 것을 강조하는 한편 사람의 주관적 능동성도 강조하면서 자원개발을 통하여 비로소 물질이 이루어진다는 것이다. 송응성의 철학 사상의 진수인 동시에 중국 철학 사상의 정화(精華)라고도 말할 수 있다.

중화민국 수립 후 북경 도서관에서는 절강 영파(寧波)에 있는 이모씨의 묵해루(墨海樓)로부터 기증받은 고서 가운데 《천공개물》의 수정판 원본이 발견되어 큰 화젯거리가 된 적이 있었다. 이 원본이 발견됨으로써 송응성의 역작(力作) 그대로의 모습을 볼 수 있게 된 것은 큰 의의가 있다.

　그로부터 10년쯤 후 이번에는 송응성의 고향에서 그의 유작 《야의(野議)》,《사련(思憐)》,《담천(談天)》,《논기(論氣)》의 명각본 (明刻本)과 《송씨종보(宋氏宗譜)》,《송응성 행략(宋應星行略)》 등의 저서가 발견되었다. 이로써 중국 고대 과학기술 전서의 편집 자 송응성의 생애와 그의 인류에 대한 공헌도가 한층 소상히 밝혀 졌다. 명나라가 멸망하고 만주족의 청나라가 중국을 지배하게 되 자 송응성은 이민족 조정에서 벼슬하기를 꺼려 은거 생활을 하면 서 자손들에게도 청나라에서 벼슬하는 것을 적극 만류하였다.

　민족의 수호자이며 과학자였던 송응성은 청나라 강희 연간 초기에 80여 세로 타계하여 그의 고향인 강서성 봉신현에 안장되 었다. 그의 묘에는 지금도 굽힐 줄 모르는 그의 절개와 과학에 대 한 공로를 기리는 방문객들의 발길이 끊이지 않는다.

지형학의 원조 서하객

서하객(徐霞客, 1586~1641)의 이름은 굉조(宏祖), 자는 진지(振 之)이고, 호는 하객이다. 그는 강소성 강음현 태생으로 어려서부 터 남다른 탐험 정신을 가지고 있었다.

　"부모가 계시거든 집을 떠나 멀리 가지 말 것이며, 집을 떠날 때는 반드시 그 행방을 확실히 알려야 한다."

　유교에서는 이렇게 강조했지만 하객의 어머니는 "대장부란 큰 뜻을 가져야 한다."고 역설하고 아들에게 멀리 여행하여 견문 과 지식을 넓혀야 한다고 늘 강조하였다. 그리고 친히 원유관(遠 遊冠)*을 만들어주기까지 하였다. 서하객의 어머니는 당시 80세

* 원유관(遠遊冠) : 멀 리 여행할 때 쓰는 모자

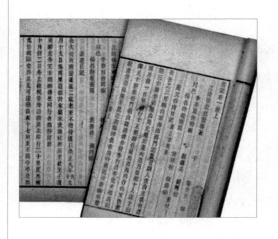

《서하객유기》

고령인데도 불구하고 아들과 함께 고향 산천을 유람하면 꼭 앞장서 걸으며 원기왕성한 모습을 보였다. 멀리 떠나기를 주저하는 아들을 안심시키기 위해서였다. 서하객은 이러한 모친의 뜻에 보답하기 위하여 22세 때부터 원유관을 쓰고 멀리 여행길에 올랐다. 그 후 34년에 걸쳐 그는 중국 대지의 이곳저곳에 그의 발자취를 남김으로써 굴지의 여행가가 되었다.

　서하객은 여행에서 본 각지의 산하 · 지형 · 풍토 · 습관 등을 빠짐없이 기록했다. 그러나 애석하게도 이 기록이 모두 전해지는 것은 아니다. 후세에 전하는 몇몇 기록은 중국 고대 지형학의 명저이며, 세계 최초의 암석학에 관한 문헌으로 높이 평가된다.

　서하객의 투철한 탐험 정신을 나타내는 좋은 예가 있다.

　안탕산은 절강성 동쪽에 있는 명산으로 대용추(大龍湫) · 소용추(小龍湫)라 불리는 두 폭포의 절경으로도 유명한 곳이다. 안탕산 꼭대기에는 선녀들이 내려와 목욕을 했다는 맑은 연못이 있고 가을이 되면 기러기가 날아들기 때문에 안탕산이라 이름지었다. 고서의 기록에는 이 두 폭포의 근원이 안탕산 꼭대기에 있는 연못이라고 쓰여 있었으나 서하객은 자기의 눈으로 확인하지 않고는 도저히 이를 믿을 수가 없었다. 그래서 그는 세 차례나 안탕산에 올랐다.

　첫 번째는 길을 잘못잡아 위는 절벽, 아래는 깊은 연못이 있는 골짜기로 올라가다가 발을 헛디뎌 아슬아슬하게 만 길이나 되는 낭떠러지 밑으로 떨어지는 순간 요행히 나뭇가지에 걸쳐 구사일생으로 목숨을 건졌다.

수년 후 두 번째 등정에서는 몇 차례 위험한 고비에 부딪혔으나 다행히 벼랑에 있는 몇 개의 동굴을 발견하여 그 불가사의한 모습을 볼 수가 있었다. 두 차례나 정상에 오르지 못한 채 돌아온 그는 친구 진함휘(陳函輝)를 방문했을 때 다음과 같은 질문을 받았다.

"안탕산 정상을 정복했는가?"

서하객은 대답할 말이 없었다. 다만 벼랑에 있는 동굴의 불가사의한 모습에 매혹되어 정상에 오르지 못했노라고 변명하는 수밖에 없었다. 다음 날 그 친구와 작별하면서 서하객은 그 친구에게 맹세하였다.

안탕산

안탕산 소용추

"다시 한 번 도전해보겠다. 이번에는 기어코 돌아와서 정상의 모습을 들려줄 테다!"

십수일 후 서하객은 그 친구를 찾았다. 그리고 그 친구에게 정상의 모습을 이야기했다.

"이번에는 작은 길을 따라 올라갔지. 등나무 덩굴을 손에 쥐면서 정상에 올랐네. 그리고 정상에서 십수 킬로미터 떨어진 곳에서 기러기가 서식하고 있는 것을 보았지. 정상에서 3일간 노숙했는데 바람이 몹시 강하게 불었고 어디선가 한 떼의 사슴이 몰려와 함께 노닐었는데 이 사슴들은 사람 곁을 떠날 줄을 몰랐다네."

세 번째에 정상을 정복한 서하객은 정상에는 확실히 안탕 연못이 있고 기러기가 서식하는 것을 확인하였으며, 대용추·소용추의 두 폭포의 근원이 안탕 연못이 아니라는 사실도 밝혀냈다. 이렇게 해서 서하객은 안탕산과 대용추·소용추의 위치 및 그에 따른 상호 관계를 정확히 기록할 수 있었다.

광서 융현에 있는 동굴을 탐험하러 갔을 때의 일이다. 동굴 입구에 이르러 보니 큰 뱀이 또아리를 틀고 버티고 있었다. 사람들은 모두 두려워하여 그대로 돌아왔으나 서하객은 다리를 크게 벌려 이를 뛰어넘어 동굴 속으로 들어갔다. 밤에는 호랑이의 포효 소리가 동굴을 울렸으나 그는 꿈쩍도 하지 않았다. 모기떼의 습격을 받아 잠을 이루지 못한 일, 며칠이고 음식을 입에 대지 못하던 일, 급류에 휩쓸려 죽을 뻔했던 일 등등…. 서하객은 이런 일에는 도무지 신경을 쓰지 않고 오로지 탐사 여행을 계속할 뿐이었다.

서하객은 여행을 떠날 때 반드시 머리에 금동곳을 꽂고 떠났다. 왜냐하면 그가 여행 도중 강도를 만나 가지고 있던 금품을 모두 털린 적이 있었기 때문이었다. 만약의 경우 이 금동곳을 처분하여 숙식비와 교통비 등 여비로 충당하기 위해서였다. 유비무환의 자세라 할 수 있다.

서하객의 여행은 처음에는 명산대천의 절경을 구경하기 위한 목적도 있었지만 차츰 과학 조사를 위한 여행으로 바뀌었다. 그는 중국 서남 지방에서 1백 개 이상의 동굴을 조사하여 비교적 정확하고 상세한 기록을 남겼다. 서하객이 직접 보고 걸으며 조사한 자료는 1950년대 중국 과학원 지리연구소가 각종 현대식 기기를 사용하여 측량한 결과 큰 차이가 없었음이 확인되었다. 그리고 용동(溶洞) · 석순(石筍) · 종유석(鍾乳石)의 형성에 대한 해석도 근대 과학의 분석과 일치했다고 하니 그의 정확한 과학적인 태도에 새삼 놀라지 않을 수 없다.

서하객은 암석학 연구에도 많은 공헌을 했을 뿐 아니라 수리 하천의 연구에도 큰 성과를 올렸다. 서하객이 저술한 《강원고(江源考)》에는 장강의 근원이 사천의 민산(岷山)이라는 예로부터의 견해에 의문을 제기하여 장강의 원류가 금사강(金沙江)이며 장강의 길이는 황하보다 길다는 주장을 내세웠다. 이로부터 3백 년 후인 1978년 중국과학조사반의 조사에서 장강의 근원과 전체 길이가 6,300킬로미터라는 사실이 판명됨으로써 서하객의 3백 년 전의 예견이 비교적 정확하였다는 사실이 밝혀졌다.

서하객은 이밖에도 《반강고(盤江考)》라는 저서를 냈는데 여기서는 그 밖의 하천을 조사한 결과를 기록하여 고서의 오류를 많이 정정했다. 이렇게 해서 서하객의 조사 결과는 지금도 많은 자료에 의해 그 정확성이 입증되고 있다.

《서하객유기(徐霞客遊記)》는 중국의 지형학·암석학의 보전일 뿐 아니라 문학적 견지에서도 많은 가치를 지니고 있다. 또 생물학·광물학·민속학·지리 등 다방면에 걸쳐 풍부한 자료를 제공해 각 분야의 학자들로부터 크게 주목받았다.

이단으로 몰린 사상가 이탁오

봉건 지배자들로부터 이단자(異端者)로 낙인 찍힌 이탁오(李卓吾)의 이름은 지(贄)이다. 탁오는 그의 호이다. 그는 복건성 천주 출신으로 20세 때 고향을 떠나 30세에 관계에 투신하였다. 관운은 비교적 순탄하여 50세 때 요안부(姚安府)의 지부(知府, 장관)에 취임하였다. 3년 임기를 마친 이탁오는 부패한 관료생활에 실망한 나머지 호북 황안에 사는 친구 경정리(耿定理)의 집에서 머물면서 학술 연구에 몰두하였다. 그러나 이탁오의 나이 58세 때 경정리가 타계하자 더 이상 그곳에 머무를 수가 없게 되었다. 이탁오는 호북마성(麻城)의 고찰인 지불원(芝佛院)으로 거처를 옮겨 제자들을 모아 강의를 시작하였다. 당시 학자로서 이탁오의 명성은 매우 높아 그의 강의를 듣기 위해 몰려오는 자의 발길이 끊이지 않았다. 여성의 모습도 눈에 띄어 남녀칠세 부동석(男女七歲不同席)이라는 봉건 윤리에 젖어 있던 당시 사람들은 이탁오의 교육 방침을 미친 짓이라 비판하여 이단자로 취급하였다.

　어느 뜨거운 여름날 강의를 하던 이탁오는 더위 때문에 머리가 근질근질 가려워지자 갑자기 머리를 깎아버렸다. 봉건 사회의 제도로 따지자면 "우리 신체의 모든 것은 부모님으로부터 받은 것이기 때문에 조금이라도 버리거나 상처를 내서는 안 된다."는 것으로 되어 있다. 그런데 이탁오는 머리를 깎아버렸으니 이것은 봉건 윤리로 볼 때 대역(大逆)이며 이단(異端) 행위임이 분명한 것이다.

　이탁오의 일거일동은 확실히 봉건 사상에 대한 정면 도전이었으나 이탁오를 '이단'으로 보는 원인은 그의 저서에 잠재해 있는 봉건적 도덕과 봉건적 질서에 위배되는 사고방식 때문이었다.

　당시 봉건 윤리의 최고의 도덕적 기준은 삼강오상(三綱五常)에 두고 있었다. 그러나 이탁오는 인간의 물질적 생활만이 사회의 윤리 내지 도덕을 결정하는 요소로서 백성들의 의식 문제를 떠나서는 윤리를 논할 수 없다는 주장을 내세웠다. 이렇게 해서 이탁오는 봉건 윤리에서 주장하는 "욕심을 버리고 천리(天理)를 보존

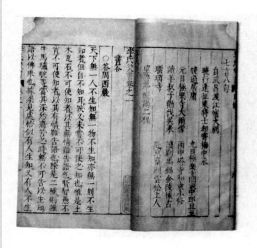

《분서(焚書)》 이탁오의
저서 중 하나

해야 한다."는 주장을 허위적 설교라고 비판하여 봉건적 도덕 기준에 정면으로 대립하였다.

봉건 윤리에서는 남편을 잃은 부인의 재혼을 천리에 위배되는 것이라 하여 철저히 금하였으나 이탁오는 재혼을 장려하였다.

이렇게 이탁오는 사사건건 봉건 윤리와 대립하여 봉건적 법제를 타파하는 데 전력을 기울였다.

이탁오는 저서 제목을 《분서(焚書)》, 《속분서(續焚書)》, 《장서(藏書)》, 《속장서(續藏書)》라고 붙였는데 그것은 자신의 학설이 현사회로부터 배척을 받아 '분서' 내지는 '금서'가 되리라는 것을 예견했기 때문으로 보인다. 그의 예상대로 이탁오의 책은 명·청 시대에 몇 차례에 걸쳐 금서·분서로 지목되어 출간 금지되거나 소각 처분을 받았다.

이탁오는 20년 동안 황안(黃安)·마성(麻城)에서 책을 저술하여 이를 교재로 강의하였다. 그의 저서와 강의는 절대적인 호평을 받아 황안·마성의 거리를 들끓게 하였다. 그의 서신과 잡문(雜文)을 모은 《분서(焚書)》가 마성에서 출판되자 대단한 인기를 모아 순식간에 매진되었다. 그 후 역사상 인물에 대한 평가를 모은 《장서(藏書)》가 남경에서 출판되었다. 이 책 또한 큰 반향을 불러일으켰다. 조정에서는 이 같은 봉건 제도를 반대하는 이단자에 대한 백성들의 열렬한 호응에 불안을 느껴 이탁오를 박해하기 시작하였다.

만력 27년(1599)의 어느 겨울 밤 이탁오가 강의하는 지불원이 습격을 당해 파괴되었다. 이탁오는 마성을 떠나 북경 동쪽 통주(通州)로 도망쳐 친구 마경륜(馬經綸)의 집에 숨었다. 이탁오가 북경 턱 밑까지 와 있다는 소식은 당시의 황제 만력제의 조정을 초긴장 상태로 몰아넣었다. 바로 턱 밑에서 북경의 거리를 소요 속으로 몰아넣는 사건이 발생해서는 큰일이라 생각한 것이다. 조정은 이탁오가 "감히 난도(亂道)를 제창하여 혹세무민(惑世誣民)*한다."는 죄목을 뒤집어씌워 체포해 하옥하였다.

* 혹세무민(惑世誣民) : 사람을 속여 미혹시키고 세상을 어지럽힘

만력 30년 3월, 버들개지가 꽃처럼 흩날리는 어느 봄날 목숨을 걸고 봉건 지배자들의 박해와 싸우던 일대의 사상가 이탁오는 북경 감옥에서 칼로 자신의 목을 찔러 자살을 기도했다가 만 하루가 지나 마침내 숨을 거두었다. 그는 북경의 감옥에서 갖은 고문과 박해를 견뎌가며 무려 4년 동안 싸우다가 76세에 파란 많은 일생을 마쳤다.

이탁오는 이렇게 죽었지만 그의 사상은 봉건 제도의 부패, 봉건 도덕의 타락과 함께 백성들의 마음을 더욱 사로잡았다. 명·청의 역대 황제는 이탁오의 저서에 대해 몇 번이고 금서·분서 조치를 취하였으나 금하면 금할수록, 소각하면 소각할수록 날개가 돋친 듯이 전국적으로 확산되어 팔려 나갔다.

지금도 그의 고향 천주에는 이탁오의 옛집이 남아 있어 명소로 지정되었으며 그가 묻힌 통주에는 '이탁오 선생묘(李卓吾先生墓)'라고 새겨진 비석과 함께 묘가 보존되어 있다. 그의 사상은 여전히 중국 백성들의 마음속에서 살아 숨 쉬고 있다.

명 왕 조 의 계 보

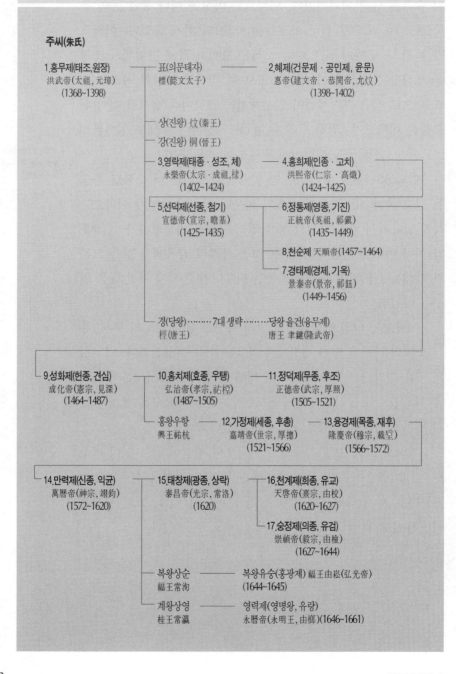

주씨(朱氏)

1.홍무제(태조,원장)　　┌ 표(의문태자)　　　　┌ 2.혜제(건문제 · 공민제, 윤문)
洪武帝(太祖, 元璋)　　 │ 標(懿文太子)　　　　 │ 惠帝(建文帝 · 恭閔帝, 允炆)
(1368~1398)　　　　　 │　　　　　　　　　　　　(1398~1402)
　　　　　　　　　　　 │
　　　　　　　　　　　 ├ 상(진왕) 炆(秦王)
　　　　　　　　　　　 │
　　　　　　　　　　　 ├ 강(진왕) 棡(晉王)
　　　　　　　　　　　 │
　　　　　　　　　　　 ├ 3.영락제(태종 · 성조, 체)　── 4.홍희제(인종 · 고치)
　　　　　　　　　　　 │ 永樂帝(太宗 · 成祖, 棣)　　 洪熙帝(仁宗 · 高熾)
　　　　　　　　　　　 │ (1402~1424)　　　　　　　 (1424~1425)
　　　　　　　　　　　 │
　　　　　　　　　　　 ├ 5.선덕제(선종, 첨기)　───── 6.정통제(영종, 기진)
　　　　　　　　　　　 │ 宣德帝(宣宗, 瞻基)　　　　 正統帝(英祖, 祁鎭)
　　　　　　　　　　　 │ (1425~1435)　　　　　　　 (1435~1449)
　　　　　　　　　　　 │
　　　　　　　　　　　 │　　　　　　　　　　　　── 8.천순제 天順帝(1457~1464)
　　　　　　　　　　　 │
　　　　　　　　　　　 │　　　　　　　　　　　　── 7.경태제(경제, 기옥)
　　　　　　　　　　　 │　　　　　　　　　　　　　 景泰帝(景帝, 祁鈺)
　　　　　　　　　　　 │　　　　　　　　　　　　　 (1449~1456)
　　　　　　　　　　　 │
　　　　　　　　　　　 └ 경(당왕) ……… 7대 생략 ……… 당왕 율건(융무제)
　　　　　　　　　　　　 檉(唐王)　　　　　　　　　　 唐王 聿鍵(隆武帝)

9.성화제(헌종, 견심)　── 10.홍치제(효종, 우탱)　── 11.정덕제(무종, 후조)
成化帝(憲宗, 見深)　　 弘治帝(孝宗, 祐樘)　　　 正德帝(武宗, 厚照)
(1464~1487)　　　　　 (1487~1505)　　　　　　 (1505~1521)

　　　　　　　　　　 └ 흥왕우항　── 12.가정제(세종, 후총)　── 13.융경제(목종, 재후)
　　　　　　　　　　　 興王祐杭　　 嘉靖帝(世宗, 厚熜)　　　 隆慶帝(穆宗, 載垕)
　　　　　　　　　　　　　　　　　 (1521~1566)　　　　　　 (1566~1572)

14.만력제(신종, 익균)　── 15.태창제(광종, 상락)　── 16.천계제(희종, 유교)
萬曆帝(神宗, 翊鈞)　　 泰昌帝(光宗, 常洛)　　　 天啓帝(熹宗, 由校)
(1572~1620)　　　　　 (1620)　　　　　　　　　 (1620~1627)

　　　　　　　　　　　　　　　　　　　　　　　　── 17.숭정제(의종, 유검)
　　　　　　　　　　　　　　　　　　　　　　　　　 崇禎帝(毅宗, 由檢)
　　　　　　　　　　　　　　　　　　　　　　　　　 (1627~1644)

　　　　　　　　　　 ├ 복왕상순　　── 복왕유숭(홍광제) 福王由崧(弘光帝)
　　　　　　　　　　 │ 福王常洵　　　 (1644~1645)
　　　　　　　　　　 │
　　　　　　　　　　 └ 계왕상영　　── 영력제(영명왕, 유랑)
　　　　　　　　　　　 桂王常瀛　　　 永曆帝(永明王, 由榔)(1646~1661)

3
청나라 시대

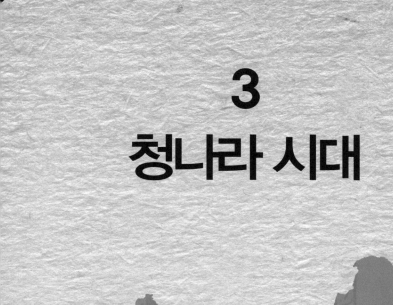

The History of China

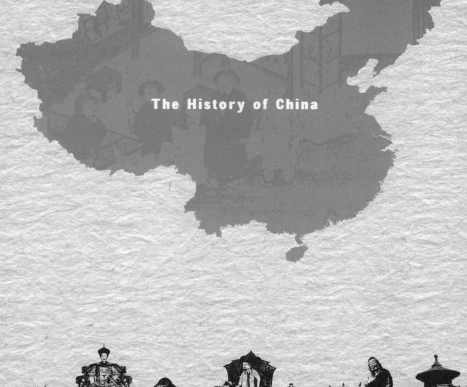

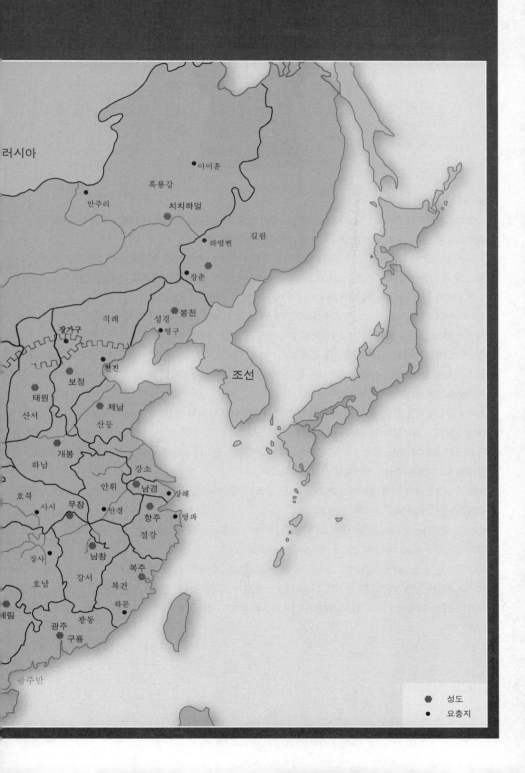

러시아

아이훈

흑룡강

만주리   치치하얼

하얼삔   길림

장춘

직례   성경   봉천

장가구   영구

천진   조선

보정

태원

산서   제남

산둥

개봉

하남   강소

호북   안휘   남경   상해

사시   무창   안경   영파

항주

절강

남창

장사   복주

호남   강서   복건

하문

계림   광동

광주

구룡

광주만

⬡ 성도

● 요충지

청나라 시대 개괄

오삼계의 반민족적 행위로 난공불락의 산해관에 무혈 입성한 예친왕은 손쉽게 북경에 들어가 이자성을 몰아내고 청왕조가 명나라의 뒤를 승계한 중국의 정통 왕조임을 선언하였다.

1644년 수도를 북경으로 옮긴 후 제4대 강희제는 명의 유신들이 세운 남명 정권을 완전 소탕하고 오삼계 등 삼번(三藩)의 난을 평정하였다. 또 러시아의 침공을 네르친스크 조약으로써 제지하고 외몽골·회부 등을 병합하는 한편 대만의 정씨 정권을 평정함으로써 지배의 체제를 확립하였다.

강희제로부터 옹정제를 거쳐 건륭제에 이르는 1백 년 동안은 청의 전성기로 일컬어진다. 이 기간에 청의 영토가 현저히 확대되었음은 물론 군주권이 강화되고 여러 제도가 정비되었으며 국가 재정이 충실해졌다.

청나라는 원나라처럼 이민족이 중국을 지배했으나 한족 지배 정책은 달랐다. 원나라가 철두철미하게 몽골민족만을 우대하는 정책으로 일관하여 정치상의 결정권을 모두 몽골민족이 장악한 데 반하여 청나라는 만주족과 한족이 협동해 정치를 수행하는 정책을 펴나갔다.

청나라의 전성기인 강희·옹정·건륭의 시대를 거치면서 창업 당시의 청신했던 기풍이 점점 사라지고 사치풍조에 젖어들면서 정치가 부패하고 사회적 모순이 드러났다.

특히 군의 근간을 이룬 팔기군이 부패하면서 백련교의 난이 일어나 국내의 상황이 불안해졌고 1840년에 아편전쟁에서의 패배로 중국의 무력함을 드러내게 되었다.

1851년 태평천국의 난이 일어나자 청조는 더욱 궁지에 빠졌으며 1856년에 일어난 애로 호 사건으로 영불군의 공격을 받음으로써 더욱 위기에 몰렸다.

1864년 태평천국의 난을 진압하면서 겨우 평온을 되찾아 중흥을 꾀했으나 청일 전쟁에서의 패배로 좌절되고 열강이 빈번하게 들이닥쳐 중국 전토는 열강들에게 잠식되었다.

1900년에는 의화단의 난이 일어나 열강의 연합군이 북경을 점령하였다. 그 후 청조는 입헌정치를 서둘러 준비했으나 1911년 신해 혁명이 일어나고 그 다음해에 선통제가 퇴위함으로써 청조는 막을 내렸다.

문화적으로는 강희제 시대의 《강희자전》과 건륭제 시대의 《사고전서》 등 대편찬 사업이 이루어졌으며 고증학이 발달하였다.

청의 창업 시대

청나라는 오삼계가 뜻밖의 구원 요청을 해온 덕에 결국 쉽게 북경에 입성했다. 예친왕 도르곤은 슬기롭고도 과감한 인물이었다. 그는 청왕조가 명왕조의 뒤를 승계한 중국 정통의 왕조라는 사실에 정책의 역점을 두었다. 그리하여 숭정제와 황후 주씨를 예로써 개장하여 능묘를 세우고 백성들에게 3일간 복상을 명하였다.

명나라는 이자성의 유적 집단(流賊集團)에 의해 멸망하였다. 청나라는 정의에 입각하여 이자성을 토벌했기 때문에 청왕조는 당연히 명나라의 뒤를 승계한 정통 왕조라는 논리였다. 예친왕은 명나라 관리가 항복하면 벼슬을 더 높여주는 등 일련의 회유책을 써 민심 안정에 힘을 기울였다.

청나라가 심양에서 북경으로 천도했을 무렵 그들의 중국 지배 지역은 북경 일대에 제한되어 있었다. 명실공히 중국을 통일하기에는 아직 요원한 느낌마저 있었다. 예친왕은 공격의 템포를 늦추지 않고 북경에서 도망친 이자성을 추격토록 하였다. 이자성은 하남까지 쫓겨가 부장들과 앞으로의 대책을 논의하였다. 이엄(李嚴)이 나서며 말하였다.

"나에게 2만의 군사만 준다면 기필코 중주(中州, 하남의 별칭)를 탈환하겠습니다."

이자성은 이엄의 요구를 어떻게 해야 할지 몰라 우금성과 의논하였다. 우금성은 고개를 가로저으며 대답하였다.

"하남 땅은 이엄의 고향입니다. 만약 그에게 2만의 군사를 내준다면 이것은 마치 용에게 구름을 주는 것과 같아서 그를 통제하기 어려울 것입니다. 그는 진작부터 모반할 생각을 품고 있던 자입니다. 이 기회에 제거하는 것이 상책입니다."

"그렇다면 당신이 제거하도록 하시오."

우금성이 이엄을 살해하자 유종민이 크게 반발하여 우금성을 죽이려 하는 등 이자성의 진영은 내분이 격화되었다. 동관까지 도망친 이자성은 이곳을 발판으로 세력을 만회하려 하였으나 그를 추격하는 청나라의 자친왕(예친왕의 동생)과 명나라의 항장 공유덕에 의해 패주하였다. 청군은 두 갈래로 나뉘어 영친왕 아지커, 오삼계, 상가희 등이 거느리는 별군이 대동(大同)에서 북쪽으로 돌아 연안으로부터 섬서로 진출하여 이자성군을 협공하였다. 이자성군은 서안성에 불을 지르고 무관에서 양양을 거쳐 무창으로

오채 향로 청대의 강희제, 건륭제 시대에 훌륭한 도자기들이 쏟아져나왔다. 특히 오채와 청화가 많다.

도망쳤다. 이자성은 이곳에서 진용을 정비하여 남경(南京)을 공격할 태세를 보였으나 추격하는 청군에게 자주 패하여 구강으로 쫓겨 들어갔다. 이자성은 부하들을 산기슭에 남겨둔 채 홀로 구궁산(九宮山)에 올라가 천제묘(天帝廟)에 배례를 올릴 때 농민의 습격을 받아 죽었다. 일설에는 절망 끝에 구궁산으로 도망쳐 스스로 목매어 죽었다고도 한다.

수령을 잃은 이자성군은 완전히 전의를 상실하였다. 유종민 등은 청군에 체포되어 죽고 이자성의 아들과 대부분의 부하들은 명나라 호광총독 하등교(何騰蛟)에게 항복하였다. 청군이 동관을 격파한 것은 순치 2년 정월이고 이자성이 죽은 것은 같은 해

이야기 중국사 · 3

윤 6월이었으니 청군의 공격이 얼마나 신속하였는지 알 수 있다. 이자성의 최측근 우금성은 아들과 함께 청나라에 투항하여 중용되었는데 후에 이로 인해 청나라 조정에서도 여러 가지 물의를 일으켰다.

청나라 시종관 상약주(常若柱)는 대의명분을 확실히 하기 위해서라도 우금성 부자를 처형해야 한다고 진언했다가 도리어 면직 처분을 받았다.

이자성 집단을 완전 평정한 청군은 계속해서 사천에 자리 잡은 장헌충 토벌에 나섰다. 이 토벌에는 평서왕(平西王)으로 봉해진 민족 반역자 오삼계도 출전하였다. 청나라에 투항한 명나라 장수로서 청군의 선봉이 되어 모국 명나라 토벌에 나선 인물들은 오삼계 외에 정남왕(定南王) 공유덕, 평남왕(平南王) 상가희, 정남왕(靖南王) 경중명 등이 있다. 이들은 수십만의 청군을 거느리고 세 길로 나누어 반청 세력을 소탕하고 뒤이어 강남(장강 일대)으로 향했다. 이렇게 피로써 피를 씻는 민족 항쟁이 오랫동안 계속되었다.

순치 2년(1645) 4월 청군은 양주를 함락하였다. 무자비한 살육이 10일간이나 계속되어 80만 명의 인명이 살상되었다. 역사상 이 비극을 '양주 10일'이라고 부른다.

같은 해 7월 강음(江陰)이 함락되었다. 죽은 자의 시체가 거리와 연못을 메웠다. 강음은 총가구 1만 호에 수비병 1천 명도 못 되는 소도시였다. 이곳에서 무려 9만 7천 명이 죽임을 당하였다. 전체 인구 가운데 생존자가 겨우 53명이었다 하니 그 참상을 미루어 짐작할 수 있다.

격렬한 전투가 되풀이되고 확대되면서 강남 여러 곳은 완전히 피바다를 이루었다. 정의와 불의의 대결, 즉 청나라와 내통하여 일신의 영달만을 꾀한 자도 많았지만 반면 민족을 끝까지 지키려는 영웅도 많았다. 남명(南明)의 장군 사가법(史家法)·장황언(張煌言)·구식사(瞿式耜), 장헌충의 부하 이정국(李定國), 이자성의 부하 이내형(李來亨)·학요기(郝搖旗), 강음의 영수(領袖) 염응원(閻應元)·진명우(陳明遇) 등은 목숨을 걸고 민족의 적 청나라와 용감히 싸워 이름을 역사에 남겼다. 무명의 애국자는 수십만, 수백만에 이르렀다고 해도 과언이 아니다.

몇몇 애국지사의 투쟁상을 더듬어 보자.

하완순(夏完淳, 1631~1647)은 송강부 화정(상해시) 출신으로 그가 14세 되던 해에 명나라가 멸망하였다. 다음해 가정(嘉定)·강음(江陰) 지방에서 청군과 싸움이 벌어지자 아버지 하윤이(夏允彝)와 진자룡(陳子龍)도 고향에서 반청 깃발을 높이 들고 군사를 일으켰다. 하윤이 등은 오송(吳淞) 지구의 지휘관 오지규(吳志葵)와 합세하여 소주에 있는 청군을 공격할 뜻을 굳혔다. 그들은 사전에 오지규와 작전을 협의하기 위하여 하완순을 오지규의 진영에 파견하였다. 이들 연합 부대는 사전 협의대로 소주의 서문(胥門)을 공략하였으나 중과부적으로 패배하여 하윤이는 결국 자결하였다.

이때 16세였던 하완순은 아버지의 숭고한 정신을 이어받아 가산을 정리하여 군자금을 마련하고 강소성 무석(無錫)의 대호에서 반청군(反淸軍) 대열에 뛰어들었다. 이 부대는 태호 일대에서 여러 차례 청군을 공격하여 승리를 거두었으나 마지막 단계에서 배신자가 나타나 궤멸되었다. 그러나 하완순은 좌절하지 않고 멀리 호남 지방에서 사람을 모아 사천으로 가서 재기를 노렸다.

그 다음해 17세가 된 하완순은 고향으로 돌아와 그의 스승인 진자룡 등 반청 의사와 함께 군사를 일으킬 준비를 하고 있었으나 사전에 정보가 누설되어 체포되고 말았다. 진자룡은 남경으로 연행되던 도중 호송하는 적병 한 사람을 얼싸안고 강물에 투신하여 절개를 지켰다.

하완순은 남경으로 연행되었다. 그를 심문할 사람이 민족 반역자 홍승주라는 사실을 안 하완순은 화가 머리끝까지 치솟아 어쩔 줄을 몰랐다. 그는 의연한 태도로 심문을 받으면서 홍승주를 매서운 눈으로 노려보았다.

홍승주는 명나라 병부상서(국방장관)를 지낸 인물로 하남·섬서 등지에서 반란군 진압을 지휘했다. 그 후 북경·요령 일대에서 청군과의 싸움을 지휘하다가 싸움에 패하여 청군의 포로가 되었다. 그런데 명나라 조정에는 홍승주가 전사했다는 소문이 전해져 사당을 세워 제사를 지내고 당시의 황제 숭정제도 친히 그의 사당에 나아가 분향까지 한 일이 있었다. 아마도 정보가 정확하지 않았던 당시로선 헛소문도 많았던 모양이다. 그러나 사실 홍승주는 청나라에 투항해 있었다. 그런 장본인이 이번에는 남경에 와서 반청 의거에 참가했던 애국지사를 탄압하고 심문하는 일원으로 변신한 것이다. 뜻있는 사람들은 홍승주를 오삼계와 함께 민족 반역자로 낙인찍어 매도하였다.

홍승주는 하완순을 심문하며 이 강남의 신동을 투항시켜 민심을 현혹하고자 별의별 수단을 다 썼다. 50세였던 홍승주는 하완순을 자식처럼 취급하였다.

"그대는 아직 나이가 젊어 사물의 도리를 잘 모른다. 나쁜 사람들의 꼬임에 넘어가 길을 잘못 들었다. 청나라에 귀순하도록 하라. 그리고 뒷일을 나에게 맡기는 것도 나쁘지는 않을 것이다. 그대의 앞길은 창창하지 않은가!"

하완순은 자신을 심문하는 사나이

용문의 편병 용의 모습이 특이한 청화

가 홍승주라는 사실을 전혀 모르는 척 시치미를 떼고 말하였다.

"무슨 말을 그렇게 하는가? 너야말로 나쁜 사람이다. 대명(大明)의 백성으로서 고향을 지키고 나라를 지키는 것이 무엇이 나쁘단 말인가. 나는 확실히 나이가 젊다. 하지만 홍승주 선생의 이야기는 익히 들어 잘 알고 있다. 청나라 오랑캐와의 싸움에서 불행히 적의 포로가 되었지만, 절개를 굽히지 않고 순사한 일대의 영웅, 그 분의 이름은 널리 천하에 알려져 있다. 홍승주 선생을 만나뵌 적은 없지만, 언제나 그 드높은 기개를 본받아 일생을 살아갔으면 하는 소망뿐이다."

하완순의 말에 그렇게 자신만만하던 홍승주도 얼굴이 시뻘겋게 붉어지며 말문이 막혀 어찌할 바를 몰랐다. 옆에 있던 부하가 낮은 목소리로 하완순에게 말하였다.

"이봐, 이 어른이 바로 홍승주 선생이시다. 말버릇을 고치지 못하겠는가?"

하완순은 지금까지의 목소리보다 더욱 큰 소리로 말하였다.

"쓸데없는 소리 말게. 홍승주 선생은 청나라에서 순사하셨네. 천자께서도 친히 향을 사르고 그의 넋을 위로하셨네."

하완순은 홍승주를 가리키면서 다시 말하였다.

"홍승주 선생의 이름을 입에 담지 말게. 선생의 이름을 더럽혀서야 되겠는가?"

하완순은 이렇게 마음껏 홍승주를 매도하였다. 재판관인 홍승주가 도리어 재판받는 것처럼 아무 말도 못하고 고개를 떨군 채하완순의 날카로운 규탄의 말을 들을 수밖에 없었다. 하완순은 17세의 젊은 나이에 순사하였다.

7세에 시를 지었다는 이 신동은 너무나도 일찍 타계하였지만 그의 숭고한 애국 정신은 시집 《남관초(南冠草)》와 더불어 후세에 길이 전해졌다.

하완순은 부친 하윤이와 함께 고향 송강 가까이 있는 탕만촌에 안장되었다. 그들의 묘는 3백 년 동안이나 그 지방 백성들이 지켜왔다. 1950년대에 하완순 부자의 묘가 정비되고 커다란 석비가 세워져 상해 명소의 하나로 손꼽히고 있다.

남명 정권의 성립

명나라는 남경을 제2의 수도로 정하여 이곳에 소형 정부 기구를 두어 만일의 사태에 대비했다. 명나라 태조 홍무제는 원래 명왕조를 창업했을 때 남경을 수도로 정하였고 그 후 영락제가 북경으로 천도하면서 아버지 홍무제의 능묘가 있는 곳이라 하여 남경을 특별히 취급하였다. 그래서 원래부터 있던 정부 기구를 그대로 두어 축소판 정부 형태를 유지하고 있었다.

북경이 함락되고 숭정제가 자결했다는 소식이 전해지자 남경에서는 정부를 수립하기 위한 논의가 일기 시작하였다. 정부를 세울 경우 누구를 황제로 옹립하느냐가 첫째 문제로 떠올랐다. 당시 북쪽의 난을 피하여 남경으로 옮겨온 황족 가운데 황통에 가까운 두 사람의 왕이 있었는데 복왕(福王) 주유숭(朱由崧)과 노왕(潞王) 주상방(朱常淓)이었다.

황통에 가장 가까운 것은 복왕이었으나 그에게는 인격적으로 문제가 있었다. 예부 시랑 전겸익(錢謙益) 등은 복왕에게 7가지 불가(不可)한 점이 있다며 반대하였으나 봉양총독 마사영(馬士英) 등이 군대를 배경으로 강력히 밀었기 때문에 결국 복왕의 옹립이 확정되었다.

그런데 또 한 가지 문제가 있었다. 숭정제가 죽은 후 황태자의 생사를 알 수 없다는 사실이었다. 이자성이 산해관까지 인질로 잡았다는 사실만 확인되었을 뿐 그 후의 생사는 전혀 알 길이 없었다. 만약 살아 있다면 그가 명왕조의 정통 황사이므로 다른 황족은 제위에 오를 수 없는 것이다. 그래서 복왕은 황제가 아닌 감국(監國)*으로서 국사를 담당하게 되었다. 이것이 이른바 남명 정권으로 복왕은 그 후 홍광제(弘光帝)라 불리었다.

홍광제의 남명 정권은 부패와 무능으로 순치 2년(1645) 5월 15일에 막을 내렸다. 그는 공교롭게도 꼭 1년 전인 5월 15일에 즉위했다. 일주년 기념일에 청군이 남경을 함락한 셈이다.

* 감국(監國) : 황제를 대신하여 국사를 감독함

그 후 당왕(唐王) 융무제(隆武帝)의 정권, 계왕(桂王) 영력제(永曆帝)의 세 정권이 세워졌으나 이 세 정권의 조정에 벼슬한 대부분의 관료들은 부패하고 무능하여 청군의 공격을 막아낼 힘이 없었다. 그러나 도처에서 일어난 봉기군의 강력한 뒷받침에 힘입어 남명 정권은 18년간 명맥을 유지하였다. 마지막 영력제는 멀리 미얀마까지 도망쳤으나 여기서 민족 반역자 오삼계는 군사를 보내어 미얀마 정부에게 영력제의 인도를 강력히 요구하였다. 미얀마 정부는 오삼계의 위협을 못 이겨 할 수 없이 영력제를 인도하였고 오삼계는 영력제를 처형하였다. 오삼계는 산해관에서 청군을 맞아들인 이래 영력제를 처형하는 등 수많은 반민족적 행위를 저질렀다. 그의 종말은 어떠할지 지켜볼 일이다.

이렇게 남명 정권은 완전 멸망하였으나 그 무렵 바다를 사이에 둔 대만(臺灣)에서는 정성공(鄭成功, 1624~1662)이 영력의 연호를 사용하면서 청나라에 대항했다.

정성공

정성공은 복건의 천주(泉州) 출신으로 원명은 정삼(鄭森), 자는 대목(大木)이다. 아버지 정지룡(鄭芝龍)은 해적 출신이었는데 나중에 명나라에 귀순하였다. 어머니는 일본인의 딸로 정성공은 일본의 히라도(平戸) 태생이었다. 지금도 일본의 히라도에는 정성공의 기념비가 세워져 있어 사실을 뒷받침하고 있다. 그는 7세 때 일본을 떠나 귀국하였는데 독서와 무예를 특히 좋아했다.

청군이 산해관을 넘어 북경에 육박할 무렵

난을 피해 남쪽으로 내려온 융무제가 복건성의 복주에서 남명 정권을 세우자, 정성공은 아버지 정지룡의 주선으로 융무제를 알현하였다. 융무제는 첫눈에 정성공의 인품에 끌려 주씨(朱氏) 성을 하사하였다. 이때부터 이름을 성공(成功)으로 바꾸었다.

융무제의 남명 정권은 사실상 정지룡을 비롯한 일족들의 무력으로 지탱하고 있었다.

청군이 절강으로부터 노도와 같이 복건성으로 밀려오자 복건의 주력 부대는 절강과의 경계선인 선하령(仙霞嶺)에서 항전 태세를 갖추었다. 대원수에 정홍규(鄭鴻逵), 부원수에 정채(鄭彩)가 임명되었다. 대원수는 정성공의 숙부였고, 부원수는 정성공의 종형이었다. 이때 정성공도 선하령에 있었다.

그러나 정성공의 아버지 정지룡은 무슨 생각에서였는지 비밀리에 민족 반역자 홍승주와 내통하며 선하령에서 병력을 철수시키고 청군에 투항하였다. 정성공은 정지룡의 투항을 결사적으로 반대하여 울면서 간하였으나 정지룡의 뜻을 돌이키지는 못하였다. 정지룡은 투항한 후 북경으로 가고 정성공은 바다로 나와 반청 활동을 계속하였다.

정성공의 대만 경략

정성공은 반청 활동을 계속하기 위하여 집을 떠날 때 지금까지 착용하던 유관(儒冠)과 유복(儒服)을 벗어던지고 군복으로 무장한 뒤 공자묘(孔子廟)를 참배했다. 청나라에 투항한 아버지와 다른 길을 걷겠다는 결의를 다진 것이다. 그는 반청 투쟁 의지를 거듭 다짐했다.

'살부보국(殺父報國)*'이라 쓴 큰 기를 내걸었다고 하는데 아마도 '살부(殺父)'는 '구부(救父, 아버지를 구해냄)'의 오기가 아닌가 생각된다. 청나라에 투항한 아버지를 포로로 비유하여 이를 구출한다는 뜻으로 풀이해야 할 것이다.

> * 살부보국(殺父報國) : 아버지를 죽여 국은에 보답함

순치 15년(1658) 5월 정성공이 거느리는 북벌군이 마침내 발족하였다. 병력 총수 17만 5천 명, 군율은 자못 엄준하여 살인, 간음, 민가 파괴, 농우를 죽인 자 등은 목을 베어 높은 곳에 매달겠다고 엄포하고 그 상관도 연좌해 죄를 묻겠다고 포고하였다. 7월

에 주산(舟山)에 도착하여 전투 훈련을 하고 8월 9일 출발하였다. 이윽고 양산(羊山)에 도착하였으나 이곳 해상에서 태풍을 만나 3백 척의 군선 가운데 약 1백 척이 파손되고 8천 명이 죽었다. 정성공의 측근과 자녀 몇 사람도 이때 익사했다.

정공성은 부득이 북벌 계획을 수정하지 않을 수 없었다. 그는 온주(溫州) 가까이 있는 반석위(盤石衛)를 군사 재건 기지로 삼아 군선 제조에 박차를 가하였다.

다음해 3월 25일 각지에 흩어졌던 부대들이 모두 반석위에 집결하였다. 정성공은 주산 열도의 역항에 간부들을 불러 다음과 같이 훈시하였다.

"각 제독은 들으라. 우리가 반청의 깃발을 내걸고 고생한 지 10여 년, 드디어 결전의 날은 다가왔다. 우리의 숙원 사업의 성취가 바로 이번의 한판 싸움에 걸려 있음을 명심하라!"

정성공은 함대를 이끌고 북상하여 지난 해 악몽의 현장이었던 양산을 무사히 통과하였다. 천우신조로 지난 해에 비해 양산의 바다는 잔잔하였다. 항주만 입구를 세로 질러 장강에 들어선 함대는 남경을 향해 거슬러 올라갔다. 최종 목표는 북경의 청왕조를 정복하는 일이었으나 먼저 남경을 공략하자는 것이 정성공의 첫째 목표였다.

정성공의 함대는 과주(瓜州)·진강(鎭江) 등 청군의 기지를 차례차례 함락하고 남경에 육박하였다. 연전연승한 정성공은 적을 얕보는 자만심이 생겼다. 7월 22일 정성공의 생일을 맞아 그는 남경을 함락할 작정이었다.

정성공의 군대는 남경성 밑까지 육박하였으나 대패를 맛보았다. 숭명도(崇明島)에 주둔하고 있는 반청 세력이 지원을 약속했으나 막상 전투가 벌어지자 돕지 않았고 남경성의 옛 신책문(神策門)은 앞이 가리워져 보통 성벽처럼 보였다. 이것은 청군의 위장 전술이었다. 정성공의 군대는 각 성문 앞에 철통같이 포진해 있었으나 보이지 않는 성문 앞에는 전혀 신경을 쓰지 않고 무방비 상태로 방치했다. 바로 이 신책문에서 쏟아져 나온 청군은 허를 찔러 우왕좌왕하는 정성공의 군대를 난타하였다.

정성공의 오른팔격인 감휘(甘輝)가 적에게 체포된 것을 비롯하여 장영(張英) · 임승(林勝) · 진괴(陳魁) · 만례(萬禮) · 이필(李泌) 등 쟁쟁한 장군급 인물들이 베개를 나란히 하여 전사하였다. 정성공의 큰 참패였다.

아모이(廈門)로 돌아온 정성공은 당시 남명 정권의 마지막 황제 영력제에게 사자를 파견하여 왕작(王爵)을 사퇴하였다. 그는 영력제로부터 연평군왕(延平君王)에 봉해졌다가 조왕(潮王)으로 격상되어 있었다. 자신이 왕작을 박탈하고 스스로를 벌한 것이다. 그 후 그는 오로지 초토 대장군이라는 칭호만을 사용하였다. 자신을 벌한 후 그는 충신묘(忠臣廟)를 세워 북벌에서 전사한 장병들을 위하여 성대한 위령제를 지냈다.

정성공은 해상 전투에서는 우세하였으나 육지는 아모이 한 곳만 차지했을 뿐이었다. 북벌을 단념한 정성공은 어디든 확실한 발판을 마련해야겠다고 생각한 끝에 대만을 목표로 삼았다. 당시 대만은 네덜란드의 동인도회사가 지배하고 있었다. 대만의 백성들은 식민지 지배의 가혹한 탄압에 허덕였다. 정성공은 동인도회사에서 해고당한 통역 하빈(何斌)으로부터 다음과 같은 내용의 청원을 받았다.

"대만은 옥야천리(沃野千里)로 가히 왕업(王業)을 이룰 만한

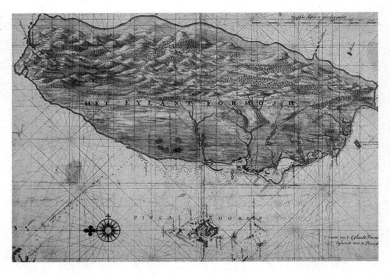

곳이니 이곳에 출병해 네덜란드의 세력을 축출해주십시오."

대만의 넓이는 3만 6천제곱킬로미터로 예로부터 중국의 영토
였는데 1624년, 즉 정성공이 태어나던 해에 네덜란드의 식민지가
되었다. 대만을 정복한 네덜란드 사람들은 이곳에 성을 쌓고 대만
백성들을 착취하였다. 견디지 못한 대만 백성들이 이따금 봉기하
였으나 그때마다 네덜란드 식민 지배자들이 진압하였다. 1625년
의 봉기 때는 부녀자를 포함해 8천여 명이 살상되었다.

대만의 백성들은 정성공의 진군을 학수고대했고, 네덜란드의
식민 지배자들은 내심 두려워한 나머지 아모이에 스파이를 보내
어 정성공의 동정을 면밀히 탐지하였다. 통역 하빈은 정성공에게
네덜란드 식민 당국의 움직임을 소상하게 정성공에게 알려주고
대만의 지도까지 보내 하루빨리 대만에 출병할 것을 강력히 요청
하였다.

1661년 정성공은 마침내 대만 공략에 나섰다. 이 해는 청나라

적감루 네덜란드가 대만에 행정센터로 사용하기 위해 지은 건물

순치 18년으로 격동의 해였다. 정월 순치제가 겨우 24세의 젊은 나이에 죽었고, 남명 정권의 영력제가 미얀마로 도망쳤다가 오삼계에게 인도된 것도 같은 해의 일이었다.

1661년 4월, 정성공은 350척의 군함에 2만 5천 명의 장병을 싣고 대만으로 향했다. 이 함대는 녹이문항(鹿耳門港, 현재의 대남 안평항 북쪽)에 들어가 적감성(赤嵌城, 대남)에 다다랐다.

적감성의 네덜란드군은 녹이문항의 수심이 얕고 항로가 좁아 겨우 두 척 정도의 배밖에 통과할 수 없었기 때문에 정성공의 대군이 기습 공격하리라고는 꿈에도 생각하지 않았다. 불의의 기습을 받은 적감성의 네덜란드군은 당황한 나머지 네덜란드의 대만 총독에게 급히 편지를 보냈다.

"하늘에서 내려온 중국병의 기습으로 매우 위급한 상태임."

그러나 네덜란드의 지원군이 미처 도착하기 전에 정성공은 적감성을 손에 넣었다.

서전을 승리로 장식한 정성공은 계속해서 대만성(현재의 안평)을 향해 진군하였다. 주위를 성벽으로 둘러싼 이 대만성에는 꽤 많은 네덜란드의 병력이 배치되었고 네덜란드 총독도 이곳에 살고 있었다. 정성공은 대만성을 공격하기에 앞서 네덜란드 총독에게 다음과 같은 내용의 편지를 보냈다.

"이곳 대만은 중국인이 개척한 땅으로 례로부터 중국의 영토이다. 우리 군대는 이를 되찾기 위해 온 것이다. 겨우 수천의 군사로 성을 지키려 해도 분명 우리의 적이 될 수 없을 것이다. 형세를 잘 판단하기 바란다. 만약 불리하다고 생각되거든 백기를 들고 항복하라. 항복한다면 우리도 무기를 거두고 성의로써 대하겠다. 만약 충고를 받아들일 수 없다고 판단되거든 붉은 기를 올려라. 쌍방간에 결전이 있을 뿐이다. 하지만 생살여탈(生殺與奪)의 권리는 우리 쪽에 있다는 사실을 명심하라. 심사숙고하기 바란다."

네덜란드 총독은 무기·탄약·군량 등이 모두 충분하고 성의 수비 또한 견고하다고 확신하고 다음날 붉은 기를 내걸었다. 그리고 정성공에게 회답의 편지를 보냈다.

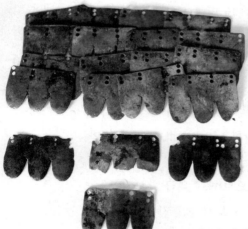

동갑옷의 일부 복건성 동산도 부근 만에서 침몰한 정성공의 전선에서 발굴된 동갑옷의 일부

"우리에게는 신의 가호가 있다. 죽는 한이 있더라도 성을 내줄 수는 없다."

마침내 치열한 전투가 벌어졌다. 전투는 8개월 동안이나 계속되었다. 네덜란드의 병사 1천6백여 명 가운데 반 이상이 전사하고 양곡도 바닥

났다. 게다가 물의 공급마저 끊겼다. 정성공군이 총공격을 감행하려는 순간 네덜란드 총독은 마침내 백기를 들고 투항했다. 이때가 1662년 2월 1일이었다. 이렇게 해서 대만은 38년 동안 이어오던 네덜란드의 식민지 지배에서 벗어나 중국의 품안으로 돌아왔다. 대만 백성들은 경축일을 맞은 듯이 기뻐하며 이 날의 승리를 기뻐하였다.

정·란 교섭도 적감성을 포위한 정성공이 네덜란드 사자에게 항복을 요구하는 광경

평화조약 1662년에 정성공과 네덜란드 사이에 체결된 조약문

　이 날부터 대만에는 큰 변화가 일어났다. 백성들의 피와 살을 짜내는 세금 제도가 사라지고 농업면에서는 철제 농구와 농우가 사용됨으로써 생산력이 크게 향상되었다. 정성공은 또 복건 연해 지방으로부터 수십만 명의 이민을 대만에 받아들여 대만 개발의 인력 자원으로 활용하였다.

　산간 지대에 사는 소수민족인 고산족(高山族)의 생활에도 신경을 써 군대의 둔전(屯田)을 설치할 때 고산족의 농경지 사용을 엄금하고 고산족에게 종자나 농우를 제공하거나 농업 경험이 풍부한 한족을 고산족 마을에 보내 농사일을 돕도록 하였다. 정성공도 고산족의 촌락을 방문하여 그들과 무릎을 맞대고 대화를 나누었다. 고산족 사람들은 정성공이 왔다는 소문만 들으면 너도 나도 모두 술과 안주를 들고 모여들었다.

정성공은 대만에 1부(府), 2현(縣)을 두어 관제와 법률을 정하고 학교를 세워 후진 교육에도 힘을 기울였다.

정성공의 정책과 조치는 대만의 경제와 문화 발전에 좋은 토대가 되었다. 그러나 애석하게도 정성공은 대만을 중국에 복귀시킨 후 1년이 채 못 되어 39세의 젊은 나이로 병사하였다.

정성공이 병사한 후는 그의 아들 정경(鄭經)이 승계하여 19년 동안 대만의 경제를 크게 발전시켰다. 1681년 정경이 죽은 뒤에 지배자 사이에서 내분이 계속되었다. 3년 후인 1683년 청군이 대만에 출병하자 정경의 아들 정극상(鄭克塽)은 투항하였다.

이렇게 정씨 일족의 40년에 걸친 반청 항쟁은 종지부를 찍고 청나라는 전국 통일의 대업을 실현하게 되었다.

●

삼번의 난 평정

1661년 순치제가 24세의 젊은 나이로 제위에서 물러나고 아들 현엽(玄燁)이 제위를 승계했다. 이 이가 청의 성조(聖祖) 강희제(康熙帝)이다. 순치제의 퇴위와 강희제의 즉위에 대해서는 여러 가지 이야기가 전한다. 순치제의 퇴위에 얽힌 이야기는 청나라 역사상 3대 의혹에 꼽힌다. 퇴위한 것이 아니라 사망했다는 설, 실연에 의한 퇴위라는 설, 천연두를 앓다가 사망했다는 설 등 갖가지 구구한 억측이 나돌았다.

강희제의 제위 계승에 따른 소문으로는 원래 그가 제위 계승자의 서열에 들지도 못하였는데 여러 황자 가운데서 유일하게 천연두를 앓은 마마자국이 있었기 때문에 직계 황통이 끊기는 것을 크게 염려한 순치제가 자신의 후계자로 강희제를 지목했다는 것이다. 그만큼 당시 천연두는 생명을 앗아가는 무서운 역병으로 인식되었다.

순치제 많은 의혹을 남기고 퇴위한 순치제

제위에 오른 강희제는 당시 8세의 어린 나이였다. 어린 강희제는 아버지 순치제의 유언에 따라 4명의 명망 있는 만주족 출신 대신을 보정 대신으로 임명하여 자문을 받았다. 보정 대신 가운데 오오바이가 있었다. 그는 대단한 야심가로 조정의 권력을 제멋대로 휘둘러 횡포가 심하였다. 강희제가 16세 때부터 직접 정사에 임했으나 오오바이는 계속해서 강희제의 존재를 무시하고 조정의 실권을 장악하려 하였다.

어느 날 보정 대신의 한 사람인 스크사하가 정치 문제를 둘러싸고 오오바이와 격렬히 대립했다. 그 후 오오바이는 갖가지 음모를 꾸며 스크사하를 모함하고 강희제에게 스크사하의 처형을 강요하였다. 강희제는 이것이 모두 오오바이의 조작 음모임을 알고 스크사하의 처형을 망설이자 이에 불만을 품은 오오바이는 강희제 앞에서 호통을 치면서 큰 소란을 피웠다. 그러나 강희제는 이같은 오오바이의 무례하고 불경스런 행위를 꾹 참고 눈감아 줄 수밖에 없는 형편이었다. 결국 오오바이는 조서의 내용을 위조하여 스크사하를 처형하고 말았다.

오오바이의 횡포는 날이 갈수록 더욱 심해져 차마 눈뜨고 볼 수 없는 상태에 이르렀다. 어느 날 병을 핑계 삼아 집에서 쉬고 있던 오오바이는 무슨 중병에라도 걸린 듯이 강희제에게 병문안을 오도록 요청하였다. 강희제는 할 수 없이 오오바이의 집을 방문하였다. 강희제가 오오바이의 방에 들어서려는 순간 이를 본 오오바이는 당황한 표정으로 덮고 있던 이불 끝을 다독거리는 것이었다. 그의 눈은 살기로 가득 차 있었다. 수상히 여긴 강희제의 호위병이 이불을 젖히자 그 밑에는 예리하게 잘 갈린 큰 칼이 섬광을 번뜩이고 있었다. 호위병이 잽싸게 칼을 빼어들고 오오바이를 에워쌌다. 긴장된 분위기에 방안은 숨소리조차 들리지 않았다. 강희제는 이 일을 끝까지 지켜보면서도 아무 일도 없다는 듯 침착한 태도로 말하였다.

*금원(禁苑) : 대궐 안에 있는 동산, 비원과 같음

"칼을 몸 곁에 간직하는 것은 만주의 전통이니까!"

이렇게 해서 아슬아슬한 순간은 무난히 수습되었으나 이후 강희제는 오오바이를 제거해야겠다는 생각을 굳혔다.

강희제의 옥인

그로부터 얼마 후의 일이다. 강희제는 귀족 자제들 가운데서 친위대를 선발하여 금원(禁苑)*에서 이들과 함께 무예를 닦았다. 오오바이는 이따금 궁정에 들러 강희제의 이 같은 모습을 보았으나 그는 어린 황제가 전쟁놀이를 하는 정도로 생각했다. 그러나 천만의 말씀이었다. 어느 날 궁정의 내궁 문에 들어선 오오바이는 삽시간에 강희제의 친위대원에게 둘러싸여 포박되고 말았다. 포박당한 사실을 깨달았을 때는 이미 감옥 속에 갇힌 뒤였다.

강희제는 오오바이의 죄상을 조사하여 재판에 회부하도록 명하였다. 재판 결과는 사형이었다. 사형을 언도받은 오오바이는 황제에게 직소(直訴)를 호소하여 윤허를 받았다. 강희제 앞에 나온 오오바이는 아무 말도 하지 않고 입고 있던 옷을 모두 벗었다. 오오바이의 몸뚱이 이곳저곳에는 깊은 상처의 흔적이 역력했다. 일찍이 전장에서 강희제의 할아버지인 청태종 홍타시의 위기를 육탄으로 막아 구했을 때 입은 상처임이 분명했다. 이를 본 강희제의 마음은 흔들리지 않을 수 없었다. 강희제는 오오바이의 사형은 면하되 직위는 모두 박탈하고 평생 구금하는 한편 오오바이 일족에 대한 숙청을 단행하였다.

강희제가 명실공히 황제로서의 권력을 장악한 것은 이때부터이다. 그러나 겨우 신변의 위험 인물을 제거한 강희제 앞에는 또 어려운 문제가 기다리고 있었다. 그것은 다름 아닌 삼번(三藩)의 반란이었다.

청나라의 초창기 청나라 조정은 남쪽 지방에 3왕을 봉하였다. 운남·귀주 지방의 방위를 담당한 평서왕에 오삼계, 광동 지방 방위를 담당한 평남왕에 상가희, 복건 지방의 방위를 담당한 정남왕에 경중명 등을 봉하여 남쪽으로 도망친 남명 정권에 대처하는 번병(藩屛)으로 삼았다. 그래서 이 세 왕을 삼번(三藩)이라 불렀다. 번(藩)은 울타리를 뜻하는 말로 청왕조의 울타리라는 뜻이다.

이 삼번 가운데서도 가장 세력이 강한 것은 평서왕 오삼계였다. 오삼계 일파는 세력을 빙자하여 횡포가 심했을 뿐 아니라 북경의 청나라 조정에 대해서도 고분고분하지 않았다. 그러나 당시 강남에서는 백성들이 청왕조에 불만을 품고 반청 활동을 전개했을 뿐 아니라 남명 정권의 반항도 끈질기게 계속되었기 때문에 토벌을 맡긴 삼번에게 손을 쓸 여력이 없었다. 강희제가 즉위했을 무렵은 반청 세력이 모두 평정되고 남명 정권도 이미 멸망한 후였다. 그리고 만주족과 한족과의 모순 관계도 어느 정도 수습 단계에 이르렀기 때문에 청나라 조정은 겨우 한숨을 돌리며 팽배일로에 있는 삼번 세력의 움직임에 제동을 걸 시기를 노리고 있었다.

때마침 평남왕 상가희는 아들 상지신(尙之信)과의 불화로 노년기에 이르러 더욱 망향의 향수에 젖어들었다. 그는 고향 요동으로 돌아가고 싶은 심정을 억제할 길이 없어 은퇴하여 고향으로 돌아갈 테니 아들 상지신에게 왕위를 계승시켜 광동에 머무르게 해달라는 요지의 청원을 북경 조정에 제출하였다. 그러나 이 청원에 대한 조정의 결정은 매우 강경했다. 상가희의 귀향과 은퇴는 허락하지만 아들이 왕위를 계승하는 것은 허락할 수 없다는 것이다. 강희제는 이번 기회에 번왕(藩王)의 세력을 약화시키기 위해 과감한 조치를 취한 것이다.

강희제의 강경 조치는 다른 번왕들에게 큰 충격을 주었다. 운남의 오삼계와 복건의 경정충(耿精忠)*은 상가희 일가에 대한 조치가 예외적인 것인지 아니면 다른 번왕(藩王)에게도 적용되는 원칙인지를 탐지하기 위하여 다함께 북경 조정에 은퇴허가를 요청하여 강희제의 처분을 기다렸다. 이들의 목적은 북경 조정의 속셈을 탐지하기 위한 것이었지만 "해볼 테면 해봐라"는 일종의 위협 비슷한 면도 있었다.

조정에서는 이 문제를 둘러싸고 어전회의가 열렸다. 강희제

* 경정충(耿精忠) : 당시 경중명은 이미 죽고 그의 손자 경정충이 왕위를 승계했음

는 당시 20세의 청년이었다. 대신들은 오삼계 등의 철번 상주에는 반드시 계략이 숨어 있으므로 이를 승인할 경우 오삼계 등에게 모반의 구실을 준다며 철번 요구를 보류해야 한다는 쪽으로 기울었다.

그러나 이에 반대하는 소수 의견도 있었다. 호부상서 미사한(米思翰), 병부상서 명주(明珠), 형부상서 막락(莫洛) 등 3인은 철번을 승인하지 않으면 그들의 세력은 더욱 강해져 완전한 독립국 형태를 이루어 모반 이상으로 더 큰 문제를 남기게 될 것이라고 주장하였다.

강희제는 다수 의견을 물리치고 소수 의견을 채택할 뜻을 밝히고 다음과 같이 말하였다.

"오삼계 등은 진작부터 모반을 일으킬 궁리를 하고 있었다. 철번 요구를 승인하여도 모반할 것이고, 보류하여도 모반할 것이 뻔하다. 어차피 모반할 바에야 일찌감치 모반을 일으키게 하여 그들의 세력을 제거하는 것이 상책이다."

효장문황후 청 태종의 비. 아들 순치제와 손자 강희제의 재위 기간 동안 청나라 초기 역사의 주요한 역할을 했다.

이렇게 해서 오삼계 등의 철번 요구는 승인되었다. 철번 승인이 결정된 것은 강희 12년(1673) 7월로 이를 알리는 칙사가 각 번왕에게 파견되었다. 오삼계는 철번 승인의 칙서를 받자 열화 같은 불덩이가 가슴속에서 용솟음쳤으나 꾹 참을 수밖에 없었다. 그는 철번 요구가 분명 보류될 것으로 믿고 모반 준비를 하지 않았기 때문에 일단 순응하는 태도를 보이면서 시간을 벌 작정이었다.

오삼계가 모반을 일으킨 것은 그 해 11월 21일이었다. 중국의 전통으로 볼 때 모반을 일으키는 데는 명분이 필요하였다. 오삼계는 명분을 위하여 명나라의 황통을 이을 만한 후손을 찾아 추대하려 하였으나 누구 한 사람 응하는 자가 없었다. 명나라 남명 정권의 마지막 황제 영력제를 곤명에서 죽인 것이 바로 오삼계였다는 사실을 상기할 때 다들 분노를 금할 길 없었기 때문이다.

오삼계는 청왕조에서 받은 왕작과 의관을 벗어 던지고 30년 전에 버렸던 명왕조의 장군 갑주로 무장을 갖추었다. 그리고 곤명 교외에 있는 남명 정권의 영력제의 무덤 앞에 엎드려 눈물을 흘리면서 명나라에 충성할 것을 맹세하였다. 자신이 죽인 영력제에게 충성할 것을 맹세하는 오삼계의 심정은 어떠했을까? 이때에 이르러 오삼계는 지난날의 반민족적 매국 행위를 한없이 참회했을 것이다.

반청의 깃발을 높이 들고 일어선 오삼계는 순식간에 장강에 진격하여 사천으로부터 호남으로 나와 완주·상덕·악주·형양 등을 점령하였다. 조정에서는 삼번이 협력하여 일제히 일어날 것을 염려하여 오삼계를 고립시키는 작전을 폈다. 즉 일단 철번을 승인했던 광동의 상가희 부자와 복건의 경정충에게 철번을 중지한다는 결정을 내려 통보했다.

복건의 경정충은 조정의 이 같은 결정이 오삼계를 고립시키자는 계략임을 잘 알고 있었다. 그는 여러 가지 생각 끝에 오삼계와 협력하여 모반에 가담할 뜻을 굳혔다. 이때가 강희 13년 3월이었다. 한편 광동의 상가희 부자는 이런 시점에서도 여전히 불화가 계속되고 있었다. 청나라 조정에서는 상가희를 친왕(親王, 황제의

아들의 칭호)에 승격시키는 등 일련
의 파격적인 조치를 취하여 모반에
가담하지 않도록 적극적인 회유공
작을 폈다. 이와 때를 같이 하여 오
삼계로부터는 상가희에게 모반을
권유하는 서신이 도착하였다. 상가
희는 이 서신을 그대로 조정에 보
내어 자신은 모반할 뜻이 없음을
행동으로 보였다. 그러나 난폭한
그의 아들 상지신은 강희 15년
(1676) 2월 아버지 상가희를 유폐
시키고 오삼계의 모반에 가담키로
하였다. 상가희는 유폐 중에 병사
하였다.

청나라 군대(복원도)

　　상지신이 모반에 가담함으로써 삼번은 연합 전선을 형성하여
장강 이남의 대부분 지역을 장악하였다. 청왕조로서도 창업 이래
최대의 위기를 맞는 듯하였으나 청군은 예상보다 선전하였다. 이
렇게 청군이 뜻밖의 선전을 하게 된 배경은 민심이 삼번 쪽보다는
청나라 쪽에 있었던 것이 최대의 원인으로 지적된다. 삼번의 토벌
에 동원된 군대는 대부분이 한족 군대였다. 이들 한족 군대들은
삼번이 내세운 '민족 대의'에 동조하지 않았다. 삼번이야말로 민
족의 대의를 배반한 원흉으로서 당연히 응징받아야 한다고 생각
하고 있었기 때문이었다.

　　오삼계는 휘하 군대를 두 갈래로 나누었다. 이것이 패전의 결
정적 요인이 될 줄 오삼계인들 어찌 짐작이나 했으랴? 오삼계로

강희제

서는 전군을 한군데 집중시켜 압도적인 전력으로 적의 거점을 하나하나 궤멸시키는 것이 이 시점에서 최선의 작전이었으나 두 갈래로 분산시킴으로써 양쪽 모두 불리한 국면을 맞게 되었다.

강희제는 비록 초반에는 불리했으나 기존 방침에서 일보도 후퇴하지 않겠다는 결의를 보였다. 오삼계의 아들 오응웅(吳應熊)은 태종 홍타시의 딸과 결혼하여 북경에 살고 있었는데 강희제는 오응웅을 처형함으로써 삼번(三藩)의 토벌에 대해서는 일체 협상하지 않겠다는 뜻을 분명히 하였다.

오삼계의 양로군(兩路軍)은 양쪽에서 모두 전세가 불리하여 점점 패색이 짙어졌다. 오삼계의 양로군이 불리하다는 소식은 즉시 삼번의 연합 세력 전선에도 민감한 반응을 일으켰다. 대세를 관망하며 유리한 쪽에 가담하려는 기회주의적 경향이 짙었던 다른 두 번왕은 슬슬 꽁무니를 빼기 시작하였다.

2월에 청나라에 반기를 들었던 광동의 상지신이 그 해 12월에 청나라에 귀순의 뜻을 비쳤다. 이보다 조금 앞서 복건의 경정충은 이미 청나라에 항복하여 왕작(王爵)을 그대로 유지한 채 복주에 유임하라는 허락을 받았다. 상지신은 아마도 경정충에 대한 청나라 조정의 조치를 듣고 귀순의 뜻을 밝혔던 것으로 보인다. 오삼계는 상지신에게 자주 원조를 요청하였으나 그는 출병하지 않았다.

어렵게 가담시킨 두 번왕의 이탈로 오삼계는 고립 상태에 빠졌다. 그렇지만 오삼계는 역전의 장군이었으므로 젊은 강희제가 지휘하는 청군 따위는 언젠가는 격파할 수 있다는 자신감에 차 있었다. 그리고 일단 이탈했던 두 번왕도 이쪽의 형세가 회복되면 반드시 다시 가담하리라고 믿었다. 그 증거로써 청나라 조정으로부터 오삼계 토벌 명령을 받은 상지신이 토벌군을 동원할 움직임을 안 보이고 있지 않은가?

오삼계는 실력을 과시하여 오삼계가 아직도 건재하다는 사실을 국내외에 확인시킬 필요가 있다고 생각하였다. 즉위식을 올려 황제가 되는 것이 최선의 방법이라고 판단하였다.

강희 17년(1678) 3월 오삼계는 당시 거점으로 삼던 장사(長沙)에서 형주(衡州)로 이동하여 이곳을 정천부(定天府)라 이름하고 엄숙한 즉위식을 올렸다. 나라 이름을 '주(周)', 연호를 '소무(昭武)'로 정하고 백관을 설치하고 제장에게 봉작을 내렸다. 그리고 운남·귀주 지방에서 과거를 실시하여 인재를 모으는 등 민심을 끌기 위한 인기 정책을 잇따라 발표하였다.

그러나 즉위식을 올린 오삼계는 인기 정책의 효과를 보기도 전에 세상을 떠났다. 3월에 즉위하여 8월에 타계하였으니 황제 생활의 연극은 겨우 5개월의 단막극에 그쳤다. 이 5개월 사이 대만의 정경(鄭經)이 중국 대륙에 출병하여 해징성(海澄城)을 함락하고 천주성(泉州城)을 포위하였다. 그러나 오삼계에게 죽임을 당한 영력제의 연호를 그대로 사용하고 있던 대만은 결코 오삼계를 구하기 위해 복건의 여러 성을 공략한 것은 아니었다.

오삼계가 죽은 것은 그의 나이 67세 때였다. 중추가절(한가위)을 맞아 달구경을 하던 연회석상에서 죽었다고 하는데 그의 곁에는 예의 진원원(陳圓圓)도 있었다. 그녀도 꽤 나이가 든 여인으로 변해 있었으리라. 일설에는 오삼계가 호국주(胡國柱)가 청나라에 항복하려 한다는 소식을 연회석상에서 듣고 분개한 나머지 죽었다고도 한다. 오삼계가 죽자 그의 부장들은 운남에서 오삼계의 손자 오세번(吳世王番)을 맞아들여 황제로 옹립하고 연호를 홍화(洪化)로 고쳤다.

경험 많은 역전의 장군 오삼계가 죽고 손자 오세번이 반란군의 수령이 되었으니 가뜩이나 불리한 전세 속에서 반란군의 전도는 암담하기만 하였다. 지금까지 출병을 주저하던 광동의 상지신은 대세는 이미 판가름난 것으로 판단하고 반란군을 토벌하기 위해 군대를 움직였다.

청군은 이 기회를 놓칠세라 총공격을 감행하였다. 오삼계가 죽은 다음해 정월에는 악주·장사·상덕을 탈환하고 2월에는 오삼계가 수도로 정한 형주를 점령하였다. 반란 왕조의 황제 오세번은 귀주로 도망쳤다가 다음해에는 또다시 운남으로 도망쳤다. 운남으로 도망친 오세번은 같은 해 10월 청나라 대군에게 포위되어 그곳에서 자살해 일생을 마쳤다. 이렇게 해서 강희 12년(1673)에 일어났던 삼번의 난은 9년 만인 강희 20년(1681)에 종지부를 찍었다.

광동의 상지신은 오삼계가 죽은 후에야 겨우 군사를 움직여 광서의 무선(武宣)을 공략하였으나 이 극단적인 기회주의자를 청나라는 용서하려 하지 않았다. 평소부터 횡포한 행위가 많았던 상지신의 평판은 북경 조정의 수뇌들까지도 익히 알고 있는 터였다. 상지신은 북경으로 송치되어 반란 왕조의 수령 오세번이 반란 항쟁을 계속하던 강희 19년 9월 처형되었다. 이로써 그 다음해에 오세번의 자살과 함께 광동·운남의 두 번왕은 완전 소멸되었고 남은 것은 오직 복건의 경정충뿐이었다.

경정충은 이따금 대만의 정군을 공격하는 한편 복건의 반청 세력과 싸워 청나라에 대한 충성의 뜻을 확인시키려 하였으나, 이미 두 번왕을 소멸시킨 청나라가 복건만을 남겨둘 리가 없었다. 운남의 오세번이 소멸한 다음해 정월에 경정충도 5가지 죄목을 뒤집어쓰고 처형됨으로써 삼번은 완전히 소멸되었다.

청나라는 그 후로는 다시 번을 설치하지 않고 완전한 중앙집권 체제를 확립하였다.

강희 22년(1683) 8월 청나라의 수군제독 시랑(施琅)이 대만을 공격하자 대만의 정극상(鄭克塽)이 마침내 청나라에 항복함으로써 강희제는 비로소 전 중국을 통일하는 데 성공하였다.

청나라 조정은 삼번에 대해서는 가혹한 처분을 내렸으나 대만의 정씨 일가에 대해서는 관대하였다. 항복한 정극상은 북경으로 송치되긴 하였으나 한군공(漢軍公)에 봉해져 그의 일족과 함께 북경 거주가 허락되었다. 강희 38년(1699)에는 대만에 있던 그의 할아버지 정성공의 유해를 고향인 복건에 이장할 것을 허락하는 등 특전도 내렸다.

청나라가 대만의 정씨 일족에 대하여 주살 등 극형을 면하게 한 것은 그들의 반청 활동에 일관성이 있었기 때문이었다. 삼번은 한족 출신 장군으로서 일단 청나라에 항복했다가 다시 청나라를 배반한 데 반하여 정씨 일가는 명나라 유신(遺臣)으로서 최후까지 청나라에 저항했으므로 이것은 '충의'로 인정했기 때문이었다. 청나라는 정성공을 역적으로 보지 않고 그의 일관성 있는 충성과 의리를 높이 평가하여 표창하는 여유를 보인 것이다. 이것은 청나라도 한 왕조로서 충성과 의리를 존중할 줄 알며 이와 같은 인물이 필요하다는 뜻을 보이기 위한 정책적 배려로 취한 행동이라고 보아야 할 것이다.

네르친스크 조약

러시아 제국은 원래 유럽에 속해 있는 나라였으나 명나라 말기부터 청나라 초기에 중국 내란의 틈을 타 차츰 남하하여 아시아 동부 지역의 흑룡강(黑龍江) 상류 지대에 진출해 네르친스크와 알바진(雅克薩) 등지에 진지를 구축하였다. 알바진은 흑룡강 북쪽 연안에 위치한 곳으로 수상 교역의 중심지였다. 이곳을 장악한 러시아군은 제멋대로 살인과 약탈을 감행하여 다후르족이 살고 있는 목성촌(木城村)에서는 한꺼번에 661명의 남자가 살해되고 부녀자 350여 명이 강제로 끌려가는 참상을 빚었다. 그들은 살해한 시체를 포개어 그 위에 어린 아이들을 올려놓아 불태워 죽이는 잔학 행위도 서슴지 않았다.

그러나 청나라에서는 때마침 삼번의 난이 일어나 이를 평정하기 위하여 많은 병력을 남쪽에 파견했기 때문에 러시아 제국의 침략을 견제할 여력이 없었다. 러시아 제국의 침략 근성은 더욱 거세졌다.

청나라가 이 같은 침략 행위에 제동을 걸기 시작한 것은 삼번의 난이 평정된 다음해인 강희 21년(1682)의 일이다. 강희제는 친히 성경(盛京, 심양)으로 가 러시아 제국의 동태를 면밀히 조사하

고 대처방안을 강구하였다. 1685년 알바진을 둘러싸고 청나라와 러시아 제국 사이에 처음으로 전투가 시작되었다.

　1685년 5월 청나라 군사 1만 5천 명이 알바진을 포위하자 러시아군 사령관 토르푸친은 백기를 들고 항복하였다. 강희제는 이번의 전투가 러시아 제국의 침략을 저지하기 위한 싸움이라는 점을 감안하여 포로로 잡은 러시아 장병들을 모두 석방하고 다시는 침략하지 않도록 엄히 타이르고 본국으로 송환했다. 토르푸친은 감격의 눈물을 흘리며 장병들을 거느리고 일단 철수하였다. 그러나 청군이 러시아 진지를 모두 파괴한 뒤 회군했다는 소식을 듣자 토르푸친은 곧바로 알바진에 다시 진지를 구축했다. 보고를 받은 강희제는 크게 노하여 이번에야말로 침략자를 엄히 응징해야겠다

목란위장 강희제가 만든 목란위장은 흑룡강, 네르친스크와 이어지는 전략적 요충지에 있는 강희제의 사냥터이자 군사 훈련지였다.

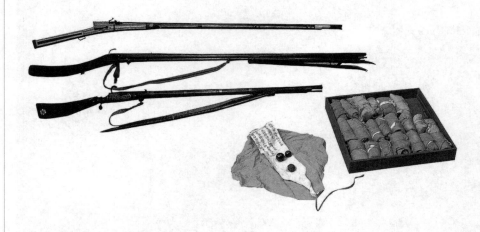

수렵용 총과 탄환 황
제의 수렵용 총.

는 결의를 보였다.

다음해인 1686년 2월 청나라는 다시 강대한 병력을 동원하여
알바진을 공격하였다. 청군이 맹렬하게 포격하자 러시아군은 막
대한 손실을 입었다. 사령관 토르푸친은 이번에는 항복할 겨를도
없이 전사했다. 알바진을 포위한 지 반년이 지나자 러시아군은 군
량이 바닥나고 생존자가 겨우 150명밖에 안 되는 최악의 상태에
직면했다.

사태가 이에 이르자 고자세를 굽히지 않던 러시아 황제도 태
도를 바꾸어 강화를 맺어 국경선을 정하자는 국서를 보냈다. 강희
제는 이 제의를 받아들여 그 해 9월 정전을 명하였다.

강화 교섭은 네르친스크에서 열리기로 되어 있었다. 1688년
러시아와 청나라의 강화 교섭 사절이 네르친스크를 향해 갈 무렵
몽골 중가르부(準噶爾部)의 수장 가르단(噶爾丹)의 기병이 몽골
초원 지대를 휩쓸었다. 이 때문에 청나라 사절이 네르친스크를 향
해 가는 길이 막혀버렸다. 보고를 받은 강희제는 사절에게 급히
귀환하라는 명을 내렸다.

원나라가 멸망한 후 몽골 세력의 변천에 대하여 개략적이나마 짚고 넘어가자.

원나라 멸망 후 몽골 세력은 내몽골과 북부의 가르카 몽골, 서부의 에르트 몽골의 3부(部)로 갈라졌다.

에르트 몽골은 그 후 명나라 중엽에 이르러 오이라트부로 바뀌었는데, 이 오이라트부는 '토목의 변'에서 명군을 대파한 적이 있다. 오이라트부의 인구는 명나라 말기에 급격히 증가하면서 독립된 4부로 갈라졌다. 즉 발하시 호(湖) 동쪽에서 천산 이북의 일리 강 유역의 중가르부(準噶爾部), 우룸치 일대에서 청해 지방으로 이동한 호쇼트부(和碩特部), 올지스 강 연안 일대의 도르베트부(杜爾伯特部), 탈바하다이 일대의 토르구트부(土爾扈特部)의 네 세력이었다.

중가르부의 수장 가르단은 형의 뒤를 이어 수장의 자리에 올랐다. 가르단은 형 센게의 아들을 축출하고 그의 아내를 빼앗았다. 가르단은 강대한 병력을 방패로 삼아 천산의 남북과 청해를 정복하고 오이라트 몽골의 다른 3부와 위구르 등 여러 부족을 억압했다. 그리고 러시아와 강화 교섭에 임하는 청나라의 사신이 네르친스크로 향하던 해에는 러시아와 결탁하여 몽골 북부까지 들어가 가르카 몽골을 유린하고 있었다. 가르단은 다시 남쪽으로도 마수를 뻗쳐 만리장성에서 450킬로미터 되는 지점에까지 군사를 파견하였다.

가르단이 세력을 확대하자 북경은 불안에 빠졌고, 청나라는 가르단을 그대로 방치할 수 없다고 생각했다. 만약 러시아와 가르단이 공공연히 연합한다면 청나라로선 재앙이 시작되리라는 것쯤은 불을 보듯 뻔한 일이었다. 이를 예견한 강희제는 심사숙고 끝

에 우선 적의 세력을 분산시켜
야겠다고 생각하였다.

강희 28년(1689)에 강희
제는 러시아 제국에 사자를 보
내 앞서 중지되었던 강화 교섭
을 진행했다. 강희제는 네르친
스크에 대한 러시아의 영유권
을 사실상 인정한다는 기본 입
장에서 국경선을 책정하려 하
였다. 그리하여 이른바 네르친
스크 조약을 체결하기에 이르
렀다. 이 조약의 골자는 다음
과 같았다.

피터 대제 강희제 때
네르친스크 조약을 맺
은 러시아의 피터 대
제

1. 흑룡강의 외지류(外支流)인 고르비차 강과 외흥안령(外興安嶺)을
   양국 간의 국경선으로 한다.
2. 월경자(越境者)의 인도와 처벌 문제
3. 양국 민간인의 자유 교역 허용

이 조약은 중국과 러시아가 대등한 지위에서 체결한 최초의
조약이다.

후일담이지만 러시아는 청나라 말기에 이 조약이 불평등하다
고 압력을 가하여 중국 동북 지방에서만 약 1백만여 제곱킬로미
터나 되는 광대한 땅을 빼앗아갔다. 그러나 이 땅에는 지금도 중
국 영토임을 증명하는 문물이 남아 있다.

러시아와의 강화 교섭으로 양국간 국경선을 책정한 강희제는 가르단 토벌에 전력을 기울였다. 강희 35년(1696) 친히 대군을 거느리고 내몽골에 원정하여 열하 근처의 우란푸톤(烏蘭布通)에서 가르단의 전위 부대를 대파하고 그 후 울란바토르 동남에서 가르단의 주력 부대에 치명상을 입혔다.

가르단은 타밀 강(울란바토르 서쪽 약 5백 킬로미터 지점)까지 도망쳤으나 계속 추격하는 청군의 위력 앞에 완전히 고립되어 마지막에는 알타이 산에서 음독자살하였다. 이렇게 해서 강희제의 가르단 토벌은 성공리에 막을 내리고 청조의 분열을 꾀하려던 가르단의 음모는 완전 분쇄되고 말았다.

역대 중국의 황제가 외몽골에 친정한 것은 극히 드문 일로 명나라 영락제가 처음이었다. 다만 영락제의 친정 목적은 외몽골을 정복하기 위한 것이었고 강희제의 친정은 외몽골을 중가르부의 침략으로부터 보호한다는 목적에서 이루어져 외몽골을 완전히 복종시킨 쾌거였다. 그 후 2백여 년 동안 외몽골은 완전히 청나라의 영토가 되었다.

청의 중국 지배 정책

청나라의 정책은 제3대 세조 순치제 때 대체적인 기틀이 잡히고 강희제의 오랜 재위 기간에 통치 조직이 형성되었다. 청나라는 한족이 아닌 북방민족으로서 중국을 정복한 점은 원나라와 동일하지만 한민족 지배 정책에서는 원나라보다 훨씬 관대했다는 평을 받고 있다.

원나라는 시종 무력에 자신감을 가진 나머지 중국의 토지와 백성을 자신들이 취득한 재산으로 간주하는 경향이 강하였다. 반면 청나라는 처음부터 중국 백성들을 질곡(桎梏)에서 구원한다는 대의 명분을 내세웠다. 일찍이 남경의 복왕 정권이 북경에서 버티면서 청나라 조정에게 산해관 밖으로 물러날 것을 요구하고 선린수호(善隣修好)하자고 제의한 적이 있었다. 당시 북경에 있던 예친왕 도르곤은 청나라의 입장을 다음과 같이 밝혔다.

"청나라는 원래 명나라와 우호국이었다. 그러나 정치가 문란하여 유적(流賊)의 난을 만나 마침내 사직을 잃을 지경에 이르렀고 백성들은 도탄에 빠졌다. 그래서 청나라는 차마 볼 수 없어 유적을 토벌하여 백성들을 환란에서 구제하였다. 이러한 공덕이 있기 때문에 백성들의 추대를 받아 중국에 군림한 것이므로 이것은 분명 천명이다. 지금 남경의 명나라 유신들은 명의 후계자임을 주장하고 있으나 너희들은 일찍이 북경의 명나라 천자가 유적의 노략질에 시달리고 있음을 알면서도 화살 하나라도 보내어 구원한 일이 있는가? 솔직히 말해볼지어다!"

이것은 남경 정권에 대한 혹독한 힐문인 동시에 청나라야말로 천명을 받아 만민을 편안케 할 임무를 부여받은 왕조임을 선언한 것이다. 선언인 이상 그 내용을 충실히 지키지 않으면 안 되는 것이다. 이 같은 선언 내용에서도 청나라는 원나라와 다르다는 사실을 확인할 수 있다.

원왕조의 중국 지배는 순전히 몽골민족을 위한 것이었다. 중앙과 지방 공공기관의 장관이나 다루하치는 모두 몽골인이 독점하였다. 그리고 정치상의 결정권도 모두 장악했기 때문에 중국인 관리는 보좌관 구실밖에 하지 못했다. 그러나 청나라는 만주족과 한족이 합동으로 정치를 수행하는 형식을 취하였다. 중앙정부의 내각 대학사(內閣大學士) 이하 고급 관료는 대개 만주족과 한족이 반반씩 차지하여 상호 보완하는 이중 체제를 채택하였다.

《기기도설(奇器圖說)》
청대에 출간된 서양의 기계, 기술에 관한 책. 조선 후기에 정약용이 이 책을 참고해 거중기를 만들었다고 한다.

예를 들면 내각 대학사는 만주족·한족 각 3명, 그 밑의 협판(協辦) 대학사는 각 1명, 육부(吏·戶·禮·兵·刑·工)의 상서·좌시랑·우시랑을 모두 각 1명으로 하여 철저히 만·한 동수제를 채택하였다. 공용어는 만주어였으나 중국어를 곁들였기 때문에 이를 번역하기 위하여 각 아문에 필첩사(筆帖士) 약간명을 두었다. 아문의 실제 사무는 중국인 서리(胥吏)가 운영했다.

지방 행정은 중국인 자치에 위임한다는 방침을 세워 중국인에게 많은 지위를 할애하되 이를 감시하기 위하여 만주족을 배치하였다.

지방의 방위 임무는 중국인으로 조직된 녹영병(綠營兵)이 담당하고 이 녹영병은 각 성(省)의 총독·순무·제독이 관리하였다. 총독·순무는 한족·만주족을 동수 비례로 임명하였다. 군사상의 요충지에는 팔기병을 주둔시켰고 그 지휘관·장군은 기인(旗人) 출신자로 임명하였다.

청나라의 정치 조직은 매우 교묘한 면이 있었다. 만주족과 한족이 협력하여 공무를 수행한다는 점에서는 매우 긍정적이었으나 실제로는 만주족과 한족이 상호 견제하고 상호 감시하게 되어 있었다.

따라서 나쁜 일도 좋은 일도 못하게 되었는데, 원래 중국은 전통적으로 정치가에게 좋은 일을 하도록 권장하는 것보다는 나쁜 일을 하지 않도록 하는 경향이 강하였다.

아무리 중앙정부에서 고급관료의 수를 만·한 동수로 한다 하더라도 황제만은 만주족 한 사람으로 하는 수밖에 없었다. 그래서 황제에게 결재를 올리는 문서는 모두 만주어로 작성되었고 한문 문서는 만주어로 번역하든지 혹은 그 요지를 번역하여 황제의 재가를 받았다. 황제의 모든 명령과 조칙은 만주어로 된 원문과 한문으로 번역된 부분의 두 가지로 발표하였다. 이 일은 내각이 담당하였다. 청나라 초기의 내각은 정책의 입안보다는 오히려 번역 사무에 중점을 두는 경향이 짙었다. 이민족 지배 왕조에 있어서는 불가피한 숙명적 과제라고 할 수도 있지만 반드시 개선해야 할 문제임에는 틀림없었다. 강희제의 뒤를 이은 옹정제(雍正帝) 때에 이르러 그 개선책이 실시되었다.

●

청대의 번영기

산서(山西)의 태원에서 수도 북경으로 올라가는 길에 네 사람의 장정이 가마 한 채를 메고 걸음을 재촉하고 있었다. 가마 속에는 얼굴이 창백한 사나이가 숨을 헐떡이며 두 다리를 뻗은 채 기대 앉아 있었다. 두 발에서는 피가 흥건히 흘러내려 가마 밖으로 뚝뚝 떨어졌다.

가마 속에 앉아 있는 사나이는 태원 출신 부청주(傅靑主)였다. 그는 반청(反淸) 비밀 조직인 '주루사(朱樓社)'를 조직했다는 죄목으로 투옥되었다가 가까스로 사형을 면한 인물이었다. 동지의 도움으로 탈옥에 성공하였으나 그의 반청 의지는 조금도 수그러들지 않았다.

그런데도 강희제는 이 반청 지사 부청주를 관리로 등용할 작정이었다. 부청주는 강희제의 부름에도 여러 차례 병을 핑계삼아 나가지 않았다. 강희제는 최후 수단으로 그를 가마에 태워 북경에 데려오도록 한 것이었다. 부청주가 북경에 이르자 강희제는 아무런 시험도 거치지 않고 곧바로 내각중서(內閣中書)의 관직에 임명하였다. 내각은 당시 조정의 최고 기관이었고 중서는 내각에서 문서를 기초하고 국사를 기록 · 번역하는 칠품관(七品官)이었다.

이 같은 파격적인 등용은 출세를 원하는 사람에게는 더없이 큰 은전이었으나 부청주의 입장에서는 '죽어도 시원치 않고, 죽지 않고는 부끄러워 견딜 수 없는 치욕'이었다. 부청주는 강제로 자금성의 정문에 끌려갔으나 끝내 머리를 숙이지 않았다. 당황한 자금성의 관리가 부청주를 가마에서 밀어 떨어뜨렸다. 갑자기 떠밀린 부청주의 머리가 땅에 닿는 것을 보고 그 관리는 부청주가 머리를 숙여 황제의 은혜에 감사했다고 보고하고 부청주를 돌려보냈다.

이것이 강희 18년(1679)에 있었던 일로 이 해에 강희제는 관리 등용시험인 박학홍사과(博學鴻詞科)를 설치하였다. 그러면 강희제는 어째서 반청 지사를 관리로 등용한 것인가?

당시 강희제는 강력한 무력을 바탕으로 중국을 통일하였으나 민심 수습면에서 난제가 많았다. 특히 기개 있는 한족과 몽골족 지식인들을 회유하기란 그리 쉬운 일이 아니었다. 이 점에 착안한 강희제는 삼번(三藩)의 난을 거의 평정할 단계에 이르자 박학홍사과를 설치하였다. 그는 학식 있는 선비들에게 모두 박학홍사과에 응시하도록 권장하여 합격한 자를 관직에 등용하였다. 그러나 웬만한 명나라의 유신이나 인망 있는 지식인들은 응시조차 하지 않았다. 강희제는 대신들에게 이들 지식인들을 추천·선발토록 하였으나 이에도 실패하였다.

그 다음으로 사자를 지식인들에게 보내어 출사를 강요하였으나 이 또한 실패하였다. 그래서 많은 지식인들을 가마에 태워 북경으로 끌어올려 시험을 보도록 하였으나 시험을 거부하는 사람, 시험장에 나오고서도 답안을 제대로 쓰지 않거나 답안 대신 시로써 심정을 토로하는 자들도 많았다. 그래도 강희제는 이들 지식인들을 회유하여 관직에 등용하였는데 주존이(朱尊彛)·모기령(毛奇齡)·우동(尤侗) 등이 바로 그런 인물이었다.

청나라는 한족 지식인들의 손을 빌리지 않고서는 문치(文治)는 물론 문화사업도 벌일 수 없는 형편이었다. 강희제는 무인의 기질이 많은 인물이었으나 한편으로는 피나는 노력으로 면학에 열중하는 호학인(好學人)이기도 하였다. 그가 즉위한 것이 8세 때였으므로 그는 제왕의 지위에 있으면서 제왕학을 공부했다. 그는 특히 주자학에 큰 관심을 보였고 또 당시 중국에 와 있던 예수회 신부에게 수학과 자연 과학을 배웠다.

강희제는 천하에 흩어져 있는 학자들을 북경에 모아 대대적인 서적 편찬 사업을 벌였다. 가장 유명한 것은 중국 최대의 자전으로 일컬어지는 《강희자전(康熙字典)》이었다. 이 책의 편찬 사업은 강희 49년(1710)에 시작되어 6년 후인 강희 55년에 완성되었다. 수록된 자수는 4만 7천35자, 고문자(古文字) 1천995자로

도합 4만 9천30자에 달하는 대작이
었다. 이 밖에도 《대청회전(大淸會
典)》180권, 《패문운부(佩文韻府)》
106권, 《역대제화시류(歷代題畵詩
類)》120권, 《전당시(全唐詩)》9백
권 등이 있다.

강희제가 주자학에 큰 관심을
기울여 대성전(大成殿)* 안에 10철(十哲, 10인의 어진 사람)의 한
사람에게 주자를 배향(配享)토록 하였다. 《주자전서(朱子全書)》
나 《성리대전(性理大全)》 등의 주자학 서적도 모두 강희제의 명
에 따라 편찬되었다.

일세의 명군 강희제에게도 취약점이 있었다. 바로 후계자 문
제였다. 그에게는 자그마치 35명이나 되는 황자가 있어 그 가운데
둘째 아들이 황태자로 세워졌으나 본래 자질이 나쁘고 비행이 많
아 강희제의 마음을 괴롭혔다. 강희제는 일단 이 황태자를 폐했다
가 중신들의 간언을 받아들여 얼마 후 복위시켰다. 그러나 강희
51년(1712)에 다시 황태자를 폐하고 그 후로는 황태자를 세우지
않았다. 이때부터 청나라는 황태자를 세우지 않는 것이 관례처럼
되어 후계자는 오로지 유조에 따라 결정되었다. 나중에 강희제의
유조에 따라 넷째 아들 윤진(胤禛)이 황태자로 지명되었다. 이 이
가 옹정제(雍正帝)이다.

이처럼 유조가 밝혀지기 전까지는 후계 황제가 누구인지 알
수 없게 된 관례는 결과적으로 청나라에 다행한 일이었다. 황태자
였던 둘째 아들에게 비행이 많았던 것도 사실이지만 황태자라는
지위가 그를 더욱 타락의 구렁텅이로 빠져들게 했을지도 모를 일

《강희자전(康熙字典)》

* 대성전(大成殿) : 문
묘 안에 있는 공자의 위
패를 모시는 전각

이다.

황제가 죽을 때까지 후계자가 밝혀지지 않기 때문에 황태자를 추종하는 세력이 생길 수도 없고, 또 여러 황자들은 아버지의 관심을 끌기 위하여 문무 양면에 더욱 정진하려 노력할 것이다. 이 같은 관례는 어쩌면 훌륭한 후계자를 길러내기 위한 한 가지 방편이었는지도 모른다. 황제가 급사할 경우에 대비하여 자금성 안의 건청궁(乾淸宮) 황제의 옥좌 바로 뒤 '정대광명(正大光明)'이라고 써붙인 액자 뒤에 황제가 후계 황제로 지목할 황자의 이름을 써 비단갑에 밀봉해 놓았다. 이 제도는 옹정제 때부터 시작되어 청나라가 막을 내릴 때까지 지켜졌다.

강희제는 8세에 즉위하여 재위 60년에 죽었다. 강희제의 시대는 청나라가 크게 번성한 시기였다. 강희제는 정무에 열중한 일세의 명군이었고 뒤를 이은 옹정제 또한 강희제 못지 않은 열성 정치가였다. 옹정제는 수면 시간이 4시간을 넘지 않았다. 그는 지나치게 자신을 과신한 나머지 황제란 완전 독재자로서 사사로운 정을 버리지 않으면 안 된다는 신념을 가졌다. 그리하여 육친에 대해서도 냉혹하였을 뿐 아니라 자신을 황제로 옹립한 중신들에게까지 종신 금고형이나 자결을 명하는 등 가혹한 처분을 내렸다. 이 같은 일을 볼 때 옹정제의 정치적 열성 가운데는 독선적인 요소가 다분히 잠재해 있음을 엿볼 수 있다.

강희 · 옹정 · 건륭(乾隆)의 3대에 걸치는 청나라의 황금 시대에 암흑상(暗黑相)으로 지적되는 이른바 문자의 옥(獄)은 옹정제 시대에 가장 처절하였다. 이 '문자의 옥' 가운데 가장 잘 알려진 사건은 여유량(呂留良) 사건이다. 이 사건의 주인공인 여유량은 강희 22년(1683)에 이미 죽은 사람이었다. 변발(辮髮)을 거부하고 불문에 귀의하여 법명(法名)을 내가(耐可)라 했다. 일찍부터 주자학에 심취하여 화이(華夷), 즉 중화(中華)와 이적(夷狄)을 분명하게 구별하는 이론을 전개하였다. 그의 이론은 강렬한 민족주의와 복고(復古) 사상을 고취한 것으로 과거 지망생들에게는 참고서로, 그 밖의 사람들에게도 널리 전파되었다.

여유량의 사상에 동감한 호남의 학자 증정(曾靜)이 사천총독 악종기(岳鍾琪)에게 밀사를 보내 반청 운동에 동참할 것을 촉구하면서 사건이 시작되었다. 악종기는 남송의 충신 악비(岳飛)의 후손이었으므로 "당신의 선조와 싸운 여진족의 금나라 후예인 청나라와 마땅히 싸워야 할 것이 아니냐?"고 촉구하였다. 그러나 악종기는 증정이 보낸 밀사를 체포하고 증정도 호남에서 체포해 북경으로 송치했다. 옹정제는 친히 증정을 심문하여 그 문답 내용을 《대의각미록(大義覺迷錄)》이라는 책으로 발간하였다.

황제가 신하와 직접 이론적 논쟁을 벌인 것은 일찍이 없던 일이지만 옹정제는 확고한 신념과 자신을 가지고 직접 문답을 벌였다. 결국 증정은 옹정제에게 설파(說破)되어 청나라를 지지하겠다는 뜻을 밝힘으로써 사형을 면하였다. 그러나 이미 고인이 된 여유량은 묘를 파헤쳐 부관참시(剖棺斬屍)되고 그의 일족도 처벌을 받았다. 그의 저서가 금서(禁書)로 지정된 것은 말할 나위도 없다.

강서성의 향시(鄕試)*에 사사정(査嗣庭)이라는 시험관이 '유민소지(維民所止)'라는 문제를 낸 것도 말썽이 됐다. 그는 옥사하고 자식들도 죽임을 당하고 일족이 모두 투옥되는 참화를 입었다. 문제된 유민소지(維民所止)의 '유(維)' 자는 '옹(雍)' 자의 목을 자른 것이고, '지(止)' 자는 '정(正)' 자의 목을 자른 것이니, 옹

* 향시(鄕試) : 과거의 예비 시험

정제는 '옹정(雍正)'의 목을 자른다는 뜻을 풍자적으로 표현했다고 판단한 것이다.

＊ 한림(翰林) : 조칙의
문안을 작성하는 관직

　한림(翰林)＊ 서준(徐駿)이 올린 글 가운데 부주의 탓으로 '폐하(陛下)'의 '폐(陛)'자를 '폐(狴)'로 쓴 일이 있었다. 자전을 보면 '폐(狴)'는 감옥, 또는 들개를 뜻하는 글자이다. 옹정제는 크게 노하였으나 서준을 파면시키는 데 그쳐 가까스로 목숨을 구했다. 그러나 그 후 서준이 지은 시가 또 문제되었다. 서준의 시 가운데 '청나라의 거센 바람 갈수록 심하구나. 문자도 모르는 주제에 어찌하여 함부로 뜯어 고친단 말인가!'라는 내용의 구절이 문제가 되어 '조정 비방죄'로 사형에 처해졌다.

　옹정제는 58세에 타계하고 그의 유조에 따라 건륭제(乾隆帝)가 그 뒤를 이었다. 옹정제가 즉위한 것이 45세 때였으므로 그의 재위 기간은 13년의 짧은 기간이었다. 그러나 그는 강희 시대에서 건륭 시대로 이어지는 청나라 황금 시대의 가교 역할을 충실히 해낸 것으로 평가된다. 그는 재위 동안에 엄청난 양의 상주문을 일일이 읽어 그 가부를 결정하는 열의를 보였다. 58세의 나이로 타계한 원인을 과로로 보는 것은 바로 이러한 근거를 두고 하는 말이다. 또 근검 절약의 생활을 실천하여 그다지 중하지 않은 문서는 못 쓰게 된 종이를 다시 사용했다.

　강희제는 재위 시절에 오대산(五臺山) 행차를 비롯하여 6회에 걸쳐 남방을 순시하였으나 그 경비를 모두 국고에서 충당하고 세금을 징수하지 않았다. 삼번(三藩)의 토벌과 러시아의 침입 격퇴, 몽골 초원의 중가르부 공략, 티벳에의 출병 등 여러 차례에 걸쳐 막대한 군사비를 지출하였으나 모두 경상 세입으로 충당하고 일반 백성들로부터 세금을 더 거둬들이는 일은 한 번도 없었다.

건륭제는 강희·옹정 두 황제의 건전한 재정 정책의 후광을 입어 풍부한 재정 위에서 정치를 시작할 수 있었다.

강희 60년 동안이 통일·창업·홍륭의 시대였다면 옹정 13년간은 계승·보전의 시대였다. 그리고 건륭 60년 동안은 과실이 무르익는 시대였다고 표현할 수 있다. 건륭제 정권은 모든 면에서 운 좋게 출범하였다.

건륭제는 옹정 13년(1735) 9월에 즉위하였다. 즉위하던 해 한 일은 아버지 옹정제가 사면한 증정(曾靜)을 처형한 일이었다. 이 같은 조치는 새로 즉위한 황제로서 반청 항쟁자는 추호도 용서하지 않겠다는 위엄과 결의를 다진 정치적 의도에서였다.

건륭제

건륭제의 문화 사업 가운데 가장 빛나는 업적은 《사고전서(四庫全書)》의 편찬이었다. 이 《사고전서》는 경(經)·사(史)·자(子)·집(集)의 4부로 분류되어 있는데 여기에 기록한 서적의 수는 3천503종, 7만 9천337권에 이른다. 《사고전서》에 채록되지는 않았더라도 양서로 인정되어 제목과 해설을 붙인 것은 6천888종, 9만 3천여 권에 이르렀다. 현대의 평가로는 제목과 해설만 붙인 책이 《사고전서》에 채록한 내용보다 더 우수하다고 인정되는 경우도 많다.

《사고전서》의 편찬 사업은 건륭 37년(1772)에 시작되어 10년
에 걸쳐 완성되었다. 방대한 사업이라 건륭제는 살아 있는 동안에
완성하지 못할 것을 염려하여 일부인 471종을 《사고전서회요(四
庫全書薈要)》라고 이름붙여 1만 2천 권의 책자로 장정하여 궁내
의 이조당(璃藻堂)과 원명원의 미유당(味腴堂)에 보관하였다. 이
《사고전서회요》가 완성된 것은 건륭 45년(1780)으로 건륭제의 나
이 70세 때였다. 그는 89세의 장수를 누렸으므로 무난히 완성된
《사고전서》를 직접 볼 수 있었다.

《사고전서》는 모두 7부 제작되었다. 이 가운데 4부는 개화방
지(開花榜紙)를 사용한 호화판이었고 나머지 3부는 판형도 적고
품질도 좀 떨어지는 편으로 주로 남방 민간 학자들의 열람용으로
제공되었다. 이 방대한 저작물을 수용하기 위하여 7개의 대서고
가 만들어졌다. 호화판 4부는 각각 다음과 같은 명칭으로 궁정에
보관되었다.

자금성 안의 문연각(文淵閣)

심양 고궁의 문소각(文溯閣)

열하 피서 산장의 문진각(文津閣)

원명원의 문원각(文源閣)

이상은 궁정에 보관된 4개 서고이고 민간에서 보존한 3개 서
고는 다음과 같다.

항주 성인사(聖因寺)의 문란각(文瀾閣)

양주 대관당(大觀堂)의 문회각(文匯閣)

진강 금산사(金山寺)의 문종각(文淙閣)

이렇게 소중히 보관되었던 《사고전서》는 이후 7부 가운데 3
부가 지상에서 사라졌다. 원명원의 문원각에 보존되었던 《사고전
서》는 1860년 영불 연합군에 의해 소실되고 양주의 문회각과 진
강의 문종각의 것은 함풍(咸豊) 3년(1853) 태평천국의 난 때 소실
되었다. 항주의 문란각에 보관되어 있던 《사고전서》도 태평천국
의 난 때 반 정도 소실되었으나 그 후 보완 작업을 벌여 1925년에
완성되었다.

자금성의 문연각에 보관되었던 《사고전서》는 1933년 일본군
의 열하 점령 사건에 위기감을 느낀 중국 정부가 역대 이래 고궁
에 보관되어 오던 엄청난 서화·골동품 등의 문화재와 함께 남쪽
으로 반출하였다가 중·일 전쟁 때 오지(奧地)로 숨겼기 때문에
무사하였다. 중·일 전쟁이 끝나자 그 짐을 풀 사이도 없이 국공
내전이 시작됨으로써 《사고전서》는 고궁 문화재와 함께 대만의

마테오리치

아담 샬 순치제 때의
서양인 신부. 최초로 천
문대장에 임명되었다.

자유중국으로 옮겨졌다. 따라서 현재 자금성의 문연각은 텅 빈 상
태에 있다.

　열하의 문진각에 있던 《사고전서》는 청나라가 멸망한 후 북
경으로 옮겨져 북경도서관에 소장되어 있다. 심양 고궁의 문소각
의 것은 청나라가 멸망한 후 인근에 민가가 밀집되자 만일의 경우
에 대비하여 교외에 새로 서고를 지어 소장했다.

　중 · 일 전쟁 때 《사고전서》에 피해가 없었던 것은 다행한 일
이다. 《사고전서》 가운데는 일본인 저작도 있었고 이탈리아 사람
마테오리치(리마두, 利瑪竇)의 《건곤체의(乾坤體義)》, 《기하원본
(幾何原本)》, 독일인 아담샬(湯若望)의 《신법산서(新法算書)》,
벨기에 사람 페르비스트(南懷仁)의 《곤여도설(坤興圖說)》 등 서
양인들의 저작도 수록되어 있다.

《사고전서》의 편찬 사업을 지나치게 칭찬한 감이 없지 않으나 강희제와 건륭제가 이처럼 서적의 편찬에 힘을 기울이게 된 첫째 목적은 고대 문화의 계승·발전이라는 점보다는 지식인들을 포섭하기 위해서였다고 보는 견해도 있다. 지식인의 시간과 정력을 오로지 서적 편찬 사업에 바치게 함으로써 반청 활동도 막고 청나라의 문화도 빛내겠다는 일석이조의 효과를 노린 것이다.

건륭제의 《사고전서》 편찬에는 또 다른 목적도 있었다. 대대적으로 서적을 검열한 것이다. 《사고전서》의 편찬을 계기로 천하에 흩어져 있는 서적을 모아 그 가운데 청나라의 정치를 비난하는 내용이 없는지 조사해 저촉되는 내용은 삭제하거나 고쳐 쓰도록 하고 불가능할 경우에는 아주 불태워버렸다. 전후 24회에 걸친 검열에서 538종 1만 3천860부에 달하는 서적이 금서(禁書)로 지정되어 폐기되었다. 이런 의미에서 볼 때 건륭제의 서적 편찬 사업은 고대 문화의 계승·발전보다는 오히려 중국 문화에 대한 파괴 행위였다는 비난도 받을 수 있다.

서적을 불사르거나 개찬(改竄)*하는 일은 꽤 오래 전부터 있었던 일이지만, 이것은 확실히 어리석은 행위라 하지 않을 수 없다. 아무리 책을 불사른다 하더라도 민족 의식을 불살라버릴 수는 없기 때문이다.

* 개찬(改竄) : 글의 글자·구절 등을 고침

건륭제 시대 최대의 '문자의 옥'은 호중조(胡中藻)의 사건이었다. 호중조의 시집 가운데 불경스런 내용이 많다는 것이 문제가 되었다.

'일세일월무(一世日月無)*'라는 시구가 문제가 되었다. '일(日)' 자와 '월(月)' 자를 합하면 '명(明)' 자가 되므로 건륭제는 이 시구를 '명나라가 멸망한 것을 슬퍼한다'는 뜻으로 곡해하였다.

* 일세일월무(一世日月無) : 이 세상에는 해와 달이 없구나

서양인 저작자들 왼쪽부터 이탈리아인 마테오 리치, 독일인 아담 샬, 벨기에인 페르비스트

* 일파심장논탁청(一把心腸論濁清) : 나의 한 줌 의기로 청탁(清濁)을 논하고 싶구나

호중조의 또 다른 시 가운데 '일파심장논탁청(一把心腸論濁清)'*이라는 시구가 있는데 보통 한시에서는 사성법(四聲法)과 각운법(脚韻法)에 맞추기 위하여 흔히 말하는 청탁(清濁)을 탁청(濁清)으로 바꾸는 경우가 있을 수 있다. 사실 호중조가 탁청(濁清)이라고 쓴 것은 사성법과 각운을 맞추기 위함이었는데 건륭제는 이를 '탁한 청나라 왕조'의 뜻으로 해석하여 건륭 20년(1755)에 호중조를 사형에 처했다.

건륭제는 《사고전서》 편찬이라는 문화적 큰 업적을 이룩하였는데도 분서갱유를 단행한 진의 시황제와 함께 문화의 파괴자라는 사가들의 비평을 받았다. 청나라의 황금 시대를 이룩한 강희·옹정·건륭의 시대에 많은 한족 출신 지식인들이 문자의 옥으로 처형되고 저서가 금서로 지정되었으나 생명의 위협을 무릅쓰고 비밀리에 금서를 숨겨둔 사람도 많았다. 그것은 청나라가 멸망한 후 금서가 다량으로 세상에 모습을 나타냈다는 점에서 여실히 증명된다. 금서를 지키는 것은 사형으로 금했지만 뜻있는 지식인들

은 목숨까지 내걸고 문화 유산을 지켜왔다는 사실은 높이 평가하
지 않을 수 없다.

관료정치의 부패

어느 날 건륭제는 신하들이 올린 각종 보고문을 훑어보다가 양미
간을 찌푸리면서 혼잣말처럼 되뇌었다.

"호랑이와 물소가 우리 밖으로 뛰쳐 나온 것은 도대체 누구
의 잘못이란 말인가?"

건륭제의 입에서 이 같은 말이 나오게 된 것은 당시 사천 지
방에서 농민 반란이 확대되고 있다는 사실을 알리는 상주문을 보
고 그 책임이 사천 지방 관리들에게 있다는 뜻이었다. 그러나 건
륭제를 곁에서 모시는 시종들은 도대체 황제가 말하는 속뜻이 무
엇인지를 몰라 어리둥절했다. 이때 한 젊은 사나이가 침착한 태도
로 말하였다.

"폐하가 똑똑히 사무를 돌보는 것처럼 지방의 관리들도 그
책임을 면하기 어려울 것으로 생각합니다."

지방 관리들의 무능력한 태도에 부아가 나 있던 건륭제는 속
마음을 속시원히 풀어주는 이 한마디에 흐뭇함을 느끼면서 "바로
그 말이다!"라며 그 젊은 사나이에게 눈길을 돌렸다. 그 젊은 사
나이는 다름 아닌 궁정 친위대 소속 교위(校尉)로 있는 화신
(和珅)이었다.

화신은 만주족의 정홍기(正紅旗) 출신으로 자는 치재(致齋)

건륭제의 어의

였다. 특별한 학력은 없었으나 두뇌가 명석하여 임기응변에 능했다. 19세 때 처음 궁정에 들어가 친위대에서 근무하다 3년 후 2등 경호관으로 승진하였다. 상관에게 아첨하는 솜씨가 뛰어나 파격적인 출세가도를 달릴 수 있었다. 황제의 마음을 속시원히 풀어줘 10년 사이에 군기대신(軍機大臣), 내각 대학사의 요직에 올랐다. 건륭제의 집정 후기 20년 동안 그는 건륭제의 총신으로 정치를 좌우하였다. 또한 건륭제는 그의 딸을 화신의 아들에게 시집보내 사돈지간이 됨으로써 그의 권력을 한층 강화시켰다.

화신이 조정의 정치를 좌우하는 동안 청나라의 정치적 부패는 극에 달하여 뇌물이 공공연히 거래되었다.

"3년 동안 관직에 있으면 은 10만 냥은 너끈히 거둬들일 수 있다."

이것이 당시 관리들의 모습을 노래한 말이었으나 이러한 부패 관리들 위에 군림한 것은 바로 화신이었다.

탐욕스럽기 이를 데 없는 화신에 대하여는 다음과 같은 이야기가 전한다.

어느 날 광동 · 광서총독으로 있는 손사의(孫士毅)가 안남(현재의 베트남)에서 북경으로 돌아와 건륭제를 배알하기 위하여 입궐하던 길에 공교롭게도 궐문에서 화신과 마주쳤다. 화신은 손사의가 들고 있는 조그마한 상자에 눈독을 들였다.

"손 총독, 그 상자에 든 것이 무엇이오?"

"아, 이거요. 담뱃갑입니다."

욕심 많은 화신은 그대로 손을 뻗어 상자의 뚜껑을 열어젖혔다. 상자 안에는 새알만큼이나 큰 주옥으로 만든 황홀한 병이 들어 있었다. 화신은 욕심이 동하여 견딜 수가 없었다. 어떻게 해서든 이 병을 손에 넣고 싶었다.

"참 훌륭한 물건이오! 나에게 주실 수 없겠소?"

"아니, 그건 곤란합니다. 황제에게 오늘 바치겠다는 말씀을 드렸습니다. 당신이 탐을 낼 줄이야…."

황제가 알고 있다면 곤란하다고 생각한 화신은 짐짓 어색한 웃음을 지어 보이며 말했다.

"아니, 농담일 뿐이오. 진담으로 듣지 마시오."

그리고는 총총걸음으로 자리를 떴다. 그런데 뜻하지 않은 일이 벌어졌다. 며칠 후 화신은 또 손사의와 마주쳤다. 화신은 손에 들고 있는 조그마한 상자를 내보이면서 자랑스럽게 말하였다.

"손 총독, 이걸 보시오. 나도 어제 주옥으로 만든 병을 하나 구했지요. 당신이 폐하에게 바친 물건만은 못할지 모르지만 말씀이오."

손사의가 자세히 살펴보니 그것은 분명 자기가 황제에게 바친 물건이었다. 나중에 알려진 일이지만 화신은 황제를 가까이에서 모시는 환관을 매수하여 그 진주병을 훔쳤다는 것이다.

황실 재산에까지 손을 댈 지경이니 황실 이외의 재산에 대해서야 말해서 무엇하겠는가?

다음과 같은 이야기도 있다. 건륭제의 궁중에는 세상에 보기

포탈라 궁 요새식으로
지은 티베트의 전통건
축 궁전. 건륭제가 달
라이라마의 주거용으
로 하북성 승덕에 세
운 보타종승지묘(普陀
宗乘之廟)는 포탈라
궁을 본뜬 것이다.

드문 초록색 옥으로 장식한 큰 소반이 하나 있었다. 건륭제는 이 소반을 매우 소중히 여겼다. 그런데 어느 날 건륭제의 아들이 대수롭지 않은 실수로 그 소반을 망가뜨렸다. 사색이 된 황자가 어쩔 줄을 몰라하자 화신은 약간 자신있게 말하였다.

"너무 염려 마시옵소서. 신이 이와 똑같은 소반을 내일 대령하겠습니다."

과연 다음날 화신은 똑같은 크기의 소반을 들고 왔다. 흥미로운 것은 새 소반이 색상과 화려함에 있어 먼저 것보다 훨씬 뛰어났다는 사실이었다. 나중에 알려진 일이지만 화신은 각지에서 올라오는 공물을 하나하나 눈여겨 보았다가 1급품은 우선 자신의 집으로 운반하고 2급품은 황제에게 바쳤다. 문제의 소반도 1급품은 자신이 소유하고 나머지 2급품은 건륭제에게 바쳤던 것이다. 건륭제의 말년에는 공물의 9할이 화신의 집으로 운반되었다.

건륭제는 85세 때 아들 옹염(顒琰)에게 제위를 물려주고 자신은 태상황이 되었다. 이로써 건륭제는 60년 동안 제위한 셈이 된다. 옹염은 인종(仁宗)으로 즉위한 다음해에 연호를 가경(嘉慶)으로 고쳤다. 화신이 한창 조정의 권력을 좌우할 때 건륭제는 이미 70대의 노령기였다. 건륭제 자신도 화신을 탄핵하는 상소문을 통하여 화신의 탐욕스러움을 충분히 알았을 테지만 나이가 늙어 정신이 혼미해서였는지 화신을 그대로 총애함으로써 명군의 자질에 커다란 오점을 남겼다. 가경 4년(1799) 1월 3일 태상황의 서거와 함께 화신의 운명도 종말을 맞았다. 가경제는 화신을 체포하여 한 달도 채 못 되어 처형했다.

화신이 살아 있을 때 그가 부정축재자라는 소문은 파다하였지만 실제 가택을 수색한 결과 상상을 훨씬 초월하는 엄청난 재산이 발견되었다. 중요한 것 몇 가지를 소개하면 황금 15만 냥, 구리 580만 냥, 사금 2백만 냥, 은원보(銀元寶) 1천 개(1개 1백 냥), 원보은(元寶銀) 940만 냥, 단계연(端溪硯)* 700여 개, 대홍보석(大紅寶石) 180개, 소홍보석(小紅寶石) 980개, 남보석(藍寶石) 4,070개 등 일일이 열거할 수 없을 정도였다. 그의 재산은 당시 청나라의 20년치 세수와 맞먹는 액수였다. 화신의 재산 명세서를 훑어본 가경제는 부러운 표정을 지으면서 말하였다.

* 단계연(端溪硯) : 단계에서 나는 벼룻돌로 돌결이 부드럽다

"화신의 집 진주의 수는 황실의 몇 갑절이나 더 많고, 큰 주옥
은 내 왕관의 크기보다 훨씬 더 크더군! 그렇게 큰 보석은 난생
처음 보는 것이었지."

물론 황제는 황제대로 재산을 모았다. 건륭제도 60년 집정 동
안 갖가지 명목으로 재산을 모았다. 건륭제의 탄생일에는 문무백
관이 다투어 금은보석을 바쳤는데 그 액수가 대단했다. 어느 해
생일에 받은 금불상만 1만 개였다. 80세 탄생일에 받은 금으로 된
편종(編鍾)은 지금까지 북경의 고궁 박물원 진보관(珍寶館)에 전
시되어 있다.

건륭제만 재산 모으기에 열을 올린 것은 아니었다. 화신을 죽
인 가경제도 마찬가지였다. 가경제는 몰수한 화신의 재산을 모두
궁중에 운반하여 자신의 소유로 하였다.

건륭제 후기는 군신 모두가 건국 당시의 청렴했던 기풍을 버리고 재산 모으기에 열중하고 사치풍조에 젖어들었다. 결과적으로 강희 · 옹정 · 건륭의 번영 시대에서 점차 쇠퇴의 길을 향해가고 있음을 시사하는 것이다.

청의 과거 제도

청나라 시대의 과거는 향시(鄕試)와 회시(會試)로 구분되었다. 향시는 각 성(省)에서 시행하는 시험으로 예시(豫試) 성격을 띠었고, 회시는 중앙에서 시행하는 시험으로 본시(本試)였다. 향시에 합격한 사람을 거인(擧人)이라 불렀는데 이 거인은 3년에 1번 실시되는 회시에 응시할 수 있었다. 연도마다 약간씩 차이는 있었지만 거인은 대략 1년에 2만 명 정도였다고 한다. 회시에 급제하면 진사(進士)가 되는데 보통 200~300명 정도였다 하니 경쟁률이 엄청나게 높았다.

수석 급제자를 장원(壯元)이라 불렀고 차석은 방안(榜眼), 3위는 탐화(探花)라는 별칭이 있었다. 회시에 급제한 후 전시(殿試)라 해서 황제가 임석한 가운데 또 한 차례 시험이 있었으나 이 전시는 순위를 결정하는 것일 뿐 합격 여부에는 아무런 영향이 없었다. 또 비정기적으로 3년에 한 차례 '은과(恩科)'라는 명칭으로 임시 회시도 열렸다. 청나라 시대에 실시했던 회시의 수는 은과를 합하여 모두 112회에 이르렀다. 따라서 112명의 장원이 배출된 셈인데 여기서 한 가지 흥미있는 사실을 발견할 수 있다.

출신 성별 장원 합격자는 강소성 49명, 절강성 20명으로 이 두 성이 과반수를 차지했다. 양주·소주·항주를 포함한 두 성에서 그만큼 많은 인재가 배출된 것이다. 수재가 많이 배출되려면 그만큼 면학 분위기가 조성되어야 하고 경제적으로 뒷받침되어야 한다. 양주·소주·항주는 확실히 청나라 시대의 경제적 중심지였다는 사실을 여기에서도 알 수 있다.

과거뿐만 아니라 청나라의 유명한 문학자·예술가들도 이 두 곳에서 많이 배출되었다. 회화에서는 소주를 중심으로 하는 오파(吳派)와 항주를 중심으로 하는 절파(浙派)가 화단의 양대 주류를 이루었다. 절파는 기교적 장식성을 강조한 데 반해 오파는 기운(氣韻)*을 주장하였다.

경제적으로 윤택한 양주에는 부호들이 많이 살고 있어 서화 수집가도 많았다. 당시에는 서화집이 발간되지 않았으므로 화가들은 수집가들에게 직접 명화를 구경시키면서 기술을 연마했다. 이렇게 해서 양주에는 자연 예술가들이 모여들었다. 그 가

과거제
과거 응시 평소 선행을 쌓아온 수험생의 답안은 마치 신이 쓴 것처럼 우수했다.
장원급제의 꿈 과거에 급제해야 벼슬 할 수 있었던 송대에는 갖가지 일화들이 많다.

운데서 유명한 화가는 '양
주팔괴(楊州八怪)'라 불
리는 김농(金農)·정섭(鄭
燮)·이선(李魚單)·황신
(黃愼)·나빙(羅聘)·이
방응(李方膺)·왕사신(汪
士愼)·고상(高翔) 등이
다. 이와 별도로 고봉한(高
鳳翰)·민정(閔貞)·화암
(華嵒)도 팔괴에 넣는 경
우도 있다. '괴(怪)'는 '이

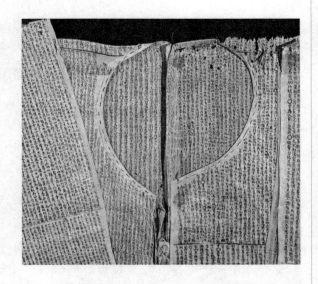

상야릇하다', '불가사의하다'의 뜻이지만 팔괴는 명칭만 그럴 뿐
모두가 다 개성적인 회화를 그렸다.

　　문학에서는 심덕잠(沈德潛)이 당시(唐詩) 부활을 주창하며
"시의 생명은 격조(格調)에 있다."고 강조하였다. 이 같은 주장은
당시 시단이 섬세한 감정에 치우치는 송시(宋詩)에 편중된 것에
대한 반발로 보인다. 반면 원매(袁枚)는 "시는 인간의 성정(性情)
을 표현하는 것이므로 인간의 성정을 속박하는 격조 따위는 당연
히 배척돼야 한다."며 성령설(性靈說)을 주장하였다. 격조설과
성령설은 문단의 양대 주류를 이루었다.

　　건륭 시대에 있었던 문학 이야기로 '향비(香妃)의 전설'이
있다. 일찍이 건륭제가 장군 조혜(兆惠)를 총사령관에 임명하여
회부(回部, 신장성 남부)에서 저항하던 호쟈 형제의 일당을 토벌
했을 때의 이야기이다. 호쟈 형제 중 동생 호쟈지한의 아내가 얼
마나 빼어난 미인이었는지 그 소문은 북경에 있는 건륭제의 귀에

협대의상 겉옷과 속옷
사이에 끼어 입는 옷
인데, 《논어》, 《효경》,
《맹자》, 《중용》 등 사
서의 전문 60만 자가
가득 쓰여 있다. 과거
시험을 위한 컨닝용이
라는 설이 있는데, 청
대 수험생의 애환을
엿볼 수 있다.

＊ 기운(氣韻) : 생생하
게 표현하는 중국회화
기풍

향비융장상 건륭제의
애비였던 향비

까지 들어갔다. 건륭제는 조혜가 출정할 때 다음과 같은 명령을 내렸다.

"회부를 토벌하되 호쟈지한의 아내는 절대 죽이지 말고 살려서 데려오도록 하라."

호쟈지한의 아내가 다름 아닌 향비라 불리는 절세의 미녀였다. 이탈리아 사람으로 청나라에서 벼슬하며 이름을 떨쳤던 카스틸리오네(郎世寧)가 그린 '향비융장상(香妃戎裝像)'에서 그 근거를 찾을 수 있다. 이 그림에는 투구를 쓰고 무장 차림을 한 여인이 있는데 이 그림에 찬자불명(撰者不明, 글쓴이가 분명치 않음)의 사략(事略)이라는 제목으로 다음과 같은 글이 쓰여 있다.

"향비는 회부(回部, 신강성 남부)의 왕비로서 자색이 뛰어났다. 태어날 때부터 그녀의 몸에서는 특이한 향기가 있어 사람들이 이름하여 향비라 불렀다. 청나라 건륭제가 이 소문을 듣고 회부에 출정하는 장군 조혜에게 기필코 향비를 데려오도록 명하였다. 회부를 평정한 조혜는 과연 향비를 데리고 북경에 이르렀다."

향비를 본 건륭제는 한눈에 매료되고 말았다. 확실히 향비는 건륭제의 마음을 사로잡을 만한 뛰어난 미모와 이국적인 체취를 간직하고 있었다.

그런데 향비는 항상 칼을 빼어들고 건륭제의 접근을 거부하였다. 건륭제의 어머니 성헌 황태후는 혹시 건륭제의 신변에 위험이 있을까 두려워 이 무시무시한 향비를 죽이든지 그렇지 않으면 고향으로 돌려보내라고 했지만 건륭제는 연모의 정을 버리지 못해 이러지도 저러지도 못하였다. 그래서 황태후는 건륭제가 궁정에 없는 틈을 타 환관에게 명하여 향비를 목 졸라 죽였다. 뒤늦게 이를 안 건륭제는 눈물을 흘리며 통곡했다.

자금성의 무영전 서북쪽에는 욕덕전(浴德殿)이라는 욕실이 있었다. 이 욕실은 흰 타일을 입힌 터키식 욕실로 건륭제가 특별히 향비의 환심을 사기 위하여 만든 것이었다. 만약 건륭제의 어머니가 향비를 죽이지 않았더라면 세월이 흐르는 동만 향비의 마음도 차츰 누그러져 건륭제의 총애를 받았을지 모르는 일이다.

그런데 의심스러운 일은 문제의 욕실이 궁궐 안이 아닌 궁궐 밖에 있었다는 사실이다. 향비를 위한 욕실이라면 당연히 궁궐 안 깊숙한 곳에 만들어야 할 것이기 때문이다.

향비 이야기는 건륭의 시대가 강희·옹정 시대보다 훨씬 사치스러웠고 화려했다는 사실을 대변한다. 이런 분위기는 궁정만이 아니라 상류 사회에까지 널리 침투되어 청나라의 국운이 쇠퇴의 길로 접어들었다.

청의 쇠퇴기

강희·옹정·건륭에 이어지는 청나라의 황금 시대가 1백여 년 동안 계속되자 황제를 비롯한 귀족·관료·지주·호족들은 엄청나게 축재하고 사치를 누렸다. 이들의 부와 사치 속에는 농민들의 피와 땀이 얼룩져 있었다. 건륭제 시대에 황제를 능가할 정도로 호사의 극치를 누린 화신이 날마다 복용했다는 영약(靈藥)은 한 알에 백은(白銀) 1만 냥의 값어치에 해당했다. 몇몇 지방의 지주와 관리들의 생활도 이에 못지않게 사치와 호화의 극치를 이루었다.

하북성 회유 땅의 학씨(郝氏)는 어느 날 황제를 집에 초대하여 한 끼의 식사를 대접하는데 백은 10만 냥을 썼다. 청강포 하도 총독이 베푼 연회에는 두부 요리만 20여 종류가 나왔고, 최상질의 돼지고기 요리 한 접시를 만들기 위해 수십 마리의 돼지를 잡을 정도였다. 또 낙타 요리 한 접시를 만든다고 3, 4마리의 낙타를 잡았다는 웃지 못할 이야기도 있다.

일부 특권 계급의 사치와 호화스런 생활의 이면에는 수백만, 수천만에 달하는 농민들이 도탄에 빠져 허덕이고 유랑 생활을 하는 참혹한 현상이 일어나고 있었다. 관중(섬서성)에서는 무려 1백만 명이 넘는 유랑민이 발생하여 많은 사람들이 유림·영하·감숙·사천·동관 등지로 이동하여 관중에 남은 백성의 수는 10명 중 3명에 불과할 정도였다.

산동 지방에서는 탐관오리들의 가렴주구를 견디지 못한 많은 농민이 살길을 찾아 바다를 건너 멀리 요동으로 도망치기도 하였다. 하북에서도 해마다 많은 농민이 만리장성을 넘어 고비 사막 등의 변경 지방으로 도망쳤고 산해관 동쪽으로 이동하기도 했다.

강남 지방도 마찬가지였다. 토지를 잃은 유랑민은 산속 깊숙이 들어가 오두막집을 짓고 황폐한 땅에 씨를 뿌려 연명하는가 하면 사천 · 섬서 · 호북 경계의 산간 지대와 광동 · 광서의 남령(南嶺) 일대, 강서의 나소산 등지에는 수십만 명의 유랑민이 집결해 있었다.

감옥은 세금을 내지 못한 농민들로 꽉 차 있었고 농민들 사이에서는 다음과 같은 애절한 노래가 번졌다.

"한 치의 벼는 한 치의 피이다. 피가 마르면 사람은 죽고 벼가 마르면 한 집안은 끊긴다."

역사적으로 한 왕조의 번영이 한계점에 다다르면 농민들의 토지가 일부 권력자에게 집중되는 현상이 나타나고 이에 따라 자연히 토지를 잃은 유랑민이 많이 발생하게 마련이다. 유랑민이 나타나는 현상은 번영에서 쇠퇴의 시대로 접어드는 조짐인 동시에 농민 반란의 전조라고도 볼 수 있다. 청나라도 이러한 테두리에서 벗어날 수 없었다. 건륭 39년(1774) 경부터 각지에서 농민의 반항이 일기 시작하더니 가경 원년(1796)에는 급기야 백련교(白蓮敎)의 반란이 일어났다. 이 반란은 호북 · 사천 · 하남 · 섬서 · 감숙 지방으로 파급되어 9년간 계속되었다. 결국 반란은 평정되었지만, 청나라 조정은 백은 2억냥이라는 막대한 군사비를 지출하였다. 이 같은 지출은 청나라의 국력 쇠퇴를 부채질하였다.

당시 농민 반란의 지도자 가운데는 여성이 적지 않았다. 역사적으로는 당나라 시대 절강에서 반란을 일으킨 진석진(陳碩眞), 명나라 때 산동의 농민 반란 지도자 당새아(唐賽兒) 등을 들 수 있는데 이들은 모두 정부군의 간담을 서늘하게 했던 여걸들이었다. 가경 원년에 백련교의 반란 때 그 산하 각군을 총지휘했던 왕총아(王聰兒)도 젊은 여성이었다. 왕총아는 기생 출신으로서 양양 땅의 제림(齊林)과 결혼하였기 때문에 제왕씨(齊王氏)라고도 불렸다.

제림은 백련교의 교주로서 양양 지방의 관리로 재직했다. 그 무렵 청나라는 반란을 일으키려 한다는 이유로 백련교도들을 체포하였다. 그런데 각지의 독직 관리들이 이에 편승하여 무고한 농민을 협박하여 금품을 갈취하는 등 행패가 극심하였다. 제림은 백성들과 힘을 합하여 반란을 일으킬 준비를 서둘렀으나 불행히도 사전에 발각되어 1백여 명의 동지들과 함께 죽임을 당하였다. 이에 분노한 제림의 아내 왕총아는 제림의 뜻을 이어받아 요지부(姚之富) 등과 함께 양양 · 지강(枝江) 등지에서 반청의 깃발을 높이 들었다. 이 반란 세력은 순식간에 4, 5만 명으로 불어났고 사천 · 섬서 지방의 백련교도도 왕총아에 호응하여 봉기하였다.

청군의 토벌 작전에 왕총아는 정면 대결을 피하고 수백 명을 한 단위로 편성하여 흩어졌는가 하면 모여들고, 모여들었는가 하면 흩어지는 유격전을 펼쳐 청군을 크게 괴롭혔다.

거듭되는 패전에 애가 탄 청군은 전술을 바꾸었다. 농민을 강제로 한군데 집결시켜 농민과 백련교도와의 연락을 단절시켜 백련교도를 고립시키는 작전을 폈다. 이에 따라 백련교 반란군은 농민의 지원을 받을 길이 막혀 군량 보급에 차질이 생겼다.

전투가 3년째로 접어들면서 왕총아의 전세는 점점 불리해져 갔다. 호북 운서현에서 왕총아와 요지부가 이끄는 반란군이 청군에 포위되어 모산(茅山) 꼭대기까지 쫓기게 되었다. 왕총아 등은 산악의 험준한 지형을 이용하여 청군을 다수 섬멸하였다. 그러자 청군은 정상까지의 추격전을 포기하고 다시 포위 작전으로 나왔다. 포위된 지 수개월이 지나자 군량이 떨어져 더 이상 버틸 수가 없었다. 왕총아와 요지부는 죽어도 적에게 항복하지 않겠다는 결의를 다지면서 낭떠러지에서 투신하여 목숨을 끊었다. 그때 왕총아의 나이 22세였으며 반란을 일으킨 지 꼭 3년째 되는 해였다.

왕총아가 죽은 후에도 백련교의 반란은 진압되지 않은 채 가경 9년(1804) 8월까지 계속되었다. 10년 뒤에는 한동안 잠잠했던 백련교 계통의 반란이 다시 일어나 북경의 거리를 혼란 속으로 몰아넣었다.

가경 18년(1813) 임청(林靑)과 이문성(李文成)을 영수로 하는 천리교(백련교의 일파)도들이 하남·하북에서 반란을 일으켜 관청을 습격하였다. 그리고 2백 명의 교도를 중심으로 한 반란군이 두 길로 나누어 북경의 자금성을 공략하였다. 황궁을 수비하는 청군과 치열한 공방전을 벌이는 동안 반란군이 쏜 화살촉이 자금성의 융종문(隆宗門)이라 쓴 액자에 꽂혔다. 그때 꽂힌 화살촉은 지금까지 그대로 남아 있어 당시의 격전상을 대변한다.

이 싸움의 결과는 반란군의 실패로 끝났다. 임청은 체포되어 능지처참에 처해지고 이문성은 자결로 일생을 마쳤다. 이문성의 아내 장씨(張氏)는 남편의 원수를 갚기 위하여 백성들의 선두에 서서 신출귀몰한 활약으로 청군의 기세를 위축시켰으나 그것도 일시적 현상일 뿐 결국은 중과부적으로 궁지에 몰렸다. 그녀의 부하들이 장 부인에게 말하였다.

"부인께서는 유랑민으로 가장하여 이 성을 탈출하여 목숨을 보전하는 것이 좋겠습니다!"

그러나 장 부인은 고개를 가로저으며 말하였다.

"이 성이 함락되는 날 나도 함께 죽을 작정이오. 죽음 따위 조금도 두려워 할 내가 아니오!"

그리고 칼을 빼어들고 적진 속에 돌입하여 수명의 적을 죽인 후 스스로 목을 찔러 장렬한 최후를 마쳤다. 이로써 백련교계 천리교의 반란은 일단 진압되었으나 반란의 근본적 원인을 해결하지 않는 한 청나라의 운명은 항상 불안할 수밖에 없었다.

아편 전쟁

청나라의 내정이 불안한 가운데 서양에서는 점차 거센 바람이 일었다. 그러나 청나라에서는 황제를 비롯한 중신들이 여전히 중화사상에 도취되어 바깥 세상에는 전혀 무감각했다.

당시 국제 정제를 살펴보면 포르투갈 · 스페인 · 영국 등은 일찍부터 해양에 진출하여 항로를 개척하고 교역을 시도하고 있었다. 특히 영국은 이미 오래 전에 동인도회사를 창립했고 산업 혁명의 물결을 타고 차를 마시는 습관이 널리 퍼져 차에 대한 수요가 급격히 증가하고 있었다.

영국과 중국과의 무역은 1689년에 시작되었다. 사실 영국은 이전에도 중국과의 무역을 시도했었으나 포르투갈의 방해 때문에 실패하였다. 1715년에 이르러 영국 상관(商館)이 설치됨으로써 본격적으로 중국과의 교역을 시도하였다.

영국이 중국에서 수입하는 것은 생사 · 도자기 · 차 등이었다.

특히 차가 주종을 이루었다. 영국이 중국에 수출한 상품은 모직물이 주였다. 인도는 광산물·상아·목재·면포 등을 중국에 수출하였으나 중국 사람은 원래 모직물은 야만인이나 입는 것으로 인정했기 때문에 모직물의 수

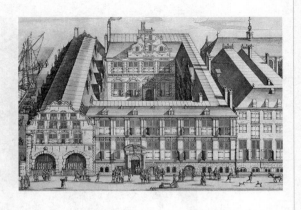

요가 늘지 않았다. 이 같은 무역의 불균형으로 당시 결제 수단으로 사용되던 멕시코 은화가 자꾸만 중국으로 흘러들어갔다. 이것은 동양과의 무역 독점권을 장악한 동인도회사의 고민일 뿐 아니라 영국 정부의 고민이기도 하였다.

수입 초과를 방지하고 대중적 무역의 불균형을 깨뜨릴 새로운 상품의 개발에 고심하던 영국은 아편(阿片)을 등장시켰다. 아편은 양귀비과 식물에서 분비되는 유액을 굳힌 약품으로 새로운 상품은 아니었고 옛날부터 의약품으로서 소량으로 수입되고 있었다. 명나라 시대의 명의(名醫) 이시진(李時珍)이 저작한《본초강목》에 아편을 양귀비꽃으로 기록한 점으로 보아 명나라 때 처음으로 중국에 들어온 것으로 보인다. 이것을 환약(丸藥)으로 조제해 특효약으로 사용하기까지는 별다른 문제가 없었으나 기호성 마약으로 사용하기 시작하면서 보건상·경제상으로 여러 가지 문제를 야기시켰다. 특히 담배에 섞어 피우거나 담뱃대에 담아 불을 붙여 피우게 되자 아편은 병의 치료보다는 마약으로서의 아편으로 둔갑하였다.

아편 흡연이 유행한다는 사실을 안 옹정제는 옹정 7년(1729)

아편 금지법을 제정하였다. 이어 9년에는 전국적으로 아편 금지령
을 내리고 판매자 또는 아편 흡연관의 경영자와 아편 단속을 게을
리한 관리 처벌에 대한 벌칙을 강화하였다. 그러나 금지령이 무색
할 정도로 아편은 급격히 유행하여 민간은 말할 것도 없고 관료들
사이에도 흡연자가 증가하였다.

　　인종 가경제가 재위 25년에 죽고 그 뒤를 이어 선종(宣宗) 도
광제(道光帝)가 제위에 오르자 조정은 온통 아편 문제에 신경을
곤두세웠다.

　　아편 수입량의 증가 추세는 가경 21년(1816)에 5천106상자,
도광 4년(1824)에 1만 2천434상자, 도광 10년(1830)에는 2만 상
자에 육박하였다. 아편 전쟁 직전인 1838년에는 4만 상자를 초
과하였으니 아편이 정치 쟁점이 된 것은 당연하였다. 청나라 조
정은 세 가지 중요 문제점을 다음과 같이 생각했다.

첫째, 어떻게 하면 중국인이 아편을 피우는 나쁜 버릇을 버리게 할 것
  인가?

둘째, 어떠한 방법으로 영국인의 아편 밀수를 금지할 것인가?

셋째, 어떠한 방법으로 은의 유출을 막아 국내의 경제를 안정시킬
  것인가?

조정의 공론은 두 갈래로 갈렸다. 먼저 황작자(黃爵滋) 등은 어떠한 희생을 치르더라도 아편 무역을 금지해야 한다고 주장했다. 조정 중신 대다수가 찬성하였다. 소수 의견이긴 하지만 해금론(解禁論)을 주장하는 허내제(許乃濟) 등도 있었다.

"아편의 수입을 법으로 금했기 때문에 자연히 암거래가 이루어지고 값이 올라간다. 이것은 외국 상인을 살찌게 하고 동시에 보다 많은 양의 은이 유출되는 결과만 가져왔다. 아편 매매를 공인하고 정상적인 관세를 부과한다면 가격도 떨어지고 또한 필요한 제한 조치도 가할 수 있지 않겠는가?"

결국 도광제와 조정 중신들의 의견은 아편이 국민 건강을 위협한다는 사실을 알면서도 수수 방관할 수만은 없다는 쪽으로 기울었다.

이 같은 청국 조정의 움직임에 대하여 영국은 다음과 같은 반론으로 맞섰다.

"아편은 엄연한 상품으로서 구매자가 있기 때문에 파는 사람도 있는 것이 아니겠는가? 만약 청나라가 진정으로 아편 무역을 금지하고자 한다면 그들의 지배하에 있는 백성들을 단속하면 될 것이 아니겠는가?"

결국 영국 사람은 원하지 않는 사람에게는 절대 물건을 팔지

않는다는 매우 교활한 언사로 응수했지만, 청나라 조정의 아픈 곳을 따끔하게 찌르기도 한 것이다.

도광제는 심사숙고 끝에 호북과 호남에서 아편을 엄금하여 성과를 거둔 임칙서(林則徐)를 양광(兩廣, 광동·광서) 총독에 임명하여 흠차대신(欽差大臣)*으로서 광주에 파견하였다.

* 흠차대신(欽差大臣) :
황제로부터 임시로 권한
을 부여받은 대신

임칙서는 옛부터 많은 명사를 배출한 복건(福建) 태생으로 매우 엄격하다는 평을 받았다. 그가 태어날 때 마침 복건 순무 서사증(徐嗣曾) 일행이 소낙비를 피해 그의 집에 머물렀기 때문에 임칙서의 아버지가 서순무를 닮으라는 뜻에서 이름을 칙서(則徐)로 지었다. 그의 아버지의 소망대로 서순무를 닮아서였는지 어려서부터 총명하여 27세 때 진사시에 합격하는 영광을 안았다. 그는 지방관으로서 절강 지방에서 관직 생활을 시작하여 강소·호북·하남을 순시하면서 수리 공사와 재해 구제 사업에 많은 치적을 올렸다.

흠차대신으로 부임한 임칙서는 책임이 중차대하다는 사실을 잘 알았다. 일설에 의하면 임칙서는 동생이 아편 중독으로 폐인이 되어 일찍 죽었기 때문에 아편에 대한 인식이 엄격하였다고 한다. 또 도광제 자신도 아편을 흡연한 적이 있었으나 자력으로 끊은 경험이 있었기 때문에 그들은 아편은 반드시 금할 수 있다는 확고한 신념을 가지고 있었다.

임칙서가 임지인 광주에 도착한 것은 도광 19년(1839) 1월 25일이고 그의 나이 52세 때였다. 광주에 도착한 임칙서는 이관(夷館)* 가까이 있는 월화서원(越華書院)을 숙소로 정하였다. 임칙서는 도착하기 9일 전에 임칙서는 미리 포고문 두 통을 광동에 보냈다. 한 통은 공행(公行)*, 나머지 한 통은 광동에 주재하는 외국 상인에게 보냈다. 다음은 공행에 보낸 포고문의 요점이다.

* 이관(夷館) : 각국의 상관(商館)

* 공행(公行) : 외국 무역 독점권을 얻은 특허 상인의 조합

"앞으로 영원히 외국 상인들로부터 아편을 반입하지 않겠다. 명령을 어길 경우 사형에 처하고 재산은 모두 몰수해도 좋다는 내용의 서약서를 3일 이내에 제출하라. 만약 서약서를 제출하지 않으면 너희들이 오랫동안 간사한 외국 상인과 결탁하여 사리사욕을 채운 죄를 삼가 황제의 명을 받들어 처형하고 재산을 몰수할 것이다."

이 포고문을 받은 공행의 조합원들은 얼굴이 새파랗게 질렸다. 각국 상인에게 보낸 포고문에는 아편 무역의 비인도성을 힐난하였다.

"우리 대황제께오서 천하만민을 차별 없이 대우한다는 뜻에서 너희들에게 무역을 허락하셨기 때문에 너희는 막대한 이익을 얻고 있다. 너

희는 이 같은 은혜에 감사하고 법을 지킬 줄 알아야 할 것이다. 내 이익을 위하여 남을 해쳐서는 안 될 일이거늘 어찌하여 너희 나라에서조차 금하는 아편을 우리나라에 가져와 재산을 편취하고 목숨까지위협하려 하느냐? 너희들이 아편으로 중화의 백성들을 유혹한 지 이미 수십 년에 이르고 그동안 너희들이 얻은 불의의 재산은 헤아릴 수없는 실정이다. 이 점 공분(公憤)을 금치 못하는 바이며 하늘 또한 용서하지 않을 것이다."

영국은 공행이 제공한 정보를 통해서 임칙서의 성격 · 경력등을 잘 알고 있었다. 그의 성격으로 보아 이번 문제는 흐지부지넘어가지 않을 것이라는 점을 잘 알면서도, 처음에는 그 또한 청국 관리이므로 다른 관리들과 무엇이 다르겠는가 생각하고 무시하는 태도로 나왔다. 영국 측은 임칙서가 강경하게 나오는 것은다만 뇌물의 액수를 높이기 위한 수단으로 해석했다. 이에 난처해진 공행 측이 영국 상인들을 설득하였다.

임칙서

"임칙서는 다른 관리들과는 달라 흠차대신의 명예를 걸고 임무를 수행할 것이다. 이 점을잘 헤아려 신중히 대처하지 않으면 당신들과우리 모두 큰 손해를 볼 것이다."

영국 측에서도 공행 측의 의견을 받아들여회담을 열고 다음과 같은 결정을 내려 공행을통하여 임칙서에게 제의하였다.

"아편 1천37상자를 건네주겠소."

영국측은 아편을 이 정도 내놓으면 흠차대신의 체면은 설 것이라 생각하여 만족할 줄 알았던 모양이다. 그러나 임칙서는 이 제의를 일축하였다.

임칙서는 사전 조사를 통하여 그들의 아편 재고량이 2만 상자가 넘는다는 사실을 알고 있었던 것이다. 그런데 1천37상자라니. 임칙서는 자신을 무시하는 일이라고 격노하였다. 임칙서는 외국 상관에게서 중국인 고용인을 철수시키고 식량의 반입을 금지시키는 한편 나머지 아편을 전부 내놓도록 압력을 가하였다. 그리고 각국 상인들에게 다시는 아편을 가져오지 않겠다는 서약서를 제출토록 하였다.

이 같은 소식을 들은 영국의 무역 감독관 엘리엇C. Elliot은 마카오로부터 급히 광주로 돌아와 이관으로 들어갔다. 그는 지금까지 외국인이 들어갈 수 없었던 광주성 안에 들어가 청국의 관리와 직접 교섭하여 사태를 수습하려 하였으나 임칙서는 사실 엘리엇이 마카오에서 나와 이관으로 들어가기를 기다리고 있었다.

엘리엇이 이관으로 들어가자 임칙서는 지금까지의 자신의 행동이 단순한 위협이 아니라는 사실을 보이기 위하여 약 1천 명의 관병(官兵)을 동원하여 이관 일대를 포위하고 이관에서 바라볼 수 있는 중화행(中和行)의 벽에 큰 글씨로 유명한 4개조의 포고문을 써붙였다. 이관 한쪽에는 275명의 외국인도 살고 있었다.

엘리엇은 이관에 포위된 지 48시간 만에 굴복하고 말았다. 임칙서의 포고문에 감동해 굴복한 것은 아니고 포위됨으로써 물과 식량이 떨어졌기 때문이었다. 만약 굴복하지 않으면 275명이 말라 죽을 것이 분

아편 저장 창고 영국이 중국과의 무역에서 기대했던 것은 면포와 차의 교환무역이었다. 예상과 달리 수입 초과를 빚게 되자, 그 대책으로 아편 수출을 연구해 냈다. 그림은 인도에 있는 아편 창고로 영국은 이곳에 아편을 저장했다가 지방 무역 상인을 통해 중국에 팔았다.

명했다. 엘리엇에게는 그들의 생명을 보호할 책임이 있었다.

엘리엇은 공행을 통하여 아편 2만 283상자를 내놓겠다고 통보했다. 이 숫자는 임칙서가 조사한 것과 거의 같았기 때문에 임칙서는 내심 만족하였다.

아편의 거래 가격은 품질에 따라 약간의 차이는 있었으나 보통 한 상자에 7백 달러에서 8백 달러 정도였다. 따라서 엘리엇이 내놓겠다는 아편은 1천5백만 달러에 상당하는 엄청난 양이었다.

임칙서는 이 막대한 아편을 모두 호문(虎門)*에 모았다. 평지에 1백 상자를 쌓아올리면 50제곱미터의 넓이에 높이가 1백미터에 달하였다. 임칙서는 임시 창고를 만들어 이 아편을 수용하고 그 주위에 문관 12명, 장교 10명, 병졸 1백 명을 배치하여 밤낮으로 경비토록 하였다.

처음에는 이 엄청난 양의 아편을 북경에 운반하여 아편 엄금의 제1단계로서의 성공을 과시하려 하였으나 수송이 큰 문제였고 북경에서 처치하기도 곤란하였다. 결국 조정은 현지에서 처치하라는 명령을 내려보냈다. 임칙서는 호문의 해안에 구덩이를 파고 아편을 짠물에 담갔다가 소석회를 섞어 3주 동안 끓여 아편의 성분이 완전히 소멸된 것을 확인한 후 바다에 흘려버렸다.

그러나 아편 문제가 여기서 완전히 해결된 것은 아니었다. 임칙서는 광주에 거주하는 외국 상인에게 서약서를 제출하도록 요구하였으나, 영국 상인은 한 사람도 서약서를 제출하지 않았다. 엘리엇이 서약서를 제출하지 못하도록 했기 때문이었다. 어느 나라 사람이든 아편을 밀매하지 않겠다는 서약서를 제출하면 광주(廣州)에서 자유로이 무역 활동을 할 수 있었으나 영국 상인은 서약서를 제출하지 못했기 때문에 광주에서의 거주가 허용되지 않왔다.

이렇게 임칙서와 엘리엇이 대립하고 있을 때 마침 구룡(九龍)에서 술에 만취한 영국 선원이 중국 사람 임유희(林維喜)를 살해한 사건이 발생하였다. 청국측이 마카오에 있는 엘리엇에게 범인의 인도를 요구하였으나 엘리엇은 거부하였다. 이에 임칙서는 광주를 떠나 마카오로 이동한 영국인에게 식량 공급을 중단하고 중국인 노무자들을 철수시켰다. 그리고 마카오를 무력으로 봉쇄하였다. 엘리엇은 구룡으로 식량을 구하러 갔으나 그 교섭마저 실패하자 영국 군함 보라주 호와 히야신스 호가 마침내 포문을 엶으로써 청국 배와 포격전이 벌어졌다. 포격전은 두 시간 동안 계속되었고, 보라주 호는 선수(船首)와 돛대에 포탄을 맞고 깃발이 떨어져 나갔다. 청국측 병선은 모두 29척이 출동하였는데 피해를 입지 않은 병선은 3척에 불과하였다.

광동 13행 외국과의 무역을 전담하도록 국가에서 특허를 받은 상인 집단으로 점차 외국과의 외교도 담당하게 되었다. 사진은 광동 13행 중 한 사람인 오병감.

영국 군함은 포격을 끝낸 후 일단 철수했을 뿐인데 임칙서는 북경 조정에 승전보를 올렸다. 승전 보고를 받은 도광제는 이렇게 말하였다.

"짐은 경 등의 용맹을 높이 평가하는 바이다. 오직 걱정되는 일은 경들이 겁을 먹고 두려워하는 마음이 생기지 않을까 하는 점이다."

약간 만용을 부려도 괜찮지만 겁을 먹어서는 안 된다는 뜻이 담겨 있다. 이처럼 북경 조정의 대영국 정책은 매우 강경하였다.

직례총독 증망안(曾望顔)은 이렇게 주장하였다.

"이 시점에 서약서 제출을 강요할 필요도 없고 임유희 살해 범의 인도도 요구할 필요가 없습니다. 통상 관계를 영원히 단절해야 합니다. 따라서 봉관금해(封關禁海)* 체제를 취해야 합니다."

* 봉관금해(封關禁海) : 해관을 모두 봉쇄하고 완전 쇄국하는 것

북경의 강경론에 대항하기라도 하듯 영국의 태도도 매우 강경하여 일전도 불사하겠다는 결의를 보였다. 1840년 2월 윌리엄 멜본을 수반으로 하는 영국의 자유당 내각은 청국 원정을 의결하였다. 4월에서 5월에 걸쳐 영국 상하 양원은 군사비 지출을 승인함으로써 마침내 아편 전쟁의 막이 열렸다.

6월에 이르러 인도총독 오크란드는 스리랑카에 주둔한 제18연대, 캘커타의 윌리엄포드에 주둔한 보병 제26연대, 벵골의 공병 2개 중대, 의용병 수개 중대, 마드라스 주둔 포병 2개 중대 등 약 4천 명의 육군 병력에 동원령을 내렸다.

원정군의 총사령관은 해군 소장 조지 엘리엇이었다. 그는 당시 무역 감독관 찰스 엘리엇의 종형으로 전권대사의 직도 겸하게 되었다.

이번에 동원된 함대는 기함 웰즈리 호를 비롯한 9척의 함정과 그 밖에 9척의 수송 선단으로 주력 함대가 5월 말경에 싱가포르에 집결하여 속속 남지나 해로 향하였다.

영국의 파머스턴 외상은 원정군 파견 이유를 영국 백성들의 생명과 재산을 보장하기 위함이라고 선언했지만 사실은 아편 문제 때문임을 스스로 고백했다. 이렇게 해서 중국으로서는 역사상 가장 치욕스런 아편 전쟁이 시작되었다.

주산 열도(舟山列島)에는 청국군의 정해(定海) 3진(鎭)이 있어 2천 명의 군사가 수비하고 있었다. 그들은 이름만 군사일 뿐

실전 경험이 없는 토공(土工)·목수 등이 대부분이었다. 영국군은 주강 입구를 봉쇄하고 주산 열도의 정해를 무혈 점령하였다. 정해진의 총병 장조발(張朝發)은 전사하고 정해 지현(知縣) 요회상(姚懷祥)은 연못에 투신하여 순직하였으며 수비병은 모두 도망쳐 달아났다.

주산을 점령한 영국 함대 일부는 계속 북상하였다. 엘리엇 사령관은 기함 웰즈리 호에 탑승하여 군함 5척과 수송선 4척을 거느리고 천진 방면으로 향했다. 영국 함대가 천진 앞바다에 나타났다는 소식은 북경 조정을 공포 속에 몰아넣었다. 북경 조정은 직례 총독 기선(琦善)으로 하여금 영국측과 교섭하도록 명하였다.

청국의 관리는 외국인과 직접 접촉하지 않는다는 원칙을 지킬 겨를이 없게 된 것이다. 다급해진 기선이 엘리엇 소장과의 교섭을 요구하자 엘리엇은 잘라 말하였다.

"당신이 정식으로 청국 정부를 대표할 자격이 있는지 없는지 확인한 후 만나겠소."

지금까지의 입장이 완전 뒤바뀐 것이다. 기선은 사정해서 어렵게 엘리엇을 만났다. 엘리엇은 아무 말 없이 파머스턴 외상의 서신을 기선에게 건넸다.

1. 흠차대신이 광동에서 몰수한 아편 대금을 배상할 것.
2. 영국의 무역 감독관에게 가한 모욕에 대하여 사과할 것.
3. 장래를 보증할 것.
4. 연해의 몇 개 섬을 영국 국민의 거주지와 상업 활동 장소로 지정해 줄 것.
5. 공행 상인이 영국 상인에게 진 부채를 청산할 것.

영국 측의 요구에 대하여 청국 정부는 이 사건은 원래 광동에서 일어난 사건이므로 교섭은 당연히 광동에서 이루어져야 한다고 설득하여 교섭 무대를 다시 광동으로 옮겼다.

북경의 조정 일부에서는 임칙서 때문에 이 같은 사건이 일어나게 됐다며 임칙서를 규탄하는 여론이 일고 있었다. 아편 금지라면 만용을 휘둘러도 좋다고 큰소리치던 도광제도 영국 함대 앞에서는 별 도리가 없었다. 청나라 정부는 광동에서 영국과의 교섭을 유리하게 진행하기 위하여 영국이 가장 증오하는 임칙서를 파면시켰다.

임칙서의 파면 소식을 들은 엘리엇은 "임칙서는 재능과 용기를 갖춘 유능한 총독이었다. 애석한 것은 그가 외국 사정을 몰랐을 뿐이다."라고 하여 임칙서에게 경의를 표하였다.

교섭 장소가 광동으로 옮겨지자 영국 함대도 광동으로 내려갔다. 임칙서에 이어 새로 흠차대신이 된 기선도 북경에서 광동으로 급히 달려와 교섭에 임했다.

영국의 특명 전권대사 엘리엇은 파머스턴 외상으로부터 받은 훈령을 그대로 흠차대신 기선 앞에 내밀었다.

1. 영국인이 받은 모욕에 대한 사죄와 장래에 대한 보증.
2. 몰수된 아편 대금의 배상과 원정비 변상.
3. 공행의 부채를 청나라 관헌이 보증할 것.
4. 외양(外洋)에서의 아편 밀수와 관련하여 영국인과 영국배에 누가 미치지 않도록 할 것.
5. 수출입세를 일정하게 유지하고 함부로 증감하지 말 것.
6. 무역선에 부과하는 번잡하고 과중한 경비를 경감할 것.
7. 영국인의 청원서는 지방의 관헌을 경유하지 않고 북경의 황제에게 직접 바칠 것.
8. 복건·절강·강소·직례 등의 6개 항구와 그 이상의 항구를 영국인에게 개방할 것.
9. 북경에 대사관을 설치하고 각 개항장(開港場)에는 영사를 주재시킬 것.
10. 개항장에 마카오 방식의 외국인 거류지를 설치할 것.
11. 거류지에는 영국인 가족도 거주하도록 할 것.
12. 개항장에서의 영국인의 범죄는 영국 관리가 처벌하고 청국 관헌은 관여하지 말 것.
13. 개항장에는 교회 설립을 허락할 것.
14. 공행 제도를 폐지할 것. 만약 폐지하기가 곤란한 경우에는 소속 행상을 증감하지 말 것.
15. 영국이 특별한 사법권을 소유하는 도서나 항구를 할양할 것.

그런데 청국과의 교섭을 둘러싸고 특명 전권대사 조지 엘리엇과 부사인 그의 종제 찰스 엘리엇 사이에 마찰이 일어났다. 이에 조지 엘리엇이 병을 이유로 귀국하고 그 뒤에는 찰스 엘리엇이 교섭을 담당하였다.

엘리엇은 15개 조항의 수락을 강요하면서 조금도 양보하지 않았기 때문에 기선은 개항 문제와 도서나 항구의 할양에 대한 회답을 미루었다.

그러자 1841년 1월 7일 영국군은 호문(虎門)의 포대를 공격해 청국을 위협하면서 협상에서 우위를 차지하려 하였다. 기선은 영국군의 무력 행동을 그대로 방치할 경우 광주까지 공격할지도 모른다고 염려해 어떠한 방법으로든 영국 측의 요구를 적당히 받아들여 사태를 수습하려 하였다. 엘리엇은 사각(沙角) 등의 포대를 점령한 후 "주산 열도를 중국에 반환하고 사각 요새에서 철수할 것이니 앞서 제시한 제조건을 재고하라."고 위협하여 이른바 천비가(川鼻假) 조약이 성립하였다.

다음은 이 조약의 내용이다.

1. 홍콩의 할양.
2. 6백만 달러의 배상금 지불.
3. 양국 정부의 직접 교섭권 인정.
4. 무역의 재개.

그러나 이 내용이 북경 조정에 알려지자 도광제는 격노해 교섭의 중지를 명하는 한편 기선을 소환하여 관직을 박탈하고 정역장군(靖逆將軍) 혁산(奕山, 강희제의 6대손)을 후임으로 광동에 파견하였다. 그런데 혁산은 나이가 들어 머리가 흐려져서였는지 영국군을 주술(呪術)로 제압하려 하였다. 그는 영국군의 포격이 너무나 정확한 것은 적진에 영묘한 신통력을 가진 주술사가 있기 때문으로 보았다. 그 신통력을 없애는 방법이 무엇일까? 그는 근처 민가에서 부인의 변기를 모아 뚜껑을 열어 변기 주둥이를 모두 영국 군함쪽으로 향하도록 하였으나 아무런 효과가 없었다.

1841년 4월 24일 빅토리아 여왕 탄생일을 기하여 영국군은 광주성에 상륙하였다. 그리고 이성(泥城)으로부터 사방의 포대를 공격하여 광주성을 포위할 태세를 보였다. 영국군은 포학하고 잔인한 행동을 서슴지 않았다. 광주성 밖에도 청국군이 있었으나 영국군의 모습만 보면 그대로 도망칠 뿐 총 한 방 쏘는 일이 없었다. 군대는 재빨리 도망쳐 생명을 보전할 수 있었으나 일반 주민은 도망칠 수가 없어 영국군의 약탈과 폭행을 고스란히 당할 수밖에 없었다. 당시의 상황을 기록한《광동군무기(廣東軍務記)》에는 영국군의 만행이 자세하게 묘사되어 있다.

"남편은 화를 입고 아내는 욕을 당해 두 사람 모두 죽었다. 아들은 꽁꽁 묶이고 어머니는 살 길 없어 집안이 망하였다. 집은 무너지고 묘는 모두 파헤쳐져 백골이 나뒹굴고 있다. 참으로 귀신이 곡하고 산천초목이 울어도 시원치 않을 참상이다."

성 밖 주민들은 참다못해 괭이·삽·장대 등을 들고일어나 영국군과 싸웠다. 삼원리(三元里)를 비롯한 90여 마을 주민 2만여 명이 집결, 평영단(平英團)이라는 깃발을 높이 들고 마드라스 제37보병대 2천 명을 포위하였다. 이것이 5월 30일의 일이었다.

그런데 이날 따라 비가 내려 영국군은 총을 쏠 수가 없었다(당시 영국군이 사용하던 총은 비가 내리면 사격이 불가능하였다). 영국군이 총을 쏠 수 없게 되자 주민들은 더욱 맹렬한 기세로 모여들어 영국군의 운명은 바야흐로 풍전등화와 같았다.

그런데 사실은 이 사건이 발생하기 3일 전인 5월 27일에 영국 측과 광주의 수뇌들 사이에 광동 협약이 성립되었다. 협약의 내용은 다음과 같았다.

1. 대신·장군 및 외성병은 광주성에서 나와 6일 이내에 성 밖 60마일 지점까지 물러난다.
2. 청국은 영국에게 6백만 달러를 지불하되, 1백만 달러는 27일 일몰 시까지 지불하고 나머지는 1주일 이내에 지불한다.
3. 6백만 달러 잔액을 지불했을 때 영국군은 호문 밖으로 물러나 점령한 모든 군사 기지를 반환하되 양국의 문제가 완전히 해결될 때까지 청국은 그 군사 기지에 아무런 군사 시설도 설치할 수 없다.
4. 청국은 외국 상관 약탈 및 스페인 상선을 공격하여 입힌 손해에 대하여 배상금을 지불한다.
5. 광주 지부(知府)에게 전권을 위임한다.

광주 지부 여보순(余保純)은 무슨 이유에서였는지 영국 측으로부터 매우 신임을 받고 있었다. 그는 영국군이 삼원리에서 포위되었을 때도 급보를 듣고 달려가 주민들을 해산시켰다. 주민들이 해산하게 된 결정적 계기는, "만약 그대들 평영단이 포위를 풀지 않으면 6백만 달러의 배상금을 모두 삼원리 주민들이 배상토록 하겠다."는 위협적인 한마디 말이었다.

6백만 달러라는 돈은 삼원리 주민들이 1백년 걸려도 조달할 수 없는 엄청난 액수였기 때문에 평영단은 할 수 없이 포위를 풀고 해산했다.

광동의 수뇌들은 북경 조정에 군사를 물린 이유를 변명했다.

"광동의 날씨가 몹시 더워 병으로 쓰러지는 병사들이 많기 때문에 광주성 밖 10여 리 지점의 백운산으로 옮겨 높은 곳에서 아래를 바라볼 수 있게 하기 위함이었다."

그리고 국고에서 영국에게 지불한 돈은 민중구제금이라는 명목으로 적당히 얼버무리려 하였다. 그러나 북경 조정도 그렇게 속아 넘어가지는 않았다. 감찰원을 비롯한 여러 정보망을 통하여 영국군이 얼마나 강하고 청국군이 얼마나 열세인지 소상히 알고 있었다. 대결해봤자 승산이 없다는 사실을 잘 알았기 때문에 광동 협약 정도에서 이 사건을 마무리 짓고자 방관했을 뿐이었다.

광동의 양국 수뇌들도 광동 협약으로 사태를 종결하려 했으나 영국 정부는 이를 승인하지 않았다. 영국은 그동안 교섭을 담당했던 찰스 엘리엇을 파면하고 헨리 포팅거를 새로운 특명 전권대사로 임명하였다. 8월 10일 광주에 도착한 포팅거는 광동은 그대로 둔 채 홍콩을 확보하고 함대를 동북쪽으로 진격시켜 아모이(廈門)를 점령한 후 다시 북상하여 주산 열도를 점령하였다.

주산 열도의 재점령은 마치 갓난애의 팔을 비트는 것과 같았다. 이는 그 맞은편에 있는 진해(鎭海)를 노리기 위한 작전이었다. 10월에 진해와 영파를 점령한 영국군은 일단 군사를 물렸다가 1842년에는 인도로부터 온 증원군과 합세하여 사포(乍浦)를 점령하였다. 사포의 전투에서는 청국군을 전멸시켰다. 그동안 살인ㆍ약탈ㆍ강간 등의 만행이 극에 달했다고 《임인사포순난록(壬寅乍

浦殉難錄)》은 기록했다.

사포를 함락한 영국군은 오송(吳淞)을 공격 목표로 정하였다. 오송에는 강남 제독 진화성(陳化成)이 버티고 있었다. 그는 맹장으로 이름이 높았으나 당시 청군의 시설로는 영국군의 거함 거포(巨艦巨砲)를 당할 수가 없었다. 애석하게도 오송의 요새와 운명을 같이하였다. 진화성이 전사하자 양강총독 우감(牛鑑)은 패잔병을 이끌고 후퇴하였다.

영국군은 8월에 상해를 점령하고 양자강을 거슬러 올라갔다. 영국 군함은 중국의 대동맥인 양자강에서 아무 저항도 받지 않은 채 마침내 진강(鎭江)을 점령하였다. 아편 전쟁 가운데서 가장 치열했던 전투가 진강의 싸움이었다. 저항이 심하면 공격하는 측도 난폭해지게 마련이다. 영국군은 진강에서 여자를 보면 욕을 보인 후 살해하였기 때문에 영국군에게 능욕을 당하기보다는 차라리 죽음을 택하겠다는 여인들이 수없이 많았다. 《출위성기(出圍城記)》에는 절개를 지켜 죽음을 택한 여성의 성명을 기록하여 그녀들의 정절을 후세 사람들에게 전했다. 이 전투에서 청국군은 전원이 장렬하게 전사하였다.

장강의 요충지 진강의 함락은 곧 남경 공격을 의미하는 것이었다. 8월이 되자 영국군은 남경을 위협하는 한편 북경을 공격할 태세마저 보였다. 양강총독 우감·기영(耆英)·이리포(伊里布) 등 청국의 중신들도 영국군이 천진(天津)을 노리는 듯하다는 정보를 북경에 보냈다. 천진은 북경의 바로 턱밑으로 천진을 노린다는 말은 바로 북경을 노린다는 것이나 다름없었다.

사태가 이에 이르자 북경 조정의 도광제도 결단을 내리지 않을 수 없었다. 그는 내키지 않는 유시를 내렸다.

"연안 백성들의 생명을 보전하기 위하여 부득이 영국과의 강화를 체결할 수밖에 없다."

남경 조약 조인식 영국의 일방적 조건에도 청국 측은 무조건 응해야 했다.

마침내 1842년 8월 29일 남경의 양자강 위에 정박 중인 영국 군함 콘 월리스Corn wallis 호에서 청국 측 대표 기영과 영국 대표 포팅거가 강화 조약에 조인함으로써 아편 전쟁은 청국의 일방적 패배로 막을 내렸다. 강화 조약이 역사상 이른바 남경 조약(南京條約)으로 그 내용은 일찍이 엘리엇이 광동에서 기선에게 제시했던 요구 사항을 토대로 한 것이었다.

1. 홍콩의 할양.
2. 광동·아모이·복주·영파·상해 등 5개 항구의 개항.
3. 개항장에 영사관을 설치할 것.
4. 전비(戰費) 배상금으로 1천200만 달러, 몰수된 아편 배상금 600만 달러, 공행(公行)의 부채 300만 달러, 합계 2천100만 달러를 3년 이내에 지불할 것.

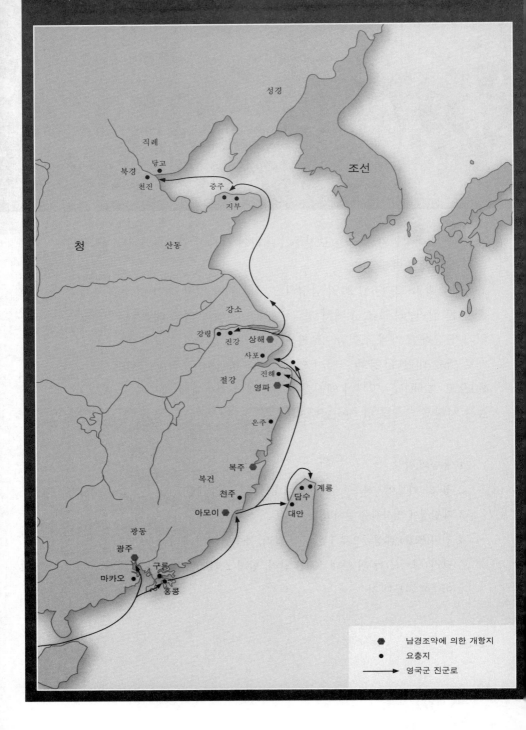

아편 전쟁 관계도

성경

조선

청

직례

당고

북경
천진

증주

지부

산동

강소

강령

진강

상해

사포

절강

진해

영파

온주

복주

복건

천주

아모이

계룡

담수

대안

광동

광주

구룡

마카오

홍콩

남경조약에 의한 개항지
요충지
영국군 진군로

5. 공행의 무역 독점 폐지.

6. 관세의 협정.

7. 대등 관계의 확인.

1850년경의 홍콩 남
경 조약에 의해 영국
에 할양되어 1997년
중국에 반환되기까지
영국령이었다.

　　남경 조약이 조인된 다음해인 1843년 6월 26일 홍콩에서 비
준서가 교환되었다. 남경 조약은 아편 전쟁을 결말짓기 위한 조약
이었는데도 아편 그 자체에 대하여는 전혀 논의가 없었다. 조약
체결 후에도 영국은 아편 자유화를 빈번히 강요했다. 청나라는
1943년 천진 조약 체결시까지 이것을 거부했지만 아편의 밀수입
은 계속 성행하여 오히려 아편 전쟁 전보다 배로 증가하는 추세를
보였다.

　　남경 조약은 조문 자체는 간단했으나 뒤이어 1843년 7월에는
5항 통상장정(通商章程)이 나와 영사 재판권, 최혜국 조관, 5항
에서의 군함 정박권 등이 보충되어 불평등 조약체제의 기본적 조

아편 전쟁 후의 광동
아편 전쟁에 승리한 열강은 광동과 홍콩을 근거지 삼아 중국에 대한 식민지 정책을 시작했다.

항이 제정되었다.

이어 1844년 7월에는 미국과 망하(望厦) 조약이 체결되고, 같은 해 프랑스와의 황포(黃埔) 조약, 47년 스웨덴 · 노르웨이와의 광동 조약이 체결되었다. 프랑스와의 조약에서는 천주교를 금지했던 기존 중국 법령을 해제하기로 하였다.

러시아는 1848년부터 1853년 사이에 5개항에서 무역을 요구했다가 일단 거절당했으나 1851년에는 이리 조약을 체결하여 육로 무역을 시작했다. 이렇게 해서 유럽 자본주의 국가들이 중국에 본격 진출하게 되었다.

아편 전쟁의 결과 청나라에서는 지금까지의 유아독존격인 중화 사상에서 점차 의식 개혁이 일어나 근대화의 움직임이 싹텄다.

태평천국의 난

진사시에 급제한 후 출세 가도를 달린 청조의 고급 관료로서 나중에 태평천국의 난을 진압한 증국번(曾國藩)은 아편 전쟁 후의 일반 서민의 생활고의 원인으로 다음 세 가지를 지적하였다.

첫째, 은(銀)의 시세가 올라가면 동전으로 내는 세금은 실질적으로 많아지는 셈이 되어 세금을 내지 못하는 사람이 많아지고 세금을 내지 못하면 처벌을 받게 되므로 이들은 자연 도망치게 마련이다. 도망친 사람들이 갈 곳은 비합법적인 단체밖에 없다.

둘째, 앞 조건의 결과로서 도적이 늘어가고 치안 상태가 불안하여 안정된 생활을 위협받게 된다.

셋째, 도적이 늘어나면 당국은 치안 유지상 엄벌주의로 나가게 마련이고 그리 되면 억울하게 죄를 뒤집어쓰는 사람이 늘어난다. 소송은 금전으로 좌우되기 때문에 억울하게 죄를 뒤집어쓴 사람도 돈이 없으면 감옥에 들어가게 되므로 일반 서민은 더욱 정부를 불신하게 된다.

이 세 가지 조건이 해결되지 않는 한 백성들이 반란을 일으키지 않는다는 보장이 없는 것이다.

특히 아편 전쟁에서의 패배와 5개 항구의 개항 등으로 광동 지방의 실업자가 급격히 늘어나자 정부에 대한 불만도 노골적으로 드러났다. 이러한 불만이 터져 아편 전쟁이 끝난 후 10년째인 1851년에 마침내 태평천국의 난이 일어났다.

태평천국의 난을 일으킨 홍수전(洪秀全)은 광동성 화현(花

縣)에서 농업에 종사하는 객가(客家) 출신이었다. 객가란 타향에서 이주해온 집을 말하는데 그가 어디서 이주해왔는지는 밝혀지지 않았다.

객가의 생활 수준은 본토 주민보다 못하였으나 홍수전의 집은 비교적 여유가 있어서 그는 과거를 보기 위해 공부에 열중하였다. 홍수전은 두 번째 향시를 보기 위해 광주에 갔다가 거리에서 만난 영국인 전도사에게서 《관세양언(觀世良言)》이라는 책을 받아 가지고 돌아와 통독하면서 기독교에 관심을 갖게 되었다. 이때가 도광 16년(1836)으로 홍수전의 나이 24세 때였다.

다음해 홍수전은 세 번째로 향시에 도전했으나 역시 실패하고 울분한 나머지 병이 들어 화현 집으로 돌아왔다. 무슨 병이었는지는 모르지만 40일 동안 혼수상태에 빠졌다 하니 중병임에는 틀림없었다.

그가 고열로 인하여 환각 상태에 빠져 잠을 자고 있는데 비몽사몽간에 한 노인이 나타나, "마귀가 세상을 유혹하고 있으니 마땅히 마귀와 싸워 이를 물리칠 것이니라."라고 말하고 칼을 건네주었다. 그 칼에는 '천왕대도군왕전(天王大道君王全)'이라는 일곱 글자가 새겨져 있었다.

혼수상태에서 깨어난 홍수전은 꿈속에서의 모습이 《관세양언》에 쓰여 있는 장면과 흡사하다는 생각이 들어 책꽂이에서 문제의 책자를 꺼내어 몇 번이고 되풀이하여 읽었다. 그는 꿈속에서 본 노인이야말로 여호와 신이며 중년의 남자는 예수 그리스도임에 틀림없다고 확신하였다. 그리고 자신은 천부의 둘째 아들, 그리스도의 동생이며 모세·그리스도에 이은 제3의 구세주로서 이 세상의 악마를 몰아내라는 명을 받았다고 생각하여 그리스도의

전도를 시작했다.

홍수전의 본명은 홍인곤(洪仁坤)이었고 아명은 홍화수(洪禾秀)였다. 그리스도교의 전도를 시작하면서 그는 여호와로부터 받은 '전(全)'자를 넣어 홍수전(洪秀全)이란 이름으로 바꾸었다. 이 '전(全)'자는 파자(破字)로 '인왕(人王)'으로서 인간 세계를 다스리는 왕이란 뜻이 된다. 홍수전은 여호와를 천부(天父), 그리스도를 천형(天兄)으로 생각하여 그리스도교에 몰두하였다.

홍수전은 자신의 교단에 배상제회(拜上帝會)라는 이름을 붙였다. 상제(上帝)인 여호와를 숭배하는 결사(結社)라는 뜻이다. 홍수전은 그의 사촌 홍인간(洪仁玕)과 죽마지우 풍운산(馮雲山) 등과 광동·광서 지방을 왕래하면서 회원 모집에 열을 올렸다. 홍수전이 광서로 돌아왔을 때 풍운산은 이미 2천 명의 회원을 확보

천왕부 홍수전이 사용했던 천왕부

하고 있었다. 나중에 태평천국의 간부가 된 양수청(楊秀淸)·소조귀(蕭朝貴)·위창휘(韋昌輝)·석달개(石達開) 등은 모두 이때 입회했다.

배상제회가 '태평천국'이라는 이름을 내걸고 군사를 일으킨 것은 도광 30년 12월 10일로써 양력으로는 1851년 1월 11일의 일이었다. 군사를 일으키기 위해서는 많은 준비 기간이 필요하였다. 이들이 군사를 일으킨 곳은 광서 계평현(桂平縣)의 금전촌(金田村)이라는 시골이었다. 아무리 시골이라 할지라도 수천 명의 사람이 역모 준비를 하고 있다면 관헌이 눈치채지 못할 리가 없었다. 이들은 관헌의 눈을 피하여 단기간 내에 무기를 제작하느라 무척 많은 어려움을 겪었다. 위창휘의 넓은 저택을 무기 공장으로 사용하였다. 공장에서 나는 소음을 위장하기 위하여 엄청난 숫자의 오리를 키웠다는 이야기도 전해진다.

각지의 배상제회 회원들은 거사하기 반년 전부터 서서히 금전촌 주변에 모여들기 시작하여 거사 날짜로 결정된 홍수전의 생일에는 무려 1만 명의 병력이 집결하였다.

반란에 참가한 동지들은 재산을 모두 성고(聖庫)에 바쳐 균등한 생활비를 분배받았다. 가족 단위의 참가가 많았기 때문에 태평천국의 군대에는 부인부대(婦人部隊)도 존재하였다. 가족을 남겨둘 경우 보복 대상이 될 것을 염려해서였다. 부인 부대를 여영(女營)이라 불러 남성 부대와 엄격히 격리시켜 아무리 부부지간이라도 동거 생활이 허용되지 않았다. 남자가 여영에 접근하거나 여자와 만나면 부부, 형제간이라도 사형으로 다스렸다. 태평천국군의 군율은 모세의 십계를 기본으로 한 매우 엄격한 것이었다.

태평천국의 소요 소식을 접한 북경 조정은 아편 전쟁의 영웅 임칙서를 다시 흠차대신에 임명하여 사태를 진압토록 하였다. 임칙서는 병든 몸인데도 불구하고 그의 고향 복건에서 광서로 가던 도중 광동의 조주(潮州)에서 병사했다. 그때가 도광 30년 10월 19일로 태평천국이 금전촌에서 거사하기 조금 전의 일이었다. 태평천국 거사 직전의 광서는 그야말로 무정부 상태였다.

임칙서의 사망으로 인해 태평천국군 토벌 작전은 엉거주춤한 상태에 빠졌다. 태평군*은 배상제회의 근거지였던 자형산(紫荊山)을 지나 9월에는 영안성(永安城)을 점령하였다. 영안은 계평(桂平)과 계림(桂林)의 중간 지점으로 태평군은 이곳에서 약 반년 동안 주둔하였다.

* 태평군 : 태평천국군을 태평군으로 부름

청국 조정은 양강총독을 역임한 이성원(李星沅)을 임칙서의 후임으로 임명하였으나 이 사람도 또한 광서의 무선(武宣)까지 왔다가 병사하고 말았다.

태평군은 영안에 주둔하는 사이에 각종 제도와 관작을 수여하는 등 정권으로서의 체제를 거의 갖추었다. 태평천국의 서열도 여기서 결정되어 홍수전이 정식으로 태평천왕의 자리에 오르고 그 밑에 5인의 지도자를 왕으로 봉하였다.

동왕(東王)에 양수청
서왕(西王)에 소조귀
남왕(南王)에 풍운산
북왕(北王)에 위창휘
익왕(翼王)에 석달개

청국군은 이들을 그대로 두지는 않았다. 광서제독 향영(向榮)과 부도통 오란태(烏蘭泰)의 지휘 아래 영안성을 포위했다. 1852년 4월 태평군은 비를 틈타 포위를 뚫고 출격하였다. 태평군도 많은 피해를 입었지만 청국군의 손해도 막대하였다. 대군을 거느리고 달려온 천진총병 장서(長瑞), 양주총병 장수(長壽), 하북총병 동광갑(董光甲), 운양총병 소학령(邵鶴齡)의 네 총병이 베개를 나란히 하여 전사하였다. 한꺼번에 네 명의 총병을 잃는 일은 아편 전쟁에서도 일찍이 없었던 일이었다.

포위망을 뚫은 태평군은 결코 영안에서 도망친 것이 아니었다. 그들은 광서성의 계림을 점령하려고 했으나 청국군의 완강한 저항에 부딪혀 계림을 포기하고 계림 동북방 약 13킬로미터 지점에 있는 전주성(全州城)을 공격, 점령하였다. 이 싸움에서 남왕 풍운산이 중상을 입었다.

이어서 태평군은 2백여 척의 배를 얻어 상강(湘江)을 따라 호남에 들어가려 하였다. 전주에서 호남의 영주(영릉)에 가는 도중에 사의도(簑衣渡)라는 곳이 있었다. 그런데 이곳에는 호남의 강충원(江忠源)이 의용군을 거느리고 대기하고 있다가 태평군을 대파하였다. 전주의 싸움에서 중상을 입었던 풍운산은 이곳에서 숨을 거두었다.

사의도에서 대패한 태평군은 중강 도주(道州)에서 천지회(天地會)* 소속의 병력 2만 명을 흡수하였다. 병력을 보충하고 휴식을 취한 태평군은 서왕 소조귀를 총사령관으로 삼아 장사(長沙)를 공략하기 위하여 북상하였다. 태평군이 장사를 습격하자 호남 순무 낙병장(駱秉章)은 북경행을 중지하고 장사성 방어에 나섰다. 낙병장은 당시 관료로서는 보기 드문 인물로 모종의 사건으로 탄핵을 받아 북경으로 출두하라는 소환 명령을 받고 있었다. 양군의 장사성 공방전은 매우 치열하여 청군의 총병 복성(福誠)을 필두로 고급 장교 전사자가 속출하는가 하면 태평군의 서왕 소조귀도 포격에 맞아 중상을 입고 얼마 후 숨을 거뒀다. 이때 천왕 홍수전은 동왕 양수청과 함께 상남의 침주에 있었다. 서왕이 죽었다는 소식을 듣고 급히 전군을 이끌고 장사로 향하였다.

10월 13일 장사에 도착한 태평군의 주력은 청군과 격렬한 전투를 벌였으나 청군의 저항 또한 완강하여 끝까지 함락하지 못하였다. 유양문 밖 전투에서는 한꺼번에 5백 명의 전사자를 내는 등 태평군의 피해도 커 사의도의 패전에 이어 두 번째의 패배를 맛보았다. 태평군은 그들의 장기인 땅굴파기 작전으로 성벽이나 성문을 폭파하려 하였으나 청군은 장사에 있는 맹인들을 동원하여 지면 탐사를 철저히 하였기 때문에 실패하였다. 맹인은 보지 못하는 대신 청각이 예민하여 땅굴을 파는 방향을 신속히 탐지하여 그 장소에 호를 파고 물을 대어 태평군을 몰살시키는 작전을 폈다.

태평군은 장사성을 포위한 지 한 달 만에 포위를 풀고 비오는

* 천지회(天地會) : 명 나라가 멸망한 후 반청 복명(反淸復明)을 슬로 건으로 하는 비밀 결사

틈을 타 서쪽으로 물러나 12월 3일 익양(益陽)을 점령하였다. 이곳에서 민간 소유의 배 수천 척을 포획하여 수로를 따라 악주로 향했다.

악주를 지키던 호북제독은 태평군이 접근한다는 소식을 듣자 성을 버리고 도망쳤기 때문에 태평군은 악주를 무혈 점령하였다. 태평군은 승세를 타 무창(武昌)을 공략하였다. 무창은 호광총독이 주둔하는 요새로 청군도 필사적으로 저항하여 호북 순무·포정사·안찰사·제독·총병 등 무창의 문무 대관이 모두 장렬하게 전사하였다. 이에 반하여 태평군의 간부는 전사자가 한 사람도 없는 압승을 거두었다.

호남에 들어서면서 태평군은 민족 의식이 매우 강렬한 격문을 여러 차례 발표하였다. 대표적인 격문은 이른바 '봉천토호격(奉天討胡檄)'으로 하늘의 뜻을 받들어 오랑캐(만주족)를 토벌한다는 내용이다. 매우 노골적이고 선동적이어서 읽는 사람의 피를 끓게 했다.

"슬프다, 이네 중생들아, 내 말을 잘 들을지어다. 무릇 천하는 상제(上帝)의 천하이지 오랑캐의 천하가 아니며 의식(衣食) 또한 상제의 의식이지 오랑캐의 의식은 아니다. 중국에는 중국의 풍습과 의관이 있거늘 지금은 어떠한가. 모두가 오랑캐의 풍습이고 의관도 원숭이의 관을 쓰고 있으니 참으로 해괴한 일이 아닐 수 없다. 그들은 우리 선조들의 풍습과 의관을 파괴하여 우리들의 근본을 잊게 하고 있다. 중국에는 중국인의 배우자가 있거늘 그들은 중국의 미녀를 강제로 유혹하여 처첩으로 거느리고 3천 명의 미녀를 노리개로 삼고 있다. 백만이 넘는 젊은 미녀가 오랑캐와 동침하고 있으니 이렇게 가다간 중국 천지가 모두 오랑캐의 종자로

바뀔 것이다. 말하자니 마음이 아프
고 혀가 더러워 참을 길이 없도다!"

태평천국 역사상 커다란 오점으
로 평가되는 불미스런 일이 무창에
서 있었다. 그것은 무창의 젊은 여성
들 가운데 미녀를 골라 간부의 처첩
으로 삼은 일이었다. 미녀로 뽑히기
를 꺼려한 무창의 여성들은 고의로

태평천국군이 사용했
던 포

추녀로 위장하였기 때문에 심사 전에 반드시 목욕을 시켰다는 이
야기도 있다.

태평군은 무창을 점령한 후 장강의 흐름을 타고 내려가 남경
을 공략할 준비를 서둘렀다. 2월 9일 발진한 태평군의 1만여 척의
배는 장강을 뒤덮은 듯하였고 돛대는 숲을 이루었다. 이와는 별도
로 육로를 따라 내려가는 부대도 있어 수륙 양로군을 합하면 50만
명이나 되는 막강한 병력이었다.

무창을 출발한 지 2주일 만에 안경(安慶)을 함락한 태평군은
파죽지세로 무호(蕪湖)를 함락하고 다시 1주일 후에는 남경성에
육박하였다. 태평군은 3월 19일 지뢰를 이용하여 남경의 의봉문
(儀鳳門)을 폭파하는 데 성공하였다. 태평군은 물밀듯이 성내로
들어가 치열한 전투를 벌였다. 청군은 무력했지만 남경의 공방전
은 치열하여 10여 일에 걸치는 사투가 계속되었다. 남경 주둔 팔
기병 3만 명이 결사적으로 방어 작전을 펼쳤으나 함풍(咸豊) 3년
(1853) 마침내 남경은 함락되었다.

"관병(官兵)은 하나도 남기지 말되 백성은 절대 해치지 말라."
태평군의 이런 이념에 따라 만주족의 팔기병 3만 명이 몰살

당하였다.

홍수전은 3월 29일 남경에 입성하여 양강총독 관저를 천왕부(天王府), 남경을 천경(天京)이라 개칭하였다. 이렇게 해서 천경을 수도로 하는 태평천국의 새로운 역사가 시작되었다.

태평천국은 남경을 점령한 해에 '천조전묘 제도(天朝田畝制度)'를 발표하였다. 이것은 새로운 왕조로서의 이상을 구체화한 것으로 천하의 토지는 천하의 사람이 함께 경작해야 한다는 원칙에서 만들어진 제도였다. 따라서 경작지의 사유를 금하고 국가 소유로서 경작자에게 골고루 나누어주고 수확의 잉여분은 국고에 납입시키며 개인적인 축재는 허용하지 않는다는 것이었다.

이와 함께 태평천국은 주변의 영토 건설에 주력하는 한편 북경을 공략하기 위하여 이개방(李開芳)을 정호후(定胡侯), 임봉상

(林鳳祥)을 정호후(靖胡侯), 길문원(吉文元)을 평호후(平胡侯)
에 봉하여 이들을 총사령관으로 하는 북벌군을 편성하였다.

남경이 태평군에 의해 함락되었다는 소식은 북경의 조야를
뒤흔들어 놓았다. 태평천국이 단순한 봉기군이 아니라는 사실을
확인했기 때문이기도 하였으나 그보다도 더 충격적인 것은 정부
군이 상상 외로 약체화되었다는 사실이었다. 무창과 남경의 전투
에서 유수한 군수뇌들이 태평군에게 희생되었다는 사실을 감안한
북경 조정은 북경 방위를 위하여 동북방에 있는 군대를 이동시켜
북경을 철통같이 방어토록 하였다. 봉천군 8천 명, 치치하얼군 4
천 명, 길림군 2천 명, 흑룡강군 2천 명 등 총병력 1만 6천 명의
군사를 북경 주변에 배치하고 각지의 주둔군은 언제든지 이동할
수 있도록 명령이 내려졌다.

이에 대하여 태평천국의 북벌군은 5만 명으로 편성되었다.
양주를 떠나 강소(江蘇)에서 북서진하여 안휘를 공략한 다음 하
남에 진출하여 개봉을 공략하고 황하를 건너 산서성을 지나 1853
년 10월에는 천진에 육박할 기세를 보였다. 이번 행군은 광서를
떠나 남경을 점령하기까지의 행군에 맞먹는 것이었으나 그때처럼
호응하는 군중은 현격히 감소하였다.

화북의 백성들이 소극적이어서 그랬는지 혹은 북벌군이 광서
출신을 근간으로 했기 때문에 지역적인 영향을 받아서였는지 열
광적으로 호응하는 군중은 눈에 띄게 줄어들었다.

북벌군은 10월에 하북에 들어선 뒤 북경의 바로 턱밑에 있는
천진을 공격했다. 청군도 천진 수비의 중요성에 비추어 철통 같은
방어 태세로 태평군에 맞섰다. 청군은 제방을 끊어 태평군을 수공
(水攻)하였다. 태평군은 대패하여 정해(靜海)까지 후퇴하였다.

그러나 태평군의 사정에 아랑곳하지 않고 시간은 흘러 어느덧 겨울로 접어들었다. 태평군에게는 가장 두려운 적인 동장군이 내습한 것이다. 남방 출신의 북벌군은 동상자가 속출한데다 식량마저 부족하여 다음해 2월 정해를 포기하고 남쪽으로 도망쳤다.

청군에서는 이번의 천진 전투를 몽골족의 맹장 승격임심(僧格林沁)이 지휘하였다. 그의 부하 중에는 추위에 익숙한 몽골족 기병이 많았다. 북벌군은 이 몽골족 철기의 기동력에 압도되었다. 정해에서 부성(阜城)까지 도망치는 사이에 북벌군 사령관의 한 사람인 길문원이 전사하였다. 청군의 작전은 북벌군을 분산시키는 작전이었다. 지형에 어두운 북벌군은 이 작전에 말려들어 각개 격파당했다.

임봉상의 부대는 연진에서 전사하고, 이개방의 부대는 풍관둔에서 포위되어 청군이 운하의 물을 터 놓는 바람에 전군이 수장되고 말았다. 이개방의 부대가 전멸한 것은 함풍 5년(1855) 4월 16일이었으니 북벌군이 양주를 출발한 후 꼭 22개월 동안 처참한 혈전이 계속된 셈이다. 연진의 싸움에서도 한 사람의 투항자도 나오지 않았다. 이렇게 해서 북경 공략 계획은 완전히 실패로 돌아갔다.

북벌군의 궤멸은 태평천국에게 큰 타격을 안겨주었다. 태평천국 병력의 과반수를 상실하는 대참패였다.

태평천국은 북벌과 병행하여 서정(西征)도 감행하였다. 서정군은 악주·무한을 점령하고 기세를 올리면서 강서로 진출하였다. 이때 증국번(曾國藩)이 거느리는 상군(湘軍)이 서정군과 충돌하였다. 증국번이 거느리는 상군(일명 상용(湘勇))은 청조의 정규군이 아니라 민간 의용군이었다. 후에 언급되겠지만 태평천국

을 토벌한 주역은 민간 의용군이었다.

백련교도의 난 때도 있었던 일이지만 민간을 무장시키는 일은 군벌을 형성할 우려가 있고 정부 위신을 손상시키는 일이기 때문에 조정에서도 달가워하지 않았다. 그러나 청나라 군대가 부패해서 전쟁에서 패전을 거듭하였기 때문에 조정은 1853년 증국번에게 단련(團練)*을 편성하라는 명령을 내렸다.

증국번은 마침 모친상을 당하여 복상 중이었고 또 단련을 편성하는 것이 선뜻 내키지는 않았으나 친구와 그의 동생 증국전(曾國筌)과 의논한 끝에 조정의 명령에 따라 장사에 가서 순무 장양기(張亮基)와 만나 협의하게 되었다.

증국번은 장사에서 태평군이 저지른 파괴상을 보고 의분을 참지 못해 의용병 모집을 결심하였다. 그는 새로운 군대를 만들어 보겠다는 신념 아래 모병을 하는데도 성실한 사람만을 선발하고 그 지휘자도 종래의 군인 가운데서 선발하지 않고 순수한 서생(書生)들을 임명하였다.

증국번은 정병 제일주의를 내세워 북경 조정으로부터의 성화

같은 출병 독촉에도 불구하고 훈련 부족을 이유로 출동하지 않았
다. 그는 무한 삼진(武漢三鎭)*을 탈환하고 양자강을 따라 내려가
태평천국을 공략할 계획이었기 때문에 수군의 필요성을 통감하여
열심히 병선을 제조하고 있었다. 상군의 출동을 거부하는 이유로
병선의 제조가 완료되지 않았다는 내용도 들어 있었다. 1854년
준비가 완료되자 증국번은 마침내 상군을 출동시켰다. 그는 상군
을 출동시킴에 즈음하여 유명한 토월비격*을 발표하였다.

이 격문은 태평군이 종래의 중국 전통을 파괴하고 그리스도
교를 강요하여 인민의 자유를 속박하고 있음을 맹렬히 비판했다.

증국번이 거느리는 상군은 수륙 양로로 진격을 개시하여 악
주·무한을 탈환하고 강서로 진격하여 구강(九江)을 공략하였으
나 안경에 있던 태평군의 석달개(石達開)가 공교롭게도 원군을
보내 태평군을 도왔기 때문에 정항(靖港)에서의 패배에 이어 두
번째 패배를 맛보았다. 실망한 증국번은 투신 자살을 기도했으나
다행히 구출되었다. 증국번은 남창까지 도망쳤으나 태평천국의
내분이 일어난 이후 점차 세력을 회복하였다.

함풍 5년은 태평천국의 북벌군이 궤멸된 해였으나 서정군은
무창을 다시 점령하는 등 기세를 올리고 있었다.

그런데 태평천국이 남경을 점령한 직후 유여천(劉麗川)의 무
리가 소도회(小刀會)라는 천지회(天地會) 계통의 결사를 이끌고
1853년 9월 상해현성(上海縣城)을 점령하고 대명태평천국(大明
太平天國)이라 칭하여 태평천국과 제휴하려 하였으나 태평천국
에서는 이를 거부하였다.

태평천국 수립 후 상해 거류 외국인은 엄정 중립을 선언했지
만 프랑스는 결국 청국측에 가담하여 소도회를 소탕하고 프랑스

인의 조계(租界)*를 획득하였다. 때를 같이 하여 지금까지 중립을
지키고 있던 다른 외국 사절도 태평천국의 적대국인 청국을 원조
함으로써 태평천국은 불리한 국면을 맞았다. 이러한 중차대한 승
패의 갈림길에서 태평천국은 걷잡을 수 없는 내분에 휘말리게 되
었다.

천왕 홍수전을 주축으로 하는 동서남북의 네 왕 가운데 남왕
풍운산과 서왕 소조귀가 이미 전사하고 동왕 양수청이 사실상 실
권자가 되어 홍수전을 제쳐놓고 모든 결재를 담당하였다. 양수청
은 광서 계평현 출신으로 일찍이 숯을 굽기도 하고 농업에 종사한
일도 있었지만 두뇌가 명석하여 태평천국의 제일인자인 홍수전의
자리를 노렸다. 홍수전은 천왕부(天王府) 깊숙한 곳에서 사색과
저작에 몰두했을 뿐 권세 따위에는 아무런 관심도 없는 듯 보였지
만 그도 인간임에는 틀림없었다. 홍수전은 이때부터 양수청의 세
력을 견제해야겠다고 결심하게 되었다.

《태평천국야사(太平天國野史)》나 《태평천국일문(太平天國
軼失聞)》에는 홍수전과 양수청을 둘러싼 여자의 이야기가 기록되
어 있지만 증국번의 첩보 주임이었던 장덕견(張德堅)의 보고에

의하면 이미 1년 전부터 내분이 일어날 것을 확언하고 있다.

이 내분의 내용에 대해서는 상세한 기록이 없지만 뒤에 청군의 포로가 된 충왕(忠王) 이수성(李守成)의 공술(供述)에 의하면 양수청이 북왕 위창휘와 익왕 석달개의 권한과 직위를 격하시킬 음모를 꾸미자 이에 분개한 그들이 양수청 일당을 죽인 사건으로, 홍수전과는 전혀 관련이 없는 것으로 되어 있다. 그러나 내분이 일어났을 당시 석달개는 호북에 있었고 위창휘는 강서에 파견되어 있었으므로 이들 두 사람의 협력은 사실상 곤란했을 것으로 보아 이수성의 공술은 신빙성이 희박한 것으로 보인다.

천왕 홍수전이 강서에 있던 위창휘에게 양수청을 주살하라고 명했다는 쪽이 오히려 사리에 맞을 것 같다. 강서의 진중에 있던 위창휘가 남몰래 남경으로 돌아온 것은 9월 1일 한밤중이었다. 그는 3천 명의 친위대를 거느리고 9월 2일 새벽 동왕부를 급습하여 양수청을 위시하여 그의 일족, 친척, 부하 등 수천 명을 학살하였다. 이때 익왕 석달개는 무창의 홍산(洪山)에서 전투를 지휘하고 있다가 대학살 소식을 듣고 급히 남경으로 돌아왔다. 석달개는 태평천국의 간부 가운데서 학식이 풍부하고 유학에 정통한 20대의 청년 장군이었다. 그도 평소 양수청의 횡포를 달갑게 여기지 않으나 참혹한 학살을 그대로 묵과할 수 없다는 생각에 위창휘와 그를 도운 진일강(秦日綱)을 힐문할 목적으로 남경에 돌아왔던 것이다. 그러나 이 같은 정의감은 현실 앞에 무력하기 짝이 없었다.

남경에 돌아온 석달개는 자신의 입장이 극히 위험하다는 사실을 직감하였다. 위창휘가 무턱대고 그를 숙청하려 했기 때문이었다. 이를 눈치챈 석달개가 아슬아슬하게 몸을 피해 소남문 가까이 있는 성벽을 타고 성 밖으로 탈출하여 안경으로 돌아왔다. 이

태평천국 관계도

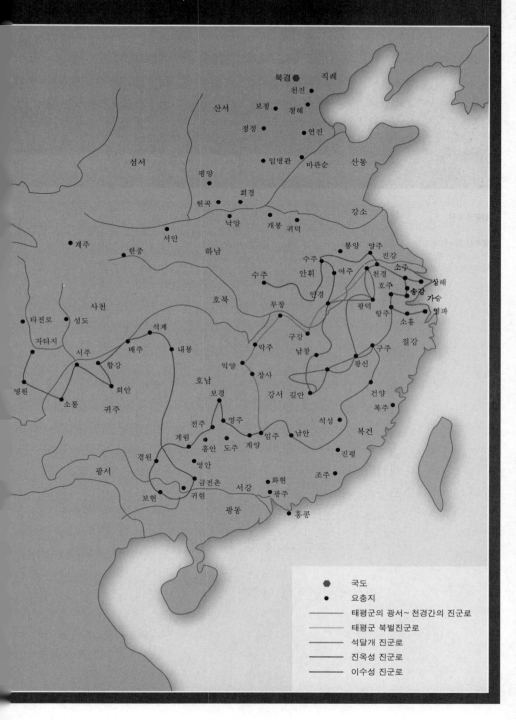

북경 ● 직례
천진 ●
산서 보정 ● 정해 ●
정정 ● 연진 ●
임명관 ● 마관순 산동
평양 ●
원곡 ● 회경 ●
낙양 ● 개봉 귀덕 ●
섬서
계주 ● 한중 서안 ● 하남 강소
수주 ● 봉양 양주
안휘 진강 소주
수주 ● 여주 천경 ● 상해
성도 ● 안경 호주 ● 송강
사천 호북 무창 ● 광덕 ● 가승
타전로 ● 석계 구강 ● 항주 ● 영파
자타지 ● 배주 내봉 악주 ● 남창 소흥 ●
서주 ● 익양 ● 장사 ● 구주 ●
함강 회안 ● 호남 강서 길안 ● 광신 절강
영원 ● 귀주 보경 ● 영주 건양 ●
소통 ● 석성 ● 복주 ●
전주 ● 임주 남안 복건
계림 ● 흥안 도주 계양 진평 ●
광서 경원 ● 영안 ● 조주 ●
보현 ● 금전촌 ● 서강 화현 ●
귀현 ● 광주 ●
광동 홍콩 ●

●	국도
●	요충지
──	태평군의 광서～천경간의 진군로
──	태평군 북벌진군로
──	석달개 진군로
──	진옥성 진군로
──	이수성 진군로

때 안경의 각성문에는 이미 위창휘의 손이 뻗쳐 있었다.

위창휘는 휘하 군대를 동원하여 익왕부(석달개의 근거지)를
포위하였다. 석달개는 간신히 도망쳤으나 그의 가족들은 모두 죽
임을 당하였다. 뿐만 아니라 석달개의 간부 가족도 익왕부에 있었
는데 한 사람도 남지 않고 모두 죽임을 당하였다. 잔학하기 그지
없는 위창휘는 자기 계열 이외의 간부는 모조리 숙청하는 바람에
2~3만 명의 간부들이 희생되었다. 이렇게 남경에서 태평천국의
유혈 사건이 벌어지고 있을 때 광동에서 애로 호 사건이 발생하였
다. 이 사건에 대해서는 나중에 언급하기로 한다.

석달개가 남경에서 탈출했다는 소식을 들은 위창휘는 진일강
에게 추격을 명하였다. 처자와 일족을 몰살당한 25세의 청년 장군
석달개가 분루를 삼키며 보복을 노리는 것은 당연하였다. 임지인
안경에 돌아온 그는 각처의 태평군에게 격문을 띄웠다.

"군사를 남경으로 돌려 임금 곁에 있는 간사한 무리를 제거
하자."

전선에 있던 동왕 양수청 계열의 모든 부대는 양수청의 죽음

소식에 어쩔 줄 모르고 있다가 익왕의 격문을 접하자 속속 익왕 석달개와 합류하였다. 익왕과 가장 친밀했던 천지회 계통의 나대강(羅大綱)은 이미 죽었지만 그의 부하들이 이에 호응하여 석달개의 휘하로 합류하였다.

익왕 석달개를 추격하기 위해 남경을 출발한 진일강은 북왕 위창휘의 평판이 너무 나쁘다는 사실을 알게 되어 심경의 변화를 일으켰다. 석달개와 싸울 것이 아니라 태평천국의 엄연한 적은 어디까지나 청나라이므로 오로지 청나라와 싸우기로 결심한 것이었다. 진일강의 이 같은 심경 변화는 남경으로 진군하는 석달개에게 큰 도움이 되었다.

남경을 노리는 세력은 석달개의 대군만은 아니었다. 석달개의 일족인 석진길(石鎭吉)과 강서에 있던 동왕 양수청의 사촌동생 양보청도 복수를 하기 위해 남경으로 향했다.

북왕 위창휘는 진일강에게 1만 5천 명의 군사를 내준 것이 몹시 후회스러웠다. 정적인 석달개와의 싸움은 포기하고 오로지 청군과 싸우고 있다는 사실은 북왕의 귀에도 들어갔기 때문이었다.

동왕부의 대학살 사건이 있은 후부터 북왕 위창휘는 제정신이 아니었다. 각처에 주둔했던 태평군이 남경으로 몰려온다는 소식을 들은 그는 또 한 가지 미친 행동을 하였다.

남경성의 남문인 취보문(聚寶門) 밖에 천하제일탑으로 불리는 높이 약 80미터에 달하는 대보은사탑(大報恩寺塔)이 있었다. 위창휘는 석달개군이 탑을 점령하면 그 높은 자리를 이용하여 성내에 포격을 가할지 모른다는 두려움에서 이 탑을 파괴한 것이다. 이 천하제일탑은 흰 유리 타일과 오색의 유리 기와로 장식된 문자 그대로 천하 제일의 건물이었다. 그리스도교를 국시로 하고 사원

따위에는 관심조차 없었던 태평천국도 이 천하제일탑만은 파괴할 생각을 하지 않았다. 그런데 북왕 위창휘가 자신의 생명을 보호하기 위하여 그 탑을 파괴하였으니 안타까운 일이다.

초조해진 위창휘는 석달개를 수령으로 하는 세력이 남경을 공략하기 전에 천왕부(天王府)를 공략하여 태평천국을 탈취하려 하였다. 그러나 이것은 큰 오산이었다. 첫째, 천왕부의 저항이 예상 밖으로 완강했다는 점과 둘째, 그가 거느리는 휘하 군대의 사기가 형편없이 떨어져 탈주병이 많았기 때문이었다. 위창휘가 거느리는 군대는 천왕부에 돌입하지 못하고 천왕부를 포위한 채 다음날 다시 공격할 태세였다.

그러나 그 다음날 정오 무렵 천왕부를 포위한 위창휘군의 후방에서 난데없이 이들을 습격하는 군대가 나타났다. 멀리서 달려온 부대가 아니고 남경성에 숨어 있던 양수청계의 몇몇 간부가 위창휘군을 습격한 것이었다. 이와 때를 같이 하여 천왕부의 문이 활짝 열리면서 친위대가 쏟아져 나와 위창휘군을 마구 무찔렀다. 앞뒤에서 협공을 당한 위창휘군은 이미 전의를 상실하여 사방으로 흩어져 달아날 뿐 누구 하나 위창휘를 구하려 하지 않았다. 너무나도 뜻밖의 일에 위창휘는 맥없이 그 자리에 털썩 주저앉고 말았다. 이렇게 해서 그는 생포되어 '지해(支解)'라는 극형에 처해졌다. 지해란 몸을 갈기갈기 찢는 형벌이다. 갈기갈기 찢긴 그의 고기는 남경성 안 여러 곳에 걸리었고 그 곁에는 다음과 같은 푯말이 세워졌다.

"이것은 역적 위창휘의 고기이다. 백성들은 이를 구경만 하고 가져가지 말 것이니라."

이때 석달개는 남경 가까이까지 와 있었다. 태평천국은 다섯

왕 가운데 동서남북의 네 왕을 잃고 이제는 익왕 석달개 한 사람만 남은 셈이다.

천왕 홍수전은 석달개에게 다음과 같은 조서를 내렸다.

"남경으로 돌아와 태평천국의 정치를 보좌하라."

조서와 함께 위창휘와 진일강의 수급이 석달개에게 보내졌다. 1만 5천 명의 군사를 거느리고 오로지 청군과 싸우고 있던 진일강도 이미 천왕이 파견한 군대에게 체포되어 참수되었다.

석달개는 태평천국 안에서 가장 학식이 풍부한 유학자 타입의 젊은 장군이었다. 남경의 백성들은 이 같은 석달개에게 큰 기대를 걸어 남경 어디를 가나 석달개를 화제로 꽃을 피웠다.

홍수전의 측근들은 시민들의 이 같은 반응에 불안해했다. 홍수전에게는 홍인발(洪仁發)·홍인달(洪仁達) 두 형이 있었는데 무능했기 때문에 지금까지 아무런 직무를 가지고 있지 않았다. 홍수전은 금전촌에서 거병한 이래 동지 양수청과 위창휘에게 배반을 당함으로써 인간을 불신하는 경향이 부쩍 늘어갔다. 그의 두 형이, "이 세상에 믿을 사람은 육친(肉親)밖에 없다."고 부추겼기 때문이었다.

1856년 태평군이 점거하던 무창이 호북 순무 호임익(胡林翼)이 거느리는 청군에 포위되어 마침내 함락되었다. 그러자 천왕의 측근인 두 형은 석달개를 비난하였다.

"무창이 함락된 것은 익왕 석달개에게도 책임이 있다. 최고

사령관이면서 함부로 근무지를 이탈했기 때문이다."

그러나 이 같은 비난은 얼토당토 않은 것임을 누구나 다 알고 있었다. 남경으로 돌아와 정치를 보좌하라고 조서를 내린 것이 다름 아닌 천왕 홍수전이었기 때문이다.

해가 바뀌자 홍인발을 안왕(安王), 홍인달을 복왕(福王)에 봉함으로써 측근파와 익왕파와의 대립이 본격화하였다.

남경의 시민들은 파벌 싸움에 진저리가 나 있었고 석달개 또한 홍수전의 처사에 실망하고 말았다. 홍인발·홍인달 형제는 무능하고 탐악하기 이를데 없었다. 측근이라는 신분을 이용하여 뇌물 받는 일에 급급하고 있었다.

만약 석달개의 나이가 좀 더 많았더라면 조금 참을 수도 있는 일이었으나 젊은 그에게는 청년다운 혈기와 이상이 불타고 있었다. 남경은 이미 자신의 이상과는 너무 거리가 멀다는 것을 확인한 석달개는 남경으로 돌아와 재상으로서 정치를 보좌한 지 반년 만에 20만 명의 대군을 거느리고 남경을 떠나 버렸다.

석달개가 물러난 후의 태평천국은 이수성(李守成)과 진옥성 (陳玉成) 두 사람이 운영했는데 어려움이 많았던 것은 사실이었 다. 얼마 후 안왕과 복왕은 왕직을 삭탈당하였다. 이것은 이들에 대한 평판이 너무 나빠 백성들의 원망의 화살이 천왕 홍수전에게 미칠 것을 두려워 한 몽득은(蒙得恩)이라는 사람이 천왕에게 진 언하여 내린 결과였다. 몽득은은 홍수전이 육친(肉親) 이외에 가 장 신임하는 인물이었다. 몽득은이 등장한 후의 태평천국은 진옥 성·이수성·몽득은의 세 사람이 운영하였다. 그러나 태평천국 의 말로는 점점 가까이 다가오고 있었다.

익왕 석달개는 대군을 거느리고 남경을 떠났으나 일정한 근 거지를 가지지 못하였다. 한때는 태평천국으로 복귀하라는 권고 를 받았으나 그는 이를 거절하고 1859년에는 친히 관제와 예제를 제정하니 이것은 태평천국과 별도의 정권을 만들겠다는 의사 표 시였다.

1861년 이영리(李永利)라는 사람이 사천에서 봉기하자 석달 개는 이에 호응하여 사천에서 20만 명의 대군을 얻었으나 대도하 (大渡河)의 싸움에서 청군의 공격을 받아 사상자가 속출하는 가 운데 부하 장병의 생명을 구하기 위해 부득이 청나라에 투항했다 가 1863년 마침내 책형에 처해졌다.

1859년 4월 홍콩에서 홍수전의 사촌 홍인간이 남경으로 와 정치를 보좌하였다. 홍인간은 유능한 인물로 간왕(干王)에 봉해 져 정무를 총괄하였다. 내분의 상처에서 다시 일어선 태평천국은 새로운 지도자 진옥성과 이수성의 분전으로 항주와 소주 등의 요지를 점령하기도 하였다. 이것이 1860년의 일이었고 같은 해 애로 호 사건에 의한 천진 조약의 비준을 놓고 영불 연합군이 북경을 점령하고 원명원(圓明園)을 파괴하였다. 그 다음해 남하한 영국 함대의 제독 호프가 남경을 방문했을 때 태평천국은 연내에는 상해를 공격하지 않을 것과 장강에서의 무역 활동을 방해하지 않겠다고 약속하였다.

그러나 1861년 9월 석달개 이래 태평천국의 중요 거점이었던 안경이 청나라에게 함락되자 천왕 홍수전은 그 책임을 물어 홍인간과 진옥성을 해임하고 다시 무능한 홍인발 · 홍인달을 기용함으로써 모처럼 새 바람이 일었던 태평천국은 다시 어지럽게 되었다.

홍수전은 영국 제독 호프와의 약속 기간이 지나자 1862년 1월 상해를 공격하기 시작하였다. 그 전에 그곳에는 미국인 와드E. T. Ward를 대장으로 하는 양창대(洋槍隊)가 조직되어 있었다. 원래 이 부대는 소도회가 상해현성을 점령했을 당시의 외인 자위대와는 그 성격이 달랐다. 당시의 외인 부대는 엄정 중립을 지켰으나 이번의 외인 부대는 확실히 청조 측에 가담한 용병(傭兵)부대였다. 청조 정부는 이 외인부대를 '상승군(常勝軍)'이라 불렀다.

태평군의 상해 공격 작전은 매우 치열하였다. 프랑스 제독 프로트가 전사하고 영국 제독 호프는 부상당했다. 상승군 부대장(副隊長) 폴스터는 포로가 되었다가 나중에 무기 · 탄약과 교환 조건으로 석방되었으며 태평천국의 피해도 많았다.

이수성이 지휘하는 태평군은 송강(松江) 부근에서 영국군을 공격하였다. 태평군이 대승을 거두어 소총 5백 정, 화약 36상자를 노획하는 등 태평군의 상해 점령은 바야흐로 목전에 다가와 있었다. 그러나 이때 남경이 청군에 포위되어 위기에 몰리고 있었다.

천왕 홍수전으로부터는 위급한 남경을 구하라는 조서가 하루에 세 번씩이나 날아들었다. 이수성은 눈물을 삼키며 상해 공략을 중지하고 남경 구출 작전에 나설 수밖에 없었다.

그러나 태평천국의 전세는 날이 갈수록 불리해졌다. 홍수전은 뒤늦게 상해 공격을 중지시킨 일을 후회하였다. 상해를 점령한 후 남경 구원에 나섰더라면 정세는 달라졌을 것이다. 그러나 때는 이미 늦어 있었다. 1863년 12월 소주를 빼앗기고 다음해에는 항주까지 청군에 빼앗기는 대참패를 맛보았다. 소주를 공략한 것은 청군이 아니라 새로 편성된 상승군이 주력을 이루었다.

1864년 7월 19일 태평천국의 수도 남경은 마침내 함락되었다. 홍수전은 남경이 함락되기 48일 전인 6월 1일에 병사했다고도 하고 혹은 음독자살했다고도 전해진다.

남경 함락 당시 태평군의 장병 가운데 항복한 사람은 아무도 없었다. 수천 명의 궁녀도 자살로 최후를 마쳤다. 이수성은 어린

이홍장

천왕 홍천귀(洪天貴)를 끝까지 지켜 탈출했으나 3일 만에 체포되어 죽임을 당하였고 남방으로 도망간 홍귀복마저 강서에서 체포됨으로써 태평천국은 무너지고 말았다. 이수성이 죽기에 앞서 증국번은 이수성에게 지필을 내주어 자공서(自供書)를 쓰도록 하여 책으로 발간하였다. 그런데 이 자공서 가운데 비굴한 말과 청나라에 아첨하는 부분이 있어 증국번의 위작(僞作)이나 개작(改作)이 아닌가 하는 의문이 일었으나 그 후에 증국번의 옛 집에서 원문이 발견됨으로써 의문은 해소되었다.

2년 전에 이미 순직한 진옥성에 비하여 이수성에 대한 평가는 그다지 좋지 않지만 재기를 노리기 위하여 부끄러움을 무릅쓰고 자공서를 썼을 것이라며 이수성을 동정하는 사람도 있다.

어쨌든 내분의 결과 유일하게 남았던 익왕 석달개마저 남경을 떠난 후 태평천국이 지탱된 것은 진옥성과 이수성의 힘이었음은 부인할 수 없는 사실이다.

태평천국의 몰락과 함께 홍인간 · 홍인발 · 홍인달 등 홍씨 일족은 모두 멸족되었다.

태평천국의 본거지를 공략한 상승군은 증국번의 동생 증국전이 제일선을 담당하였다. 증국번이 제일선에 서면 진다는 징크스가 있었기 때문으로 풀이된다. 남경이 함락된 후의 태평군은 고립 상태에 빠져 여지없이 격파되었다.

태평천국의 멸망과 함께 그 주요한 인물들도 모두 죽었지만 잔당들은 강북 일대에서 게릴라 활동을 하고 있는 염비(捻匪, 건달패들로 조직된 비적)와 합류하였다. 뇌문광(賴文光)의 부대는 호북에서 염군(捻軍)의 장종우(張宗禹)와 합류하여 산동에서 용맹을 떨치던 승격임심(僧格林沁)을 패사시켰다. 1866년에는 동서의 염군으로 분열되었다가 이홍장(李鴻章)의 회군(准軍)*에게 섬멸되었다.

* 회군(准軍) : 안휘의 민간 의용병

제2차 아편 전쟁

태평천국의 난이 한창이던 1856년에 애로 호 사건이 발생하였다. 이 사건은 영국 · 프랑스 · 미국 · 러시아 등 세계 열강이 15년 전에 있었던 아편 전쟁의 성과를 한층 더 충족시키기 위해 일으킨 싸움으로 아편 밀수선 수색 문제를 둘러싸고 일어났기 때문에 제2차 아편 전쟁이라고도 부른다.

사건은 중국인 소유 아편 밀수선인 애로 호를 중국 관헌이 부당하게 수색했다는 데서 발생하였다. 당시의 아편 밀수는 홍콩에서 영국 선적에 등록을 하고 영국 국기의 보호 아래 공공연히 이루어지고 있었다. 1856년 10월 8일 광주 앞바다에 정박 중인 애로 호를 청국 관헌이 수색하여 해적 용의자 이명태(李明太)를 체포하고 그 밖에 11명을 연행한 사건이 있었다. 광주 주재 영국 영사는 양광총독 섭명침(葉名琛)에게 이 사건과 관련하여 다음과 같은 항의 각서를 전달하였다.

"영국 국기를 단 영국 선적의 배를 청국 관헌이 수색하여 선원을 체포하는 것은 명백한 조약 위반이다. 하물며 청국 군사가 영국의 국기

남경 공방전

를 끌어내린 것은 영국에 대한 중대한 모욕이다. 체포해간 선원을 즉시 석방하고 보상과 아울러 적절한 사죄를 해야 할 것이다."

이 문제를 둘러싸고 여러 가지 말이 오갔으나 사실은 영국을 비롯한 열강들이 다시 한번 청국을 두들겨 더 유리한 조약을 체결해보겠다는 의도에 지나지 않았다. 설사 애로 호 사건이 없었다손 치더라도 그들은 무슨 구실을 붙여서든 이와 비슷한 전쟁을 일으켰을 것이 틀림없었다.

결국 영불 연합군은 청국 원정을 감행했다. 영국 내각은 개전을 결정하였고 파머스턴 수상은 의회의 찬성을 얻기 위해 하원을 해산하고 총선거를 실시하여 겨우 찬성을 얻는 비상수단까지 동원하였다. 프랑스는 가톨릭 신부 샤프들레이네A. Chapdeleines가 중국인 신도를 선동하여 모반을 꾀했다는 죄로 사형에 처한 책임을 묻는다는 구실로 영국과 함께 참전하기로 결정하였다.

1857년 12월 영불 연합군 5천6백 명은 광주 공격을 개시하여 29일에 광주를 함락하였다. 양광총독 섭명침은 포로가 되어 캘커타로 송치되었다가 2년 후 사망하였다. 광주를 점령한 영불 연합군은 약탈과 폭행을 자행하여 주민들의 반발을 불러일으켰다. 대영 투쟁의 경험이 있는 삼원리 주민들은 화염병과 함정 작전 등 여러 가지 방법으로 영불군과 대항하였다.

광주에서 아무리 소란을 피워봤자 북경 조정은 별다른 신경을 쓰지 않는다는 사실을 아편 전쟁을 통하여 경험한 영불군은 북경을 위협하기 위하여 북상하였다. 영불 연합군이 요구하는 조약 개정은 전투에 직접 참가하지 않은 미국과 러시아도 똑같이 희망했으므로 그들도 참관인의 자격으로 참가하였다.

4개국 사절은 영국 군함 10여 척, 프랑스 군함 6척 외에 러시아군함 1척을 앞세워 계속 북상하였다. 1858년 4월 이들 함대는 천진의 백하구에 도달하였다. 그리고 북경 조정에 대하여 전권대사를 대고(大沽, 천진의 외항)에 파견할 것과 만약 요구가 충족되지 않으면 단호한 행동을 취하겠다고 위협하였다.

외국 함대가 북경에 접근해오면 벌벌 떠는 것이 지금까지 조정이 취해온 태도였다. 이번에도 마찬가지로 북경 조정은 담정양(譚廷襄)을 흠차대신에 임명하였으나 그에게 부여된 임무는, "정리(情理)를 참작하여 법으로써 회유하라."는 것이었다.

협상에 임한 담정양은 다음 조건을 제시하였다.

"광동·복건에서 2개 소항구를 개항하고 세액의 경감을 인정한다."

영불의 전권대사는 담정양의 제의를 일축했다.

"이 이상 담판을 해봤자 아무런 소득이 없음을 알았소. 따라서 백하를 거슬러 올라가 천진으로 진출할 것이오. 대고의 포대를 연합군에게 인도하도록 하시오."

청국측이 대고의 포대를 인도할 턱이 없었다. 역시 이 통고는 '공격하겠다'는 뜻을 내포했다. 결국 2시간의 공방전 끝에 대고 포대는 영불군에 함락되고 말았다. 포대를 점령한 영불 연합군은 백하를 거슬러 올라가 5월 30일에 천진에 도착하였다. 영불 연합군이라고 하지만 미국·러시아의 전권 사절도 동행하고 있었기 때문에 4개국 전권이 천진에 들어온 셈이었다.

북경 조정은 할 수 없이 대학사 계량(桂良)과 이부상서 화사납(花沙納)을 흠차대신에 임명하여 6월 4일 천진성 밖에 있는 해광사(海光寺)에서 영국의 전권대사 엘긴E. Elgin과 프랑스의 그로스 J.B.L.Gros 대사와 회견하였다. 영국 측은 다음 7개항을 요구하였다.

1. 사신을 북경에 상주시킬 것.
2. 원정비 및 광주 양관(洋館) 방화에 대한 손해 배상.
3. 중국 내지의 통상·여행, 장강의 통상 개방.
4. 그리스도교 선교사, 신도의 보호, 포교, 신교를 금지시키지 않겠다는 서약.
5. 세율표 개정을 위한 위원의 임명.
6. 해적 진압을 위한 협력과 원조.
7. 공문서에 영문을 채용하고 조약은 영문을 정문(正文)으로 할 것.

청국측의 흠차대신 계량과 화사납은 제1, 2조항을 제외한 나머지 5개항을 문서화하기로 거의 합의했으나 이적(夷狄)*을 인간 취급해서는 안 된다고 주장한 기영(耆英)이 나타나 반대함으로써 협상은 난항을 거듭했다. 결국 청국 정부는 영불의 요구사항을 모두 받아들여 1858년 6월 26일 영국과 조인하고 그 다음날 프랑스와 조인하였다. 이것이 이른바 천진 조약이다.

해광사 천진 조약이 체결된 해광사

* 이적(夷狄) : 중국 이외의 민족을 얕보아 일컫는 말

　천진 조약의 제5항은 사무적인 것으로 그냥 넘기기 쉬우나 세율표 개정에는 중요한 의미가 포함되어 있었다. 여기에는 지금까지 없었던 '양약(洋藥)'이라는 품명이 새로 추가되었는데 이 양약은 사실 아편을 가리켰다.

　영국은 이 천진 조약에서 아편을 공인시킬 목적이 있었다는 사실에 주목해야 될 것이다.

　천진 조약 체결 1년 후인 1859년 6월 17일 영불 함대는 또다시 대고 앞바다에 모습을 나타냈다. 이미 조인된 천진 조약의 비준서를 교환하기 위해서였다. 조약의 비준을 위해서 함대가 왜 나타났는지 그들의 속셈은 뻔한 것이다.

　대고는 백하(白河)의 하구에 있으며 천진과의 거리가 50킬로미터 정도였다. 백하의 하구에는 대고·당고(塘沽)·북당(北塘)이라는 소도시가 인접해 있었다. 영불 함대의 출현 소식에 접한 북경 조정에서는 직례총독 항복(恒福)을 파견하여 영불 대표를 맞아 협상을 진행토록 하였다. 그런데 백하의 하구에는 뗏목과 철조망 등 지난해에 없었던 장애물이 매설되어 있었고 포대(砲臺)

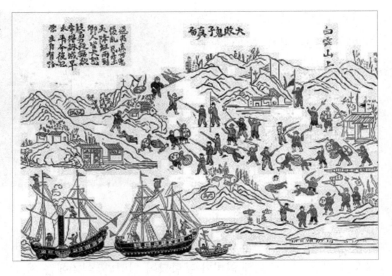

의 수도 많이 늘어나 있었다. 이 같은 사실을 확인한 영불 대표들은 청나라 정부가 이 같은 장애물을 매설한 것은 천진 조약을 비준할 의사가 없는 증거라는 등 비약적인 논리를 펴 생떼를 썼다.

영국 함대는 마침내 백하 하구에 매설한 장애물을 제거하기 시작하였다. 타국의 영토 내에서 허가 없이 이런 행위를 한다는 것은 분명히 침략 행위였다. 6월 25일 오후 2시부터 포격전이 시작되어 꼬박 24시간 동안 계속되었다. 포격전은 영국 함대의 참패로 끝났다. 영국측 문헌에는 청국군이 먼저 포격을 가한 것으로 되어 있고 청국측 문헌에는 영국측이 한 것으로 되어 있어 진상은 알 수 없으나 이 싸움에서 청국군이 승리했다는 사실은 참으로 놀랄 만한 일이었다. 청군이 승리를 거둔 주요 원인은 민간 의용군이 분전했기 때문이었다. 영국 군함 4척이 격침되고 2척이 나포되었으며 5백 명에 가까운 사상자가 생겼다. 전투에 참가한 인원이 모두 1천200명이었으니 얼마나 큰 참패였는가를 알 수 있다. 영

국 제독 호프 대장도 중상을 입었다. 영
국 함대는 항해 불능한 군함과 포탄 등
을 모두 버린 채 상해 쪽으로 도망쳤다.

처음 당한 참패에 그들이 그대로 있
을 턱이 없었다. 영불 양국은 세 번째 원
정군을 보내기로 결정하였다. 다음해인
1860년 영국 군함 73척에 병력 1만 8천
명, 프랑스 군함 33척에 병력 6천3백 명
이 7월 말에 또다시 백하 하구에 모습을
나타냈다.

영불 함대는 4월에 주산 열도를 점
령하고 6월 말에 상해에 도착하여 북상
을 계속했다. 7월 30일 북당 앞바다에
도달 8월 1일에 상륙을 개시하였다. 이
곳을 수비하던 청국 측의 장군은 용맹을

떨치던 몽골족의 승격임심이었다. 영불 연합군의 포격 앞에서는
전설과 같은 그의 용맹도 무색하였다.

영불 연합군의 압도적인 무력 앞에 청국 최강을 자랑하는 승
격임심의 몽골 철기가 궤멸되자 청국 조정은 굴복을 각오했다. 그
런데 '국서 친정(國書親呈)' 문제가 분쟁거리로 대두하였다.

국서는 빅토리아 여왕의 대표인 엘긴이 청국 황제에게 직접
건네주어야 한다는 영국 측 주장에 대하여 청국측은 삼궤구고두
(三跪九叩頭)*의 예를 다하지 않는 한 황제를 배알할 수 없다고
맞섰다.

엘긴이 청국 측 요구를 거절한 것은 당연하였다. 삼궤구고두

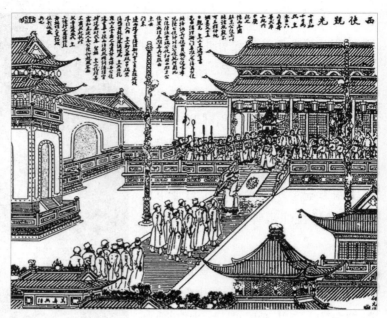

의 예를 올리면 그것은 결국 빅토리아 여왕이 당시의 청국 황제 함풍제에게 무릎을 꿇은 것이 되므로 그 예를 올릴 수 없다는 것이었고 청국측은 어떠한 사람이라도 삼궤구고두의 예를 올리지 않고서는 황제를 배알할 수 없다는 것이었다.

이보다 앞서 지난해 미국 영사가 비준서를 교환하기 위해 황제의 배알을 요청한 일이 있었다. 이때도 역시 삼궤구고두의 예를 거절하고 국서를 흠차대신 계량에게 건네주어 계량이 황제에게 바치는 형식을 취한 일이 있었다. 청국 측은 영국 대표에게 이 예에 따를 것을 종용하였다. 영국 대표는 이것마저 거부하면서 청국 측 수석 대표인 이친왕(怡親王) 재원(載垣)에게 주먹을 들이대면서 욕설을 퍼부었다. 삼궤구고두의 예는 청나라로선 양보할 수 없는 최후의 보루였다. 결국 교섭은 결렬되고 함풍제는 친정할 결의를 보이는 조서를 내렸다.

"짐은 전군을 통솔하고 통주(북경 동쪽의 도시)로 직행하여 하늘의 위엄을 보여 그들을 응징하겠노라."

그러나 함풍제는 이 말을 한 입의 침이 마르기도 전에 동생 공친왕(恭親王) 혁흔(奕訢)에게 뒷일을 부탁하고 열하로 도망치기에 바빴다. 공친왕은 평소 대외 강경론을 제창했으나 실제로 적이 나타나자 슬금슬금 뒤를 사리는 추태를 보였다. 이 같은 인물이 조정에서 정치를 담당하게 되었으니 그 후의 역사를 지켜볼 일이다. 함풍제가 후비들을 거느리고 열하로 도망친 것은 9월 22일이었고 영불 연합군이 북경의 안정문(安定門)을 점령한 것은 10월 13일이었다. 그런데 이보다 며칠 전인 10월 6일에서 9일에 걸쳐 영불 연합군이 원명원(圓明園)을 노략질하고 방화하였다.

원명원은 북경성 밖 10킬로미터 지점에 있던 이궁이었다. 옹정제가 황자일 때 아버지 강희제로부터 하사받은 궁이었다. 건륭제 시대에 장춘원(長春園)과 기춘원(綺春園)을 증축하여 원명원이라 불렀다. 장춘원에는 이국적 정취가 넘쳐 흘렀다. 그곳은 건륭제가 위구르족의 여성인 향비를 사랑한 나머지 그녀의 환심을 사기 위해 베르사유 궁전을 본떠 유럽풍의 해안당(海晏堂)을 짓고 분수대까지 시설한 곳이었다.

건륭제 이후의 황제들은 자금성을 공식 집무 장소로, 원명원을 사생활을 주로 하는 장소로 이용하였다. 북경에서 거리가 가까워 왕복도 편리했을 뿐만 아니라 역대 황제의 수집품이 소장되어 있었다. 일반에게 공개되지 않은 진귀한 서화 · 골동품을 비롯하여 희귀본 · 진본 · 금은 재보 등이 당시로서는 세계 최대의 미술관이며 도서관이라 일컬어도 손색이 없을 정도였다.

영불 연합군은 그러한 원명원을 깨끗이 청소하였다. 물건 하나 남기지 않고 움직이지 못할 물건은 마구 부숴버렸다. 현재까지 보존되어 있다면 세계의 보물이라고 일컬을 도자기들이 여지없이 수난을 당하여 박살나고 말았다. 영불 연합군은 원명원의 약탈에 정신이 빠졌다. 하루아침에 백만장자가 된 자들도 수두룩하였다.

영불 연합군의 북경 입성이 늦어진 것은 약탈에 정신이 빠져 전쟁을 잊었기 때문이었다. 더욱이 10월 7일은 일요일이었으므로 장병들은 아침부터 밤까지 보물 수집에만 열광하였다. 영불 연합군은 상륙 이래 약탈·살인·방화·강간 등 만행을 서슴지 않았으며 그들의 포로들이 죽임을 당했다는 소식을 듣자 철저하게 보복 작전으로 나왔다. 보복이란 다름 아닌 원명원을 불사르는 일이었다. 원명원에 방화하는 일은 영국의 전권대사 엘긴이 결정하였다. 물론 보복을 위한 면도 있었으나 그 진의는 대약탈의 흔적을 없애기 위한 것이었다.

일련의 소용돌이 속에서 러시아 공사 에그나치프가 조정해 영불과 청국 사이에 북경 조약이 체결되었다. 이 북경 조약의 내용은 천진 조약을 추인하는 것이었으나 천진항의 개항과 홍콩의 대안에 있는 구룡(九龍)을 영국에 할양한다는 조항이 추가되었다. 제2차 아편 전쟁은 '북경 조약'의 체결로 막을 내렸다. 제2차 아편 전쟁 과정에서 영국은 적극적으로 앞장 섰으며 모든 조약·협정의 모델은 영·청간의 천진 조약이었다. 이것이 1943년까지 중국을 억압했던 불평등 조약의 효시라 할 수 있겠다.

러시아와 미국은 영불 연합군에 편승하여 어부지리의 성과를 얻었다. 1858년 6월 13일 미국은 '천진 조약'과 거의 같은 내용의 조약을 체결하였다. 이보다 16일 전에 청나라와 러시아 사이에는

'아이훈 조약(愛琿條約)'이 체결되었다. 아이훈 조약에 의해 청국은 흑룡강의 북쪽 땅을 러시아에 할양하였다.

1861년 1월에는 북경의 총리 각국 사무아문(總理各國事務衙門, 약칭 총리아문)이 창설되었는데 이것은 지금의 외무부에 해당하는 기관이다. 이 총리아문은 공친왕 혁흔 · 문상(文祥) · 계량의 3인으로 출범했다. 부설 관청으로 총세무사(總稅務司)와 외국인 학교인 동문관(同文館)이 설립되는 등 점차 불평등 조약을 실행에 옮기기 위한 행정 기구들이 설립되었다.

양무 운동

공친왕 혁흔 · 문상 · 계량 등이 북경에서 천진 조약과 북경 조약을 체결한 후인 1861년 8월 열하로 피신했던 함풍제가 죽었다. 그전에 함풍제의 열하 몽진 문제를 둘러싸고 조정에서는 찬반 양론이 맞섰다. 당시의 총비 자희(慈禧, 이후 서태후(西太后)라 칭함)는 이 같은 중대한 시기에 황제의 자리를 하루라도 비울 수가 없다는 이유로 몽진을 반대한 반면 공친왕 혁흔은 피신을 권하였다.

"신이 자금성에 남아 외국 사신과의 담판을 책임지겠사오니 마음 편안히 몽진 길에 오르시옵소서."

사실 함풍제는 몽진 길에 오르기 전부터 여성들과의 관계가 지나쳐 건강 상태가 좋지 않았다. 함풍제는 열하의 이궁에 도착하자 곧바로 병상에 눕게 되었고 병세는 점점 악화되어 회복의 가능성이 희박해졌다. 함풍제의 병세가 악화되자 슬그머니 딴 마음을

함풍제

품는 자가 있었다. 숙순(肅順)과 이친왕 재원(載垣)이었다. 어느 날 숙순은 이친왕에게 귓속말을 주고받았다.

"폐하의 병세가 위독하여 회복할 가망이 없소. 우리 두 사람을 섭정에 임명하는 조칙을 내리도록 아룁시다. 그런 후 서태후와 황자를 제거해 버리면 천하는 우리들의 것이 아니겠소?"

이친왕은 마음이 약하였다. 그는 두려운 빛을 감추지 못하면서 말하였다.

"나는 그런 일을 못하오. 황상이 붕어하면 황자가 그 뒤를 잇는 것은 이미 정해져 있는 일이오. 두 사람을 제거한다고 하지만 그 전에 우리들의 목이 날아갈 것이오. 내 비밀은 지킬 터이니 당신 혼자서 추진하시오. 나는 못하겠소."

숙순이 말하였다.

"나 혼자서 하라니 그것은 말이 안 되오. 이 비밀은 이미 당신이 알고 있으니 당신이 끝까지 거절한다면 나는 황상께 당신이 서태후와 황자를 해치려 한다고 아뢰겠소. 그리되면 당신의 목은 성치 못할 것이오. 황상께서는 나를 절대 신임하고 있으니 내 말을 믿을 것이 아니겠소?"

이친왕은 어쩔 수 없이 숙순과 함께 함풍제의 병상으로 향하였다. 이때 함풍제는 말도 제대로 못하는 상태였다.

두 사람은 함께 "소신들을 섭정에 임명해 주십시오."라고 아뢰었으나 함풍제는 승낙하지 않는다는 뜻으로 고개를 흔들 뿐이었다. 이친왕은 단념하고 물러나려 하였으나 숙순이 이친왕을 내보내지 않았다. 그들은 다시 한 번 "우리들을 섭정에 임명해 주십시오."라고 아뢰었다.

그런데 이 두 사람의 행동을 서태후의 심복 환관이 추적한다는 사실은 아무도 눈치채지 못하였다. 이 같은 비밀을 알아차린 서태후는 겨우 3세 밖에 안 되는 황자를 데리고 함풍제의 병상으로 들어갔다.

"폐하, 이 황자에게 제위를 물려주실 의향이시지요?"

서태후가 그렇게 아뢰었으나 함풍제는 갑자기 혼수 상태에 빠져 아무런 의사 표시도 못하였다. 서태후는 기회를 잃어서는 안되겠다고 판단하여 즉시 환관을 불러 황제의 조서를 작성하도록 명하였다. 그 조서에는 "황자가 너무 어리므로 동태후와 서태후에게 섭정을 명하노라."라고 쓰여 있었다.

이윽고 함풍제가 죽고 전국에 함풍제의 죽음이 발표되자 숙순과 이친왕은 급히 서태후를 찾아가 말하였다.

"선제로부터 우리 두 사람에게 섭정으로 임명한다는 말씀이 계셨습니다."

그러자 서태후는 문제의 조서를 내보이면서,

"이 조서를 보시오. 황자에게 제위를 물려주고 황자가 너무 어리니 두 태후를 섭정으로 한다고 쓰여 있지 않소."

숙순은 눈을 크게 뜨고 조서를 펼쳐보다가 마지막에 가서 코웃음을 지으며 말하였다.

"이 조서에는 황제의 옥새가 찍혀 있지 않습니다. 이 조서는 위조했음이 분명하므로 무효입니다."

사실 서태후로서도 이러한 사태는 예상하지 않았으므로 내심

인쇄물 외국 문화와
싸울 것을 장려하는
1891년의 인쇄물

당황하지 않을 수 없었다. 그러나 짐짓 태연한 태도를 지으면서 조서를 건네받았다. 그리고 두 사람은 물러갔다. 서태후는 무슨 수를 써서든 옥새를 먼저 차지해야겠다고 생각하여 심복 환관을 불러 함풍제의 빈소에 들어가 옥새를 찾아오도록 하였다. 심복 환관은 머리를 조아리고 급히 나갔다. 그런데 숙순과 이친왕은 이미 함풍제의 유해가 안치되어 있는 빈전으로 가고 있었다. 옥새를 먼저 차지하기 위해서였다. 서태후가 보낸 심복 환관은 아무도 모르는 비밀 통로로 향했다. 옥새를 차지하기 위한 숨막히는 싸움이 벌어진 것이다.

서태후의 심복 환관은 비밀 통로 입구에 이르자 다른 환관에게 망을 보게 하고 자신은 곧바로 촛불을 켜들고 어둡고 무시무시한 빈전으로 들어가 옥새를 손에 넣었다.

잠시 후 숙순과 이친왕이 빈전에 들어가 밀실을 열고 옥새를 찾았으나 옥새가 있을 턱이 없었다. 실망한 그들은 두세 번 되풀이하여 찾았으나 옥새는 그림자도 보이지 않았다. 옥새는 이미 서태후의 손에 들어가 있었다.

이 싸움은 결국 서태후의 승리로 돌아가 3세의 어린 황자가 즉위하니 이 이가 동치제(同治帝)이다. 함풍제의 정실인 동태후(東太后)와 측실인 서태후가 황태후로서 섭정의 자리에 오르고 사실상 실권을 장악하였다.

동태후와 서태후의 수렴 정치가 시작되자 공친왕은 의정왕(議政王)의 칭호와 함께 군기 대신으로서 군기처와 총리아문을

주재하였으며 대학사 계량
은 총리아문 대신의 직과
군기대신의 직을 겸하였다.

　이들은 아편 전쟁 이래
유럽 열강과의 싸움에서의
패배와 태평천국을 비롯한
민중의 여러 투쟁으로 혼란
되었던 지배 체제를 정비,
확립하는 작업을 서둘렀다. 이 시기는 동치 시대(1862~74)에 해
당하므로 '동치중흥(同治中興)'이라고도 부른다.

**자희 태후와 융유, 진
비** 서태후라고 더 잘
알려진 자희 태후와
융유, 진비

　동치중흥이 내세운 것은 자강(自强)이었다. 유럽 열강의 세
력이 청국보다 월등한 이유는 그들의 함선이 견고하고 중포의 성
능이 좋으며 또 병력이 강성하기 때문이므로 청국도 이러한 유럽
의 기술을 도입하여 군수 산업을 강화시키자는 것이었다.

　자강의 당초 목적은 유럽의 군사 기술 도입과 군수 산업의 강
화였으나, 그 후 국민 경제 발전에 관계된 민수 산업으로 확대되는
과정에서 청일 전쟁에서의 패배로 좌절된 것이 역사상 이른바 '양
무(洋務) 운동'이다. 양무란 모든 외국과의 교섭 사무에 관한 일을
의미하지만, 여기서는 모든 외국에서 배운 여러 가지 사업과 개혁
을 포괄하는 뜻으로 보아야 할 것이다.

　양무 운동의 핵심 인물은 증국번·이홍장·좌종당 등이었다.
그런데 증국번은 동치 11년(1872) 양강총독 재임 중에 죽고 청나
라 말기의 실질적인 재상이라 할 수 있는 직례총독 이홍장이 오랫
동안 국정의 최고 책임자로 군림하였다. 이홍장이 증국번의 뒤를
잇게 된 경위는 다음과 같았다.

동치제

증국번은 태평천국의 난을 평정한 제일 공로자였다. 태평천국의 수도 남경이 함락되었을 때 일부에서는 다음과 같은 소문이 퍼졌다.

"증국번이 상군을 거느리고 북상하여 청왕조를 무너뜨리고 새로운 왕조를 세울 것이다."

북경 조정에서도 증국번이 거느리는 군대가 정규군이 아닌 의용병으로 당시 50만 명의 대군으로 증강되었다는 사실을 경계하고 있었다. 사실 증국번의 막강한 군대와 약화된 만주 팔기의 전력을 비교한다면 증국번이 충분히 북벌을 감행하여 황제가 될 가능성이 농후한 것으로 보였다. 그러나 그에게는 그러한 야망이 없었다.

증국번은 그러한 야망이 없다고 하더라도 군대를 갖고 있는 한 조정에서 의심할 것이라는 것을 잘 알고 있었다. 증국번은 태평천국의 난 진압 직후 상군을 해산했다. 그리고 상군의 우수한 간부를 이홍장에게 양보하였다. 이홍장도 증국번과 같이 민간 의용병인 군대 회군(淮軍)을 조직하였다. 그러나 상군에 비하면 규모나 병력이 미약하여 의심을 받을 염려는 없었다.

태평천국의 난 진압 후에도 증국번은 양강총독으로 유임할 것을 희망하고 중앙에 진출하려 하지 않았다. 결국 중앙의 직례총독으로 승진하였으나 2년이 채 못 되어 이홍장에게 자리를 물려

마미 조선소 부국강병 정책인 양무 운동의 일환으로 좌종당이 1866년에 건설한 조선소

주고 다시 양강총독으로 재임하다가 타계함으로써 그 후 이홍장이 정계에 군림하게 되었다.

　동치 시대의 자강 운동은 다음과 같은 3단계로 추진되었다.

　제1기는 1862년부터 1874년까지로 과학 지식의 도입과 무기 제조에 주력한 기간이다. 관립 외국어 학교로 북경에 동문관(同文館)과 상해에 광방언관(黃方言館)이 설립되고 복주의 마미(馬尾)에 청국 최대의 조선소가 설립되었다. 그리고 천진·강남에 무기창, 대고에 포대를 구축하고 탄광 개발에도 주력하였다.

　제2기는 1875년에서 1884년까지로 유럽식 군사 훈련과 국방을 위한 철도의 부설과 통신망의 정비에 주력하였다. 여순을 군항으로 정비하고 정원(定遠)·진원(鎭遠)과 같은 대형 군함을 수입하고, 영국·프랑스·독일에 유학생을 파견하였다.

　제3기는 1885년에서 청일 전쟁(1894)이 발발하기까지의 10년간으로 경공업 발전과 국력 배양에 주력하였다. 제사(製絲)·

방직 공장이 설립되고 북양함대(北洋艦隊)도 이 시기에 발족하였다.

자강 운동은 표면적으로 보기에는 성공한 듯하였으나 보수 사상에서 탈피하지 못한 채 근대 국가로서의 제도적인 개혁이 뒷받침되지 못함으로써 소기의 성과를 올리지 못하였다.

조선을 둘러싼 청국과 일본의 대립

임오군란

청국과 프랑스가 한창 전쟁을 벌이고 있을 무렵인 1884년 12월 조선에서는 '갑신정변(甲申政變)'이 일어났다. 갑신정변을 설명하자면 먼저 1882년에 있었던 '임오군란(壬午軍亂)'부터 설명해야 할 것이다.

조선조 25대 철종은 후사가 없었기 때문에 종친인 이하응(李昰應)의 아들 이희(李熙)를 맞아들여 왕위를 잇게 하니 이 이가 바로 고종(高宗)이다. 고종은 나이가 어렸기 때문에 그의 생부 이하응이 대원군(大院君)으로서 섭정했다. 그러자 고종의 처 민비(閔妃) 일족과 파벌이 형성되어 조선 정국은 대원군파와 민씨 일족 사이에 싸움이 벌어졌다. 이 같은 인맥을 중심으로 한 파벌 외에도 종전대로 청나라를 종주국으로 받들자는 사대당(事大黨)과 청국의 예속에서 벗어나 열강의 원조하에 정치를 개혁하자는 개화당(開化黨)이 대립하였다.

임오군란은 개화적 입장에 선 민씨 일파가 일본인 무관을 초청하여 조선군을 훈련시켜 군대의 근대화를 꾀한 데서 시작되었다. 군대의 근대화가 실현되면 구식 군인은 실직하게 될 것이란 우려에다 구식 군인들은 급여가 적을 뿐 아니라 그나마 13개월이나 밀렸던 급료를 지급하는데 분배가 공평하지 못하고 관리들이 사욕을 채우기 위하여 봉급미 안에 모래와 겨를 섞어 지급한 일까지 겹쳐 난동이 벌어졌다. 난군들은 무기고를 습격하여 병기를 탈취한 후 포도청과 의금부를 습격하고 일본인 교관을 살해하였다. 날이 저물자 난병들은 난민(亂民)과 합세하여 일본 공사관을 습격, 파괴하고 일본인 13명을 살해하였다. 일본 공사 하나부사(花房義質)는 인천으로 도망쳐 겨우 생명을 건졌다.

다음날 난군의 수가 더욱 증가한 가운데 살상을 감행하며 창덕궁 돈화문을 향해 밀려드니 사태는 매우 위급하였다.

고종은 할 수 없이 난동을 수습하기 위하여 사실상 난군을 배후에서 조종하고 있는 아버지 대원군을 불러들여 사태를 수습하게 하였다. 고종의 부름으로 다시 정권을 장악한 대원군은 반란을 진압하고 군제를 개편하는 등 개화 정책 이전의 사태로 복귀하는 정책을 취하였다.

그러나 민씨 일파들이 가만히 있지 않았다. 그들은 청나라에게 대원군 집권의 부당성을 역설하고 속히 파병하여 고종의 친정을 회복하고 난당을 소탕해야 한다고 요청하였다. 이에 대하여 청국에서는 임오군란의 책임이 대원군에게 있다고 결론내리고 대원군을 청국에 납치하여 조선의 정치에서 손을 떼게 하기로 결정하였다. 대원군을 암살해야 한다는 의견도 있었으나 납치하는 정도에서 그치고 친일적 개화주의에 기울고 있는 민씨 정권을 사대주의 쪽으로 유도할 방침도 아울러 결정하였다.

하나부사 공사 일행
임오군란 당시 인천으로 도망친 하나부사 공사 일행이 나가사키에 도착했다.

　청국은 임오군란의 사후 수습이라는 명분으로 정여창(丁汝昌)·마건충(馬建忠)·오장경(吳長慶) 등에게 3천 명의 군사를 주어 조선에 파견하는 한편 그 막료로서 24세의 청년 원세개(袁世凱)를 동행시켜 조선의 사대화 공작 임무를 수행토록 하였다.

　한편 임오군란 때 겨우 목숨을 보전하여 일본으로 돌아갔던 하나부사는 군함 4척과 1개 대대의 병력을 내세워 조선 측에 사죄할 것과 배상금을 지불하라고 강경히 요구하고 나왔다.

　청나라 제독 오장경과 일본 공사 하나부사는 조선에서 서로 우위를 차지하기 위하여 충돌을 일으켰으며 오장경은 자신의 군영에 찾아온 대원군을 납치하여 천진으로 보냈다. 그리고 군란에 가담했던 군졸들을 색출하여 살상하는 등 서울은 청나라 군사들의 행패로 다시 소란해졌다. 이러한 가운데 충주로 피난했던 민비가 돌아옴으로써 정권은 다시 민씨 일파에게 넘어가게 되었다. 그리고 조선과 일본 사이에 교섭이 이루어져 이른바 '제물포 조약'이 체결되었다. 다음은 제물포 조약의 주요 내용이다.

1. 임오군란의 주동자를 엄중 처단할 것.
2. 일본인 피해자에게 보상금을 지불할 것이며 일본 정부에 손해 배상금으로 50만 원을 지불할 것.
3. 일본 공사관의 안전을 위하여 일본 경비병을 주둔시킬 것.

결과적으로 말하여 임오군란은 청국과 일본의 미묘한 대립 관계를 야기시켰을 뿐 아니라, 2년 후에는 개화 세력과 보수 세력이 맞서는 갑신정변(甲申政變)을 일으키게 하였고 갑신정변 10년 후에는 청일 전쟁을 일으키는 한 가지 원인이 되었다.

갑신정변

임오군란을 계기로 청국과 일본의 세력이 크게 대립하는 가운데 조선의 정계도 크게 두 파로 갈라졌다. 즉 대원군의 쇄국정책을 반대하여 개화적 입장을 취해오던 민씨 일파들은 임오군란 이후부터는 방향을 바꾸어 청국에 의지하는 보수 세력이 되었다. 이들 세력을 사대당(事大黨)이라 칭한다.

이에 대립하여 일본의 명치유신을 본받아 하루 속히 개화정책을 실현해야 한다는 개화파가 등장하였다. 이 일파를 개화당 혹은 독립당이라고 칭한다. 이들 개화당은 정치를 쇄신하고 청나라의 간섭을 배격하여 자주 독립국가를 수립하려 하였다.

1884년 청국이 프랑스와의 전쟁에 여념이 없는 틈을 타 개화

명치 천왕 명치유신을
주도한 명치 천왕

당은 당시 일본공사 다케조에(竹添進一郎)와 밀의
하였다. 일본 주둔군의 힘을 빌려 사대당을 몰아내
고 혁신정부를 세우기로 결정하였다. 개화당의 대표
적 인물은 김옥균(金玉均)·박영효(朴泳孝)·서재
필(徐載弼)·홍영식(洪英植) 등 소장파였다. 이들
개화당들은 때마침 새로운 우편 제도를 도입하여 이
우편 업무를 담당할 우정국(郵政局)의 개국식을 기
하여 거사하기로 하였다. 이 날 개국식에는 국내 고
관은 물론 외국 고관까지 초청하여 연회를 베풀기로
되어 있었다.

개화당의 주모자들은 당초 안국동 별궁을 방화한 뒤 소란한
틈을 타 영사를 비롯한 민씨 일파들을 처치하고 궁궐로 들어갈 계
획이었으나 안국동 별궁 방화가 실패해 민영익에게 중상을 입히
는 데 그쳐 차질이 생겼다. 김옥균·박영효 등 개화파의 거두들은
창덕궁에 들어가 고종에게 청군이 변을 일으켰다고 거짓으로 아
뢰어 고종을 경우궁(景佑宮)으로 옮기고 일본 공사에게 왕궁을
지키도록 하였다. 그리고 사대당(수구파) 중신들을 왕궁에 들어오
도록 하여 민영목(閔泳穆)·민태호(閔台鎬)·조영하(趙寧夏)·
이조연(李祖淵)·윤태준(尹泰駿)·한규직(韓圭稷)·유대현(柳
戴賢) 등을 죽였다.

이렇게 해서 김옥균·박영효 등의 독립당 정부가 일단 수립
되긴 하였으나 이 독립당 정부는 청군의 무력 간섭으로 인하여 실
패로 돌아갔다.

당시 조선에는 1천500명의 청군이 주둔하고 있었다. 일본 공
사 다케조에가 이를 몰랐을 리는 없었다. 다만 청불 전쟁 때문에

이 군대가 곧 이동할 것이라는 소문이 있어 다케조에는 그것을 노
렸던 것이다. 그러나 청국의 이홍장은 대프랑스 강화 조약의 조기
체결을 희망했기 때문에 조선 주둔군을 이동시키지 않았다. 일본
공사 다케조에는 전광석화처럼 성사만 시키면 무난히 성공할 것
으로 확신했던 것이다.

그러나 청국의 원세개는 조선의 중신 심순택(沈舜澤)으로부
터 파병 요청을 받은 형식을 취하여 청군 1천500명을 거느리고
창덕궁과 창경궁을 지키던 일본군을 물리침으로써 갑신정변은 실
패하고 말았다. 홍영식·박영교(朴泳敎) 등은 살해되고 김옥균·
박영효 등은 어렵게 인천으로 도망쳐 일본 공사와 함께 일본으로
망명하였다. 청군에 합세한 조선 군대와 난민들은 일본 공사관을
습격하여 수십 명의 일본인을 살해하고 공사관을 불태웠다.

그 후 사대당은 더욱 보수적인 정책을 취하였고 조선을 둘러
싼 청나라와 일본의 싸움은 더욱 치열해졌다.

갑신정변 후 조선 정부는 일본과 한성 조약(漢城條約)을 체결하여 손해 배상의 지불과 공사관 신축에 필요한 비용의 부담 및 소란의 책임자를 처벌하기로 하였다. 또 다음해인 1885년 3월에는 이토 히로부미가 청나라에 건너가 이홍장과 회담한 끝에 천진 조약을 체결하였다. 천진 조약의 골자는 다음과 같았다.

1. 청일 양국의 군대가 조선에서 철수할 것.
2. 청일 양국은 장차 조선에 파병할 때는 서로 사전에 통고할 것.
3. 조선군의 훈련은 청일 양국 이외의 교관으로 위촉할 것.

이 천진 조약도 동요하는 동아시아의 풍운을 진정시키지 못하고 9년 후인 1894년 청일 양국은 다시 전쟁을 일으켰다.

여기서 우리는 천진 조약 체결의 원인이 되었던 갑신정변의 주역 김옥균의 일본 망명 후의 소식이 자못 궁금하지 않을 수 없다. 망명했으면서도 조선의 정치 개혁 일념에 불타던 김옥균은 일본의 냉담한 태도에 초조감을 느끼지 않을 수 없었다. 조선 정부에서는 비밀리에 자객을 보내어 김옥균의 생명을 노렸다.

일본 정부의 냉담한 태도에 실망한 그는 9년 동안의 일본 망명 생활을 청산하고 청국의 이홍장과 직접 담판하여 조선의 정치를 개혁할 심산으로 상해로 건너갔으나 자객에게 유인당한 결과를 낳고 말았다. 그는 상해에서 동행했던 조선인 홍종우(洪鐘宇)가 쏜 권총에 맞아 숨을 거두었다. 홍종우는 조선의 민씨 정권이 비밀리에 파견한 자객으로 김옥균의 사상에 공명하는 척하면서 그에게 접근했다는 사실이 밝혀졌다.

청국은 조선 정부의 요청에 따라 김옥균의 시체를 조선으로 보냈다. 이때 이홍장이 상해의 지방장관에게 보낸 전문에 의하면 김옥균의 유품을 철저히 조사하여 일체의 문서는 모두 소각하도록 명하였다. 이홍장의 이 같은 지시는 당시 조선 정부의 요인 가운데 김옥균의 사상에 공명했거나 또는 언젠가는 김옥균 정권이 수립될 것으로 보고 비밀리에 격려 서신을 보낸 자들이 많았기 때문에 이 비밀문서가 발각될 경우 큰 옥사가 벌어질 것을 염려해서였다고 한다.

이홍장이 김옥균의 시체를 조선에 보내기로 한 것은 조선에 있던 원세개의 의견을 참작하여 결정한 것이다. 또 자객 홍종우에 대해서도 조선 정부로부터 구명(救命) 요청이 있었기 때문에 이홍장이 최종적으로 그를 석방했다.

홍종우는 흡사 개선장군처럼 귀국하였고, 김옥균의 유해는 다시 능지처참되어 양화진에 5일 동안 효수되었다. 한말의 위대한 개혁가 김옥균은 44세의 생애를 이렇게 처참하게 마쳤다.

동학 혁명과 청일 전쟁

아편 전쟁 이후 서양의 힘이 동양을 압도했다는 사실은 여실히 증명되었다. 그것은 단순히 기술면에서뿐만 아니라 사상·정신면에서도 앞서고 있다는 인식이 점차 높아졌다. 이 같은 인식은 단순히 서양의 선진기술만을 받아들이려는 양무 운동보다 훨씬 차원이 높은 것이라 하겠다.

서양의 뛰어난 사상·정신은 그리스도교에 연원을 두고 있다고 판단한 동학의 창시자 최제우(崔濟愚)는 이를 서학(西學)이라 칭하였으며 서양의 침략을 물리치기 위해서는 서학보다 강인한 사상, 즉 정신 무장이 선행되어야 한다고 생각하였다. 최제우는 동양 전래의 유교·불교·도교의 3교를 종합한 동학(東學)을 창립하였다. 이 동학은 '서학'에 대립하는 '동학'이라는 자립적인 이데올로기와 교단 조직이 확립되면서 차츰 종교적 색채를 띠고 민중 속에 깊이 파고들게 되었다.

종교로서의 동학의 특징은 '인내천(人乃天)' 사상이었다. 신을 초월적인 존재로 보지 않고 인간 속에 존재함을 확인하는 것이었다. 조선 조정은 종교를 기반으로 대중의 힘이 반체제적으로 뭉쳐지는 것을 두려워한 나머지 동학을 탄압하였다. 1863년 교조 최제우에게 '혹세무민(惑世誣民)'의 죄를 뒤집어씌워 처형하였으나 이 같은 탄압책은 도리어 동학의 힘을 강화하는 결과를 가져왔다. 교조 최제우의 처형에도 불구하고 동학 신도의 수는 나날이 증가했고 제2대 교주 최시형(崔時亨)은 교조 신원 운동(敎祖伸寃運動)*을 전개했다. 조선 조정에 대하여 교조에게는 아무런 죄가 없다는 사실을 호소하는 항의 운동을 벌인 것이다.

* 교조 신원 운동(敎祖伸寃運動) : 교조의 억울한 죄를 풀기 위한 운동

1892년 11월의 삼례 시위를 비롯하여 1893년 2월에는 동학의 간부 40여 명이 광화문 앞에 엎드려 국왕에게 직접 탄원문을 바쳐 교조의 억울한 죄를 풀어줄 것을 호소하였다. 이어 1893년 3월에는 전국 각지에서 2만여 명의 동학교도가 접주(接主)*의 인솔 아래 충북 보은(報恩) 장내로 모여들어 교조 신원을 요구하는 한편 척양(斥洋)·척왜(斥倭)를 외쳤다. 이에 놀란 조선 조정은 선무사 어윤중(魚允中)을 파견하여 설득 끝에 해산시켰으나 동학당의 기세는 부패무능한 정부와 관헌의 힘을 능가하고 있었다.

* 동학의 교단 조직인 접(接)을 주관하는 사람

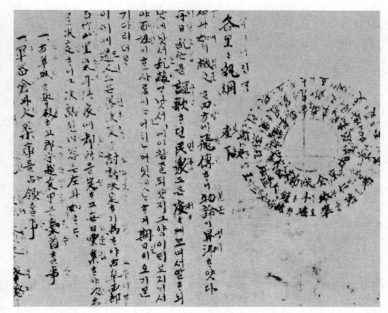

궐기문 동학교도들의 궐기를 촉구한 사발통문. 주모자를 알 수 없도록 참가자들이 둥글게 서명한 것이 특징이다.

　이러한 상황에서 동학 접주 전봉준(全琫準)이 거느리는 1천여 명의 농민과 동학교도들이 맨 먼저 횃불을 든 것은 1894년 2월 전라도 고부(古阜)에서였다. 고부 군수 조병갑(趙秉甲)의 학정에 못 이긴 이들 봉기군은 2월 15일 고부 읍내를 습격하였다. 이 사실이 관아에 알려지자 탐관오리의 표본인 군수 조병갑은 알몸으로 도망쳤다. 격분한 봉기군은 무기고를 때려부수고 무장한 다음 군청사를 파괴하고 관리들을 내쫓았다.

　3월 25일 전봉준이 거느린 봉기군은 백산(白山)으로 이동, 포진하고 조정의 동태를 예의주시했다. 조정에서는 이 사태를 민요(民擾)로 규정하고 장흥 부사 이용태(李容泰)를 안무사로 삼아 고부 사변을 다스리게 하였다. 안무사 이용태는 사건의 진상이나 민심의 동향은 전혀 고려치 않고 역졸들을 풀어 무고한 백성을 함부로 구타하고 재산을 약탈하며 부녀자를 능욕하니 백성들의 원성이 다시 들끓기 시작하였다. 뿐만 아니라 봉기에 가담했던 동학 교도들을 색출하여 역도(逆徒)로 몰아 옥에 가두기까지 하였다.

사태가 이에 이르자 한발 물러서서 조정의 처사를 주시하고 있던 전봉준은 더 참을 수가 없었다. 그는 사방에서 모여든 8천 명의 봉기군을 거느리고 파죽지세로 도처에서 관군을 격파하고 초토사 홍계훈(洪啓薰)이 거느린 정부군을 따돌리고 4월 27일 태인을 떠나 전주성 밖 삼천에 도달하였다. 다음날 28일에는 전주성을 무혈 함락하니 호남 천지가 완전히 동학군의 수중에 들어온 느낌이었다.

사태가 이에 이르자 조선 조정에서는 부득이 청국에 원병을 요청했다. 조선 조정의 원병 요청을 받은 청국의 직례총독 이홍장은 누구보다도 신중한 반응을 보였다. 앞서 일본과 체결한 천진 조약에 따라 청국이 조선에 출병할 때는 일본에 통지하도록 되어 있었으며 일본도 또한 출병할 권리를 가지고 있었다. 일본과 충돌하면 그가 가장 아끼는 북양군이 큰 손해를 보게 될 것이다. 이홍장은 일본의 반응이 무척 궁금하였다.

동학군이 백산에 집결한 것이 5월 초였고 전주 함락은 5월 31일이었다. 당시 일본 공사 오토리(大鳥)는 휴가 중이어서 일본에 가 있었고 대리공사 스키무라(杉村)는 청국의 원세개에게 청국이 조선에 출병할 것을 재촉하는 눈치를 보였다. 원세개는 출병에 신중을 기하는 이홍장에게 일본은 거류민의 안전에 관심이 있을 뿐이므로 청국이 출병하면 조선의 질서가 안정될 것이고 일본의 거류민도 안전할 것이므로 출병하는 것이 좋겠다는 내용을 타전(打電)하였다. 가령 일본이 천진 조약에 따라 조선에 출병한다 하더라도 그것은 거류민의 보호를 위하여 소수 병력만을 파견할 것이라는 의사도 첨가하였다. 출병을 망설이던 이홍장은 현지에 있는 원세개의 보고를 믿을 수밖에 없었다. 그러나 원세개의 이 같은 예측은 크게 빗나갔다는 사실이 얼마 후 증명되었다.

일본은 조선 조정이 청국에게 공식적인 원병 요청을 하기 하루 전인 6월 2일 일본 각의에서 조선 출병을 결정하고 임전 태세를 갖추고 있었다.

6월 4일 이홍장은 마침내 조선 출병을 명하였다. 청국의 출병 소식은 일본의 대리공사를 통해 즉시 동경에 타전되었다.

일본 정부의 고민은 인천까지의 거리가 청국에서 가깝고 일본에서는 멀다는 사실이었다. 그리하여 6월 7일 청국의 출병 통고를 받기 이틀 전에, 오토리 공사와 3백 명의 해병 및 1개 대대의 병력이 이미 출발하였다. 일본은 정보전에서 확실히 청국을 앞질렀기 때문에 실제 출병은 일본 쪽이 더 빨랐던 것이다.

청국은 태원총병 섭사성(聶士成)이 거느린 선봉 부대 8백 명이 6월 6일 천진을 출발하여 6월 8일 아산만에 도착하였고, 6월 5일에 출발한 일본의 선발 부대는 6월 9일 인천에 도착하였다. 먼저 도착한 청군은 후속 부대가 오기를 기다려 그대로 머물러 12일에 이르러서야 아산만에서 합류하였으나 일본의 선발부대는 도착 즉시 비를 무릅쓰고 서울에 진입하였다.

일본군이 서울에 나타나자 조선 조정은 깜짝 놀라지 않을 수 없었다. 정식으로 파병을 요청한 청군보다 앞서 일본군이 서울에 나타났기 때문이었다.

그러나 6월 11일 조선 조정과 동학 봉기군 사이에 이른바 전주 화약(全州和約)이 성립되어 동학 봉기군이 전주성에서 철수

서양식 훈련을 받는
청의 군대

하게 되었다. 전주 화약이 성립하기까지 초토사 홍계훈과 동학 봉
기군과의 왕복 문서를 보면 당시 동학군 측의 예기가 다소 꺾인
듯하나 전체적으로 보아 동학군 측은 폐정 개혁을 끝까지 요구하
여 본래의 봉기 목적에서 조금도 후퇴하지 않고 민주 개혁의 의지
를 실현하려 했음이 분명하다.

　　동학군 측에서 제시하여 초토사 홍계훈이 양해, 수락한 내용
은 다음과 같았다.

1. 전운사(轉運使, 조세와 교통을 관장하는 관리)를 폐지할 것.

2. 국결(國結)을 가(加)하지 말 것.

3. 보부상의 행패를 금할 것.

4. 구감사(舊監司)가 거두어간 환전은 민간에 다시 징수하지 말 것.

5. 대동미를 상납하기 전 각 포구의 미곡 무역을 금할 것.

6. 동포전(洞布錢)은 매호당 춘추에 두 냥씩 정할 것.

7. 탐관 오리는 파면할 것.

8. 위로 임금을 속이고 매관 매직하여 국권을 농간하는 자를 아울
러 축출할 것.

9. 관장이 된 자는 그 경내에 입장(入葬)할 수 없으며 또 논을 만들지 말 것.

10. 전세(田稅)는 전례에 따를 것.

11. 연호(煙戶, 굴뚝에서 연기가 나는 집) 잡역을 감할 것.

12. 포구의 어염세(魚鹽稅)를 파할 것.

13. 보세(洑稅) 및 궁답(宮畓)은 시행하지 말 것.

14. 각 고을 원이 내려와 민인산지(民人山地)에 치표(置標, 묘자리를 미리 잡아 표적을 해둠)하거나 암장하지 말 것.

　전주 화약의 성립으로 내란이 종식되고 청일 양국의 출병 명분이 퇴색해지자 난처해진 것은 일본의 오토리 공사였다. 그는 조선 조정의 공식적인 출병 요청을 받은 것이 아니고 다만 천진 조약에 의거 청국 측의 통고만 받고 조선에 출병한 것이기 때문에 조선 조정이 철수를 요청할 경우 응하지 않을 수 없었다.

　오토리 공사는 이 같은 사실을 동경에 타전하여 일본 정부의 훈령을 기다렸다. 일본 정부는 다음과 같은 명을 내렸다.

　"당초 계획을 변경시킬 수 없다. 상륙 계획을 추진하라."

　당시 일본의 수뇌들은 이미 전쟁을 계획한 것이다. 동경으로부터는 극비 지령이 속속 하달되었다.

　"어떠한 수단을 써서라도 개전(開戰)의 구실을 만들라."

　일본은 개전의 구실로서 청국과 일본이 대등한 입장에서 조선의 내정 개혁을 수행할 것을 청국 측에 제의하기로 하였다. 만일 청국이 이 제의를 거부할 경우 일본 단독으로 수행한다는 것을 아울러 제안하기로 결정하고 이를 청국 정부에 통고하였다.

　청국측은 6월 21일 다음과 같은 회답을 보냈다.

**오토리 게이스케 일본
공사**

"조선의 반란은 이미 진압되었으므로 청국 군대도 필요하지 않다. 내정 개혁 문제는 조선이 스스로 수행해야 할 문제이므로 천진 조약에 따라 상호 철군해야 하며 따로 협상할 필요가 없다."

6월 21일 일본 정부는 어전회의를 열어 청국과 개전할 것을 공식으로 확인하고 일본 외상 무쓰(陸奧)는 주일 청국 공사에게 절교서를 전달하였다. 이것이 제1차 절교 통지이고 7월 20일에는 북경 주재 일본 대리 공사 고무라 (小村壽太郎)가 청국 정부에 정식으로 제2차 절교서를 전달함으로써 청일 양국은 국교 단절 상태가 되었다. 그리고 양국이 선전 포고를 한 것이 8월 1일이었다.

선전포고를 이틀 앞둔 7월 29일 이홍장은 상주문에서 청일 양국의 해군력을 비교하여 청국이 열세임을 분명히 밝히고 있었다. 그에 의하면 일본 해군이 보유한 군함은 모두 21척으로 이 가운데 광서 15년(1779) 이후에 구입한 것이 9척인 데 비하여 청국은 광서 14년 이후에는 단 한 척의 군함도 구입하지 않았기 때문에 모두가 구형이고 시속도 일본 군함에 월등히 뒤지므로 해상에서 교전할 경우 승산이 없다고 전제했다. 따라서 가능하면 정규전을 피하고 발해만 내외를 경계하면서 맹호가 산중에 숨어 있는 것처럼 위장하여 적에게 공포감을 주는 방법밖에 없다고 극히 비관적인 견해를 밝혔다.

청일 양국의 분위기가 험악해지고 전쟁의 분위기가 고조되자 영국의 임시 대리공사가 최후 중재에 나섰다. 그러나 전쟁을 결심한 일본 측은 중재를 의례적인 것으로만 받아들일 뿐 청국 측이 받아들일 수 없는 까다로운 조건을 제시하고 이에 대한 회답 시한을 7월 24일까지로 못 박았다.

다음은 일본 측이 청국 측에 제시한 조건이다.

1. 서울, 부산간 군용 전선(電線) 가설권을 일본 정부에 위임할 것
2. 조선 조정은 제물포 조약에 따라 조속히 일본 군대를 위한 병영을 건설할 것.
3. 아산에 있는 청국군은 정당한 명분 없이 파견되었으므로 즉시 철퇴할 것.
4. 청한수륙무역장정(淸韓水陸貿易章程) 등을 위시하여 기타 여러 가지 조선의 독립에 저촉되는 청한 간의 모든 조약을 일체 폐기할 것.

일본은 사실 이 4개항의 조건을 조선에게도 통고했다. 그 회답 기한을 조선에는 7월 22일, 청국에는 7월 24일로 못 박은 것은 그들의 작전 계획에 의한 것이었다. 조선 측에서 아무런 회답이 없자 일본군은 7월 23일 새벽 조선 궁중에 난입하여 왕궁을 점령하였다. 곧이어 청군이 주둔하는 아산을 공격하기 위하여 진군 속도를 고려한 끝에 48시간의 시차를 둔 것이었다.

7월 23일 일본군은 조선 왕궁 난입과 때를 같이하여 서울 주재 청국총리 공관도 공격하였으나 이를 사전에 알아차린 원세개는 야반 도주하다시피 도망쳐 귀국한 후였고, 공관을 지키던 당소

의(唐紹儀)는 재빠르게 영국 총영사관으로 몸을 피했다.

　7월 24일 조선 국왕은 그동안 올바른 정치를 하지 못하였다는 이유로 민씨 일파를 몰아내고 대원군에게 정치를 위임한다는 조칙을 내렸다. 그동안 대원군은 천진의 유폐 생활에서 귀국한 후 계속해서 유폐 생활과 다름 없는 실의의 나날을 보내고 있었다. 그가 집권하자 맨 먼저 단행한 일은 정적이었던 민씨 일파에게 보복을 가하는 일이었다. 그는 요직에 있던 민영준(閔泳駿) 등에게 각각 유배형을 내렸다. 그런데 오토리 공사가 요구한 공문은 갖가지 구실을 내세워 좀처럼 응할 태세를 보이지 않았다.

　오토리가 요구한 공문이란 "조선 정부를 대신하여 아산에 있는 청군을 격퇴해 달라."는 내용을 뜻하는 것이었다.

　일본은 아산에 있는 청군의 공격을 정당화시키기 위해 대원군에게 그 같은 공문을 내리도록 압력을 가하고 있었다. 사전 계획에 의해 일본군은 이미 아산으로 향하고 있는데 대원군으로부터는 공문이 아직 도착하지 않았다. 아산으로 일본군이 떠난 뒤에야 가까스로 공문을 받은 오토리 공사는 공문을 받은 그 날짜를 진군한 날짜로 바꾸었다는 설이 있다.

　일본군의 움직임을 예의 주시하던 이홍장은 할 수 없이 일본과의 일전을 각오하지 않을 수 없었다. 그의 작전은 병력을 평양에 집중시키는 것이었다. 이때 일본군은 이미 8천 명의 병력을 서울에 진주시켰다. 이와 대항하기 위해서는 평양에 대병력을 집결시켜 남북으로 대치하는 방법이 최선책이라 판단하였다. 이렇게 하면 청군은 요동으로부터의 보급이 편리하므로 장기전에 돌입할 경우 보급선이 긴 일본보다 유리하다고 생각하였다.

　서울과 가까운 아산에 섭지초가 거느리는 2천 명의 청군이 있었다. 이홍장은 이 군대마저 해로를 통하여 평양으로 이동시킬 것을 고려하고 있었다. 그러나 섭지초는 이홍장의 계획과는 달랐다. 그는 평양에 대군을 집결시키고 아산에도 증원군을 집결시켜 남북에서 일본군을 협공하는 것이 상책이라 판단하여 이홍장의 평양 집결을 거부하였다. 결국 작전계획이 변경되어 아산에 1천 300명의 증원군이 무사히 상륙하였다. 뒤이어 약 1천 명의 증원군이 아산에 집결하기로 되어 있었다. 이 증원군을 호위하기 위하여 순양함 제원(濟遠)과 광을(廣乙) 두 척의 함정이 아산을 향해 항진했다. 일본 함정의 제일 유격대 소속 3척의 함정은 7월 24일 풍도 앞바다를 정찰하던 중 두 척의 청국 군함을 발견하였으나 포격은 가하지 않았다. 7월 24일은 일본이 청국에 대하여 제시한 최후 통첩의 회답 만기일이었기 때문에 일본 군함은 7월 25일 이전의 공격은 유보했던 것이다.

청국 군함도 일본 군함을 발견하였으나 일본 군함이 공격을 가할 움직임이 없었기 때문에 약간 긴장했을 뿐 전투 배치도 않은 채 항진을 계속하였다. 그런데 다음날인 25일 일본 군함이 갑자기 포문을 열고 공격을 개시하였다. 제원호는 백기를 내걸고 포격을 가하면서 도망쳐 여순으로 돌아왔으며 광을호는 화약고가 폭발하는 피해를 입었다.

그곳에 바로 약 1천 명의 증원군을 태운 고승호(高陞號)가 목조 포함의 호위를 받으면서 나타났다. 고승호는 외관상 영국 함정으로 보였기 때문에 일본 해군은 정선을 명하고 수색한 결과 청국군이 탑승하였음을 확인하고 고승호를 격침시켰다. 그리고 영국 승무원만을 구조하고 청국군은 바닷속에 방치하여 전원 익사 지경에 이르렀다가 다행히 다음날 그곳을 지나던 프랑스 함정에 의해 겨우 2백여 명이 구조되었다. 이것이 이른바 풍도 앞바다의 해전으로 일본군이 대승을 거둔 해전이었다. 1천 명의 증원군을 태운 고승호의 격침 소식은 아산에 있는 청군의 사기를 크게 저하시켰다. 병력 보충 문제보다도 심리적으로 큰 충격을 받은 셈이었다.

아산에 있던 섭지초는 3천5백 명의 병력을 두 갈래로 나누어 그중 2천 명을 아산 동북방 20킬로미터 지점에 있는 성환에 배치하고 나머지 1천5백 명은 공주에 배치하였다. 성환에서 일본군과 격전을 벌인 다음 그 병력을 공주에 집결시켜 우회해서 평양에 갈 작정이었다. 풍도에서의 패전으로 해로가 차단되어 육로를 택할 수밖에 없었기 때문에 이런 작전을 구상하게 되었다. 성환에서의 전투 또한 일본군의 대승으로 끝났다.

성환에서 대패한 청군은 평양에 있는 우군과 합류하기 위하여 산과 들을 넘어 비참한 북행을 계속한 끝에 어렵게 합류하였다. 평양으로 집결한 청군의 수뇌들은 서로 의견이 엇갈려 불화가 계속되었다. 이 같은 보고를 받은 이홍장은 평양에 있는 장수들을 지휘 통솔할 책임자로 섭지초를 임명하였다. 그러나 섭지초는 성환에서의 패전을 승전으로 허위 보고한 사실이 있었기 때문에 장수들은 섭지초를 통솔자로 인정하지 않았다. 허위 보고를 그대로 믿은 이홍장의 큰 실수였다.

평양에 집결한 청군의 장수들이 서로 옥신각신하고 있을 즈음 일본군이 평양을 공격하기 위해 북상하고 있었다. 평양에서의 전투는 9월 5일부터 16일까지 벌어졌다. 청군의 병력은 1만 2천 명, 일본군은 노쓰(野津) 중장이 거느리는 제5사단의 병력 1만 7천 명이었다. 일본군이 공격을 퍼붓는데도 청국 진영에서는 여전히 의견이 엇갈려 통일된 작전을 펴지 못하였다. 섭지초는 패배

의식이 앞서 싸우지 말고 퇴각하자는 주장이었고 좌보귀(左寶貴)
는 끝까지 싸울 것을 주장하였다.

　대동강을 사이에 두고 치열한 공방전을 벌인 끝에 일본군이
압승을 거두었으나 일본군은 보급이 원활하지 못하여 총탄이 바
닥이 나 있었다. 노쓰 중장은 할 수 없이 포위를 풀고 철수할 수밖
에 없는 긴박한 상황에 도달해 있었다. 그런데 이때 갑자기 평양
성 머리에 백기가 나부끼기 시작하였다. 패배주의적 지휘자 섭지
초의 명에 따라 청군은 백기를 내건 후 앞을 다투어 도망치기에
바빴다. 대동강에서의 치열한 공방전에서 청군의 전사자는 장수
좌보귀를 포함하여 2천 명을 넘었고, 일본군의 전사자는 180여
명에 불과하였다. 일본군의 압승이었다.

　노쓰 중장 휘하의 제5사단 병력이 한창 평양을 공격할 무렵
의 어느 날 밤 청국의 북양 함대 소속 함정들이 엄청난 숫자의 육
군을 싣고 여순항을 출발하여 압록강 하구의 대동구(大東溝)로
향했다. 평양에서의 패전 소식이 아직 전해지기 이전이었으므로
이 군대는 평양을 구하기 위한 증원군이었다. 증원군의 총사령관
은 유성휴(劉盛休)로 이 부대는 북양군 가운데서 가장 용맹을 떨
치던 부대였다. 북양 함대가 증원군을 대동구에 무사히 상륙시킨
것이 9월 17일 새벽이었다. 북양 함대 제독 정여창(丁汝昌)은 이
날 정오를 기하여 출발할 것을 명하였다. 각 함정이 출발 준비에
분주하고 있을 때 일본의 연합 함대가 나타났다.

　이렇게 해서 청일 양국의 주력 함대 사이에 해전이 벌어지게
되었다. 일본 함대가 이곳에 나타난 것은 일본의 수색 작전에 의
해 청국 함대가 포착됐기 때문이다. 전력으로 볼 때 앞서 이홍장
의 분석대로 청국이 열세에 놓였다.

양국 사이의 해전은 5시간에 걸쳐 계속되었다. 청국의 북양 함대는 초용(超勇) · 치원(致遠) · 경원(經遠)의 세 함정을 잃었다. 일본 함대가 집요하게 공격한 것은 진원과 정원의 두 거함이었으나 이 두 철함(鐵艦)은 2백여 발의 포탄을 맞았는데도 과연 거함답게 침몰하지는 않았다. 이 싸움에서 북양 함대가 불운했던 것은 전투 개시 직후에 기함 정원호의 신호 돛대가 포탄에 맞아 부러진 일이었다. 당시에 해전은 기함의 지시 신호에 따라 작전이 이루어지고 있었기 때문에 이 신호 돛대의 기능 상실은 북양 함대의 눈과 귀를 잃은 것과 마찬가지였다.

일본의 기함 마쓰시마(松島)도 정원호의 포탄에 맞아 1백여 명의 사상자를 냈다. 마쓰시마에 탑승하고 있었던 한 수병이 부함장에게,

"정원호는 아직 침몰하지 않았습니까?"

하고 물으며 죽어갔다고 하니 정원호의 위력이 대단하였음을 알 수 있다. 정오에 시작된 해전은 오후 5시쯤 일본 함대가 방향을 바꾸어 철수함으로써 끝났다. 북양 함대의 탄약고도 바닥이 났지만 일본 함대도 포탄을 다 쏟아놓는 치열한 일전이었다. 만신창이가 된 북양 함대도 대련만으로 돌아왔다.

잇따른 패전으로 청국 조정에서는 이홍장을 비난하는 소리가 높아졌고 청나라 조정은 75세의 노장 송경(宋慶)을 기용하였다.

일본의 함대 제물포 앞바다에 집결한 일본 함대

송경은 태평천국의 난을 평정하는 데 공을 세운 역전의 노장이었다. 그는 여순에 주둔해 있는 의군(毅軍)을 거느리고 요동에서 전선으로 직행하여 전군을 통할하게 되었다. 그러나 이미 때는 늦어 있었다.

송경이 의군을 거느리고 출발한 후에 11월 일본의 제2군이 요동에 상륙하여 여순을 점령하였다. 그리고 북양 함대는 이미 산동 반도의 위해위(威海衛)로 이동한 후였다. 여순을 점령한 일본군은 일반 백성과 부녀자에 대하여 학살의 만행을 저질렀다. 제2군이 여순을 함락한 것은 11월 21일이었고 제1군은 압록강을 건너 10월 29일에 봉황성에 입성함으로써 전쟁의 무대는 바야흐로 조선에서 청국 영내로 옮겨지게 되었다. 청국 영내에 들어선 일본군은 게릴라화한 청국 병사와 이에 협력하는 농민의 격렬한 저항에 부딪히게 되었다.

이에 이르러 일본도 능력의 한계를 느끼기 시작하여 전선의 확대를 희망하지 않는 쪽으로 기울기 시작하였다. 일부에서는 북경 진격론이 대두되기도 하였으나 당시 일본의 국력으로는 과중한 부담이라는 것이 일반적인 견해였다. 일본은 시기 상조라 생각하면서 차츰 사태를 종결시킬 기회를 모색했고 이 같은 생각은 청국도 마찬가지였다.

청국 조정은 공친왕 혁흔을 다시 총서대신(總署大臣)으로 기용하였다. 이것은 당시 청국의 실권자 서태후의 의사가 강화 쪽으로 기울었다는 것을 시사한다. 그의 임무는 전쟁을 종결시키기 위하여 각국 공사에게 조정을 의뢰하는 것이었다. 11월 6일 미 국무장관 그레샴이 청·일 양국에 조정할 의사가 있음을 표시하자 일본이 열강의 움직임을 검토한 뒤 이를 수락하기로 함으로써 각국

공친왕 함풍제의 동생으로 함풍제 즉위 후 공친왕으로 봉해졌다.

공사에 의한 조정 움직임이 활발해졌다. 열강의 움직임을 주시한 끝에 강화의 분위기가 무르익어가고 있음을 확인한 일본 수상 이토 히로부미(伊藤博文)는 강화에 보다 유리한 작전을 구상하였다.

"북양 함대의 주력함인 정원·진원호가 아직도 위해위에 남아 있는 이상 북양 함대를 완전히 섬멸시켰다고 할 수는 없다. 북양 함대를 완전히 섬멸시켜 청나라를 더욱 궁지에 몰아넣는다면 강화를 더욱 유리하게 끌고 갈 수 있다."

이것이 이토를 비롯한 일본군 수뇌들의 속셈이었다. 그러나 송경이 이끄는 청국군은 해역으로 진출한 일본군을 맹렬히 공격하였고 봉황성 방면에서도 청국군의 역습으로 일본군이 자주 패하여 위기에 몰렸다. 일본은 1895년 2월, 제1사단의 주력을 투입한 끝에 어렵게 승리하였다. 이보다 조금 앞선 1월 23일 일본의 연합 함대 사령관 이토(伊東祐亨) 중장은 영국 군함을 통하여 위해위의 북양 함대 사령관 정여창에게 항복 권고문을 보냈다. 이것은 일종의 도전장이었다. 1월 30일 일본 함대는 마침내 위해위를 공격하기 시작하였다. 남방 포대에 포격을 가하여 함락하자 그 다음날에는 북포대를 수비하던 청군이 도주하는 사건이 일어났다. 청군의 북포대에는 다량의 탄약이 저장되어 있어 그대로 두면 고스란히 일본군의 전리품이 될 판이었다. 청군은 부득이 아군의 포

대에 포격을 가하여 탄약을
폭파할 수밖에 없었다.

일본군은 야습에 능하
였다. 일본군은 수뢰정(水
雷艇)으로 야습을 감행하여
북양 함대의 주력함인 정원
호를 공격하였다. 수뢰정의
공격을 받은 정원호는 기능
을 완전히 상실한 채 거대한

북양 함대의 진원호
북양 함대의 자랑이었
던 진원호는 일본 해
군에 항복하였다.

모습만 떠 있을 뿐이었다. 청군의 수뇌들은 이를 폭파하기 위하여
250파운드의 폭약을 장치한 다음 침몰시켰다. 다음날에는 또 내
원·위원의 두 함정이 격침되니 북양 함대의 기능은 마비될 위기
에 이르렀다. 북양 함대 사령관 정여창은 기함 진원호에서 독전하
다가 정원호를 잃은 후 유공도(劉公島)에 상륙하였다. 영국인 고
문이 정여창을 설득하였다.

"승패는 이미 결정이 났습니다. 더 항전해 봤댔자 귀중한 인
명을 살상시킬 뿐이니 항복하는 것이 어떻겠습니까?"

정여창은 고개를 가로저은 다음 자신의 관인을 영국인 고문
에게 넘겨주면서 말하였다.

"내가 죽은 다음 항복 문서에 이 관인을 찍어 이토에게 넘겨
주시오."

정여창이 음독자살한 것은 시모노세키(下關)에 갔던 청국 사
절이 귀국한 날과 같은 2월 12일이었고 총병 장문선(張文宣)·부
장 양용림(楊用霖)도 동시에 자결하였다. 부사령관 유보섬(劉步
蟾)은 그 전에 이미 자결하였다. 정여창이 죽은 후 백기를 내건

진원호로부터 이토 중장에게 항복 문서가 전달되었는데 그 내용은 다음과 같다.

"본 제독의 결심은 최후까지 결전을 벌여 함정이 침몰하고 인명이 다한 후에야 그칠 작정이었으나 이제 장병들의 생명을 보전하기 위하여 부득이 휴전을 원하는 바이오. 위해위에 있는 현재의 함대와 유공도 및 포대의 무기를 귀국에 바치는 조건으로서 육해군·내외국인의 관원·병사·인민 등의 생명을 상해하는 일 없이 각자 귀향을 허락할 것을 간절히 바라는 바이오. 만약 이 조건을 수락한다면 영국 함대 사령관을 증인으로 삼을 것이오. 살펴어 즉일 회답이 있기를 바라는 바이오."

이토 중장은 물론 정여창이 자결했다는 사실을 알 턱이 없었다. 그는 즉시 일본 문자의 원문에 영역을 첨가하여 회답을 보냈다. 그 일부를 소개하면 다음과 같다.

"영국 함대 사령관을 증인으로 한다는 귀하의 태도에 대하여 소관은 전혀 그것이 불필요하다고 생각하오. 소관이 믿는 바는 오직 귀하의 무인으로서의 명예 한 가지 뿐이오."

이렇게 해서 위해위는 함락되고 북양 함대는 일본군에 인도되었다. 일본 해군이 집요하게 노렸던 진원호가 일본 해군의 전리품이 되었다는 소식은 일본 국민을 열광시키고도 남았다. 진원·정원의 두 거함은 일본이 오랫동안 두려워하고 경계했던 존재였다. 이 사이 청국측 전권대표 장음환(張蔭桓)과 소우렴(邵友濂)

은 히로시마 회담을 추진하기 위하여 일본에 갔으나 일본 측이 전권 위임장이 갖추어지지 않았다는 이유를 들어 교섭을 거절하는 바람에 1월 31일 귀국하였다.

청국 전권대표의 추방과 위해위의 전투는 일본에 대한 열강의 경계심을 극도로 고조시켰다. 열강은 강화 조건을 둘러싸고 일본에 간섭할 움직임을 보였다. 러시아는 부동항(不凍港)을 얻기 위해 영국 · 프랑스와 협력하여 여순항과 대련항의 할양을 저지하려 하였고, 독일은 영국 · 러시아 사이의 접근을 견제하고 동아시아에 진출하려는 러시아 · 프랑스의 세력과 대항하기 위하여 영국과 협력하려 하였다.

위해위에서 북양 함대가 궤멸한 다음날인 2월 13일 청국 조정은 이홍장을 전권대신으로 일본에 파견하기로 결정하였다. 이홍장은 광서제 · 서태후와 장시간 논의한 끝에 일본 측이 강화 조건으로 조선의 독립과 전비의 배상 문제 외에 영토 할양을 요구할 것이라는 사실을 확인하였다. 청국 사절 일행은 3월 20일 시모노세키에 도착하여 춘범루(春帆樓)에서 양국 전권대표 교섭에 들어갔다. 청국측은 이홍장 · 이경방(李經方) · 오정방(伍廷芳)이 참석하였고 일본 측에서는 이토 히로부미와 무쓰 외상(陸奥外相)이 참석하였다.

이홍장은 회의 벽두에서 즉시 휴전할 것을 제의하였으나 이토 히로부미가 가혹한 조건을 제시했기 때문에 이홍장은 휴전 제의를 철회하였다. 이날 청국 대표가 숙소로 돌아가던 중 이홍장이 불의의 충격을 받았다. 이홍장 일행이 춘범루에서 나와 숙소인 인접사(引接寺)로 향하고 있을 때였다. 이홍장은 가마에 타고 다른 수행원은 인력거를 타고 돌아오는데 갑자기 한 괴한이 나타나 이

일본 외상 무쓰 무네미쓰

홍장이 탄 가마에 권총을 발사하였다.

이홍장이 탄 가마는 중국에서 가져간 것으로 4인이 어깨에 메고 사방에 유리창이 달려 있었다. 이홍장은 이때 유리창을 열어 놓고 있었다. 괴한이 쏜 총탄은 이홍장의 왼쪽 눈언저리에 박혔다. 뒤에 밝혀진 일이지만 총탄은 일단 이홍장이 쓴 금테 안경에 명중하여 렌즈가 부서졌는데도 다행히 이홍장이 눈을 감고 있었기 때문에 안구는 무사하였다. 괴한은 현장에서 체포되고 이홍장은 인접사로 실려가 응급 치료를 받았다. 이 소식을 들은 이토 히로부미 등 일본 대표 일행이 급히 인접사로 달려가 문병하자 이홍장은 말했다.

"이 같은 일은 나도 진작부터 각오하고 있었던 바요."

권총을 발사한 범인을 심문한 일본 경찰은 그가 신도관(神刀館)이라는 우익 단체 소속의 일원으로 지금 강화를 맺으면 청국에게 재기의 기회를 주어 또 다시 일본과 전쟁을 하게 될 것이기 때문에 강화를 방해하기 위함이었다고 경위를 밝혔다.

일본 측은 교섭이 결렬될 경우 열강의 간섭이 노골화될 것을 염려하여 휴전 조약을 성립시키고 이어 4월 1일 정식으로 조약안을 제시하였다. 다음은 일본 측이 제시한 조약안의 골자이다.

1. 조선국이 완전 무결한 독립국임을 확인할 것.
2. 다음 토지를 일본에 할양할 것.

434

(갑) 봉천성 이남의 땅.

(을) 대만과 그 부속 도서 및 팽호 열도(澎湖列島).

3. 전비 배상금으로 은 3억 냥을 5년 할부로 지불할 것.

4. 열강의 통상 조약과 같은 청일 통상조약을 개정하여 일본에 특권적인 최혜국 대우를 할 것.

5. 사시(沙市) · 중경 · 소주 · 오주 · 항주를 개항할 것.

6. 의창(宜昌) - 중경간, 상해 - 소주 - 항주의 기선 항로를 승인 할 것.

7. 개항장에서의 각종 제조업에 종사할 권리, 내국 운수세, 내륙 부과세 등에 특전을 인정할 것.

8. 위해위에서의 일본군 점령을 인정할 것.

북경 조정에서는 특히 일본 측 제시안의 영토 할양 문제를 둘러싸고 격론이 벌어져 할양을 거부하는 수정안을 제출하였다. 청국 측의 수정안에 대하여 일본 측은 ① 요동 반도의 할양 지역을 축소하고 ② 전비 배상금을 3억에서 2억으로 감액하고 ③ 중재 재판 조항은 인정하지 않는다는 등 절충안을 제출하였다. 이렇게 수정 단계를 거쳐 마침내 4월 17일 춘범루에서 전문 11조로 된 청일 강화 조약(시모노세키 조약)이 조인되었다. 조약의 골자는 다음과 같았다.

1. 조선국이 완전한 독립국임을 승인한다.(이 조항에 대하여 이홍장 은 청일 양국은 조선의 내정에 간섭하지 않는다는 조문을 추가할 것을 요청하였으나 일본 대표 이토 히로부미에 의해 거부되었다.)

2. 요동 반도 · 대만 · 팽호 열도를 할양한다.

3. 전비 배상금으로 2억 냥(일화 3억엔)을 7년 분할로 지불한다.

4. 청국·유럽 제국간 조약을 기초로 청일 통상 항해 조약 및 육로
   무역에 관한 협정을 체결한다.
5. 사시(沙市)·중경·소주·항주를 개시·개항한다.
6. 의창 - 중경간, 상해 - 소주 - 항주간의 기선 항로를 승인한다.
7. 개항장에서 각종 제조업 종사권을 승인하고 내국세에 대해 특전을
   부여한다.
8. 본 조약 비준 후 3개월 이내에 일본군은 철퇴하며 조약을 성실
   히 이행하는 담보로 위해위를 점령한다.

이 조약은 일본에게는 승리의 열매를 안겨주는 것이었지만,
청국에게는 굴욕임에 틀림없었다. 이홍장은 조인식을 마친 후 귀
국을 서둘러 즉시 귀국선에 올랐다. 이홍장 일행이 천진에 도착한
것은 4월 20일이었고 비준서의 교환은 5월 7일 산동 반도의 지부
(芝罘)에서 하기로 되어 있었다. 강화 조약의 내용이 청국 조야에
알려지자 각지에서 비준 거부 운동이 격렬하게 일어났음은 당연
하다.

조인식이 끝난 6일 후인 4월 23일 러시아·독일·프랑스의 3
국은 일본의 요동 반도 영유를 정식으로 반대하고 나섰다. 동경에
주재하는 3국 공사는 일본 외무성을 방문하고 본국 정부의 훈령
을 전달한다는 형식으로 간섭에 나섰다. 3국 정부의 훈령은 대동
소이하지만 3국 간섭의 주도권을 장악하고 있던 러시아의 훈령은
다음과 같았다.

"러시아 황제 폐하의 정부는 일본국이 청국에 대하여 요구한 강화 조
건을 살핀바 요동 반도를 일본이 영유하는 것은 청국의 수도 북경을

시모노세키 조약 조인 장면과 조약이 체결된 장소인 춘범루

위협할 염려가 있을 뿐 아니라 동시에 조선국의 독립을 유명무실하게 하여 장래 극동의 영구적 평화에 장애가 되는 것으로 사료됩니다. 따라서 러시아 정부는 일본 정부와 그 성실한 우의를 다지기 위하여 요동 반도의 영유를 확실히 포기할 것을 권고하는 바입니다."

일본에서는 즉시 어전회의가 열렸다. 3국 간섭에 대한 대책으로써 이토 히로부미는 다음 세 가지 안을 내놓았다.

1. 새로운 적국이 등장하여 불행한 사태에 직면하는 한이 있더라도 단연 3국의 권고를 거부한다.
2. 열국 회의를 소집하여 요동 반도의 문제를 그 회의에서 처리한다.
3. 3국의 권고를 그대로 받아들여 요동 반도를 청국에 반환한다.

이토 히로부미는 제1안은 현재의 일본 군사력으로는 사실상 실행이 불가능하다고 판단하였으며 그렇다고 제3안은 너무나 한

심스러운 것이므로 제2안을 택함이 좋을 듯하다는 의견을 첨가하였다. 이때 무쓰 외상은 병으로 요양 중이어서 이 회의에 참석하지 않았고 어전회의의 의견은 제2안을 택하자는 쪽으로 기울었다. 이토 히로부미는 무쓰의 병상을 방문하여 그의 의견을 들어 최종 단안을 내릴 작정이었다. 그러나 무쓰 외상은 제2안에 반대하였다. 무쓰 외상은 반대 이유를 다음과 같이 설명하였다.

> "열국 회의를 개최한다면 그 회의는 반드시 3국 이상의 나라로 구성될 것이므로 요동 반도 이외의 문제가 거론될 가능성이 농후하다. 그리 된다면 시모노세키 조약의 전체를 부정할 염려도 있다. 바꾸어 말하면 3국 이상의 새로운 대국의 간섭을 불러들이는 것이 되며 회의에는 시간이 많이 소요될 것이므로 그 사이에 어떤 뜻하지 않은 일이 발생할지 예상할 수 없다. 예를 들면 청국이 비준을 거부하여 시모노세키 조약을 전면 백지화할 염려도 있다."

사실 일본은 3국 간섭을 거부할 능력이 없었다. 특히 러시아는 무력까지 동원할 움직임마저 보였기 때문에 단순한 위협이 아니었다. 러시아와의 싸움에서 이길 승산이 없는 경우 굴복할 수밖에 없는 것이 일본의 실정이었다.

무쓰 외상은 각국 공사를 통하여 최후의 노력을 기울였으나 사태를 호전시키지는 못하였다. 결국 4월 29일의 어전회의에서 3국의 권고를 받아들여 요동 반도를 청국에 반환하기로 결정하였다. 청일 간의 강화 조약은 예정대로 5월 7일 산동 반도의 지부에서 비준서가 교환됨으로써 청일 전쟁은 어렵게 종지부를 찍었다. 청국은 3국 간섭 덕분에 요동 반도를 잃지 않았으나 이것은 자력

으로 쟁취한 것이 아니고 타력
에 의해 얻은 것이므로 언젠가
또다시 빼앗긴다는 사실이 얼마
후 증명되었다.

증국번의 뒤를 이어 청말의
정계에 군림했던 직례총독·북
양대신 이홍장은 패전의 책임을
지고 정계에서 물러나 얼마 동
안 불행한 나날을 보낼 수밖에 없었다. 이홍장과 함께 서태후 일
파는 중앙의 권력에서 물러나고 장지동(張之洞) 일파가 권력을
장악함으로써 광서제의 친정 체제가 성립하였다.

무술변법

아편 전쟁과 청일 전쟁에서의 패배로 크나큰 치욕을 맛본 청국 백
성들은 총이나 군함 등의 무기가 서양보다 뒤떨어졌기 때문이 아
니라 오히려 누적된 정치 부패에 그 원인이 있다는 사실을 깨달았
다. 이에 따라 하루속히 정치를 개혁해야 한다는 움직임이 강력히
대두됐다. 그 운동의 지도자는 강유위(康有爲)였다. 그는 광서 14
년(1888) 당시의 황제 광서제에게 퇴폐한 정치를 개혁하여 새로
운 정치를 실현해야 한다는 이른바 변법(變法)을 주장하는 상소
를 올렸다. 강유위는 광동성 남해현 출신으로 호는 장소(長素)이
다. 그는 유럽의 새로운 사조를 받아들여 사학(史學)·불교학·

광서제

* 수도를 옮기고 끝까
지 항전함

공양학(公羊學) 등을 배워 독자적인
유교학설을 펴기도 하였다.

　강유위는 청일 전쟁이 끝난 후인
1895년 제자 양계초(梁啓超)와 함께
과거를 보기 위해 북경에 올라갔다가
천진 조약에서 체결한 요동 · 대만의
할양과 2억 냥의 배상금 지불 문제로
북경이 들끓고 있는 사실을 목격하고
분개한 나머지 "강화 조약의 거부, 천
도 항전(遷都航戰)*, 변법의 실행"을
주장하는 내용의 상소문을 작성하여
과거를 보기 위해 모여든 선비들에게
서명하도록 설득하였다. 강유위의 설
득은 선비들의 호응을 받기에 충분하
였다. 1천여 명의 선비들이 앞을 다투어 서명하였다. 강유위는 그
상소문을 올렸다. 이것이 이른바 '공거상서(公車上書)'이다. 공
거란 고대 중국에서 아래로부터 올라오는 상소문을 임금에게 전
하는 직무를 담당하는 관아로서 청조에서는 도찰원(都察院)이 이
직무를 담당했다. 그러나 도찰원에서는 이 상소문의 수리를 거부
하였다. 그 이유는 1천여 명에 달하는 서명자들이 모두 과거를 보
러 온 선비들일 뿐이므로 관직이 없는 사람은 정치에 간섭할 수
없기 때문이라는 것이다. 그러나 그 상소의 내용은 교육의 보급과
인재의 등용, 부국강병의 도모 등 극히 애국적이고 온당한 것이라
하여 청국의 조야에 크게 경각심을 불러일으켰다. 이때가 음력 3
월이었다. 얼마 후 강유위는 진사시에 급제하여 공부(工部)의 관

리에 등용됨으로써 정치적 의견을 제시할 수 있는 자격을 확보하였다.

그 후 강유위는 여러 차례에 걸쳐 변법을 주장하는 상소를 올렸고 광서 24년(1898)의 무술년에는 《일본변정고(日本變政考)》라는 저서와 함께 상소를 올렸다.

강유위와 양계초

이때 광서제는 이미 성년이 되어 있었으나 정치적 실권은 사실상 서태후가 장악하고 있었다. 광서제는 서태후의 지나친 간섭이나 서태후의 정치가 지극히 보수적이라는 점에 대해 불만을 가졌다. 광서제도 벌써부터 옹동화(翁同龢)를 통하여 강유위의 존재를 알고 있었으며 변법에 대해서도 매우 의욕적이었다. 그러나 서태후가 있는 한 광서제는 제약을 받지 않을 수 없었다.

앞서 언급했듯이 청일 전쟁에서 패배한 후 들끓는 여론에 부딪혀 이홍장의 실각과 함께 서태후도 이화원(頤和園)에 은거하여 광서제의 친정 체제가 형성되긴 하였으나 서태후는 한시도 경계의 눈을 누그러뜨리지 않았다. 서태후는 정치적 실권을 잃으면 자신의 지위가 위태롭다는 사실을 잘 알고 있었기 때문이었다.

강유위의 상소는 광서제의 자립 의욕을 북돋우기에 충분하였다. 그는 또 7번째의 상소를 올려 만국의 좋은 법을 채용하여 변법유신(變法維新)해야 한다고 주장하였다. 강유위의 끈질긴 상소는 마침내 광서제의 마음을 움직이는 데 성공했다. 광서제는 서태후로부터 자립하여 변법을 단행할 결심을 하게 되었다.

광서제는 4월 23일 국시(國是)를 정하는 조서를 발표하고 다음 24일 강유위를 입궐토록 하여 변법에 관한 이야기를 나누고 그를 총리아문 장경(章京)에 임명하였다. 장경이란 대신을 보좌하는 직책이었다. 총리아문에는 이홍장을 비롯하여 10명 가까운 대신이 있었다. 강유위의 지위는 이들 대신보다 훨씬 낮았으나 황제로부터 직접 변법의 명을 받았으므로 대권을 부여받았음에 틀림이 없었다.

강유위 자신도 조서 한 가지만으로 정치 개혁이 쉽게 이루어지리라고는 생각하지 않았다. 이를 계속 추진하자면 지원 조직이 있어야겠다고 판단하여 '공거상서' 때 서명했던 동지들을 중심으로 보국회(保國會)라는 정치 단체를 조직하였다. 그의 제자 양계초가 많이 활약하였다.

강유위는 잇따라 변법 추진에 필요한 건의를 하였다. 헌법 · 국회 · 철도 · 학교 · 군사 등 30년 전의 일본의 제도를 본떠 부국 강병을 실현해야 한다는 것이었다.

서태후를 중심으로 하는 보수파들은 변법파들의 움직임을 예의주시했다. 변법파들은 국정 개혁을 추진하면서 광서제의 친정도 실현하려 했다. 이것은 서태후가 가장 경계하는 일이었다. 광

이화원 전경 서태후는 막대한 군사비를 여름 별장 이화원을 짓는 데 사용해 전쟁의 패배 원인을 제공했다.

서제도 비장한 결의를 가지고 변법을 시작하였으나 유감스럽게도
그는 황제이면서도 서태후로 인하여 그 권한에 제약을 받고 있었
다. 예를 들면 광서제에게는 2품관 이상의 관리에 대한 임명권이
없었다. 국정을 운영하는 것은 실제 2품관 이상의 사람이었는데
광서제에게는 이들을 임명하는 권한조차 없었던 것이다.

광서제의 변법 조서가 발표된 며칠 후 호부상서 옹동화가 파
면되었다. 이것은 서태후가 변법파에 가한 일대 타격임에 틀림이
없었다. 강유위를 광서제에게 추천한 사람이 옹동화였기 때문이
었다. 광서제는 독자적으로 무슨 일을 추진하려면 반드시 서태후
의 눈치를 살피는 것이 지금까지의 관례였으나 이번의 변법 문제
에 대하여는 전혀 서태후를 의식하지 않고 변법을 지지하여 이를
실행에 옮길 움직임을 보였다.

서태후는 비록 이화원에 은퇴해 있지만 자금성에는 그의 손
발 노릇을 하는 심복 환관들이 곳곳에 침투되어 있었다. 서태후는
그들을 통하여 변법파의 움직임을 마치 손바닥 들여다보듯 훤히
알았다. 광서제는 변법의 시행을 서두르기 위하여 변법에 소극적
인 인물을 파면하고 변법파의 강경한 네 사람을 군기대신(軍機大
臣) 장경에 임명하였다. 이 네 사람에게는 재상과 대등한 권한이
주어졌다.

내각후보시독(內閣候補侍讀) 양예(楊銳)
형부후보주사(刑部候補主事) 유광제(劉光第)
내각후보중도(內閣候補中道) 임욱(林旭)
강소후보도(江西候補道) 담사동(譚嗣同)

이 네 사람의 군기대신 장경 가운데 양예와 유광제는 호남 순무 진보잠(陳寶箴)이 추천한 사람으로 당시 지방에서는 유일하게 호남에서만 변법 정치가 시행되고 있었다. 그만큼 호남 순무 진보잠은 변법의 열렬한 동조자였다.

변법파의 강경한 네 사람이 군기대신 장경에 임명되었다는 소식은 즉시 서태후에게 전해졌다. 조용히 기회를 노리던 서태후는 비로소 변법파에 일격을 가할 움직임을 보이기 시작하였다. 촉각을 곤두세우고 상대방의 움직임을 탐지하는 것은 피차가 마찬가지였다. 서태후의 움직임이 수상하다는 것을 알아차린 변법파는 초조하지 않을 수 없었다. 그들은 위기감마저 느낀 나머지 기선을 잡아 쿠데타를 일으켜 서태후를 서산(西山)의 이궁(離宮)에 유폐시키고 광서제의 친정을 실현시킬 계획을 세웠다.

쿠데타를 일으키자면 무엇보다도 군대가 필요하였다. 변법파들은 신식 육군을 쿠데타에 끌어들이기 위해 공작에 착수하였다. 당시 신식 육군의 통솔자는 원세개로 이홍장의 자식과 같은 존재임을 변법파도 익히 알고 있었다. 이홍장이 비록 청일 전쟁에서의 패배 책임을 지고 일시적으로 요직에서 물러나기는 하였으나 서태후의 신임이 가장 두터운 인물이었다. 이 같은 관계에서 비추어 볼 때 원세개의 신식 육군을 이용하려는 계획이 얼마나 위험한 일인가를 모르는 바는 아니었지만 변법파로선 다른 방법이 없었다.

양계초의 《무술정변기(戊戌政變記)》에 의하면 서태후의 반변법 실력 행동을 봉쇄하자면 이쪽에서 먼저 군사 쿠데타를 일으키는 방법밖에 없다고 제의한 것은 강유위였고, 그 방법으로써 원세개의 지원을 요청하자고 주장한 것은 담사동이었다. 강유위도 담사동의 의견에 찬성하였다. 원세개가 오랫동안 조선에 머물러

무술변법 서태후가 쿠데타를 일으켜 무술변법을 진압하고 광서제를 유폐시켰다.

외국 사정에 밝고 또 신식 군대의 편제를 주장하였으므로 개화 진보적인 사상을 가진 인물이라고 기대했기 때문이었다. 또 원세개는 그들의 정치적 조직인 경사강학회(京師强學會)에 5백 원을 기부한 일도 있었다.

담사동은 원세개를 쿠데타에 끌어들이기 위해 천진의 법화사로 원세개를 방문하였다. 담사동이 원세개를 방문한 것이 9월 18일이고 이보다 이틀 전인 9월 16일 광서제는 원세개를 자금성으로 불러 시랑후보(侍郞候補)의 관작을 수여하였다. 다음은 원세개의 《무술일기(戊戌日記)》에 적힌 담사동과의 회담 내용이다.

> 담사동: 당신은 황제로부터 파격적인 특은을 받았으니(시랑후보로 승진) 그 은혜에 보답해야 할 것이오. 폐하에게 큰 어려움이 닥치고 있는바 당신이 아니면 구원할 길이 없소. 직례총독 영

록(榮祿)이 폐하를 시해할 음모를 꾸미고 있다는 사실을 당
신은 알고 계시오? 즉시 결사대를 이끌고 영록을 주살하고 이
화원을 포위해야 할 것이오.

원세개: 이화원을 포위하라니 그게 무슨 말씀이오?

담사동: 그 늙은이(서태후)를 제거하지 않고는 이 나라를 구할 길이
없소. 그 늙은이를 제거하는 일은 내가 맡을 것이니 당신은
번거로운 생각을 마시오. 오직 영록을 주살하고 이화원을 포
위하면 그만이오. 당신이 거절하면 나는 당신 앞에서 죽을 것
이오. 내 목숨은 당신 손에 달려 있지만, 당신의 목숨 또한 내
손에 달려 있다는 사실을 아시오.

담사동의 허리 부분과 목덜미 부분이 불룩 솟아 있어 틀림없
이 흉기를 숨긴 것처럼 보였기 때문에 원세개는 일단 승낙하는 대
답을 하였으나 사실은 생명의 위협을 느껴 임시변통으로 대답한
말이었다고 한다.

담사동과 헤어진 원세개는 이해득실을 계산한 끝에 담사동과
의 약속을 저버리기로 결심하고 이 같은 사실을 즉시 직례총독 영
록에게 밀고하였고 영록은 이화원으로 달려갈 준비를 서둘렀다.

드디어 변법파와 보수파 사이에 치열한 혈투가 벌어졌다. 담
사동이 원세개를 방문한 다음날인 9월 19일 영록과 원세개는 비
밀리에 북경으로 올라왔다. 보고를 받은 서태후는 9월 20일 새벽
이화원에서 자금성으로 복귀하여 광서제의 방을 수색하고 변법에
관한 서류를 모두 압수하였다. 다만 이 날은 광서제가 일본의 이
토 히로부미를 접견하기로 되어 있었기 때문에 서태후는 장막 뒤
에 숨어서 감시하는 정도에서 그치고 밤이 되자 광서제를 불러 음   서태후

독 자결할 것을 강요하였다. 군기대신 왕문소(王文韶)와 황족들이 간청하여 겨우 자결은 면하고 유폐 처분으로 종결되었다.

9월 21일 서태후의 수렴 청정이 시작되고 변법 운동은 실패로 막을 내렸다. 변법 운동은 시작한 지 103일 만에 막을 내렸기 때문에 '백일유신(百日維新)'이라고도 부르고 '무술정변(戊戌政變)'이라고도 부른다.

서태후의 수렴 정치가 시작되자 다시 보수 정치로 돌아가 모든 것이 복구되었다. 황제는 유폐 처분으로 끝났지만 변법파의 간부들에게는 가혹한 처벌이 기다리고 있었다.

9월 18일 담사동이 원세개를 만나기 위해 천진으로 떠난 후 강유위는 아무래도 원세개의 가담이 어려울 것이라는 육감이 들었다. 강유위는 9월 20일 새벽 남몰래 북경을 떠나 저녁 무렵에 당고에 도착하여 초상국(招商局)의 신제호(新濟號)에 탑승하였다. 그러나 이 배가 21일 출범한다는 것을 알고 그는 태고양행의 중경호(重慶號)로 갈아탔다. 이 배는 그날 오전 10시에 출항하기로 되어 있었다. 마침내 강유위와 북경 정부 사이에 숨막히는 숨바꼭질이 시작되었다. 북경의 남해관(南海館, 강유위의 숙소)을 수색한 끝에 강유위가 도망쳤음을 확인한 영록은 즉시 당고를 샅샅이 수색하였으나 강유위의 소식은 오리무중이었다.

그 사이 출항한 배를 점검한 끝에 강유위가 이미 출항했음을 확인한 영록은 군함 비응호(飛鷹號)에 즉시 추격을 명하였으나 비응호는 석탄의 부족으로 도중에서 돌아오고 말았다. 영록은 즉시 연대도(煙臺道)의 장관에게 전보를 쳤다. 당고를 떠난 배는 대부분 연대도에 기항(寄港)하는 것이 보통이었기 때문이었다. 강유위가 탄 중경호도 연대도에 기항하였으나 전보가 도착했을 때는 이

미 출항한 후였다. 중경호는 상해에 기항했지만 상해의 영국 총영
사가 강유위와 친교가 있는 영국인 리처드의 요청을 받아들여 위
해위에 있던 영국의 순양함 보나벤처 호를 불러 오송 항구 밖에서
강유위를 옮겨 태워 홍콩까지 호송하였다. 이렇게 해서 강유위는
위기일발의 탈출에 성공하였다. 그 후 이토 히로부미의 도움으로
일본으로 망명하였다.

양계초는 일본 공사관으로 피난하였다. 공사관은 치외법권
지역이었으므로 일본의 대리공사 하야시(林權助)는 대고에 정박
중인 일본군함 오지마(大島)에 태워 그대로 일본으로 회항(回航)
하였다. 오지마의 회항을 자연스럽게 가장하기 위하여 일본 해군
성은 스마호(須磨號)와 오지마를 교체하는 형식을 취하였다.

담사동은 일단 일본 공사관으로 도망쳐 왔으나 그것은 망명
때문이 아니었고 자신의 시문과 가서(家書)를 먼저 피난한 양계
초에게 전달하기 위해서였다. 양계초가 망명을 권유하였으나 담
사동은 권유를 뿌리쳤다. 담사동은 체포되어 일주일 후인 9월 28
일 북경의 형장에서 참수되었다. 양계초에게 미리 전한 그의 '절
명서(絶命書)'에는 이렇게 쓰여 있었다.

> "피를 악물고 이 글을 써 우리 중화국민에게 고한다. 다 함께 의롭게
> 일어나 국적(國賊)을 섬멸하고 우리 성상을 보전하라."

당시 항간에는 변법파의 일부 인사들이 담사동을 대통령에
추대하여 공화국을 세우려 한다는 소문이 퍼지고 있었다. 담사동
이 그 같은 소문을 들었는지 못 들었는지는 알 수 없으나 그의 유
서에 의해 그 같은 소문이 그와는 아무런 관계가 없었음이 밝혀진

셈이다. 친구와의 도리를 우주의 원리라고 항시 주장했던 담사동은 확실히 그의 의협적인 일생을 끝까지 관철하였다고 평가할 수 있다.

●

의화단의 난

무술변법이 실패로 돌아간 다음해인 1899년 의화단(義和團)이 중국인 기독교 신자들이 거주하는 평원현을 습격하는 사건이 발생하였다. 이것이 의화단 사건의 도화선으로 이를 계기로 하여 의화단의 폭동은 확대일로를 치달아 서양인에 대해 무자비한 테러를 가하는 배외(排外) 운동으로 확산되어 갔다.

청나라에서는 1858년의 천진 조약에 의해 청국 국내에서의 기독교 포교를 인정하기는 하였으나 기독교에 대한 이해가 부족했던 민중들은 기독교를 사교(邪敎)로 보는 경향이 많았다. 이처럼 기독교가 민중들로부터 배척을 당하게 된 몇 가지 이유를 들면 첫째, 조상의 제사를 금하고 둘째, 부부유별의 전통 사회에서 남녀가 한자리에 모여 예배를 보는 것 등이 일반 민중들의 눈에 크게 거슬렸기 때문이었다.

특히 교회가 서구 열강의 약탈적인 무역과 양풍화(洋風化), 이를 테면 서세동점(西勢東漸)의 첨병 구실을 하고 있다는 데 민중들은 분노를 느끼지 않을 수 없었다. 청나라가 패전을 거듭할 때마다 치욕적인 조약을 체결하고, 그에 따른 배상금의 지불 문제로 중국 민중들의 생활이 위협받게 되자 그들은 기독교를 앞세운

열강의 제국주의가 중국을 침략했
기 때문이라고 생각했다.

　이러한 민중들의 분노와 불만
을 배경으로 튀어나온 것이 의화단
이었다. 의화단은 산동 지방에서
원나라 때부터 맥을 이어오던 백련
교 계통의 비밀 결사로 대도회 · 팔
괘교 · 의화문 · 이괘교 · 여의교 ·
산동 노단 등 그 수를 일일이 열거
할 수 없을 정도로 많은 비밀결사
로 이루어졌다. 산동 지방은 옛날
부터 방술이 성했던 고장이었다.
이들 백련교 계통의 비밀 결사들은
스스로 하늘에서 내려온 신병(神
兵)이라 칭하여 권법(拳法)과 봉술(棒術)을 익히고 주문을 외우
면 총탄도 피할 수 있다고 믿었다.

의화단 단원

* 부청멸양(扶淸滅洋) :
청나라를 일으키고 양인
(洋人)을 멸망시킴

　그들은 '부청멸양(扶淸滅洋)*'의 슬로건을 내걸고 산동성에
서 일어난 후 폭도화하자 북경 조정에서는 원세개를 산동 순무로
임명하여 의화단의 난동을 진압토록 하였다. 원세개는 그가 편성
한 신식 육군을 이끌고 부임하여 의화단을 가혹하게 탄압하였다.
1900년 봄 원세개에게 쫓긴 의화단의 주력은 직례(하북)에 들어
가 이 지역의 의화단과 합류하여 2월부터 6월에 걸쳐 천진을 점령
하였고, 각지에서 교회와 열강의 중국 주재 기관을 파괴하였다.

　이 같은 사태에 직면한 북경의 영 · 불 · 미 · 독 네 나라 공사
는 즉시 의화단의 난동을 진압할 것과 그것이 불가능할 경우에는

의화단 사건 의화단과
팔국 연합군의 교전

네 나라가 군대를 파견하여 진압할 수밖에 없다는 성명을 발표하였다. 이에 대하여 직례총독 유록(裕祿)은 의화단 진압군을 파견하였으나 내수(萊水)에서 의화단에게 격파당하였다. 정부군을 격파한 의화단은 철교·철도·전선 등 양(洋)과 관계 있는 시설을 닥치는 대로 때려 부수었다.

서태후의 측근들은 의화단의 진격 상황을 지켜보고 이들의 힘을 배외 운동에 이용하려 하였다. 이것은 근시안적인 발상임에는 틀림이 없었으나 보수파의 영수 강의(剛毅)가 적극적으로 의화단 포섭공작을 폈다. 그는 서태후에게 의화단의 충용성과 신통한 주술 등을 극구 칭찬하면서 서태후의 마음을 움직였다.

1900년 6월 의화단은 마침내 북경으로 들어왔다. 산동성에서 처음 일어났을 때는 폭도에 불과했던 그들이 이제는 '부청멸양'의 단체로 변신하여 북경 시민들의 호응을 받았다. 의화단은 강의를 통하여 청나라 조정에 은이나 식량은 말할 것도 없고 지금까지 의화단을 탄압했던 관료와 군인들의 처벌까지 요구하고 나왔다.

청나라 조정은 총리아문의 수석대신을 경친왕(慶親王)에서 단군왕(端君王)으로 교체하는 등 서서히 배외적 성격이 강한 인물을 등용하였다. 경친왕은 외국인으로부터의 평판이 좋았던 인물이었으므로 서태후와 그의 측근들이 배외 정책을 실현하는 데 방해가 되기 때문이었다. 당시 북경에 들어온 의화단은 20만 명에 이르러 그 세력이 당당하였다. 그런 위에 청나라 조정은 배외적 색채가 짙은 동복상(董福祥)의 정부군을 북경으로 끌어들여 의화단과 합류시켰다.

20만의 의화단과 동복상 휘하의 군대는 마침내 북경에서 외국인에 대해 무자비한 테러를 가하였다. 6월 11일에는 일본 공사관의 스기야마(杉山) 서기관을 죽이고, 6월 20일에는 독일 공사가 공무를 띠고 총리아문으로 가던 도중 피살되었다. 북경의 거리는 바야흐로 폭동과 테러가 난무하는 수라장이 되었다. 양인(洋人) 1명을 죽인 자는 은 50냥, 양녀(洋女)를 죽인 자는 은 40냥, 아이를 죽인 자는 30냥의 현상금을 거는 등 청나라 조정은 이성을 잃고 있었다.

예부상서 계수(啓秀)가 제안하였다.

"오대산의 승려 보제(普濟)는 신병(神兵) 10만 명을 거느리고 있으니 보제를 불러들여야 한다."

그러자 어사 팽술(彭述)이 말하였다.

"의화단의 신통력이야말로 총에 맞아도 상처를 입지 않으니 외국 군대따위 족히 두려워할 것이 없다."

대신들은 들떠 있었다. 사관(史官)이었던 소영작(蕭榮爵)은

인형극 선전 의화단 운동은 지식인의 참가가 없는 민중의 운동이었기 때문에, 인형극이나 소문 등으로 선전 활동을 했다.

이렇게 주장하였다.

"오랑캐에게는 예로부터 군신 부자의 도리가 없었기 때문에 하늘이 의화단의 손을 빌려 오랑캐를 멸망시키려 함이니 때를 놓쳐서는 안 된다."

의화단이 북경에 입성하여 서양인에 대하여 무자비한 테러를 가하자 각국 공사들은 공사관을 보호하기 위한 긴급 조치를 취했다. 5월 31일 영국·프랑스·미국·러시아·이탈리아·일본(후에 독일·오스트리아도 가담) 6개국은 모두 490명의 군대를 북경에 보내 공사관을 보호토록 하였다. 그러나 천진·북경 간의 철도와 통신선이 의화단에 의해 파괴됨으로써 북경 주재 공사와 북경 진주군은 고립되었다.

이에 당사국들은 영국 극동 함대 사령관 에드워드를 총지휘관으로 2천 명의 연합군을 편성하여 6월 10일 천진에서 북경을 향해 진군하였다. 그러나 이 부대도 또한 의화단에게 저지되어 쉽게 북경에 입성하지 못하였다. 이 사이 앞에서 밝힌 독일 공사 케틀러가 피살되었고 일본 공사관 서기 1명이 살해되었다.

이에 연합군은 북경 점령을 목표로 본격적인 작전에 돌입하였다. 연합군은 대고의 포대를 폭격, 점령하고 계속 북경을 향해 진격하였다. 사태가 이에 이르자 청나라 조정에서는 6월 21일 각국에 대하여 선전포고하고 의화단에게 각국 공사관과 천진 조계를 공격하도록 명하였다. 서태후는 선전포고에 즈음하여 강화를 할 것이냐, 전쟁을 할 것이냐를 놓고 무척 고민을 하다가 사기 충천한 의화단의 강력한 힘과 양광총독 이홍장, 호광총독 장지동(張之洞), 양강총독 유곤일(劉坤一), 군기대신 강의 등에게 기대를 걸고 전쟁을 선포하기에 이르렀다.

장지동

의화단 사건에 가장 기민하게 대응한 것은 일본이었다. 지리적으로 파병하기에 가장 용이한 점도 있었으나 그보다는 대규모 병력을 파병함으로써 청나라를 비롯한 각 연합국에 대하여 발언권을 강화했다. 이런 계획으로 일본 외무대신 아오키(青木周藏)는 일본 주재 영국 공사에게 일본군 증파 문제에 협조해 달라는 비밀 전문을 보냈다. 처음 영국은 일본 측의 계획에 반대하였으나 사태가 긴박해지자 영국은 오히려 일본에게 파병을 요청했다. 연합군의 총병력은 군함 47척, 병력 2만여 명에 달했는데 일본군이 주력을 이루었다.

선전포고한 서태후는 각 성에 격문을 보내어 거국적으로 궐기할 것을 명하였으나 서태후가 기대를 가졌던 이홍장 · 장지동 · 유곤일 등은 전쟁에 반대하는 의견을 내세워 서로 연락을 취하며 서태후의 명령에 따를 수 없다는 데 의견을 같이하였다. 원세개도 이에 동조했다.

6월 21일 선전포고가 내려지자 의화단은 각국 공사관이 집결되어 있는 동교민항(東交民巷)을 포위하고 집중적인 공격을 퍼부었다. 동교민항은 현재 천안문 맞은편 동쪽에 있었다. 이곳에는 외국인 외에도 중국인 기독교 신자들이 살고 있었으며 소수의 수

의화단 전단 초본

비대가 방위하고 있었다.

이곳에서의 포위 공격은 6월 21일부터 8개국 연합군이 북경을 점령한 8월 14일까지 장장 55일간이나 계속되었다. 의화단의 병력은 20만 명이 넘었으나 통솔자가 없어 명령이 제대로 지켜지지 않았다. 문자 그대로 오합지졸이었다. 단군왕의 진언에 따라 장친왕 재훈(莊親王載勛)이 보군 총사령이 되고 강의가 의화단을 통솔하였으나 2개월이 되도록 동교민항을 함락하지 못하였다. 8개국 연합군을 맞아 싸운 것은 직례도독 섭사성, 총병 마옥곤(馬玉崑) 등 주로 청일 전쟁을 경험한 회군계(淮軍系)의 장군들이었다. 그러나 그들의 힘으로는 연합군을 저지할 수 없었다.

섭사성은 역전 끝에 전사하고 연합군은 천진을 함락한 데 이어 양촌(楊村)을 공격하였다. 이 싸움에서 직례총독 유록이 부상을 입고 패주하다가 채촌(蔡村)에서 죽었다. 통주(通州)의 싸움에서는 산동 순무 이병형(李秉衡)이 패전 끝에 자결하였다. 그는 독일인 신부를 살해한 책임을 지고 해임된 배외 사상이 강한 인물이었다. 그는 스스로 의용병을 모집하여 친히 진두지휘에 나섰으나 연합군의 근대화된 무기 앞에서는 어쩔 도리가 없었다.

청나라 조정 내부에서는 의화단을 이용하여 외세를 추방하자는 거센 바람 속에서 이를 반대하다가 처형된 대신들도 있었다. 병부상서 서용의(徐用儀), 호부상서 입산(立山), 이부좌시랑 허경징(許景澄), 내각학사 연원(聯元), 태상시경 원창(袁昶) 등 5인이 그 대표적 인물이었다.

연합군의 상륙과 함께 북경 시내에서는 일대 수색이 벌어졌다. 기독교 신도들이 어디에 숨어 있는가, 연합군과 내통하고 있는 자는 없는가 등의 구실로

외국의 군대 의화단 사건의 진압을 위해 북경에 들어온 외국의 군대들

제멋대로 가택을 수색하였다. 양서나 외국과 관계 있는 물품이 발견되면 이유 여하를 막론하고 즉석에서 처형하였다. 이 기회를 이용하여 정적이나 개인적인 원한을 복수하는 일도 많았다.

8월 17일 연합군이 북경에 입성하자 서태후는 광서제와 함께 자금성을 탈출하였다. 이때 서태후는 감금하고 있던 진비(珍妃)를 영수궁(寧壽宮)의 우물에 밀어넣어 죽였다. 진비는 광서제가 사랑하던 여인이었다. 진비는 무술변법이 실패한 뒤 광서제가 유폐되었을 때 광서제를 위하여 변명한 일로 서태후의 노여움을 사 감금되어 있었다.

일설에는 광서제가 자금성을 탈출하려 하자 진비가, "황제께서는 몽진하실 일이 아니라 북경에 남아서 강화에 대한 일을 처결하심이 옳을 듯합니다."라고 간하다가 서태후의 노여움을 샀다고도 한다.

서태후는 자금성을 탈출할 때 머리를 한족의 모습으로 바꾸고 수수한 옷차림에 눈물을 흘리면서 걸어나와 서화문 밖에서 노새가 끄는 수레를 타고 북경성을 빠져나와 태원을 거쳐 서안(西安)으로 도망쳤다.

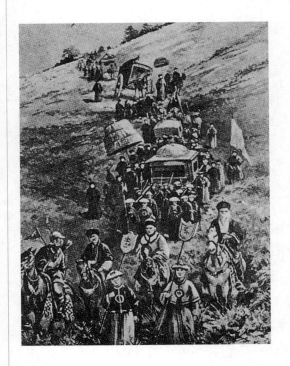

북경을 탈출하는 서태후 연합군이 북경에 입성하자 서태후와 광서제가 북경을 탈출해 서안까지 피난했다.

북경은 주인 없는 죽음의 도시가 되어 연합군의 약탈장으로 변하였다. 아편 전쟁 때 영불 연합군이 원명원에서 대대적인 약탈 행위를 저질러 하루아침에 큰 부호가 된 자도 있었다는 이야기는 앞서 언급한 바 있거니와 이번의 연합군의 약탈 행위는 그때의 악몽을 재현하는 것이었다. 그들은 눈을 번득이며 보물을 찾기에 광분하였다. 약탈과 폭행은 극에 달하여 시체가 산더미처럼 쌓였다. 가장 약탈이 심했던 것은 독일군이었다. 공사를 희생당한 독일의 황제는 청국을 야만국으로 취급하라는 훈령까지 내렸다.

영국 · 프랑스 · 러시아 · 이탈리아 · 오스트리아 등도 독일에 못지 않은 약탈 행위를 하였고 미국과 일본이 비교적 기율을 지켰다. 의화단은 사방으로 흩어졌고 그 일부는 북경 근교에서 저항했으나 얼마 후 완전 진압됨으로써 남은 것은 사후 처리 문제였다.

강화의 시기에 대해서도 8개국은 각기 이해 관계가 얽혀 의견이 통일되지 않았다. 독일은 원정군의 주력이 아직 도착하지 않았으므로 주력이 도착한 후에 강화를 맺자고 주장하였고 러시아는 조기 철군을 주장했다.

연합국 대표들은 강화 시기에 대한 의견을 조정할 시간을 벌

기 위해 청국에게 의화단 사건의
책임자 처벌이 선행되어야 한다
는 의견을 제시하였다. 청국 측에
서는 관련된 황족들의 감금 및 배
외파 대신들에 대해 강등 · 해
임 · 유배 등에 처하겠다는 안을
제시했으나 연합군측은 처벌을
더 강화할 것을 요구하였다. 결국
장친왕 재훈에게는 자결 처분이

진압된 의화단 단원

내려지고 단군왕 재의(載漪)는 유배형에 처해졌다. 배외파의 거
두 강의는 서태후를 따라 서안으로 가던 도중 병사했기 때문에 대
상에서 제외되었다. 연합군에 가장 타격을 가했던 청군의 동복상
은 연합군 측으로부터 사형에 처하라는 압력이 가해졌으나 이홍
장이 적극적으로 비호하여 사형이 면제되었다. 당시 동복상은 대
군을 거느리고 섬서 지방에 있었기 때문에 만약 그를 처형할 경우
군란을 유발할 염려가 있었기 때문이었다.

처음 의화단의 세력을 이용하여 배외 전쟁을 일으키려 했을
때 이에 반대했다가 처형된 5명의 대신에게는 복직과 복권이 허
용되었고 병사한 강의에게는 관직과 명예를 삭탈하는 처분이 내
려졌다. 죽은 자에 대해서는 어쩔 수 없다고 생각할 수 있으나 중
국에서는 명예의 회복이나 박탈은 사후에도 매우 중요시되었다.
유족에 대한 처우도 이에 따라 판이하게 달랐다.

책임자에 대한 처벌 문제가 일단락된 후인 그 해 12월에 강화
조약에 대한 대체적인 안이 제시되었다. 연합국 사이에서도 상호
이해 관계가 엇갈려 의견 조정에 시일이 많이 걸려 다음해인 1901

년 9월 7일 청국 대표 이홍장과 연합국 대표 사이에 이른바 신축
조약(辛丑條約, 의화단 최종 의정서) 12개조가 조인되었다. 이 조
약의 주요 내용은 다음과 같았다.

1. 배상금 총액 4억 5천만 냥(39년 연부, 연당 금리 4푼 포함하여
   총액 9억 8천만 냥)을 지불할 것.
2. 대고 - 북경 사이의 포대를 철거할 것.
3. 북경 - 산해관 사이의 요지에 외국 군대를 주둔시킬 것.
4. 천진 주위 20리 이내에서의 중국 군대의 주둔 금지.
5. 북경에 '공사권 구역' 설정.
6. 공사권 지역에서의 외국 군대의 주둔.

5년 간격으로 당한 패전과 굴욕적인 조약 체결, 그리고 막대
한 배상금의 지불은 청나라의 국가 재정을 곤경에 빠뜨리고 국민
생활을 막다른 골목으로 몰아넣었다. 결과적으로 의화단 사건은
어렵게 명맥을 이어오던 청나라에 결정적인 타격을 주어 국가의
쇠망을 촉진시키고 외국 군대의 주둔을 허용함으로써 국토의 반
식민지화를 가져온 셈이 되고 말았다.

●
러일 전쟁의 발발

의화단 사건이 일단락되어 8개 연합국의 대표와 청나라 사이에
강화교섭이 한창 진행되고 있을 때 오직 러시아만은 동북 3성(三

省)에서의 철군을 거부하면서 별도의 협정을 체결해야 한다고 주장하였다. 동북 3성은 봉천성(奉天省)·길림성(吉林省)·흑룡강성(黑龍江省)의 3성으로 러시아의 이 같은 주장은 국제적인 물의를 빚어 영국·미국·독일·일본 등의 강력한 항의를 받았다. 그 결과 '동3성(東三省) 조약'이 체결되어 러시아의 단계적 철군이 결정되었다.

그러나 러시아는 제1단계 철군만을 조약대로 이행하고 제2단계에 들어가서는 또 다른 조건을 내세워 청나라를 위협했다. 러시아 측의 요구조건은 다음과 같았다.

1. 러시아군이 철수한 후에도 영구(營口)·요하(遼河)·수역(水域)을 다른 나라에 할양하지 말 것.
2. 러시아의 동의 없이 만주에 새로운 상항(商港)과 외국 영사관의 증설을 금할 것.
3. 만주의 행정에 외국인의 개입을 금할 것.

청나라는 러시아의 요구를 단호히 거부했으나 러시아는 일방적으로 봉천·영구에 병력을 증강하는 한편 제1단계에서 철수한 병력을 한·만 국경선인 압록강 방면에 집결시키고 조선 영토인 용암포에 병영을 세운 후 조선 정부에 용암포의 조차(租借)를 요구했다. 뿐만 아니라 러시아의 태평양 함대를 여순에 집결시켜 서해상에서 공공연히 군사훈련을 실시하는 등 시위를 벌이기도 하였다. 1899년에는 조선 남부의 마산포를 러시아 태평양 함대의 석탄 공급기지로 사용해 일본 정부의 신경을 극도로 자극하였다.

일본은 러시아의 행동을 그대로 묵과한다면 오랫동안 조선에서 쌓아올린 기반이 위태로울 뿐만 아니라 일본의 동양 진출에도 결정적인 위협이 될 것으로 판단하여 여러 차례 교섭을 벌였으나 러시아의 강경한 태도로 말미암아 해결의 실마리를 찾지 못하였다. 당시 일본의 군사력은 급속히 증강되어 청일 전쟁 당시와 비교할 수 없을 정도였다. 육군은 7개 사단에서 13개 사단으로 늘었고 해군은 무려 4배나 전력이 증강되었다. 세계 최신예를 자랑하는 미카사(三笠)는 총배수량 1만 5천362톤, 12인치 포 6문을 장착한 전함이었다.

이 같은 전력은 일본이 조선과 만주를 지배하기 위해서는 러시아와의 일전이 불가피하다는 판단 아래 꾸준히 준비한 결과였다. 또한 일본은 영국과 공수동맹을 체결하여 다른 열강의 간섭을 사전에 봉쇄하는 데 성공했다.

러시아와의 전쟁을 결심한 일본은 1904년 2월 6일 러시아에 국교단절을 선언한 데 이어, 8일에는 인천에서, 9일에는 여순에서 러시아 함대에 기습을 가함으로써 전쟁 상태에 돌입하였다. 10일에는 마침내 러시아와 일본이 동시에 상대국에 대하여 선전포고를 하기에 이르렀다. 일본은 청일 전쟁 때와 똑같이 선전포고에 앞서 기습이라는 속임수 작전으로 러일 전쟁을 유발한 셈이었다.

청나라는 12일 국외중립을 선언하고 각국에 대해 다음과 같은 성명을 발표하였다.

"동북 3성은 본래 중국의 영토이다. 러일 양국은 3성 내의 도시·관공서·인민·재산에 추호도 손상을 입혀서는 안 된다. 동북 3성의 영토와 권리는 두 전쟁 당사국의 승패와 관련없이 양국 어느 일방도 점령할 수 없는 것이며 당연히 중국의 자주에 귀속되어야 한다."

러일 전쟁이 발발하자 중국의 민심은 일본을 두둔하는 쪽으로 기울었다. 러시아가 의화단 사건을 계기로 동북 3성을 까닭 없이 점령하고 중국의 철군 요구에 대해서도 터무니없는 조건을 내세워 철군을 지연시켰기

중국을 둘러싼 열강
영국, 독일, 프랑스, 러시아 등 열강이 중국을 차지하려는 풍자화

때문이었다. 뿐만 아니라 러시아가 일본과의 전쟁에서 상황이 불리해지자 군기가 문란해져 노략질과 약탈을 저지르는 폭도로 변했기 때문이기도 하였다. 이에 비하여 일본군의 점령 지대는 지휘 계통이 서고 군기가 엄정하여 약탈행위를 볼 수 없었다.

러일 전쟁의 상황을 요약하면 다음과 같다.

일본 육군의 작전 목표는 요동 반도와 요양, 그리고 봉천을 점령하는 일이었다. 제1군은 한국 국경을 넘어 안동 · 봉성(鳳城)으로 진격하고, 제2군은 요동 반도에 상륙하여 대련 · 요양 방면으로 진격하고, 제3군은 장가둔(張家屯)에 상륙하여 여순을 공략하기로 되어 있었다.

제1군의 요양은 9월 4일에 점령되었다. 제2군의 대련은 5월 27일에 함락되었으나 제3군의 여순은 쉽게 함락되지 않았다. 제3군의 지휘관은 노기(乃木希典)였는데 그는 8월 19일에서 다음해인 1월 2일까지 무려 5개월간의 소모전 끝에 어렵게 여순을 함락하였다.

러일 전쟁 승패의 분수령은 봉천에서의 대회전이었다. 1905년 3월 10일에 끝난 봉천의 대회전에는 일본군 25만 명, 러시아군

도고 장군 러시아 발틱 함대를 전멸시킨 일본의 도고 헤이하치로 장군

36만 명이 2주일에 걸쳐 격전을 벌인 끝에 일본군이 승리를 거두었으나 7만여 명의 희생자를 내었다.

한편 해전에서는 1905년 5월 27, 28 양일간에 걸친 대한 해협의 해전에서 일본의 연합함대 사령관 도고(東鄕平八郞) 제독이 "일본국의 흥폐, 오직 이 일전에 달려 있다. 각원은 한층 분발하라."는 격려를 수기 신호로 보내 포문을 열었다. 여기서 러시아의 발틱 함대 38척 가운데 33척을 격침 혹은 나포함으로써 전쟁의 향방을 결정짓기에 이르렀다.

때마침 러시아에서는 제1차 혁명이 일어나 노동자들의 파업이 전국적으로 확산되면서 전쟁 수행이 어렵게 되었고 일본 또한 더 이상 전쟁을 끌고나갈 여력이 없는 실정이었다. 때문에 양국은 강화를 희망하게 되었다.

강화는 미국 제26대 대통령 루스벨트가 중재하였다. 8월에 미국의 포츠머스에서 양국 대표들이 대좌한 가운데 1905년 9월 5일 포츠머스 조약(러일 강화 조약)이 체결되었다.

1. 러시아 정부는 일본이 한국에 대해 정치 · 경제 · 군사상 우선적인 이익을 가진다는 것을 승인한다.
2. 조차권 지역을 제외하고 러 · 일 양국 군대는 18개월 이내에 철수한다.

3. 러시아 정부는 청국 정부의 승인을 받아 여
   순·대련만의 조차권 및 이에 관련된 일체의
   특권을 일본에 양도한다.
4. 러시아 정부는 장춘 - 여순 간의 철도와 지
   선, 이에 부속되는 일체의 권리와 재산 및 동
   철도의 이익을 위해 경영되는 탄광을 청국
   정부의 승낙을 받아 일본 정부에 양도한다.
5. 러시아 정부는 북위 50도 이남의 사할린 남
   부를 일본에 양도한다.
6. 러·일 양국은 만주에서의 철도 보호를 위하여 수비병을 배치
   할 권리를 가진다.

고무라와 타카히라 메
이플라워 호 갑판 위
의 고무라 주타로 외
상과 타카히라 주고로
주미대사. 포츠머스
조약을 체결한 인물들
이다.

　결과적으로 보아 일본이 전승국으로서 얻은 보수는 러시아로
부터 받은 것이 아니라 중국에서 탈취한 것이라 할 수 있다. 일본
은 또 조선에 대한 독점 지배권을 얻어냄으로써 어떠한 외국의 간
섭도 받지 않고 조선의 완전 식민지화 정책을 독자적으로 추진할
수 있게 되었다. 또한 한반도를 거점으로 삼아 동삼성 내지는 중
국 본토 진출이라는 원대한 기반을 확보한 셈이 되었다.

원세개의 등장

이홍장이 신축 조약을 체결한 후인 1901년 11월 7일 직례총독 재
임 중에 사망하자 산동순무 원세개가 이홍장의 후임으로 직례총

원세개 산동 행정장관
시절의 원세개

독의 자리에 올랐다.

의화단 사건 후 대부분의 군수뇌들이 전사하거나 동복상과 같이 문책당해 몰락했으나 오직 신식 육군을 장악한 원세개만은 건재하여 독보적인 존재가 되었다. 그는 이홍장이 북양 군벌의 무력을 배경으로 권세를 장악했듯이 신식 육군을 배경으로 직례총독의 자리에 올랐다. 당시 원세개는 40대였다.

원세개는 이홍장의 북양군마저 흡수하여 이를 '북양상비군'이라 칭하였다. 그리고 참모·교련·군비의 3처(處)를 두어 단기서(段祺瑞), 풍국장(馮國璋), 왕사진(王士珍)을 각각 그 처장에 임명함으로써 원세개의 군사적 권력은 이홍장이 생존시 장악하던 군권을 오히려 능가했다.

원세개는 진사시에 급제 못할 정도로 학문적 실력이 없었으나 그의 종조부 원갑삼(袁甲三)이 이홍장의 맹우(盟友)였다는 인연으로 이홍장의 막하에 들어가 조선에 파견되면서부터 출세의 길이 열렸다. 그는 권력을 추종하는 데는 남다른 후각을 지니고 있어 때에 따라서는 배신을 밥 먹듯 하면서 기민한 행동으로 청국 유일의 실력자가 되는 행운을 안았다.

청나라 황족과 만주족의 중신들은 이 같은 원세개의 출현에 불안과 위기감을 느꼈다. 만주족 중신들의 입장에서 볼 때 증국번이나 이홍장은 당당한 진사 출신으로 학문과 사려가 깊은 믿음직스러운 인물로 인정되었으나 진사시에도 급제 못한 원세개는 어느 모로 보나 무슨 일을 저지를지 모르는 무식쟁이로밖에 보이지 않았다. 일찌감치 원세개의 군권을 박탈하여 그의 세력에 제동을 걸어야 한다는 움직임이 일고 있었다.

결국 원세개는 직례총독의 자리에서 해임되고 군기대신에 임명되었다. 군기대신은 황제의 고문으로서 형식적으로는 승진이지만 실질적으로는 군권을 박탈하는 것이었다. 그러나 원세개는 조금도 두려워하지 않았다. 그가 장악한 북양상비군은 형식상으로는 직례총독 지휘하에 있었으나 사실은 원세개 개인의 입김이 많이 작용했기 때문이었다. 또 군기대신은 총리아문의 대신처럼 겸임을 원칙으로 했기 때문에 의화단 사건 이후 총리아문이 외무부로 개편되면서 그는 외상(外相)을 겸하게 되었다. 원세개는 오히려 외국과의 빈번한 접촉을 정치적 자산으로 활용하게 되었다.

원세개가 가장 두려워하는 일은 서태후가 죽는 일이었다. 그것은 서태후가 죽으면 광서제의 친정 체제가 대두될 것이고 그리되면 강유위 등과 함께 추진했던 변법 운동이 원세개의 배반으로 실패했다고 보복을 당할 것이기 때문이었다.

그러나 행운의 여신은 원세개에게 미소를 보냈다. 1908년 서태후의 죽음과 거의 동시에 광서제도 죽었기 때문에 원세개가 염려했던 광서제의 친정은 실현되지 않았다. 체질이 허약했던 광서제가 오랫동안 병상에 있었다는 사실은 널리 알려진 일이었지만 서태후의 죽음과 공교롭게도 거의 동시에 죽었기 때문에 원세개가 암살했다는 소문까지 나돌았다. 서태후와 광서제는 같은 날 혹은 하루 차이로 죽었다는 설도 있다. 광서제가 먼저 죽고 그 뒤 바로 서태후가 위독하다는 소식을 듣자 광서제의 베갯모 옆에서 통곡하던 황후가 광서제의 시체를 그대로 둔 채 급히 서태후의 방으로 갈

선통제

수밖에 없었다는 것이다.

　39세에 죽은 허약 체질의 광서제에게는 후사가 없었기 때문에 광서제의 동생 순친왕(醇親王) 재풍(載灃)의 큰 아들 부의(溥儀)가 겨우 3세로 즉위하여 선통제(宣統帝)가 되었다. 선통제는 태조 누르하치로부터 12대째로 청조의 마지막 황제였다. 선통제는 신해 혁명으로 폐제(廢帝)가 되었다가 후일 일본 군벌이 세운 만주국의 괴뢰 황제가 되기도 하였다.

　선통제의 나이가 너무 어렸기 때문에 순친왕 재풍이 섭정왕으로서 실권을 장악하였다. 그는 의화단 사건 이후 국내의 민심을 수습하기 위하여 청조가 추진하던 입헌(立憲) 정치를 보다 강력히 추진한다는 구실 아래 만주인 황족에 의한 강력한 중앙집권제를 구축하려 하였다.

　순친왕은 원세개의 횡포를 트집잡아 그를 처형하려 하였다. 섭정왕으로서 생살여탈의 권한을 한손에 장악한 그가 못할 일이 어디 있겠는가? 그러나 원세개는 순친왕의 움직임을 알고 있으면서도 여유만만하였다. 순친왕이 아무리 자신을 처형하려 해도 막강한 군사적 배경을 가지고 있는 자신에게 감히 어떻게 하랴는 느긋한 심정이었다.

　원세개 처형 문제에 장지동 등은 매우 부정적이었다. 그들은 혁명파의 폭동이 각지에서 일어나는 이때에 원세개를 처형할 경우 각지에서 정부군의 반란이 일어날 것이고 그리 되면 도저히 수습할 수 없다는 의견이었다. 순친왕은 원세개를 형장에 끌어내어 참형에 처하겠다는 당초 계획을 바꾸어 이번에는 경관(慶寬)이라는 살인 청부업자를 시켜 암살하려 하였다.

　원세개는 위기일발의 순간을 맞고 있었으나 군기대신의 한 사람인 나동(那桐)이라는 사람으로부터 자객의 소식을 듣고 수염을 깎고 풍대역에서 3등차를 타고 천진으로 탈출하여 그곳 조계에 은신하였다. 원세개는 순친왕이 섭정왕이 된 직후 한때 족질(足疾, 발의 질병)이 있다는 이유로 군기대신에서 해임당한 일이 있었다. 훗날의 이야기이지만 원세개는 자신에게 무슨 불리한 일이 있으면 으레 족질을 핑계삼아 순친왕에게 역습을 가하는 일이 종종 있었다고 한다.

　원세개는 일단 정계에서 사라졌으나 이것은 일시적 종막에 불과하였다. 당시 원세개의 나이 45세였는데 그는 반드시 재기의 날이 올 것이라는 자신에 넘쳐 있었다.

●
격동의 시대

중국동맹회의 결성

중국 대륙을 잠식하는 열강의 제국주의적 침략으로 중국 민족의 위기감이 고조되는 가운데 1905년 쑨원(孫文)은 흥중회(興中會)를 중심으로 동지들을 규합하여 '중국혁명 동맹회'를 발족시켰다. 청일 전쟁 때 하와이에서 결성된 흥중회가 러일 전쟁의 격동기를 지나면서 더욱 강력한 조직으로 변모한 것이다.

　쑨원은 태평천국이 멸망한 2년 후인 1866년에 광동성의 가난한 농가에서 태어났다. 그는 10세 때 마을의 서당에서 공부를 시

작했고 12세 때 형 손미(孫眉)를 찾아 하와이로 건너가 그곳에서 중등 교육을 받으면서 구미 열강의 정치·역사·과학 등을 공부하였다. 그 후 홍콩으로 돌아온 쑨원은 광주의 남화의학당(南華醫學堂)과 홍콩의 서의서원(西醫書院)에서 의학을 공부하면서 정사량(鄭士良)을 비롯한 훗날의 혁명 동지들을 사귀게 되었다.

　　1892년 7월 서의서원을 수석으로 졸업한 그는 마카오와 광주에서 의사 생활을 하면서 많은 동지들과 시사를 논하며 교유하였다. 1894년 천진으로 가서 당시 직례총독이며 북양대신이었던 이홍장에게 정치의 개혁을 요구하는 의견서를 제출했으나 거부되면서부터 쑨원은 혁명가로서의 길을 걸었다.

　　1894년 10월 하와이로 건너간 쑨원은 화교들에게 반청 혁명을 부르짖고 11월 말 호놀룰루에서 흥중회를 결성했다. 그 다음해인 1895년 2월에는 홍콩으로 돌아와 옛 동지인 정사량·육호동(陸皓東)과 함께 흥중회 본부를 설립하였다.

　　흥중회의 정치적 목표는 만주족을 몰아내고, 중국을 회복하며, 합중정부(合衆政府)를 수립하는 것이었다. 만주족인 청왕조를 타도하는 것 외에 민주적인 공화정부를 수립한다는 것을 분명히 밝혔다. 흥중회의 회원은 화교 상인, 노동자, 지식인, 어부 등 각계 인사가 망라되었다.

쑨원은 같은 달 광주에서 무장봉기를 일으킬 계획을 세우고 육호동 등과 함께 광주에서 흥중회 분회를 설립하였다. 준비는 순조롭게 진행되어 10월 22일을 기해 봉기하기로 결정하였으나 당일 아침 홍콩에서 무기와 인원을 수송하는 과정에서 차질이 생겨 봉기 계획은 일단 중지하였다. 그러나 연락이 제대로 안 되어 육호동 등 3명의 동지가 체포·처형되었다. 쑨원은 일본으로 탈출했으나 그에게는 막대한 현상금이 걸리게 되었다.

북경의 가톨릭교 학교

쑨원의 광주 봉기 실패 후 혁명의 불꽃은 요원의 불길처럼 일어나 1904년에는 호남성 장사에서 화흥회(華興會)가 결성되고, 호북성 무창에 과학보습소, 상해에 광복회가 결성되었다.

또 1905년에는 진독수(陳獨秀)·백문울(栢文蔚) 등이 안휘성에, 악왕회(岳王會), 정권(鄭權)·정조음(鄭祖蔭) 등이 복건성에 익문사(益文社)와 한족독립협회(漢族獨立協會)를 세우는 등 혁명 단체가 속속 결성되었다.

이처럼 각지에서 혁명 단체가 결성되자 이들 단체들을 통합하여 혁명 운동을 더욱 강화하자는 움직임이 일어났다. 1907년 7

월 혁명 운동의 선구자 쑨원이 유럽에서 일본에 들렀을 때 이 움직임은 결실을 보게 되었다. 쑨원은 혁명의 동지 황흥(黃興)과 혁명 제단체의 연합을 제창한 끝에 호응을 얻었다. 대표들은 쑨원을 주석으로 추대할 것, 새로 결성되는 단체의 이름은 중국동맹회로 할 것, 쑨원이 제창하는 "만주족을 몰아내고 중화를 회복하며, 민국을 창립하여 지권을 평균한다."는 4개 강령을 동맹회의 강령으로 결정하였다. 이 혁명파의 지도적 인물로는 쑨원, 황흥, 장병린 등이 있었다. 그들은 1906년 공동으로 전략을 세워 혁명 봉기 후의 정권 수립에 대비한다는 데 합의하였다.

황화강 사건

쑨원이 이끄는 중국동맹회가 결성된 이후 신해 혁명(辛亥革命)이 성공하기까지에는 여러 차례의 봉기가 실패로 돌아가 수많은 혁명 의사들이 희생된 복잡한 과정을 거쳐야 했다. 더욱이 여러 차례에 걸쳐 있었던 혁명 봉기는 반드시 중국동맹회에 의해서만 이루어진 것이 아니고 중국동맹회 소속이 아니었던 다른 혁명단체에 의한 것도 많았다.

1908년에 있었던 안휘성의 신군 사건(新軍事件)이 바로 그 한 예이다. 신군이라면 말할 것도 없이 원세개가 새로 편성한 신식 육군을 가리키는 것으로 신군의 청년 장병 가운데에는 쑨원의 혁명 사상에 동조하는 민족주의자들이 많았다. 이들은 악왕회(岳王會)라는 비밀단체를 만들어 한족 국가 건설의 결의를 다졌다. 1908년 10월 23일 악왕회의 간부인 범전갑(范傳甲)은 광서제와 서태후의 죽음 소식을 듣고 10월 26일을 기하여 봉기하기로 하고 각 진영의 간부와 연락하여 웅성기(熊成基)를 사령관으로 추대하였다. 이렇게 해서 성 밖에 있던 신군은 일제히 봉기하였으나 탄약의 부족과 성 안의 군대가 내응하지 않고 해군 또한 봉기에 반대했기 때문에 실패로 돌아갔다. 범전갑은 체포·처형되고, 웅성기는 일본으로 건너가 그곳에서 중국동맹회에 가입하였다.

그 후 웅성기는 다시 중국에 잠입하여 유럽에서 귀국하는 섭정왕의 두 동생 재도(載濤)와 재순(載洵)을 하얼빈역에서 암살하려다 밀고로 체포되어 사형에 처해졌다.

1910년에는 광동의 신군이 구정을 기해 일제히 봉기할 계획을 세웠다. 지금까지의 신군 봉기는 주로 혁명파가 신군의 간부를 설득하여 봉기를 일으키도록 유도하는 경우가 많았으나 이번 광동의 경우는 혁명파의 청년들이 신군 가운데 잠입하여 봉기할 계획이었다. 그러나 혈기 왕성한 혁명파 청년들의 적극적인 행동은 노련한 감시자의 눈에 띄기가 쉬웠다. 봉기 계획을 알아차린 신군

사형집행 직전의 열사들 청군에게 체포되어 사형당한 황화강 사건의 열사들

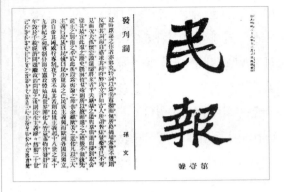

중국동맹회의 민보

의 수뇌들은 무기고에 있던 탄약을 모두 감추어버렸다. 이 같은 사실을 전혀 몰랐던 신군의 보병 2백 명이 무기고로 달려갔으나, 탄약은 하나도 없었다. 결국 봉기는 실패로 끝났다. 이번 봉기에는 왕조명(汪兆銘)이나 호한민(胡漢民)이 홍콩에서 대기하고 있다가 가담할 예정이었으나 탄약을 구하지 못해 신군이 해산하는 바람에 실패하고 말았다. 봉기의 주동자 예영전(倪映典)은 전사하고 신군 23표(標, 1표는 2백 명)의 책임자 조성(趙聲)은 어렵게 탈출하였다.

이렇듯 혁명 봉기가 실패를 거듭하자 입헌파(立憲派)의 기관지《신민총보(新民叢報)》는 말할 것도 없고 심지어 동맹회의 기관지《민보(民報)》까지도 혁명파의 수령들은 편안히 앉아 있기만 하고 애매한 대중만 죽음에 몰아넣는다고 비난을 퍼부었다. 그런데 쑨원은 광주 봉기가 실패한 후 몇 차례의 실패를 거듭하자 혁명을 성공시키기 위해서는 우선적으로 군자금이 필요하다는 사실을 통감하고 모금을 위하여 세계 순례의 길에 오르고 있었다.

《민보》의 격렬한 비난에 분통을 터뜨린 왕조명은《민보》의 보도가 잘못이라는 실증을 보여주기 위하여 북경으로 달려갔다. 혁명투사들뿐 아니라 자신도 혁명을 위하여는 목숨을 바치겠다는 결의를 보이기 위해서였다. 북경에 올라온 왕조명은 웅성기가 하얼빈에서 암살하려다 실패한 바 있는 두 황족을 북경 도착 때 폭살할 계획을 세웠다. 그러나 두 황족이 북경에 도착했을 때는 많

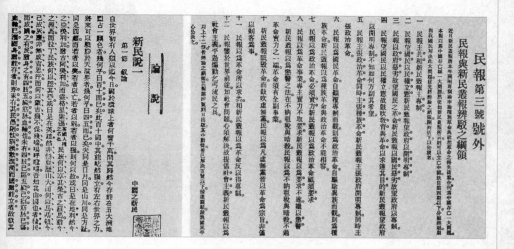

은 출영 인파로 그들을 분별할 길이 없어 예정을 변경하였다. 왕조명은 섭정왕인 순친왕(醇親王)을 폭살할 계획으로 순친왕이 자주 통과하는 다리 밑에 폭탄을 장치하였으나 이것마저 사전에 통행인에게 발각되어 미수에 그쳤다. 수색 끝에 폭탄 표피를 만든 대장간이 적발됨으로써 끝내는 왕조명도 체포되어 무기형에 처해졌다. 왕조명의 폭탄 사건은 1910년 4월의 일이었다.

최후의 봉기 실패 사건은 1911년 4월 29일에 있었던 황화강(黃花崗) 사건*이었다. 당시에도 쑨원은 모금활동을 계속하기 위하여 외유 중에 있었다.

* 황화강(黃花崗) 사건 : 72열사 사건이라고도 함

이 72열사 사건은 봉기 장소를 둘러싸고 두 의견이 대립하였다. 조성(趙聲)은 광동 신군 사건의 실패를 거울삼아 봉기 장소를 장강 유역으로 옮겨 먼저 호북을 점화한 다음 호남·사천·강소·안휘의 4개성이 호응하고 또 하남·임회 등지에서 북상하여 북경을 공략하자고 주장하였다. 그러나 혁명파에는 광동·복건 출신이 많았기 때문에 그들은 먼저 광동을 점령하여 그곳을 근거

지로 삼아야 한다는 주장을 내세워 결국 봉기 장소는 광주로 결정되었다.

1911년 바로 신해년의 4월 초순 제1회 분의 무기로서 일본에서 권총 115정과 총탄 4천 발이 도착될 예정이었으나 이를 운반하는 책임자가 모지(門司)까지 왔다가 홍콩에서 검사가 철저하다는 소문을 듣고 그 소중한 무기를 바다에 던져 버렸다. 후속분은 예정대로 순조롭게 홍콩에 도착하였다.

홍콩에 도착한 무기는 극비리에 광주로 운반될 예정이었으나 광주에서 동맹회원 온생재(溫生才)의 테러 사건이 일어나 경계가 매우 삼엄하였다. 온생재는 영록의 조카인 광주장군(廣州將軍) 부기(孚琦)에게 5발의 총탄을 퍼부어 사살하였다. 사실은 광주 신군 사건을 진압한 수사제독(水師提督) 이준(李準)을 죽인다는 것이 잘못되어 부기를 쏜 것이었다.

온생재는 자수해서 처형되었고 이로 인하여 광주의 경계가 삼엄한 가운데 일본에서의 무기 수송이 실패한 데 이어 미국에서의 송금마저 늦어져 봉기 날짜는 4월 29일로 연기되었다.

이 사건을 총지휘하기 위하여 황흥이 홍콩에서 광주로 잠입하였다. 이때 어느 여성 회원이 홍콩에서 광주로 급히 달려와 혁명파의 동지로 여겼던 진경파(陳鏡波)가 사실은 당국의 스파이로서 이 사건이 그에 의해 이미 누설되었다는 사실을 보고하고 다시 한번 봉기 날짜를 연기할 것을 요청하였다. 그녀의 요청에 대해 황흥은 이제 주사위는 던져졌으니 예정대로 결행할 수밖에 없다고 말하였다. 그런데 이 여성회원의 보고는 정확한 정보였음이 나중에 판명되었다.

청나라 정부측은 밀정의 보고에 의해 혁명파의 움직임을 면밀히 탐지하고 있었다. 혁명파의 결사대가 총독관서에 돌입했을 때 그곳은 완전히 비어 있었고 수사제독 이준은 대군을 거느리고 그물을 쳐놓고 있었다. 혁명파는 혈로를 뚫고 그곳에서 겨우 탈출했으나 도중에서 방영삼영(防營三營)과 마주쳤다. 사실 이 부대는 혁명파와 내통하여 이준을 제물로 하기 위하여 순덕에서 광주로 급히 달려오던 중이었다. 그러나 연락이 제대로 안 되어 탈출한 혁명파 결사대가 이를 적으로 오인하고 발포하는 바람에 같은 패끼리 혈전이 벌어져 애석하게도 많은 희생자를 내고 말았다.

청군은 혁명파의 시체 72구를 연고 없는 시체로 취급하여 공동묘지에 장사지내기로 하였다. 그러나 반달(潘達)이라는 사람이 황화강(黃花崗)이라는 곳을 묘지로 제공하여 그곳에 합장되었다. 이들 72열사를 기념하는 비가 지금도 남아 있어 열사들의 혁명 정신을 전해주고 있다.

신해 혁명

무창 봉기

1911년 10월 10일 무창에서 신군과 동맹회가 봉기했다. 이 봉기는 신해 혁명의 도화선이 되었다. 1910년 2월에 광주 봉기가 실패한 데 이어 여러 차례의 혁명 봉기가 실패로 돌아가고 황화강에서의 무장 봉기마저 불발에 그치자 동맹회 내부에서는 봉기 장소를 장강으로 옮기자는 주장이 강력히 대두되었고 그 계획이 급속도로 구체화되었다. 담인봉(譚人鳳)·송교인(宋敎仁)·진기미(陳其美) 등은 1911년 7월 31일 상해에서 동맹회 중부총회를 결성한데 이어 무한 지방에도 호북분회를 설립하여 장강 유역을 중심으로 하는 봉기 준비를 서둘렀다.

그 해 9월 24일에는 무창에서 봉기하기 위한 본격적인 작전 회의가 열렸다. 혁명의 주동역할을 담당하던 문학사와 공진회는 이날 오전 10시 공진회 사무실에서 주요 간부 60명이 모임을 갖고 봉기에 대한 구체적인 작전계획을 숙의한 끝에 다음과 같이 결정했다.

1. 봉기 날짜는 한가위(음력 8월 15일)인 10월 6일로 한다.
2. 초기 작전의 중점을 대포 진지와 무기고 점령에 둔다.

위 작전의 구체적 실천 계획으로서 우선 전망이 좋은 무창성밖 공정(공병) 제11영에서 방화하는 것을 신호로 일제히 봉기하여 성내의 사산(蛇山)과 봉황산의 대포 진지 및 무기고를 탈취한

다. 이와 때를 같이하여 무창의 맞은편에 있는 한양(漢陽)에서도 제42연대가 호응하여 무한 삼진(武漢三鎭)을 일거에 장악하기로 했다.

이어서 각 작전 부대의 지휘 책임자와 공격 장소도 상세하게 결정한 후 산회했다. 그러나 이 봉기 계획은 1시간 후에 하마터면 탄로날 위기를 맞았다. 무창성 밖에 있던 포병 제8연대 소속 혁명 동지가 취중에 대포를 끌어내어 세 발의 공포를 쏘았기 때문이었다. 다행히 혁명 계획은 누설되지 않았고 공포를 쏜 자만이 처벌받는 것으로 사건은 일단락되었다.

그러나 공포 사건 이후로 무창 일대에는 곧 혁명 봉기가 있을 거라는 소문이 암암리에 퍼졌고 일부 언론에서는 혁명 봉기가 일어날 것이라는 보도까지 나왔다. 무창 일대의 방위를 담당한 호광 총독 서징(瑞澂)은 9월 30일 다음과 같은 내용의 전문을 청국 조정에 보냈다.

"호북의 신군은 사천의 폭동 진압을 위해 출동했으므로 호북

도망치는 청국 고관들
무창 봉기의 성공에
겁을 먹은 총독 등 청
나라 고관들이 도망치
고 있다.

지방의 방위를 위해 원군을 보내주기 바람."

이어 10월 3일에는 군사회의를 열어 주요 기관의 경비를 강화하고 장강 일대에 군함에 의한 순찰도 아울러 실시하였다. 이렇듯 청조의 경계가 강화되는 가운데 혁명군의 주요 간부들이 자리를 비우는 등 봉기 준비에 차질이 일었다. 임시 사령부는 이러한 상태로는 예정된 날짜에 봉기가 불가능하다고 판단하여 봉기 날짜를 11일 전후로 연기하고 9일에 다시 회의를 열기로 하였다. 그런데 회의가 열리고 있던 그날 뜻밖의 사고가 발생하여 혁명군 간부들의 가슴을 철렁하게 하였다. 혁명군 참모장 손무(孫武)가 러시아 조계에 있는 총기관부에서 폭탄을 만들기 위하여 화약을 섞고 있을 때 혁명군 동지 한 사람이 피우던 담뱃불이 공교롭게도 화약에 떨어지는 바람에 화약이 폭발하면서 굉음이 일어나고 손무가 중상을 입었다.

굉음을 듣고 급히 달려온 러시아 조계 경찰은 혁명회 동지 30여 명을 일망타진하였다.

한편 강을 사이에 둔 무창에서는 아침부터 임시 총사령관 장익무(蔣翊武)의 주재 아래 청군 내부의 동지들이 모여 협의하던 중 폭발사고에 대한 소식을 들었다. 혁명 동지들의 얼굴은 새파랗게 질릴 수밖에 없었다. 더욱이 혁명 봉기 가담자 명부까지 압수되었다는 소식을 들은 동지들은 이제는 서둘러 봉기할 수밖에 없다는 데 의견을 같이하였다.

"앉아서 죽을 수는 없다. 혁명의 성공 여부는 하늘에 맡기고 전원 궐기하자."

함성이 가슴속에서 메아리쳤다.

임시 총사령관 장익무는 동지들을 돌아보며 비장한 각오로 다음과 같은 명령을 내렸다.

1. 오늘밤 12시를 기하여 일제히 봉기하여 만주족을 몰아내고 한족을 부흥시킨다.
2. 전투·수비를 막론하고 기율을 엄수할 것이며 동족이나 외국 군인에 대하여는 철저한 보호를 가한다.
3. 각군은 중화문 밖에서 일어나는 포성을 신호로 하여 각자의 임무를 수행한다.

이 명령을 즉시 각 진영의 대표에게 전달하기 위하여 전령이 출발했다. 그러나 한구에서 있었던 폭발 사고로 봉기계획을 탐지한 호광총독 서징은 무한 삼진의 성문을 폐쇄하고 성내의 교통을 차단한 채 검문검색을 강화하는 등 삼엄한 경계를 폈다. 이로 인하여 임시 총사령관의 명령이 제대로 전달되지 않았고 중화문 밖에서의 신호 포성 또한 울리지 않았다. 그 위에 사태의 심각성을 알아차린 서징은 더욱 경계를 강화하고 본보기로 혁명회 인사들을 참수하는 등 무한 삼진의 거리는 바야흐로 긴장이 감돌았다.

마침내 10월 10일 아침이 밝았다. 그러나 무창의 거리는 온통 혁명파를 수색하는 군경들로 꽉 차 있었다. 동지 간의 연락도 두절되어 경계병이 교대하는 틈을 타거나 상점으로 물건을 사는 것처럼 가장하여 동지들의 눈치를 살피는 정도였다. 그러나 이러한 가운데에서도 혁명의 기운은 식을 줄 몰랐다.

무창 시내의 공병 제8영에 임시 총사령부로부터 봉기 명령이 전달된 것은 10일 아침이었다. 전날 오후 5시경에 장익무가 보낸 전이 그때서야 도착한 것이었다. 공병 제8영의 책임자 웅병곤(熊秉坤)은 동지들에게 이 같은 사실을 알리고 회의를 열었다. 개중에는 얼굴이 새파랗게 질린 자도 있었으나 "죽음 속에서 삶을 찾자."는 웅병곤의 용감한 부르짖음에 모두들 용기를 되찾았다.

작전 순서는 지난 9월 24일의 회의에서 정해졌으나 각 부대와의 연락이 문제였다. 특히 혁명군의 주력 부대로 인정되었던 무창 밖의 포병 부대에 대한 정보가 없어 애를 태웠으나 연락이 된 부대만이라도 봉기하자는 데 의견이 모아졌다.

봉기 시간은 오후 3시로 정했지만 연락에 시간이 걸려 오후 7시 이후로 연기되었다. 연락이 된 부대는 2개 소대와 1개 중대뿐이었다. 약속 시간인 7시가 되자 마침내 혁명을 알리는 웅병곤의 신호 포탄이 무창의 거리를 뒤흔들었다. 혁명군의 기민한 움직임 앞에 청군은 하나둘 쓰러졌다. 웅병곤은 앞서의 작전 지시대로 무기 탈취를 위해 40명의 동지들과 함께 초망대의 무기고로 돌진하였다.

이와 때를 같이하여 무창성 밖 당각(塘角)에 있던 21혼성여

단의 제11영도 봉기에 호응
하여 이붕승(李鵬昇)의 지
휘 아래 사료로 쓰는 건초
더미에 불을 질러 궐기의 봉
화를 올렸다.

성 안에서는 제29표의
채제민(蔡濟民)이 봉기에
가담하여 웅병곤과 거의 동
시에 초망대의 무기고로 향
하고 있었다. 초망대를 지키
던 청군 가운데도 혁명에 호
응하는 자가 속속 증가하여

무장하는 민중 진기미
등의 적극적인 행동에
의해 상해 독립이 쟁
취되고, 청나라의 대
표적 군사공장이었던
강남 제조국이 혁명군
에 점령되면서 무기가
민중에게 제공되었다.

혁명군은 손쉽게 무기고를 탈취하였다.

초망대의 무기고에는 독일제 7.9밀리미터 쌍구모젤 1만여 정,
일본제 6.5밀리미터 보병소총 1만 5천 정, 한양병공창 제조 6.5밀
리미터 단구총 수만 정, 탄환, 포탄 등이 다량 격납되어 있었다.

무기 · 탄약이 없어 맨주먹으로 달려오다시피 한 혁명군들은
졸지에 완전 무장을 갖춘 부대로 탈바꿈했다.

최신 장비로 무장한 혁명군은 사산의 초망대에 포병진지를
구축하고 성 밖 남호에 있는 포병 제8표에 연락하여 급히 성내로
진격하도록 하였다. 그러나 이들 혁명군 중에는 실력 있는 지휘관
이 없어 작전에 어려움이 많았다. 웅병곤이 있기는 하였으나 그도
많은 병력을 지휘하기에는 역부족이었다. 그들은 초망대의 좌대
대관(左隊隊官)이었던 오조린(吳兆麟)을 지휘관으로 추대하였
다. 오조린은 다음과 같은 작전 명령을 내렸다.

1. 초망대 가까운 곳에 제30표 헌병영이 있다. 이곳은 만주족이 장악
   하고 있으니 선제공격을 가해 이곳부터 격멸한다.
2. 아직 봉기하지 않은 혁명동지들에게 연락하여 봉기하도록 한다.
3. 암호는 흥한(興漢)으로 정한다.

오조린의 작전 명령을 받은 혁명군은 헌병영을 공격한 지 30
분도 채 못 되어 손쉽게 그곳을 점령하였다. 기회를 보고 있던 청
군의 병사들이 속속 초망대로 모여들어 혁명군에 가담함으로써
혁명군은 삽시간에 약 2천 명으로 불어났다. 이 같은 상황을 파악
하지 못한 청군의 수뇌들은 참모장 오조기(吳兆麒) 등을 초망대
로 파견하여 시찰토록 하였다. 그런데 오조기는 혁명군의 임시 총
지휘를 맡고 있는 오조린의 형이었다. 오조기는 상황을 판단한 끝
에 동생 오조린을 돕기 위해 청군의 수뇌들에게는 정확한 상황을
숨기고 오히려 청군의 방위 태세를 알려줌으로써 혁명군에게 도
움을 주었다. 혁명군은 오조기의 정보를 토대로 헌병영을 점령한
데 이어 제30표를 돌파하고 오후 10시 30분경에는 호광총독 서징
의 관저를 공격하기 시작하였다. 치열한 공방전 끝에 혁명군은 보
안문을 탈취하는 데 성공함으로써 유리한 고지를 확보하였다.

호광총독은 전세가 불리하다고 판단하여 은밀히 탈출을 시도
하고 있었다. 그는 일찍이 영국 영사 하버트 코페와 혁명 봉기가
있을 경우 영국 군함이 원조해 주겠다는 약속을 받아놓은 적이 있
었다. 그는 이 약속을 믿고 몇몇 측근들만을 데리고 관저 뒷문을
빠져나와 성 밖으로 탈출, 장강에 정박 중이던 초예(楚豫)호에 올
랐다. 서징을 태운 초예호는 한구로 도주하여 장강에 정박 중이던
영국 군함 뒤에 선체를 숨겼다. 서징은 영국 영사와의 약속을 믿

고 영국 군함에게 지원사격을 요청했으나 영국 영사는 국제적인 분쟁을 일으킬 염려가 있다는 이유를 들어 지원을 거부하였다.

혁명군에게 완강하게 저항하던 청군도 총독 서징이 탈출했다는 사실을 알자 완전히 전의를 상실하여 도망치기 시작하였다. 혁명군 결사대가 총독관저 건물에 불을 지르자 거세게 타오르는 불꽃은 무창의 밤하늘을 붉게 물들였고 이를 본 청군들은 앞을 다투어 도망치기에 바빴다.

무창의 밤하늘에 솟구치는 불꽃을 장강 대안의 초예호 함상에서 바라본 호광총독 서징은 증원군을 급파해 달라는 전문을 청국 조정에 타전하였다.

10월 11일 새벽까지는 무창 시내의 주요 지대가 거의 혁명군에 의해 장악되었고 최후까지 저항했던 사산 북쪽의 번서(藩署)도 포병의 지원을 얻은 혁명군에 의해 박살나고 말았다.

무창 시내의 청국 관리들은 모두 도망쳐 그림자조차 찾아볼 수 없었고 모든 관공서가 혁명군의 수중에 들어왔다. 하룻밤 사이에 무창 봉기가 성공한 것이다.

무창의 봉기 전투에서 전사한 혁명군은 결사대 소속 10여 명이었고, 부상자는 20여 명에 불과하였다. 무창의 혁명은 일단 성공했으나 혁명군을 통솔할 만한 지도자가 없는 것이 혁명군의 큰 약점이었다. 채제민 등 혁명군의 간부들은 우선 군정부를 구성하려 하였으나 도독이 될 만한 인물이 없었다. 그들은 토의 끝에 제21혼성여단장인 여원홍(黎元洪)을 찾아내어 위협을 가해서라도 도독에 추대하기로 결정하였다.

여원홍은 이때 48세였다. 천진 수사학당에서 신식 군사교육을 받은 인물로서 청일 전쟁 때는 기함 정원호의 포술장(砲術長)

으로 있었다. 그러나 혁명에 대해서는 전혀 관심도 없고 이해도 없는 인물이었다. 말하자면 반혁명적 사상을 가진 인물임에는 틀림이 없었다. 그러나 청군의 반격에 시급히 대비하지 않으면 어렵게 성공한 무창 혁명이 어떻게 될지 알 길이 없었으므로 비록 혁명에 찬동하지 않는 인물일지라도 국민에게 신망이 두터운 그를 도독으로 추대할 수밖에 없었던 것이 혁명군의 실정이었다.

이때 여원홍은 혁명군의 추격이 두려워 초망대 가까이 있는 한 참모의 집에 숨어 있다가 혁명군에게 곧 발각되었다. 임시 총지휘관 오조린이 여원홍을 영접하여 자의국으로 안내하자 혁명군은 정렬하여 나팔을 불어대고 환호성을 지르며 그를 환영하였다. 그러나 여원홍은 좀처럼 굳은 표정을 누그러뜨리지 않았다.

이때 혁명군은 미리 '중화민국 호북군 도독'의 이름으로 된 포고문을 작성해 놓았다. 혁명 간부 이익동(李翊東)이 그 사본을 가지고 여원홍에게 서명할 것을 요구하자 여원홍은 벌벌 떨면서 서명을 주저하였다. 여원홍의 태도에 울화가 치민 혁명군의 한 사람이 권총을 들이댔으나 여원홍은 입을 꼭 다문 채 아무 말이 없었다. 할 수 없이 권총을 들이댔던 혁명군이 대신 서명했다.

호북군 정부

여원홍은 마음속으로 자신의 거취 문제를 신중하게 저울질했음이 분명했다. 얼마 후 그는 혁명군이 다량의 무기와 은화를 소유하고 있음을 확인하고 비로소 마음을 바꾸었다. 그는 즉시 만주 풍속의 변발을 자르고 한인으로 돌아가 도독으로서의 업무를 개시하였다. 그러나 여원홍은 나중에 원세개와 협력하여 혁명 세력에 대항했다는 사실을 여기서 밝혀둔다.

여원홍을 도독으로 추대한 혁명군은 마침내 역사적인 포고문을 발표하였다.

1. 자의국을 군정부로 한다.
2. 중국을 중화민국이라고 칭한다.
3. 한구에 주재하는 각국 영사에 대하여 군정부가 외국인 보호의 책임을 질 것을 밝히는 바이며 동시에 군정부를 교전 단체로서 승인할 것을 요구한다.

이렇게 해서 중화민국(中華民國)은 그 첫걸음을 내딛었다.

무한 삼진의 함락

무창 혁명의 성공 소식이 한구·한양에 전해진 것은 11일 오후 4시경이었다. 청조는 무창 혁명을 은폐하기 위하여 무창과의 교통을 차단하는 등 물샐 틈 없는 보안조치를 취했으나 혁명 동지의 한 사람이 무창성 밖에 내붙인 포고문을 보고 즉시 장강을 건너 한구·한양의 혁명군에게 그 소식을 알렸던 것이다. 한구·한양의 혁명군들은 한구에 모여 작전회의를 열고 오후 8시 30분을 기해 일제히 봉기하기로 결정하였다.

약속 시간인 오후 8시 30분이 되자 혁명군은 한양 병기창을 기습 점령한 데 이어 가까운 산마루에 대포를 배치하여 위협 포격을 가함으로써 손쉽게 혁명은 성공하였다. 혁명군은 한양 병기창에서 다량의 무기를 노획함으로써 그 후의 혁명 봉기에 크게 위력을 발휘하였다.

한구는 12일 새벽에 이르러 혁명에 성공하였다. 그곳에서는 폭도들의 약탈과 방화 등의 사건이 있었으나 무창으로부터 원군이 투입되어 질서 회복에 성공하였다. 이렇게 해서 장강의 요충지 무한 삼진은 마침내 혁명군의 수중에 들어갔다.

무창 봉기 2일 후인 1911년 10월 12일 오전 6시경 무창의 전화선이 복구되자 군정부는 즉시 도독 여원홍의 이름으로 전국에 무창 혁명의 성공을 선포하고 각지에서도 이에 호응하여 봉기할 것을 촉구하였다.

때를 같이 하여 청조에 대하여 공화국의 수립을 선언하고 청군에 소속되어 있는 한족 출신 장병들에게 투항을 요구하는 권고문을 발표하였다.

무한 삼진의 혁명 성공은 청조의 무능함과 무력함을 여실히 드러내어 혁명의 기운을 더욱 부채질하였다. 그 결과 혁명의 불길은 요원처럼 타올라 무창 봉기 후 불과 한달 사이에 15성이 청조의 지배에서 벗어나 독립을 선언했다. 이들 각성을 하나의 구심점으로 흡수하여 통일된 정부를 수립하는 것이 신해 혁명의 어려운 숙제로 남겨졌다.

무창 혁명의 소식이 북경 조정에 전해진 것은 10월 11일 오후였다. 당황한 청나라 조정은 그 이튿날인 12일 무창에서 도망친 총독 서징을 파면하고 육군부 대신 음창(蔭昌)과 해군부 부대신 살진빙(薩鎭氷)으로 하여금 육해군을 거느리고 혁명군을 제압하도록 하였다. 그리고 패전의 책임을 전적으로 서징 한 사람에게 돌림으로써 군의 위신을 회복하고 아울러 철도국유화 정책을 제

청해 추진하던 우전부(郵傳
部) 대신 성선회(盛宣懷)를
민란 발생의 책임자로 몰아
민심을 수습하려 하였다.

철도국유화는 당초 장
지동이 추진한 정책으로 민
간들의 강한 반발을 사고 있

었다. 철도를 국가 소유로 하여 그 이익을 국고로 충당하기 위한
목적이었으나 철도 건설비를 조달할 능력이 없는 조정으로서는
외국 차관에 의존할 수밖에 없었던 데에 문제가 있었다. 결국 이
문제는 국내 자본가들의 강한 반발과 이에 동조하는 민간들이 파
업과 소요 사태를 일으킴으로써 큰 실정(失政)으로 지탄을 받았
다. 무창 봉기도 따지고 보면 이러한 일련의 소란 사태의 하나라
고 지적하는 사람도 없지 않다. 1909년 장지동이 죽자 성선회가
그 직무를 이어 추진하였다. 청나라 조정은 민심을 수습하기 위하
여 그 실정의 책임을 성선회에게 지워 그를 파면하였다.

뒤이어 백성들의 원한의 대상이 된 고관들을 숙청하여 민심
수습을 꾀하는 한편 일찍이 발의 병을 이유로 파면했던 원세개를
다시 기용하려 하였다. 청나라 조정이 원세개를 다시 생각하게 된
것은 혁명군 토벌 명령을 받은 음창과 살진빙이 청군을 제대로 통
솔하지 못했기 때문이었다.

원세개의 신식 육군을 모체로 이홍장의 회군까지 흡수한 북
양군은 원세개가 편성한 군대로 개인의 군대라고 해도 과언이 아
닐 정도로 그 영향력이 컸다. 청나라 조정은 북양군을 제대로 움
직이기 위해서는 원세개의 명예를 회복시켜 그가 전군을 통솔해

쑨원의 입상 신해 혁명을 기념하기 위해 세운 쑨원의 입상. 뒤에 보이는 건물은 현재 신해 혁명 박물관이다.

야 한다는 데 의견을 모았다.

청조는 원세개를 호광총독에 임명하여 혁명군을 토벌하도록 명하였으나 그런 정도에서 쉽게 응할 원세개가 아니었다. 그는 일찍이 섭정왕인 순친왕이 자객을 보내 암살하려는 음모를 사전에 알아차리고 수염을 깎고 노동자로 변장하여 3등 열차로 어렵게 북경을 탈출하여 하남 땅 고향에서 권토중래의 기회를 노리고 있었다.

호광총독에 임명한다는 소식을 들은 그는 청조가 자기를 파면할 때의 이유였던 '발의 병'이 아직 낫지 않았다는 핑계를 대면서 꿈쩍도 하지 않았다. 청조의 다급한 사정을 이용하여 최대한 수확을 거두자는 속셈이었다. 다급해진 청나라 조정은 당초 예정했던 호광총독에서 흠차대신으로 격상시키고 육군부 대신 음창을 소환하는 한편 원세개의 부하였던 풍국장과 단기서를 각각 제1,2군 총사령관에 임명하였다. 그리고 청국의 육해군 및 장강수사라는 직책까지 겸하여 모든 군권을 원세개에게 위임하였다.

선통제는 10월 30일 '스스로를 죄하는 조서'를 발표하였다. 그 내용은 선통제가 나이가 어리고 정사에 어두웠던 탓으로 정치를 그르쳐 고관들이 사리사욕에 빠져 백성들에게 피해가 막심했다는 자기비판으로서 국민의 노여움을 풀어보자는 것으로 청나라 조정으로서는 매우 과감한 행동이었다.

원세개는 10월 30일에야 겨우 하남성 신양에 도착하여 음창으로부터 모든 군권을 인수하고 혁명군에 대한 회유공작에 착수하였다. 2차에 걸쳐 혁명군과의 사이에 서신 왕래가 있었으나 혁명군이 거부하자 풍국장으로 하여금 한구를 공격토록 하여 손쉽게 한구를 수복하였다.

11월 16일 원세개는 경친왕의 후임으로 내각 총리대신이 되어 내각을 조직했다. 그는 자신의 심복인 조병균을 민정대신에, 당소의를 우정대신에 임명하고 입헌파의 중진 장건(張謇)을 농공상부 대신, 보황파(保皇派)인 양계초를 사법부 대신에 기용하여 연립내각을 구성하려 하였으나 장건과 양계초가 입각을 거절함으로써 연립내각의 구성은 실패하였다.

원세개는 화평을 내세우는 한편 혁명군을 무력으로 제압하려 하였다. 그는 한구를 수복한 데 이어 한양에 대하여 총공세를 취했다. 혁명군도 즉각 항전에 나서 격렬한 전투를 벌였으나 압도적으로 우세한 원세개의 무력 앞에 격퇴당해 27일에는 한양마저 빼앗기고 말았다. 한구·한양을 모두 빼앗긴 혁명군은 황흥의 지휘 아래 무창에서 끝까지 버티고 있었다. 이처럼 불리한 가운데에서도 혁명의 불길은 전국적으로 확산되었다. 혁명군은 전국적인 통일정부를 수립하여 하나의 구심점으로 집결할 움직임을 보였다. 이미 15성이 청조의 지배로부터 벗어나 독립을 선포했으나 통일정부가 수립되지 않아 외국과의 교섭에 불편이 많은 것이 사실이었다. 통일정부 수립의 움직임이 구체화되어 마침내 11월 30일 제1차 각 성 대표회의가 한구의 영국 조계에서 열렸다. 회의 결과 대다수의 의견은 다음과 같았다.

"청나라는 이름만 남아 있을 뿐 멸망한 것이나 마찬가지이다. 따라서 오늘 이후의 문제는 혁명군과 청조 사이의 문제가 아니라, 혁명군과 원세개 사이의 문제로 보는 것이 타당한 것이다. 더 이상 한족끼리의 유혈 사태를 피하기 위해서는 원세개를 임시 대총통으로 추대하는 것이 최선책이다."

원세개는 혁명군과 교전 상태에 있는 적인데도 혁명군의 대표회의에서 이 같은 결론이 나오게 된 것은 원세개의 사주를 받은 동맹회의 중진 왕조명(汪兆銘)의 책략에 의한 것이었다.

그 해 12월 2일 남경이 혁명군의 수중으로 들어오자 무창의 대표들은 회의를 소집하여 임시정부의 소재지를 남경으로 옮긴 후 7일 이내에 각 성 대표회의를 열어 10성 이상이 참석하면 임시 대총통을 선출하기로 결의하였다.

그러나 여기서 문제가 발생했다. 무창에서 대표회의가 열리고 있을 때 상해에 남은 진기미(陳其美)·정덕전(程德全) 등은 무창의 결의와는 달리 황흥을 대원수, 여원홍을 부원수로 선출하였다. 그리고 대원수는 중화민국 임시정부를 수립하는 대권을 가진다고 결정함으로써 무창과 상해 사이에 마찰이 일어났다.

당시 외국의 일부 신문에서는 중화민국 초대 원수로 쑨원이 가장 유력하다는 내용의 보도가 나오고 있었다. 혁명파 중에는 쑨원을 지지하는 사람도 있었으나 반대하는 사람도 있었다. 혁명파 내부의 동정을 예의 주시하던 원세개는 실력을 기르는 한편 혁명군 회유공작을 폈다. 당시 장강 이남 지역은 거의 혁명군이 장악하고 있었다. 원세개가 청국 주재 영국 공사인 존 조르단을 통하여 혁명군과의 강화를 모색하자 조르단은 한구 주재 영국 영사 하버트 코페에게 혁명군과의 접촉을 의뢰했다. 12월 1일 청군은 무창에 대하여 맹렬한 포격을 가한 후 오후 6시쯤 코페의 지시를 받은 영국 민간인 밴이 군정부에 찾아와 정전을 제의하였다. 정전 기간은 당초 12월 2일부터 3일간으로 되어 있었으나 원세개의 요청으로 2번이나 연장되어 정전 기간은 무려 15일간에 이르렀다.

정전에 이어 강화교섭이 시작되어 혁명군 측에서는 오정방(伍廷芳), 청조 측에서는 당소의가 각각 대표로 선출되었다. 두 사람은 모두 이홍장의 인맥에 속하는 사람으로 특히 오정방은 외교면에서 이홍장의 후계자로 손꼽히는 인물이었다. 나중에 주미 공사까지 지낸 외교통이었는데 당시 상해에 거주하고 있어 혁명군의 설득으로 강화교섭의 책임자가 된 것이었다.

12월 18일의 1차교섭에서 혁명군 측의 대표 오정방은 4가지 조건을 제시하였다.

1. 만청 정부의 폐지
2. 공화정부의 수립
3. 청국 황제의 우대
4. 가난한 만주인의 후대

그러나 1차 교섭은 잠정적인 정전에만 합의하고 20일에 다시 2차 교섭에 들어갔다. 2차 교섭의 관건은 국체에 관한 문제였다. 오정방은 1차교섭에서 주장한 대로 "청조를 폐지하고 공화정부를 수립한다."는 조건을 제시하였다. 이에 대하여 당소의는 국민대회를 열어 정체 문제를 결정한다는 선까지 양보하였다. 당소의가 이같이 양보하게 된 것은 원세개의 조종이 있었기 때문이었다.

원세개는 대총통의 자리를 꿈꾸고 있음이 분명했다. 그는 혁명파의 무창 대표회의에서 자기를 임시 대총통으로 추대한다는 결의를 현실화시키려 하였다. 그는 입헌군주파를 설득, 무마하여 자기편으로 끌어들이고 혁명파와의 강화교섭만 성공한다면 대총통 자리는 따놓은 당상이라고 계산하였다.

쑨원의 귀국

이러한 상태에서 1911년 12월 25일 혁명파의 원로인 쑨원이 상해로 돌아왔다. 혁명파는 열광적으로 쑨원을 환영하였다. 무창 혁명이 성공했을 무렵 미국에 있던 그는 곧바로 귀국하지 않고 유럽을 거쳐 귀국하였다. 그것은 청조에 대한 4개국 차관을 중지시키고 새로운 공화정권에 대한 경제 원조를 요청하기 위해서였다. 4개국 차관의 중심국이었던 영국은 쑨원의 요청에 따라 진행 중인 차관을 중지하고 새로운 은행단을 신정권에 파견한다는 데 동의하였다.

쑨원의 귀국은 임시정부 수립의 교착상태를 한꺼번에 해결하는 계기가 되었다. 12월 25일 쑨원이 상해에 도착하자 각 성 대표들은 임시 대총통 선거준비를 서둘러 12월 29일 정식으로 선거가 실시되었다. 이 선거에 참가한 성은 호북 · 강소 · 절강 · 호남 · 사천 · 운남 · 산서 · 섬서 · 안휘 · 강서 · 복건 · 광동 · 광서 · 봉천 · 직례 · 하남 · 산동의 17성으로 선거권은 각 성 1표씩이었다. 개표 결과 쑨원 16표, 황흥 1표로 쑨원이 압도적 다수의 득표로써 초대 임시 대총통에 선출되었다.

1912년 1월 1일 중화민국 임시 대총통 취임 선서에서 쑨원은 "민의 공의를 취하고 중(衆)을 위해 복무한다."고 서약하였다. 새

로운 공화국은 연호를 쓰지 않고 1912년을 민국 원년으로 정하였다. 이로써 유사 이래 중국을 지배했던 전제 군주 체제에 종지부를 찍고 민의에 의한 정치와 민중을 위한 정치를 목적으로 하는 공화정치가 실현되게 되었다.

1월 3일 쑨원은 각 성 대표회의에 내각 명단을 제출하여 승인을 받았다.

육군총장 황흥,　　　　　　차장 장작빈(蔣作賓)

내무총장 정덕전,　　　　　차장 거정(居正)

외교총장 왕총혜(王寵惠),　차장 위신조(魏宸組)

재정총장 진금도(陳錦濤),　차장 왕홍유(王鴻猷)

해군총장 황종영(黃鍾瑛),　차장 탕향명(湯薌銘)

사법총장 오정방,　　　　　차장 여지이(呂志伊)

교육총장 채원배(蔡元培),　차장 경요월(景耀月)

실업총장 장건,　　　　　　차장 마군무(馬君武)

교통총장 탕수잠(湯壽潛),　차장 우우임(于右任)

여기서 주목할 것은 육군, 외교, 교육의 3총장만이 동맹회 회원일 뿐 나머지는 모두 청조의 구관료와 입헌파가 차지한 사실이다. 그러나 실제 실무는 혁명파가 장악하였다. 1월 28일 임시정부 조직대강의 규정에 의거 18성의 대표에 의해 임시참의원을 구성하고 각 성 대표회의는 해산했다. 참의원의 최대 임무는 '중화민국의 임시약법'을 심의하는 일이었다. 2월 7일에 기초위원회가 구성되고 1개월간의 토의 끝에 3월 11일에 마침내 임시약법을 공포하였다.

> 제1조 "중화민국은 중화인민이 이를 조직한다."
> 제2조 "중화민국의 주권은 국민 전체에 속한다."

이렇게 시작되는 임시약법은 주권재민, 내각제도, 국민의 기본권을 정한 것으로 쑨원의 삼민주의에 입각해 중화민국의 골격을 이루었다. 그러나 중화민국은 탄생과 동시에 세계 열강에 대한 대책에 부심해야 했고 원세개의 동정에 신경을 곤두세워야 했다. 남경에 중화민국 정부가 수립되기는 하였으나 북경에는 여전히 청조가 존재했고 실권자 원세개가 청국군의 전권을 배경으로 버티는 가운데 강화회담이 진행되었다.

이 무렵 세계 열강은 원세개를 지지하는 쪽으로 기울었다. 열강들은 원세개에 의해 남북의 통일이 실현된다면 중화민국을 승인하지만 남경 임시정부는 승인하지 않겠다는 내용의 성명을 냈다. 경제적으로도 임시정부가 지배한 지역의 세관은 열강의 억제정책으로 인하여 임시정부의 재정이 매우 곤란한 상태였다. 이 같은 사태는 모두 원세개의 책동이나 조종에 의한 결과였다.

쑨원은 임시 대총통에 취임하기 전부터 대총통의 자리를 둘러싸고 중국이 분열되어서는 안 된다는 굳은 신념 아래 대총통의 지위를 원세개에게 양도할 의사가 있음을 밝힌 적이 있었다. 그러나 원세개는 격동하는 정국을 무대로 자신의 야심을

키우는 데 급급했다. 그는 혁명정부에 대해서 뿐만 아니라 1월 16일 청조에 대해서도 황제의 퇴위를 요구하는 내용의 상주문을 국무대신 연명으로 제출하였다.

"…만약 내전이 장기화되면 외국의 간섭을 면하기 어려울 뿐 아니라, 혁명군의 조정에 대한 감정 또한 악화되어 어떠한 유혈사태가 발생할지 모르니 하루속히 민의에 따르는 것이 좋을 것입니다. 혁명군이 목적하는 정치체제는 군주제가 아니고 공화제입니다. 하루속히 대세를 살피시어 민심에 따르시기 바라옵니다."

청국 황제는 믿었던 도끼에 발등을 찍힌 격이 되었다. 가장 믿고 의지했던 원세개로부터 결정적인 배반을 당한 셈이다.

청조의 최후

원세개의 내각으로부터 황제의 퇴위를 강요당한 청국 조정은 1월 17일부터 매일 어전회의를 열었다. 원세개에게 설득당한 경친왕 등은 공화제도가 불가피하다고 주장하였으나 부위(溥偉)·재택

(載澤) 등 만주 귀족들은 군주제를 고수하여 좀처럼 합의에 도달하지 못하였다.

청조의 귀족인 양필(良弼)은 종사당(宗社黨)을 결성하여 청조의 붕괴를 끝까지 저지하려 하였다. 종사당은 원세개의 내각을 무너뜨리고 종실 내각을 구성하여 철량(鐵良)을 군정대신으로 삼아 최후까지 청조를 지킬 것을 맹세하였다. 그러나 1월 26일 종사당의 영수 양필이 암살되었다. 암살자는 경진동맹회(암살단) 소속의 팽가진(彭家珍)이었다. 양필은 폭탄을 맞아 왼발에 부상을 입고 다리를 절단했지만 끝내 숨지고 팽가진은 파편을 맞고 그 자리에서 죽었다. 양필은 죽으면서 "이제 청조는 마지막이다!"라고 중얼거렸다고 한다. 양필이 죽자 귀족들은 재산을 외국에 도피시키고 천진·대련 등지로 빠져나가 외국인의 보호하에 들어감으로써 청나라 황실은 완전히 고립되었다.

이 무렵 임시정부는 강화 책임자인 오정방·당소의를 통하여 원세개와 황제 퇴위에 관한 구체적 문제를 논의하였다. 대총통 쑨원은 "청제가 퇴위하고 원세개가 공화정에 찬동한다면 원세개에게 임시 대총통의 지위를 양보할 것임을 선언"하고 5개 조항의 최종안을 원세개에게 제시하였다.

1. 황제는 퇴위하고 원세개는 청국 황제가 퇴위했음을 북경 주재 외국공사에게 통지한다.
2. 원세개는 공화주의를 절대적으로 찬성한다는 뜻을 표명한다.
3. 쑨원은 외교단(外交團)에 대하여 청국 황제의 퇴위를 포고한 후 사직한다.
4. 참의원은 원세개를 임시 대총통으로 선출한다.

5. 원세개는 임시 대총통으로 선출된 후 참의원이 정한 약법을 수
   호할 것임을 선서한다.

  원세개는 이 5개 조항을 받아들였으나 청국 황제의 퇴위를
직접 요구하지 않고 호광총독 단기서로 하여금 장군 42명의 연명
으로 된 상주문을 올려 '공화제'를 요청하게 하였다. 군대를 지휘
하는 장군들로부터 압력을 받은 청조는 이제 퇴위하는 길밖에 없
었다.
  융유 황태후(隆裕皇太后)는 마침내 퇴위를 결심하고 2월 3
일 원세개에게 전권을 양도하여 임시정부와 퇴위 후의 청국 황실
에 대한 처우 문제를 논의케 하였다.
  2월 11일 원세개와 임시정부 사이에 청국 황실에 대한 처우
문제가 결정되었다.

1. 청국 황제의 존호를 폐지하지 않고 외국 군주에 대한 예로써 대우
   한다.
2. 세비 8백만 냥을 신화폐로 환산하여 4백만 원을 중화민국에서
   지급한다.
3. 황실의 사유재산은 중화민국이 특별히 보호한다.
4. 미완성된 광서제의 능묘공사는 중화민국의 경비지출로 계속 공
   사를 진행한다.
5. 청국의 황족도 중화민국의 국권 · 사권(私權)에 대하여는 일반
   국민과 동등하다.

  청조는 이튿날인 12일 이를 수락하였고 원세개는 퇴위 조서

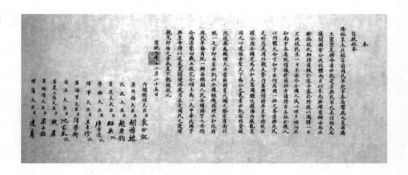

를 정서하여 융유 황태후에게 바쳤다. 황태후는 그 조서를 읽기도 전에 눈물이 비오듯 쏟아졌고 옆에 있던 7세의 어린 황제 선통제는 황태후의 가슴에 얼굴을 파묻고 엉엉 울었다. 대신들은 황태후를 위로했고 시종들도 슬픔에 잠겨 넋을 잃었다. 서세창(徐世昌)이 조서에 옥새를 찍었고 퇴위 조서는 곧 선포되었다. 이로써 청조는 세조 순치제가 북경을 점령한 1644년 이래 267년 만에 종지부를 찍었다.

나중에 밝혀진 일이지만 이 퇴위 조서의 기초자는 임시정부 측의 장건이었다고 한다. 그런데 이 조서의 원고가 원세개에게 전해지자 원세개는 원문에 "원세개가 전권으로서 공화정부를 조직하여"라는 구절을 삽입하였다. 때문에 단순한 '퇴위선언'이었던 조서가 원세개에게 '양위'한다는 뜻을 포함하는 내용으로 탈바꿈해버린 것이다. 이런 일에서도 후일 황제의 자리에 오르려던 원세개의 야심의 일단을 엿볼 수 있을 것 같다. 원세개의 정치 프로그램은 우선 공화국의 대총통이 된 다음 공화제가 중국에는 타당하지 않다는 구실을 내세워 자신이 황제의 자리에 오르는 것이었다.

청나라 시대의 인문

청초의 삼유

청나라 초기, 당시의 황제 강희제는 지배체제를 강화하기 위한 일환으로 '문치(文治)'의 미명하에 전국의 학자를 명예와 지위 또는 금전으로 유혹하고 칼로 위협하여 굴복시키려 하였다. 그러나 이 같은 유혹과 위협에도 굴복하지 않고 절개를 굽히지 않은 학자가 있었다. 그 가운데 유명한 학자는 황종희(黃宗羲), 왕부지(王夫之), 고염무(顧炎武) 등 세 사람이다. 이 세 사람은 명나라 말기에서 청나라 초기의 사람으로 명나라 멸망 후에도 문필과 무기로써 청나라와 싸우다가 그 뒤 산림에 은거하였다. 학술에 전념하여 커다란 학술적 성과를 남김으로써 후세 사람들로부터 '청초의 삼유(三儒)'로 숭앙받았다.

황종희(1610~1695)는 사학(史學)에서 큰 업적을 남기고 있다. 그는 사학 전공의 절동학파(浙東學派) 창시자로, 사학의 태사 (太師)로 불리는 만사동(萬斯同), 장학성(章學誠) 등이 모두 그의 영향을 받았다. 황종희의 사상에서 가장 주목할 점은 군주독재에 반대하는 민주사상이라고 할 수 있다. 그는 봉건 군주는 천하의 큰 해독이라고 지적하고, 어떠한 군주도 "천하의 간뇌(肝腦)를 좀먹고, 천하의 자녀를 이산시키고, 자기 자신의 음락(淫樂)만을 탐한다."고 지적하였다. 그리고 군주를 천하의 독부(獨夫), 만민의 원수라고까지 혹평하고, 군주 한 사람만을 위한 법을 폐지하고 천하의 법을 제정하여 법률로써 군주

황종희

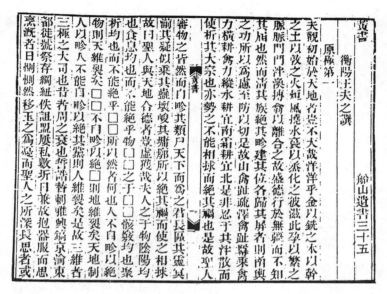

《황서(黃書)》 왕부지가 그의 정치론을 전개한 책

의 권한을 제한해야 한다고 주장하였다. 이것은 부패해가는 봉건적 왕권에 대한 공공연한 도전이었다고 할 수 있다. 황종희는 선견지명을 지닌 계몽가로서 그의 저작은 그 후 청조 말기의 중국 민주사상의 형성에 많은 영향을 끼쳤다.

왕부지(1619~1692)도 '청초삼유'의 한 사람이다. 항청전(抗淸戰)에서 패한 왕부지는 고향인 형양 서북쪽에 있는 석선산(石船山)에 은거하였기 때문에 선산 선생이라고도 불린다. 그는 40년에 걸친 저작 활동을 통하여 1백여 편이 넘는 저서를 남겼다. 왕부지는 천문·역법·수학·지리에도 능하였으나 그중에서도 경학·사학·문학에 능하였고 특히 철학에서 훌륭한 업적을 남겼다. 왕부지는 관념론에 반대하여 이를 반박하고 중국 역사상 유수한 학자들이 남긴 유물론을 총괄·체계화하였다. 그리하여 중국 고대 철학사에서 후한의 왕충(王充), 북송의 장재(張載)를 계승하는 유물론 철학자로 평가되었다.

또 한 사람의 '청초삼유'는 고염무 (1613~1682)이다. 고염무의 초명은 강 (絳), 자는 충청(忠淸)이었다. 청군이 남하하여 남경을 공략한 후 고염무는 남송의 민족 영웅 문천상을 본받아 명 조의 부활을 맹세하였다. 그리고 문천 상의 제자 왕염오(王炎午)의 이름을 본 떠 염무로 개명하고 자는 영인(寧人)으 로 고쳤다.

고염무는 강소의 명문 출신으로 어 렸을 때 양조부(養祖父) 고소불(顧紹芾)

고염무

의 지도하에 경사를 공부하였다. 양모 왕씨는 양자 염무를 지극히 사랑하여 명나라 영웅들에 대한 이야기를 자주 들려주어 염무의 애국사상을 북돋웠다. 청군이 남하하자 고씨 가문에도 불행이 엄 습했다. 양모 왕씨는 청조에 굴복할 수 없다 하여 15일간의 단식 투쟁으로 자결하였다. 조국 명나라의 멸망, 양모의 순사는 고염무 의 사상에 많은 영향을 끼쳤다.

고염무는 40여 년에 걸쳐 독서에 몰두하여 당시 문화의 중심 지 강소 일대에서 그가 읽지 않은 책을 발견할 수가 없을 정도였 다. 그는 47세 때 여행길에 올랐다. 여행길에 오를 때 그의 친구 귀장(歸莊) 등 21명이 고염무를 위하여 천하의 도서를 널리 구하 는 통문을 내어 방방곡곡에서 고염무에게 책을 보내왔다. 고염무 는 두 마리의 말과 두 마리의 노새에 서적을 싣고 산동·하북·요 령·산서·섬서 지방을 두루 돌아다니며 그 지방의 지리·풍토·

습관 등을 조사하였다. 물론 각지의 반청지사(反淸志士)와 명조 부활에 대한 이야기를 나누었음은 말할 것도 없다.

여행 도중 고염무는 말의 등에서 경전이나 주석을 묵독하였고 잊은 것이 있으면 다시 책을 꺼내어 몇 번이고 정독하였다. 수십 년에 걸친 수만 리의 여행 끝에 고염무는 실로 많은 책을 읽었으며 견문을 넓혀 학식이 더욱 풍부해졌다. 이를 기초로 저술된 책이 《일지록(日知錄)》, 《천하군국이병서(天下郡國利病書)》, 《조역지(肇域志)》, 《음학오서(音學五書)》, 《운보정(韻補正)》, 《정림시문집(亭林詩文集)》 등의 명저이다. 이들 저서의 내용은 정치 · 역사 · 철학 · 문학 · 의전제도 · 천문 · 지리 · 군사 · 경제 · 문자 · 음운 · 훈고(訓言古) 등 다방면에 걸쳐 있으며 독창적인 견해가 많이 서술되어 있다. 청나라 초기에 꽤 많은 학자가 배출되었으나 학문의 깊이와 넓이에서 고염무를 능가할 사람은 없었다.

고염무는 많은 저작과 기품 높은 절조로 유명했을 뿐만 아니라 '경세치용(經世致用)*'의 학문 태도, 실질적인 소박한 학풍, 원전에 철저하고 고증(考證)을 중히 여기는 학습방법으로 청대의 새로운 학풍, 이른바 고증학을 창시하였다. 고증학은 고증을 중시하는 학습 방법으로 "근거 없는 것은 말하지 말라."고 가르쳤다. 모든 주장에는 근거가 필요하며 가식이 없고 질박함을 으뜸으로 삼았다. 고증학은 실질적이 아닌 공리 공론을 일삼는 이학(理學)의 폐단을 바로잡기 위한 것으로 실학(實學)이라고도 불린다.

청나라 조정에서는 고염무를 출사시키려 하였으나 고염무는 다음과 같은 말로 거절하였다.

"나에게는 스스로 죽을 수 있는 칼과 밧줄이 있으니 나의 죽음을 재촉하지 말라."

* 경세치용(經世致用) : 학문은 실제 사회에 이바지되어야 함

그 후 《명사(明史)》의 편찬위원으로 추천하려는 사람이 있자 고염무는 그 사람에게 편지를 보내어 말하였다.

"나의 어머니는 명나라가 망하자 단식 끝에 타계하였다. 나는 결단코 조정에 나가지 않을 것이다. 내 나이 이미 70세이니 무리하게 강요한다면 명나라를 위하여 순사할 수밖에 없다!"

고염무는 만년을 섬서의 화음에서 보내다가 산서의 곡옥에서 향년 70세에 타계하였다. 고염무의 뒤를 이어 대진(戴震)이 고증학의 체계를 확립하였다.

《홍루몽》과 조설근

《홍루몽(紅樓夢)》은 비련을 소재로 한 소설이다. 이 책은 발간되자마자 세상 사람들을 매료시켜 심지어 책방에서는 그 초본(抄本)마저 수십 냥에 불티나듯 팔려 나갔다. 어디를 가나 《홍루몽》이 화젯거리였고 과거를 보기 위해 올라온 선비들도 많은 돈을 주고 이 책을 꼭 구입해 고향으로 돌아갔다. 《홍루몽》을 읽는 것이 이 시대의 하나의 풍조처럼 되어버려 《홍루몽》을 모르고서는 아무리 시서(詩書)에 통달한 사람도 행세를 못하는 형편이었다.

항주의 어느 집에서는 방년 18세의 처녀가 그만 《홍루몽》에 마음이 끌려 시름시름 앓기 시작하더니 끝내 병상에 눕게 되었다. 그녀의 부모들은 《홍루몽》이 딸의 신세를 망쳤다며 딸 몰래 책을 불태워 버렸다. 이를 안 그녀는, "왜 나의 보옥(寶玉)*을 불태워 죽여 버렸어요!"라고 울부짖다가 그만 죽고 말았다.

당시 조정에서는 《홍루몽》을 '외설서'로 취급하여 단속을 강화하고 금서조치를 취했으나 독자는 더욱 늘어만 갔다. 홍루몽의

* 보옥(寶玉) : 홍루몽의 남자 주인공

주인공 가보옥(賈寶玉)은 온 세상의 선망을 한몸에 받는 귀족의 후계자였다. 가보옥에게 연정을 품은 두 처녀가 있었는데 하나는 이 집의 주인 가정(賈政)의 누이동생의 딸 임대옥(林黛玉)이었고 또 한 사람은 가정의 아내 왕부인의 동생의 딸 설보채(薛寶釵)였다. 두 처녀는 모든 면에서 대조적이었다. 설보채는 용모가 아름답고 행실이 단정하였으며 명랑활발하고 붙임성이 있는 처녀로 장래 남편될 사람이 학문에 전념하고 입신 출세하여 봉건 제왕의 현신양상(賢臣良相)이 되는 것이 꿈이었다.

한편 임대옥은 다정다감하고 고독과 애수를 담은 가냘픈 처녀로 오로지 자신과 깊이 사랑을 나누며 오손도손 지내기를 바랄 뿐 입신출세 따위에는 별로 관심이 없었다.

보옥과 보채, 대옥 세 사람은 나이가 어렸을 때는 별다른 생각 없이 지냈으나 나이가 들면서 각기 다른 생각과 개성을 지니게 되었다. 보옥은 어느새 봉건제도에 대해 반역자적인 생각을 지니게 되었고 그 생각은 장성함에 따라 더욱 굳어졌다. 그는 오로지 입신 출세만을 일삼는 사람들을 '월급 도둑', '나라 도둑'이라고까지 힐난할 정도였다.

이렇게 해서 보옥과 보채의 감정의 갈등은 더욱 심각해지는 반면 비슷한 생각을 가진 보옥과 대옥의 애정은 더욱 깊어졌다. 당시 봉건사회 체제하에서는 아무래도 보옥과 대옥의 행동을 도덕에 위배되는 행위로 취급하여 괄시하는 반면, 보채의 언행과 일거 일동은 봉건 귀족의 주인공으로 하여금 며느리감으로 호감과 매력을 갖게 하였다.

보옥은 성격과 감정이 걸맞은 대옥을 사랑하게 되었고 마음 속으로 그녀와의 결혼을 굳혔다. 그러나 가씨 집안의 어른들은 속

임수를 써 보옥과 대옥의 사이를 떼어놓
아 대옥에게 보옥을 단념토록 하고 대신
보채와 결혼식을 올리도록 하였다.

　　보옥을 일생의 반려자로 흠모했던 대
옥은 보옥에 대한 연정을 버리지 못해 자
리에 눕게 되었고 얼마 후 보옥과 보채의
결혼 소식을 듣자 그만 숨을 거두었다.
한편 보옥은 결혼식장에서 면사포를 벗
기는 순간에야 비로소 신부가 대옥이 아
닌 보채임을 알고 소스라치게 놀랐다. 너
무나도 뜻밖의 일에 그만 보옥은 미쳐버

조설근 동상

렸고 끝내는 집을 뛰쳐나갔다. 용모가 아름답고 행동이 단정하여
가씨 집안의 며느리로 들어오게 된 보채도 독수공방의 신세가 되
고 말았다.

　　《홍루몽》은 피와 눈물로써 봉건사회의 혼인 관습을 신랄하게
규탄하고 있지만 단순히 혼인이라는 틀을 벗어나 중국 봉건사회
의 모순과 몰락을 묘사하고 있어 봉건제도의 종말을 고하는 위대
한 서사시로도 불린다.

　　《홍루몽》의 작자 조설근(曹雪芹, 1715~1763)은 호족 출신으
로 남경의 호화주택에서 호의호식하며 유년 시절을 보냈다. 그러
나 13세 때 가산을 몰수당한 후 아버지와 함께 북경으로 옮겨 살
면서 그의 생활은 갑자기 어려워졌다. 그리고 만년에는 북경 교외
에서 여전히 죽으로 연명하는 가난한 나날을 보냈다. 세계 명작
가운데 하나로 꼽히는 《홍루몽》은 이러한 가난한 생활 속에서 10
년이나 걸려 다섯 차례나 수정 가필한 끝에 완성되었다. 조설근은

그의 온 정력을 《홍루몽》의 창작에 쏟았으나 아들의 죽음을 비통
해한 나머지 갑자기 타계함으로써 《홍루몽》은 미완성 작품으로
남게 되었다.

　조설근이 절필(絶筆)했을 당시의 《홍루몽》은 《석두기(右頭
記)》라는 이름으로 전반 80회분뿐이었다(120회라는 설도 있음).
조설근이 타계했을 때 그의 집은 너무나도 가난하였다. 그래서 조
설근의 아내는 《홍루몽》의 원고 후반의 일부를 오려 지전(紙錢,
종이를 돈 모양으로 오려 만든 돈)으로 만들어 이것을 불태워 조설
근의 영전에 제사지냈다. 또 《홍루몽》의 원고의 일부는 다른 사람
의 손에 넘어가 흩어졌다고도 한다. 어쨌든 《홍루몽》은 미완성의
거작으로서 많은 사람들이 작자 조설근의 죽음을 아쉬워하였다.

그 후 홍루외사(紅樓外史)라는 이름으로 문학자 고악(高鶚)이 조설근의 구상을 바탕으로 40회분을 보충하여 대미를 장식하고 책명을 《홍루몽》이라 하였다. 그런데 고악의 보충은 성공적이었다. 현재 널리 읽히는 것은 보충 후의 120회분이다. 고악은 과거시험에도 합격한 사람이어서 그랬는지 보충 속편 가운데서 가씨의 자손들이 과거시험에 합격하고 가운도 번창한 것으로 묘사하고 있다. 이 점에 대하여는 비판의 소리도 많으나 고악의 걸어온 길로 보아 어쩔 수 없는 끝맺음이었다고 볼 수도 있다.

빈곤의 나날 속에서 《홍루몽》을 써낸 조설근은 그 제1회분에서 다음과 같이 말했다.

"종이 가득히 메워진 황당한 말과 한줌의 괴롭고 쓰라린 눈물, 사람들은 모두 나를 어리석다 할 것인가? 누가 이 참뜻을 알아줄 것인가!"

조설근은 온 생애의 정력을 바쳐 쓴 《홍루몽》의 깊은 뜻을 후세 사람들이 어떻게 평가해줄지에 대하여 무척 걱정했던 듯하다. 그러나 조설근의 생각은 기우에 지나지 않았다. 후세 사람들은 《홍루몽》의 이해와 연구에 정열을 쏟아 《홍루몽》을 연구하기 위해 연구소까지 구성하게 되었다. 지금도 중국에는 《홍루몽》 연구기관인 《홍학회(紅學會)》가 있어 전문잡지까지 발행하고 있다. 또 외국에서도 《홍루몽》에 대한 연구가 활발해져 1980년 6월에는 미국에서 《홍루몽》에 대한 최초의 국제 심포지엄까지 열렸다.

청 왕 조 의 계 보

애신각라씨(愛新覺羅氏)

타커시 搭克世

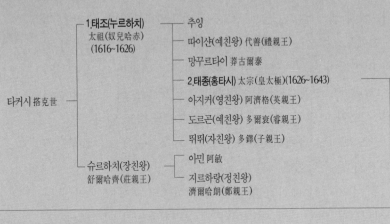

- 1.태조(누르하치)
  太祖(奴兒哈赤)
  (1616~1626)
  - 추잉
  - 따이샨(예친왕) 代善(禮親王)
  - 망꾸르타이 莽古爾泰
  - 2.태종(홍타시) 太宗(皇太極)(1626~1643)
  - 아지커(영친왕) 阿濟格(英親王)
  - 도르곤(예친왕) 多爾袞(睿親王)
  - 뭐뭐(자친왕) 多鐸(子親王)
- 슈르하치(장친왕)
  舒爾哈齊(莊親王)
  - 아민 阿敏
  - 지르하랑(정친왕)
    濟爾哈朗(鄭親王)

- 하오꺼(숙친왕) 豪格(肅親王)
- 3.순치제(세조, 복림)
  順治帝(世祖, 福臨)
  (1643~1661)
- 4.강희제(성조, 현엽)
  康熙帝(聖祖, 玄燁)
  (1661~1722)
  (1722~1735)
  - 폐태자 윤기 廢太子 允祁
  - 5.옹정제(세종, 윤진)
    雍正帝(世宗, 胤禛)
    (1735~1795)
  - 윤사
  - 장친왕 윤록 莊親王 允祿
- 6.건륭제(고종, 홍력)
  乾隆帝(高宗, 弘曆)

- 성친왕 영성 成親王 永瑆
- 7.가경제(인종, 옹염)
  嘉慶帝(仁宗, 顒琰)
  (1795~1820)
- 8.도광제(선종, 민녕) 道光帝(宣宗, 旻寧)
  (1820~1850)
  - 돈친왕 면개 惇親王 綿愷
- 경친왕 영린 慶親王 英璘 ── 경군왕 면민 慶郡王 綿愍 ── 경친왕 혁광 慶親王 奕劻

- 9.함풍제(문종, 혁저)
  咸豊帝(文宗, 奕詝)
  (1850~1861)
- 10. 동치제(목정, 재순)
  同治帝(穆宗, 載淳)
  (1861~1874)
- 돈군왕 혁종
  - 단군왕 재의(端郡王 載漪) ── 폐태자 부준(廢太子 溥儁)
- 공친왕 혁흔
- 순친왕 혁현
  - 11.광서제(덕종, 재첨) 光緒帝(1874~1908)
  - 순친왕 재풍 醇親王 載灃 ── 12.선통제(부의)宣統帝(溥儀)
    (1908~1912)

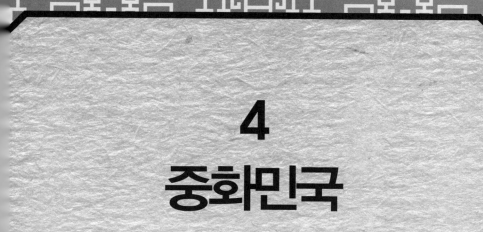

4
중화민국

The History of China

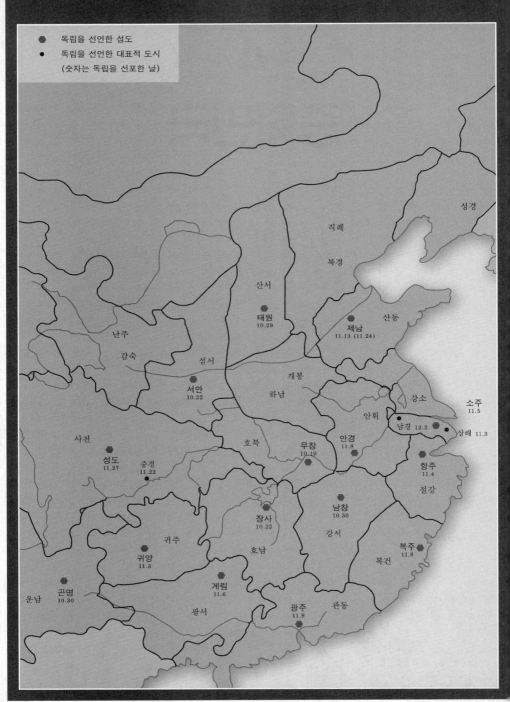

무창 봉기 후 독립한 성

● 독립을 선언한 성도
● 독립을 선언한 대표적 도시
  (숫자는 독립을 선포한 날)

성경

직례
북경

산서
태원
10.29

산동
제남
11.13 (11.24)

난주
감숙

섬서

서안
10.22

개봉
하남

강소

소주
11.5

안휘

남경 12.2
상해 11.3

사천

성도
11.27

중경
11.22

호북

무창
10.10

안경
11.8

항주
11.4

절강

귀주

장사
10.22

남창
10.30

강서

복주
11.8

귀양
11.3

호남

복건

운남

곤명
10.30

계림
11.6

광서

광주
11.9

관동

중화민국 개괄

신해 혁명의 성공으로 1912년 1월 쑨원의 삼민주의를 강령으로 하는 중화민국이 탄생하였다. 그러나 북양군벌을 배경으로 당시의 실권을 장악하고 있던 원세개의 독재와 집권욕 때문에 민주주의 건설에 많은 어려움이 따랐다. 대국적인 시세를 판단한 쑨원이 한때 원세개에게 대총통의 자리를 물려주자 원세개는 자신이 황제가 되기 위해 황제 제도의 부활을 꾀하는 등 정권욕을 채우려다가 실패하였고 1917년에는 장훈이 선통제(청조의 마지막 황제)의 복위를 꾀했다가 실패하였다.

그 후 단기서·오패부·장작림·풍옥상 등의 군벌이 권력 다툼을 되풀이하는 가운데 제1차 세계대전이 일어나자 이 틈을 노린 일본은 독일이 소유했던 산동 반도의 권익을 승계하는 한편 중국에 대하여 21개조 요구 사항을 승인하도록 강요하였고 군벌 단기서와 결탁함으로써 중국 진출에 성공하였다.

1923년 이후 세계 열강들은 다투어 중국에서의 이권 쟁탈에 주력하였고 이에 불만을 가진 중국의 지식인·학생·노동자들은 외세 배척 운동을 벌였다. 1919년의 5·4 운동과 1925년의 5·30사건이 대표적인 예이다.

1924년 국민당 제1회 전국대표대회가 열려 제1차 국공 합작이 성립되었고 1925년 쑨원이 죽은 후 국민당은 광동에 국민정부를 수립하였다. 이어 다음해인 1926년 북벌을 개시하여 상해·남경을 점령하였다. 북벌군 사령관 장제스는 상해에서 쿠데타를 일으켜 남경 정부를 수립하고 국민당 좌파와 공산당이 손을 잡은 무한 정부와 대립하였으나 얼마 후 무한 정부도 공산당과 결별하고 남경 정부와 합류하였다. 그 후 북벌이 재개되고 1928년 장작림이 봉천에서 폭살되자 중국 전토가 국민당 수중으로 들어왔다. 이로써 남경을 수도로 하는 국민정부가 정식으로 수립되었다.

국민정부는 9·18사건(만주사변) 이래 일본의 침략에 무저항주의를 택하고 오로지 공산당 타도에 중점을 두는 정책을 폈으나 서안사건을 계기로 제2차 국공 합작이 성립되어 항일 민족 통일전선이 결성되었다. 그러나 중일 전쟁이 계속되는 동안 국공 간의 반목이 일어나고 태평양 전쟁 종결과 함께 국공 합작은 완전히 무너져버렸다.

국공 양측은 미국 특사의 중재로 정치협상 회의를 열어 해결의 실마리를 찾으려 하였으나 결국 국공 내전으로 번져 국민당 세력은 대만으로 이동하고 공산당은 1949년 10월 마오쩌둥을 주석으로 하는 중화인민공화국을 수립하였다.

중화민국의 시련

원세개의 야망

쑨원으로부터 임시 대총통의 자리를 물려받은 원세개가 그의 권력을 강화하기 위한 수단으로 취한 최초의 공작은 내각의 경질이었다. 원세개의 대총통 취임은 1912년 3월 10일이었고 3월 25일에 성립한 제1차 내각은 총리대신 당소의를 포함한 각료 10명 중 육군·해군·외교·내무를 원세개의 참모들이 차지하였다. 동맹회측은 이 내각이 실질적인 동맹회 중심의 내각이라고 평했지만 그것은 지나친 아전인수격의 환상일 뿐 권력의 핵심 부서는 원세개파가 장악함으로써 혁명파로선 원세개의 독주를 견제하는 정도의 힘밖에 없었다.

제1차 내각이 발족한 지 채 열흘도 못 되어 직례도독의 자리를 둘러싸고 원세개와 내각이 대립한 끝에 내각이 해산하는 사태가 발생했다. 원세개는 자신의 권력 기반인 직례성을 자기 권력의 지배하에 놓아야겠다는 생각에서 직례성 의회가 선출한 직례도독 왕지상(王之祥)을 남경 주둔군에서 근무하도록 명하자 당소의는 임시약법을 어기는 원세개의 행위 밑에서는 총리 역할을 수행할 수 없다고 선언하고 6월 16일 내각을 해산하였다.

원세개의 위법 행위는 한 번에 그친 것이 아니고 그 후에도 내각에 압력을 가함은 물론 자기의 정책에 반대하는 참의원들에게 위협과 공갈도 서슴지 않았다.

원세개의 독단에 동맹회는 몹시 당황하였다. 동맹회의 송교인(宋敎仁) 등은 의회에서 압도적 다수 의석을 차지하는 정당내

원세개와 그의 막료
원세개가 임시 대총통
이 된 후 찍은 사진

각을 구성하여 원세개의 약법 위반 행위를 제지해야 한다고 주장
했다. 그는 앞으로 있을 선거에 대비하여 입헌파와 동맹회 우파의
포섭공작을 벌인 끝에 8월 25일에는 의회 최다수 정당인 국민당
창당대회를 북경에서 열게 되었다.

　　이러한 움직임에서도 쑨원은 원세개를 돕기 위하여 철도건설
계획 작성에 골몰했고, 황흥은 원세개에게 국민당 가입을 설득하
는 등 송교인의 의회주의 노선에 따른 활동을 적극적으로 추진하
였다.

　　이제 국민당은 내용적으로 혁명정당이 아니었고 지난날의 혁
명당인 동맹회는 거의가 국민당에 흡수되었다. 그 결과 1912년에
서 1913년 봄에 걸쳐 실시된 국회의원 선거에서 상하 양원인
중·참의원 870명 가운데 국민당이 329명을 차지하여 제1당의 자
리를 확보하였다.

　　원세개는 의회 기능을 말살해야만 자기 권력을 행사할 수 있

다는 생각에서 3월 20일 의회주의 노선의 제일 유력자인 송교인을 상해역에서 암살토록 하였다. 송교인 암살의 주범이 원세개라는 사실은 이 사건을 수사한 강소도독이 원세개와 그의 비서 홍술조(洪述祖)와 주고받은 전보에 의해 판명되었다.

이때부터 원세개는 혁명파에 대한 무력 탄압에 들어갔고 그 비용을 마련하기 위하여 영국·프랑스·독일·일본·러시아 등 5개국 은행에서 2천5백만 파운드의 선후(善後) 차관을 계약하였다. 더욱이 일본은 중립을 지켜오던 지금까지의 자세를 바꾸어 원세개를 통한 중국 침략 정책으로 전환하였다.

송교인 암살 사건과 국회를 무시한 선후 차관 체결 문제는 원세개를 비판하는 대중 운동으로 번져갔다. 그런데 국민당 내부에서는 그 해결책을 둘러싸고 여러 가지 주장이 엇갈려 의견이 통일되지 않았다. 쑨원 등은 무력 타도를 주장하였고, 국민당 대리이사 오경렴(吳景濂)은 쑨원·황흥·이열균(李烈鈞) 등이 국민당의 영수임에는 틀림없으나 무력 타도는 국민당 본부와는 무관한 것이라고 주장하였다. 또 염석산(閻錫山)과 일부 국민당 도독들은 원세개의 정책을 지지하는 등 의견의 대립을 보였다. 원세개는 이 같은 국민당 내부의 갈등을 이용하여 자신을 비판하던 이열균·호안민·백문울(栢文蔚) 등 3명의 도독을 파면하였다.

그러자 1913년 7월 12일 강서도독 이열균은 쑨원의 지령에 따라 상해로부터 강서의 호구로 가서 토원(討袁) 사령부를 설치하였다. 7월 15일에는 강소도독 정덕전(程德全)이, 18일에는 광동의 진형명(陳炯明)이, 이어 안휘·호남·사천의 각성이 차례차례 토원(討袁) 제의에 호응하여 독립을 선언하니 이것이 이른바 제2 혁명이다.

북양 육군 원세개의 심복군대인 북양 육군의 기병대가 보정 시내를 행진하고 있다.

그러나 원세개는 단기서를 제1군, 풍국장을 제2군으로 편성하여 7월 25일 호구를 함락하고 8월 18일에는 남창을 함락함으로써 강서의 토원군을 궤멸시켰다. 8월 17일에는 강소도독 정덕전이 독립을 취소했고 8월 29일 황흥도 남경에서 탈출하였다.

9월 1일 마침내 남경이 무너지고 상해의 진기미가 지도하던 토원군도 8월 중순 무너지고 말았다. 이렇게 해서 제2혁명은 2개월도 채 못 되어 혁명군측의 패배로 끝났다.

제2혁명을 일단 진압한 원세개는 국민당을 억누르기 위하여 좌파를 체포, 살해하는 한편 중간파와 우파에 대한 매수공작을 전개하여 국민당과 대항하는 '진보당'을 결성시켜 지지 세력으로 흡수하였다. 원세개는 임시가 아닌 정식 대총통이 되기 위해 공작을 펴 여론을 조작하고 우선 정식 대총통을 정한 뒤 1913년 10월 6일 정식 대총통 선거를 실시하기로 결정하였다.

    선거 당일인 10월 6일 평복 차림의 군경 수천 명이 '공민단 (公民團)'이라는 깃발을 들고 국회를 에워싼 다음 "공민이 바라는 대총통을 뽑지 않으면 의원들은 한 발짝도 밖에 못 나간다."고 협박하였다. 이렇게 아침 8시부터 밤 10시까지 의원들을 가두어 둔 채 원세개의 대총통 선거를 마쳤다.

    이어 원세개는 국회를 해산하기 위한 정치회의를 구성하여 1914년 1월 10일의 정치회의에서 국회 해산 및 지방의회 폐지를 결의토록 하였다. 또 원세개는 제1차 약법회의를 열었다.

    1. 외교 대권을 총통의 전권으로 한다.
    2. 선전포고 및 강화 조약의 체결도 참의원의 동의 없이 할 수 있다.
    3. 관제 · 관규 및 국무원 · 대사 · 공사의 임명도 총통의 전권으로 한다.

    그는 독재 체제를 강화하기 위해 '임시약법'의 가장 중요 부분을 모두 뜯어 고쳤다. 이렇게 해서 원세개의 독재권력 체제가 구축되기에 이르렀다.

쑨원 다시 망명길에

1913년 9월 1일 남경이 함락되고 제2혁명이 실패로 돌아가자 쑨원은 원세개가 끝내는 민국을 폐지하고 스스로 황제의 위에 오를 것이라고 예견하였다. 그는 역적 원세개를 타도하고 민국을 수호하겠다는 결의를 다지고 대만을 거쳐 일본으로 향했다. 쑨원을 태운 배가 일본 고베항(神戶港)에 도착할 무렵에는 이미 원세개가

일본 정부에 쑨원의 체포를 의뢰한 후
였으므로 배가 항구에 도착하자 즉시
수색이 시작되었다. 그러나 선장이 재
빨리 쑨원을 선장실에 숨기고 수색경
찰을 따돌림으로써 아슬아슬하게 위
기를 모면하였다. 쑨원은 그날 밤 야

음을 틈타 거룻배로 옮겨탄 후 암벽을 기어올라 어렵게 일본에
들어갈 수 있었다. 그 후 쑨원은 일찍이 친교가 있었던 전 일본수
상 이누가이(犬養毅)의 도움으로 일본 체류를 허용받아 도쿄(東
京)로 갔다.

　쑨원은 도쿄에서 '중화혁명당'의 조직에 착수하였다. 그는
혁명당을 조직함에 있어 신해 혁명 이래 제2차 혁명의 실패에 이
르기까지의 과정을 거울삼아 다음과 같은 세 가지 원칙을 기본 이
념으로 삼았다.

　1. 지도자에 대한 절대 복종
　2. 엄격한 조직
　3. 당내 불순분자의 배제

　쑨원이 도쿄에 왔다는 소식이 비밀리에 전해지자 진기미·거
정(居正) 등 혁명 동지들이 속속 합류했다. 그들의 망명생활은 매
우 곤란했지만 사기는 충천하였다. 쑨원은 그들과 협의하여 중화
혁명당의 규약과 입당 서약서를 직접 작성하였다.

　중화혁명당은 절강성 출신 왕통(王統)을 비롯한 5명의 입당
자를 필두로 하여 일본과 상해 등지에서 입당자가 잇따랐다. 장제

스는 상해에서 입당하였는데 중국 본토 거주자로서는 최초의 입당자가 되었다. 장제스는 1887년에 절강성 봉화현에서 출생하였다. 1906년 보정군관학교를 졸업하고 다음해인 1907년 일본육군사관학교에 입학하였다. 그는 일찍부터 쑨원의 혁명 운동에 찬동하고 있었다.

당시 입당서약서는 매우 엄격한 것으로서 "중국을 위망에서 구하고 자신의 신명과 자유·권리를 희생하며 민권·민생주의를 달성하기 위하여 분투하겠다."는 서약과 아울러 다음 몇 가지 선서를 하게 되어 있었다.

1. 종지(宗旨)를 실행한다.
2. 명령에 복종한다.
3. 직무에 충성을 다한다.
4. 생사를 같이한다.

입당 후 장제스는 일본으로 건너가 쑨원과 단독으로 만났다. 장제스는 이 자리에서 앞으로의 활동 계획과 젊은 혁명가가 지녀야 할 정신자세 등에 대하여 많은 지도를 받았다. 모든 창당 준비를 마친 쑨원은 7월 8일 성립대회를 열었으며 약 3백 명이 참가한 이 대회에서 39개조로 된 '중화혁명당 규약'을 공표하였다.

1. 우리 당은 민권·민생주의를 실행함을 종지로 삼는다.
2. 우리 당은 전제정치를 배제하고 완전한 민국을 건설함을 목적으로 한다.
3. 혁명군이 봉기하는 날부터 헌법이 반포되는 날까지를 혁명의 시기

로 정하고 그 시기에 있어서 군·국가의 책임을 우리 당원이 진다.

쑨원은 9월 1일 '중화혁명당 선언문'을 발표하여 원세개 토벌에 분투할 것을 천명하였다. 그 후 중화혁명당은 굳은 결의로써 상해에서 봉기하였으나 공격 직전에 상해 진수사(鎭守使) 정여성에게 정보가 누설되어 실패하고 말았다. 중화혁명당은 1914년 9월 중화혁명군을 창설하여 쑨원을 대원수로 추대하고 각 성에 사령장관을 두었다. 1914년 10월 25일 쑨원은 도쿄에서 쑹칭링(宋慶齡)과 결혼식을 올렸다. 그리고 동북 3성과 강소, 절강에서 봉기를 꾀했으나 다시 계획을 바꾸었다. 그 후 중화혁명군은 원세개의 심복인 정여성을 암살하고 수륙 양면 작전을 계획했으나 작전 미숙과 중과 부적으로 아깝게 실패하고 말았다.

제1차 세계대전과 원세개의 황제 등극

1914년 8월 4일 영국과 독일 사이에 선전이 포고되고 제1차 세계대전이 발발하자 일본은 1902년에 맺은 영일 동맹을 구실로 독일에 대하여 선전포고하였다. 영국은 산동 반도에 있는 독일의 해군을 격멸해줄 것이라는 기대로 일본의 참전을 일단 수긍했으나 일본의 중국에 대한 부당한 무력행사를 염려한 나머지 일본에게 참전하지 않아도 좋다고 통고까지 하였다. 그러나 일본은 물러날 생각이 추호도 없었다. 그들은 1차대전을 천우의 기회로 삼아 중국 및 남태평양에서 세력을 뻗치기 위해 혈안이 되어 있었다.

9월 2일 일본의 혼성 1개 여단이 산동 반도 북쪽 용구(龍口)에 상륙했다. 원세개 정부는 세계대전에 즈음하여 중립을 선언하고 교주만(膠州灣) 부근의 범위를 넘어선 작전을 삼갈 것을 일본과 독일에 요구하였다. 그러나 일본은 중국의 요구를 묵살한 채 교주만에서 제남(濟南)에 이르는 지역을 점령하고, 중국에 되돌려주겠다는 명목으로 독일에게 그 권익의 전부를 일본에 넘기라고 선언하였다. 그러나 일본의 요구는 한낱 겉치레일 뿐이었고 그 저의는 침략전쟁을 위한 포석이었음이 분명했다.

즉 다음해인 1915년 1월 18일 일본은 원세개 정부에 대하여 세계가 경악할 만큼 악명 높은 21개 요구조항을 제시하였다. 그 골자를 요약하면 다음과 같다

1. 산동성의 독일 권익을 일본이 승계할 뿐만 아니라, 다시 산동성에서 새 철도의 부설권을 갖는다.
2. 여순·대련의 조차권, 남만주 철도의 권리 기한을 다시 99년간 연장하고 동부 내몽골, 남만주 일대의 권익을 갖는다.

3. 한양, 대야(大冶), 평향(萍鄕)의 철·석탄광의 경영 독점권을 갖는
   다.
4. 중국 연안과 섬을 외국에게 빌려주지 않는다.
5. 중국 정부의 군사·재정기관에 일본인 고문을 두되 다른 외국인
   고문보다 일본인을 더 많이 둔다.

  나중에 밝혀진 일이지만 일본 공사는 이 21개조의 요구를 제
시할 때 원세개에게 "만약 성의를 가지고 교섭에 응한다면 일본
정부는 귀대총통이 다시 1단계 격상하는 것을 희망합니다."라고
하여 황제제도의 부활을 승인하는 조건으로 21개조의 요구를 수
락할 것을 요구했다.
  일본의 무리한 요구에 대해 중국 각계에서 비난의 여론이 들
끓는 가운데 원세개 정부는 일본과 구체적인 교섭에 들어갔다. 일
본과의 교섭에서 황제 즉위에 대한 일본의 양해를 얻어낸 원세개
는 영국·미국·프랑스·러시아 등에 대하여도 양해공작을 폈다.
원세개는 일본이 약속대로 황제제도의 실현에 협력해줄 것으로
믿었으나 일본은 21개조를 받아들이게 하기 위한 일시적인 술책
을 쓴 것에 불과하였다. 또한 원세개가 황제제도 부활의 준비로써
조직한 양탁(楊度)의 주안회(籌安會)가 지나친 행동을 하는 것을
보자 일본도 원세개의 세력에 불안을 느낀 나머지 태도를 바꾸어
황제제도의 부활을 반대하는 쪽으로 기울었다.
  원세개는 10월 18일 황제제도의 부활을 위한 '국민대표대회
조직법'을 공포하였다. 이것은 국민의 이름으로 원세개를 황제로
추대하겠다는 관제 국민대회를 열기 위한 사전 공작이었다.
  10월 28일 일본·영국·러시아의 중국 주재공사들은 합동으

로, "중국에는 지금 황제제도의 부활을 반대하는 소리가 높아지고 있으니 이를 무시하고 급속히 추진할 경우 뜻밖의 사태가 발생할 위험이 크다."는 요지의 권고문을 보냈다.

그러나 원세개는 민의에 따른다는 대의명분을 내세워 3국의 권고를 거부하고 계속 추진하였다. 황제제도 부활에 제동을 건 외국세력은 위 3국 외에 프랑스·이탈리아가 가담함으로써 5개국으로 늘어났다.

원세개는 반대하는 외국과 외교적 절충을 벌여오다가 1915년 12월 11일 참정원으로 하여금 '국민대표대회'의 투표를 실시토록 하였다. 투표결과 총 1천9백93표 가운데 반대 1표도 없는 만장일치로써 참정원에 전권 위임의 결정이 내려졌다.

이렇게 해서 참정원은 '국민대표 대합의(大合意)대표'의 자격으로 원세개에게 황제 즉위 추대서를 제출하였다. 원세개는 일단 사양하는 척하다가 다음날인 12일 이를 수락하고 장관(將官)·문관에 대한 봉작과 서훈을 하였다. 그리고 1916년(중화민국 5년) 1월 1일을 중화민국 홍헌 원년(洪憲元年)으로 고쳤다. 원세개가 황제의 자리에 오르기 위한 일련의 연극에 쓴 돈은 6천만 원에 달했다. 현재의 화폐 단위로 환산하면 무려 3억 달러에 이른다. 한 가지 실례를 들어보면 황제의 옥좌를 장식하는 데 45만 달러, 집무실에 온수식 난방장치로 설치하는 비용이 2천5백만 달러에 달하였다.

그러나 원세개의 황제 등극은 토원(討袁)의 불길에 기름을 끼얹는 결과가 되고 말았다. 황제제도의 반대와 원세개 정권에 반대하는 강력한 여론을 배경으로 호국 전쟁이라 불리는 제3 혁명이 일어나 원세개의 홍헌제국은 단기간 내에 막을 내리고 말았다.

원세개의 최후와 군벌의 등장

국법을 무시하고 황제의 자리에 오른 원세개에 대한 국민의 분노는 마침내 토원(討袁)의 함성에 불꽃을 일으켜 그 불길이 중국 전국으로 파급되었다.

토원의 주체세력은 호국군(護國軍)이었으며 호국군의 중심 인물 중 한 사람은 채악(蔡鍔)이었다. 채악은 신해 혁명 당시 신군을 이끌고 운남성을 해방시킨 사람으로 그 후 운남도독이 되었다. 원세개는 채악의 세력이 확대되는 것을 두려워한 나머지 그를 북경으로 소환하여 감금했다. 그러나 채악은 감금 상태에 있으면서도 비밀리에 운남과 연락을 취하면서 교묘히 북경에서 탈출하여 일본인으로 가장, 일본으로 갔다가 대만·홍콩·하노이 등지를 거쳐 운남성에 도착하였다.

그곳에는 2차 혁명 때 활약했던 이열균이 쑨원의 명을 받고 먼저 와 있었다. 채악·이열균의 도착으로 토원의 준비는 급속도로 진전되었다. 12월 25일 운남성은 마침내 독립을 선언하고 토원의 깃발을 높이 들었다. 그리고 이 토원군을 '호국군'으로 명명하였다. 호국군은 3군으로 편성하여 제1군은 채악이 지휘하고, 제2군은 이열균, 제3군은 채악의 후임으로 운남도독이 된 당계요(唐繼堯)가 지휘하였다. 호국군은 다음과 같은 슬로건을 내걸고 각 성이 동시에 봉기하자고 호소하였다.

1. 국민이 합심하여 공화국을 옹호하고 황제제도를 저지한다.
2. 중앙과 지방의 권한을 정하고 각 성의 자유로운 발전을 도모한다.

이어 제1군은 사천을 공략하고, 제2군은 광서를, 제3군은 운남을 지키기로 하였다.

이에 원세개는 운남 원정군을 급파했지만 날로 강화되어 가는 호국군의 기세를 꺾지는 못하였다. 호국군의 기세가 날로 강화되어 가자 광서·귀주·호남·광동 등 남서부의 각 성이 호국군에 호응하여 독립을 선언함으로써 토원 운동은 전국적으로 확산되었다. 이처럼 토원 운동의 기세가 날로 고조되자 원세개가 가장 신뢰하고 수족처럼 여겨왔던 풍국장·장훈(張勳)·이순(李純)·주서(朱瑞)·근운붕(革斤雲鵬) 등 5명의 장군이 원세개에게 "조속히 황제제도를 취소하고 민중들의 노여움을 진정시켜야 한다."는 내용의 비밀전보를 보냈다.

원세개가 호국군을 토멸하기 위해서는 이들 장군의 힘을 이용할 수밖에 없었다. 그런데 이제 이들마저 자신을 배반하니 원세개로서도 최후의 결단을 내리지 않을 수 없게 되었다.

3월 21일 원세개는 정부 요인들을 모아 긴급회의를 열었다. 원세개는 침울한 표정으로 황제제도 취소의 뜻을 밝혔다. 참석자의 대부분은 이에 찬성하였으나 몇몇 측근들이 반대하자 원세개는 5명의 장군으로부터 보내온 전보문을 그들에게 내보였다. 전보문을 본 측근들은 입을 다문 채 허공만 쳐다볼 뿐이었다.

3월 23일 원세개는 정식으로 황제제도의 취소를 발표하였다. 연호를 홍헌으로 고치고 정식으로 황제의 자리에 오른 지 83일 만에 원세개의 연극은 막을 내렸다. 그러나 그는 여전히 대총통으로서 권좌를 지켰다. 서세창을 국무경, 단기서를 참모총장으로 임명하는 등 황제 반대파들을 그의 세력권에 영입하여 재기를 꾀하였다. 원세개의 이 같은 움직임으로 인하여 원세개 타도의 불길은 가라앉지 않고 더욱 타올랐다.

이러한 가운데 1916년 5월 초순 쑨원이 상해로 돌아왔다. 쑨원은 "원세개는 아직도 그의 잘못을 깨닫지 못하고 사태를 관망하면서 집권욕을 불태우고 있다. 우리는 일치 단결하여 무력으로써 흉적을 제거하고 헌법에 입각하여 사태를 해결하자."는 요지의 선언문을 발표하여 원세개 토벌의 고삐를 바짝 당겼다. 한편 원세개는 비열한 수단으로 혁명군에게 보복을 감행하여 5월 18일에 진기미를 암살하였다. 진기미는 일찍이 도쿄에 있을 때 원세개로부터 유혹을 받은 적이 있었다.

서세창과 양원 의장
왼쪽부터 중의원 의장 왕읍당, 대총통 서세창, 참의원 의장 양사이. 서세창은 군벌의 추대로 1918년 대총통이 되었다.

"50만 원(약 250만 달러)을 그대에게 줄테니 혁명 운동에서 손을 떼고 유럽과 미국으로 시찰이나 다녀오시오."

그러나 진기미는 이 같은 유혹에 넘어갈 위인이 아니었다. 진기미가 상해로 돌아오자 이번에는 70만 원을 주겠다고 유혹하였다. 진기미는 이 유혹도 일축했다. 원세개는 마침내 혁명당원 이해추(李海秋)를 매수하였고 이해추의 소개로 만나게 된 중국인 3명과 일본인 2명이 권총을 난사하는 바람에 진기미는 즉사하였다. 그때 진기미의 나이 40세였다.

진기미를 잃은 쑨원은 장제스로 하여금 진기미가 하던 일을 대신토록 하였다. 진기미가 죽은 지 얼마 후인 1916년 6월 쑨원은 장제스에게 산동성으로 가서 중화혁명군 동북군을 도우라는 명령을 내렸다. 동북군은 앞서 5월 4일부터 공격을 개시하여 5월 26일 유현성에 입성하였다. 6월 26일에는 산동성의 요지인 제남을 공격했으나 실패하였다. 그러나 제남을 제외한 산동성 전역은 혁명군의 손에 들어갔다.

원세개는 남방의 호국군과 산동의 혁명군의 양면 작전으로 더더욱 궁지에 몰렸다. 이런 정세 속에서 호국군과 원세개 사이를 중재하여 제3세력을 노리는 자가 나타났다. 그것은 바로 풍국장이었다.

풍국장은 서주에 있는 장훈(張勳)과 안휘성 성장 예사충(倪嗣沖)과 협의하여 5월 17일 아직 독립을 선포하지 않은 17성의 대표와 중앙의 대표를 남경에 모아 남경 회의를 열고 "원세개를 잠시 대총통의 자리에 두되 가능한 조속히 국회를 열어 대총통을 선출하자."고 제의하였다. 풍국장은 자신의 제안이 통과될 것으로 확신하였으나 산동성 대표가 원세개의 즉각 사직을 요구하자 각 성 대표들도 이에 찬동함으로써 풍국장의 남경 회의는 무산될 지경에 이르렀다.

이에 당황한 원세개는 자신의 호위군 3개 대대를 투입하여 각 성 대표를 위협한 끝에 다시 회의를 속개하였다. 회의 결과 '원세개의 즉시 사임 요구'는 철회되었으나 다른 결의는 하나도 없었다.

남경 회의가 흐지부지 끝난 후인 5월 22일 원세개는 또 한번 놀라운 전보를 받았다. 그가 가장 신뢰하는 사천 장군 진환(陳宧)이 "사천성은 원세개와의 결별을 선언한다."고 한 것이다.

원세개는 전보를 보는 순간 졸도하였고 잠시 후 정신을 차렸으나 병석에 눕는 신세가 되었다. 천부적으로 강철 같은 체질을 타고난 그는 15명의 첩을 거느렸으며 인삼·녹용으로 담근 술을 밤낮으로 복용하면서 정력을 길렀으나 명약도 실의에 빠진 그를 구해내지는 못했다. 마침내 1916년 6월 5일 밤 집권욕의 화신인 원세개는 58세로 세상을 떠났다. 그는 마지막 숨을 몰아쉬면서도 권력의 환상을 버리지 못하였음인지, "그놈이 나를 죽였지!"라고 중얼거렸다. 사람이 죽을 때는 한없이 선한 것이라 하였는데 원세개가 죽을 때의 마음은 그렇지 못했던 모양이다.

원세개의 죽음을 고비로 그가 총괄하던 북양군벌은 '직례파'와 '안휘파'의 두 파로 갈라져 이른바 군벌 할거 시대가 열리게 되었다. 직례파는 풍국장을 영수로 하는 조곤(曹錕) · 오패부(吳佩孚) · 손전방(孫傳芳) 등으로 미국과 영국을 배후로 하였고, 안휘파는 단기서를 영수로 하여 서수쟁(徐樹錚) · 예사충 등이 일본을 배후 세력으로 삼았다. 또한 북양군벌 외에 북방에서는 동북을 근거지로 하는 봉천파(奉天派)의 장작림(張作霖)이 신흥군벌을 형성하고 있었다. 이들 3파는 북양군벌의 패권을 장악하기 위하여 다투게 되었고 남부에서는 운남의 당계요, 광서의 육영정(陸榮廷) 등이 군벌을 형성하여 자파의 세력 확장에 힘을 쏟았다.

원세개가 죽은 다음날인 6월 7일 부총통인 여원홍이 대총통의 자리에 올랐다. 그러나 여원홍은 자신의 군사도 갖지 못한 인물로 국무총리 겸 육군총장 단기서의 꼭두각시에 불과했다. 북양군벌의 안휘파 영수인 단기서는 실질적인 권력을 장악하여 원세개가 제정한 신약법을 그대로 답습하려 하였다. 신약법은 모든 권리를 대총통에게 집중시킨 것으로 단기서는 여원홍만 조종하면 제멋대로 권력을 행사할 수 있었던 것이다.

여원홍

쑨원은 이 같은 군벌들의 횡포를 염려한 나머지 대

총통 여원홍에게 "구약법(임시헌법)을 회복하고 국회를 존중하며 국민의 공복으로서 국민과 함께 국가 건설에 헌신해야 한다."는 요지의 전보를 보내고 구약법의 회복을 선언하였다.

쑨원의 선언에 호응한 해군 총사령 이정신(李鼎新)이 예하 함대사령관과 함께 구약법을 준수하여 국회를 열지 않으면 해군은 독립을 선언하겠다고 발표하자 정세가 불리하다고 판단한 단기서는 6월 29일 여원홍의 이름으로 구약법을 회복하고 국회를 소집한다는 성명을 발표하였다.

구약법이 회복되자 8월 1일에는 북경에서 정식으로 국회가 열려 지방으로 뿔뿔이 흩어졌던 국회의원들이 모두 북경으로 모여들었다. 1914년 원세개에 의해 해산되었던 국회가 실로 2년 만에 열리게 된 것이다.

여원홍은 국회에서 정식으로 대총통 선서를 하였고 국회는 풍국장을 부총통으로 선출하였다. 그러나 단기서는 국회의 의사를 존중하기보다는 자신의 권력에 대한 야심만 있을 뿐이었다. 단기서는 먼저 각 성의 군사력을 장악하는 독군단(督軍團)을 만들어 그들을 자신이 장악함으로써 궁극적으로는 중국의 실권을 잡을 생각이었다. 이렇게 어수선한 가운데 또 하나의 문제가 파문을 일으켰다. 1차대전에 중국이 참전해야 하느냐 중립을 지켜야 하느냐 하는 문제였다.

참전 여부에 대하여 대총통 여원홍, 부총통 풍국장, 외교총장 오정방 등은 참전에 반대하였으나 국무총리 단기서는 참전을 강력히 주장하였다. 단기서가 참전을 주장하고 나선 속셈은 참전을 미끼로 일본에서 차관과 무기를 들여와 그것으로 자파 세력을 강화하여 끝내는 전국을 장악하려는 야망 때문이었다.

5월 7일 참전안이 국회에 제출되자 단기서는 지난날 원세개가 대총통 선거 때 저질렀던 횡포를 되풀이함으로써 역효과를 낳고 말았다. 즉 어용단체인 공민단(公民團) 3천 명을 동원하여 참전안의 통과를 협박하였다. 협박하는 과정에서 20여 명의 의원이 몰매를 맞자 국회는 심의를 중단했고 내각은 모두 사퇴하고 국무총리인 단기서 한 사람만 남게 되었다. 이에 의회는 내각불신임을 의결하고 참전 문제도 새 내각이 들어선 뒤에 표결하기로 하였다. 궁지에 몰린 단기서는 독군을 움직여 총통 여원홍에게 국회 해산 선언을 하도록 할 예정이었으나 여원홍은 도리어 단기서를 면직한다고 공표하였다. 당황한 단기서는 곧바로 전 독군에게 여원홍 타도를 호소하였다. 그러나 산동·복건·하남·절강·섬서·직례·동삼성의 각 독군이 독립을 선언하고 단기서의 호소를 거부하고 나왔다.

이렇듯 혼란된 상황을 지켜보고 있던 장훈은 6월 2일 조정역을 자처하고 나섰다. 장훈은 종사당의 한 사람으로 청조의 부활을 꾀하던 자였다. 그는 이 혼란한 틈을 타 청조의 부활을 실현할 속셈이었다. 속수무책이던 여원홍이 장훈의 조정 제의를 응낙하자, 장훈은 단기서의 의사를 타진하였다. 단기서는 국회를 해산하고 여원홍을 내쫓는다는 조건이라면 그 제의를 받아들이겠노라고 하였다.

이에 장훈은 군졸을 이끌고 북경에 입성하여 여원홍에게 국회 해산을 강요하였다. 힘이 없는 여원홍은 할 수 없이 6월 13일 국회를 해산시켰다. 장훈은 곧바로 청조 복위 행동에 들어갔으며 28일에는 강유위가 북경에 들어와 여원홍에게 대정(大政, 천하의 정치)을 청조에 봉환(奉還)하라고 강요하였다. 여원홍은 일본 공사관에 피신하였고 대총통의 관인은 부총통 풍국장에게 전했다.

장훈은 7월 1일 폐제 부의(선통제)와 4명의 전 왕비를 방문하여 무릎을 꿇고 당시 겨우 12세의 폐제에게 "대정을 회복하여 주옵소서." 하고 청조의 회복을 상주하였다. 어린 폐제는 어리둥절하여 고개를 끄덕일 뿐이었다.

장훈은 강유위·왕사진 등과 함께 청조의 복장을 하고 고궁으로 들어가 폐제 부의 앞에 머리를 조아리고 강유위가 복위 조서를 낭독하자 만세 삼창을 했다. 이로써 청조의 회복이 실현된 셈이었다.

그러나 이 같은 청조 회복의 연극은 장훈의 오산에서 나온 작품임이 곧 증명되었다. 장훈은 서주에서 청조 회복을 위한 대회를 개최했을 때 단기서·풍국장 등 군벌의 거두들이 대표를 파견해 주었기 때문에 당연히 그들도 청조 회복에 찬동할 것으로 생각하였으나 그것은 일시적으로 장훈의 세력을 이용하기 위한 계략에 불과한 것이었다. 일본의 세력을 등에 업고 있는 단기서는 7월 5일 일본으로부터 1백만 원의 군사비를 공급받고 북경을 공략해서 12일에는 장훈의 군대를 완전히 무찔렀다. 이로써 장훈의 청조 복위 연극은 12일 만에 막을 내렸다.

7월 14일 단기서는 다시 국무총리로 복직하고 여원홍은 이번 사건의 책임을 지고 사임하였다. 풍국장이 여원홍의 뒤를 이어 대총통이 되었으나 실권은 단기서의 손으로 넘어갔다.

단기서가 실권을 장악하자 프랑스 공사는 연합국측의 공사회의에서 결의한 바에 따라 단기서에게 독일 및 오스트리아에 선전포고하도록 촉구하였다. 일본은 세계의 대세가 중국의 참전을 요구하는 쪽으로 기울었음을 간파하고 일본이 참전 요구에 앞장서는 것처럼 영향력을 행사하면서 단기서를 최대한으로 이용하려 하였다.

데라우치 마타사케 수상 1916년 수상이 되어 조선과 중국에서 일본 식민주의 정책을 수행했다.

일본을 배후로 해서 중국의 패권을 잡으려는 단기서의 야망과 중국에 자신들의 괴뢰정권을 만들어 마음대로 조종하려는 일본의 야심은 서로 완전히 일치하여 중국의 앞날에는 먹구름이 드리웠다.

1916년부터 중국에 침투한 일본의 세력은 매우 엄청난 것이어서 일본의 데라우치(寺內) 수상은 21개 조항의 요구에 담겨진 내용보다 10배나 넘는 이권이라고 큰소리쳤다 한다. 일본의 데라우치 내각이 1916

년 10월부터 1918년 9월까지의 약 2년 동안에 3억 원이 넘는 차관을 단기서에게 제공했으며 단기서는 이 자금으로 자신의 군대를 강화했지만 그것은 자신이 중국의 패권을 장악하기 위해 군벌간의 혼전을 조장하는 결과를 가져왔을 뿐이었다.

중화민국 군정부의 수립

삼민주의라는 커다란 이상을 중국에 펼치려던 쑨원은 청조나 원세개와 같은 커다란 장애물이 제거된 후에도 단기서를 비롯한 군벌들이 자신의 권력을 위해서는 매국(賣國)도 불사하겠다는 반역행위를 자행하고 있어 이들과 싸우지 않으면 안 되었다.

쑨원은 1917년 7월 14일 단기서가 장훈을 밀치고 북경에 들어왔을 때 전보로 민국 원년의 약법으로 되돌아가야 한다고 요구했다. 그러나 단기서는 아무런 응답도 하지 않았다. 쑨원은 17일 주집진·장병린·진형명(陳炯明) 등과 함께 군함 '응서'·'해침'을 이끌고 상해에서 황포에 도착하여 광동도독 진병곤(陳炳焜)의 환영을 받았다.

쑨원은 19일 전국 국회의원들에게 전보를 쳐 광동에 모여 '비상회의'를 열 것을 호소하였다. 쑨원의 호소에 따라 해군 총사령 정벽광(程璧光)이 단기서 정부와 결별을 선언하고 제1함대 사령 임보택과 함께 휘하 함대를 이끌고 광동으로 왔다. 광동에 집결한 함대는 순양함 3척, 포함 6척, 보조함 4척이었다. 당소의·왕조명도 광동에 합류하였다. 8월 18일 쑨원은 그의 호소에 응한 120명

의 국회의원을 황포 공원에 초청하여 연회를 열고 25일
과 31일에 비상회의를 열었다. 이 비상회의에서는 비상
사태에 대비하기 위한 '중화민국 군정부조직 대강(大
綱)' 13조가 결정되었다.

군정부의 책임자로 육해군 대원수 1명과 원수 2명
을 두기로 하였다. 대원수에 쑨원, 원수에 당계요·육
영정이 선출되었다. 그러나 이 군정부가 움직일 수 있
는 군대는 고작 해군과 새로 모병한 군정부의 위병뿐이
었다.

대원수 취임 기념촬영
군정부의 대원수로 취
임한 쑨원이 기념촬영
한 사진

10월 6일 단기서의 명령을 받은 이우문(李右文)이 이끄는 호
남 육군 제1사단이 형양 북동 40킬로미터 지점에 진출하여 군정
부군과 충돌함으로써 마침내 호법(護法) 전쟁은 불을 뿜었다. 격
전을 벌인 끝에 군정부군은 한때 형양을 빼앗겼으나 11월 들어 세
력을 만회하여 호남·사천에서 승리를 거두었다.

그러나 군정부 내부에서 곤란한 문제가 일었다. 당계요·육
영정 등 원수로 선임된 군벌들이 자파의 세력 확충에만 혈안이 되
어 쑨원의 명령에 움직이질 않았다. 게다가 쑨원을 지지했던 정벽
광이 광동성장으로 취임하려 하자 광서군벌이 그를 암살하고 군
정부의 위병마저 몰살당하였다. 설상가상으로 쑨원이 믿었던 국
회마저 정학계(政學系)·익우계(益友系)·민우계(民友系)로 갈
라졌고, 육영정·당계요 등 군벌들은 정학계와 결탁하여 북경의
풍국장과 은밀히 남북 화평회담을 꾀하는 한편 쑨원을 축출할 방
법까지 강구하고 있었다.

이들은 5월 4일 비상국회를 소집하여 '군정부 개조안'을 가
결하고 5월 20일에는 총재 선거를 실시한 결과 쑨원·당소의·오

정방 · 당계요 · 임보역(林葆懌) · 육영정 · 잠춘훤 등 7명이 총재로 선출되었다.

　내부 분열로 난처해진 것은 군정부만이 아니고 북경의 북양 군벌도 마찬가지였다. 주전파인 국무총리 단기서와 화친파인 대리총통 풍국장이 날카롭게 대립했다. 단기서는 호남 · 사천에서의 패전에 책임을 지고 물러난 데 이어 왕사진이 국무총리가 되었지만 단기서의 전쟁 해결이라는 정책에는 변함이 없었다.

　12월 3일 주전파들은 '독군단 회의'를 열어 풍국장에게 '토벌령'을 내리도록 강요하였다. 이에 따라 풍국장은 단기서를 '참전독판'으로 임명함으로써 단기서는 다시 군의 실권을 장악하게 되었다. 그러나 풍국장은 광동 군정부의 당계요 · 육영정에게 비밀리에 사자를 파견하여 화평 공작을 추진하고 있었다. 장강 유역의 3독군도 풍국장의 화평 주장에 동조해오자 이에 힘입은 풍국장은 12월 25일 정식으로 정전을 선언하였다.

　그러나 군정부군의 공격은 계속되었다. 다음해 1월 북경 정부군의 거점인 악양이 군정부군의 수중에 들어오자 이에 당황한 단기서 등 주전파는 봉천 군벌 장작림을 직례성(북경을 관할하는 성)으로 끌어들여 풍국장에게 압력을 가하였다. 풍국장은 할 수 없이 호남에 증원부대를 파견하고 단기서를 다시 국무총리로 임명하였다.

　새로 호남에 파견한 증원군은 조곤의 부하 오패부가 거느리는 부대로 북양군 가운데서도 정예부대로 이름이 높은 부대였다. 오패부는 3월 17일 악양을 탈환하고 23일까지 장사 · 형양을 함락하여 호남을 제압하였다. 단기서는 무력통일이 이제야 실현되는가 하고 낙관했으나 오패부는 거기서 일단 공격을 멈추었다.

호남을 탈취당한 군정부군은 복건에 서 최후의 결전을 벌이기 위해 5월 9일 공 격을 개시하였다. 총사령 진형명이 중앙에 서 총지휘를 담당하고 허숭지가 좌익, 참 모장 등갱이 우익을 지휘하여 폭넓게 포진 하였다. 10일에는 허숭지의 좌익군이 복건 군의 제1여단을 격파하고, 24일에는 상항 을 함락하여 기세를 올렸다.

이렇게 제1선에서 광주 군정부군이 분 전할 때 5월 4일 광동의 비상국회에서 군 정부 개조안이 가결되자 쑨원은 육·해군 대원수직의 사임을 표 명하고 다음과 같은 요지의 성명을 발표했다.

진형명

"남쪽과 북쪽이 모두 패권 투쟁에만 열을 올리고 있으니 이것이 우리 나라의 대환(大患)이다. 그들은 입으로는 호법(護法)을 외치면서도 법을 따를 생각이 없는 추잡한 존재이다. 이처럼 내부 통일을 보전할 수 없는 상태에서는 우리 군정부는 우방의 승인을 얻을 수 없을 것이 다. 나의 국가에 대한 충성심은 변함이 없으나 이제 그 임무도 끝나려 는 시점에 이르고 있다."

쑨원은 5월 20일 비상회에서 집단지도체제를 위한 7명의 총 재를 선출하기 전에 이미 실의에 잠긴 채 일본 상선을 타고 광동 을 떠났다.

한편 단기서는 같은 해 9월 국회에서 왕집당(王輯唐)을 우두 머리로 하는 신교통계(新交通系)가 4백 이상의 의석을 차지하여 그의 지배세력이 국회에서 압도적인 우세를 보이자 풍국장을 대총통의 자리에서 몰아내려 하였다. 단기서는 개선투표를 실시하여 풍국장을 몰아내고 북양파의 원로 관료 서세창을 대총통으로 선출하였다.

단기서는 이런 기회를 이용하여 일본의 지도와 원조로 훈련된 자기 직속의 참전군(參戰軍)을 투입하여 당계요 · 육영정의 서남 군벌을 제압하려 하였다.

1918년 9월 미국대통령 윌슨은 남북 양쪽의 화평을 강력히 촉구하면서 참전군을 내전에 이용하는 것은 분명히 국제협약에 어긋나는 것이라고 선언하였고, 영국과 프랑스는 직접 경고했다. 영국 · 프랑스의 경고는 단기서의 입장을 곤경에 빠뜨렸고 영 · 미의 항의를 받은 일본도 내전 원조 체제를 철폐함으로써 단기서도 전투를 중지하지 않을 수 없게 되었다. 그래서 1919년 1월에 남북 화평교섭이 시작되었다.

그 결과 군벌 할거 체제가 굳어져 그 후 십수 년에 걸쳐 혼전을 되풀이하는 군벌지배의 시대가 펼쳐졌다. 이들 군벌의 영도자는 단기서 · 풍국장 · 육영정 · 당계요 · 진형명 · 담연개 · 장작림 · 염석산 · 유상 등이었다.

5 · 4 운동

중국에 새 역사를 열자는 쑨원의 삼민주의 이상이 군벌들의 세력 다툼으로 혼란을 거듭하던 북경의 거리에서는 커다란 소용돌이가 일었다. 1919년 5월 4일 이날 따라 북경의 하늘은 티없이 맑았으며 바람조차 일지 않아 고요하기만 하였다.

오후 1시 북경의 중심 거리 천안문 앞에는 북경의 각 대학생, 고등전문학생 3천여 명이 손에 손에 백기를 들고 속속 모여들고 있었다. 그들의 깃발에서는 다음과 같은 표어들이 눈에 띄었다.

천안문으로 향하는 북경 대학생 강화회의에서 중국의 외교실패 소식을 들은 사람들은 천안문 광장으로 모여들었다. 북경에서는 북경 대학생을 주동으로 대규모 시위행진이 있었다.

"21개조를 취소하라."
"청도를 반환하라."
"청도를 사수하자."

역사적으로 유명한 5 · 4 운동 최초의 광경이었다.

1차대전이 독일의 패배로 종식되고 파리에서 강화회의가 열린 것은 1919년 1월 18일부터였다. 중국은 전승국의 일원으로서 52명으로 된 남북 통일 대표단을 파견하였다. 이 가운데 전권위원은 외교총장 육징상(陸徵祥)을 비롯하여 주미공사 고유균(顧維鈞) 및 광동군 정부 대표 왕정정(王正廷)과 시조기(施肇基) · 위신조(魏宸組) 등이었다. 왕정정을 전권위원으로 임명한 것은 외교문제에 있어서는 남북이 통일된 의견을 가지고 있다는 사실을 대외적으로 표시하기 위한 정치적 의도에서였다.

강화회의에 참석한 중국대표단은 다음과 같은 요구사항을 제시하였다.

천안문 광장

1. 1차대전 이전에 독일이 산동성(청도를 포함한 지역)에서 가졌던 일체의 권리를 중국에 반환해야 한다.

2. 1915년의 '21개조 요구'에 근거한 중·일간의 조약의 일부 또는 전부를 취소해야 한다.

3. 영사재판권·관세 협정·군경의 주둔 및 조차지·조계·세력 범위 등 외국이 중국에서 소유하고 있던 일체의 특수권익을 취소해야 한다.

그러나 이 같은 사태를 예상한 일본은 이미 치밀한 대책을 강구해 놓고 있었다. 즉 중국의 1차대전 참전에 앞서 일본은 영국·프랑스·러시아·이탈리아와 "강화회의에서는 독일이 소유했던 모든 권익을 일본이 승계한다."는 비밀 약속을 해놓았고 다시 중국이 참전한 후인 1918년 9월 단기서 정부와 '산동성에서의 모든 문제 처리에 관한 교환공문'을 체결한 것이다.

이와 같은 일본측의 사전 대비책으로 인하여 강화회의에서의 중국측 요구는 거부되어 산동 권익의 반환은 절망적인 상태에 이르렀다. 이 같은 상황이 5월 1일 북경에 알려지자 국민 각계 각층에서는 분노의 함성이 높아졌다. 그중에서도 가장 격분했던 것은 학생층이었다. 그렇잖아도 임박한 5월 7일은 바로 4년 전 정부가 '21개조 요구'에 굴복한 날로서 이 날을 민중 속에서 자발적으로 국치일로 정하고 있는 터에 이 같은 절망적인 소식은 국민의 분노를 더욱 가중시켰다.

목전에 임박한 5월 7일의 '국치의 날'을 기하여 대규모적인 항의집회를 열자는 방향으로 여론이 기울었다. "밖으로 주권을 쟁취하고 안으로 매국노를 징벌하자."는 것이 공통의 목표였다.

그러나 학생들은 7일까지 기다릴 수 없었다. 5월 3일 밤 북경대학에서 임시 학생대회가 열리자 북경의 각 학교 대표들도 참가하였다. 회의는 한 학생이 "청도를 반환하라."고 혈서를 쓰자 분노가 더욱 고조에 달했다. 그리고 다음날인 4일 12시 반을 기하여 천안문 앞에 모여 데모를 벌일 것과 영국 · 미국 · 프랑스 · 이탈리아의 각 공사관에 대표를 파견하여 민중의 뜻을 전하기로 하였다.

마침내 5월 4일의 새아침은 밝았다. 그날은 일요일이었고 날씨 또한 쾌청하였다. 오후 1시 반 3천 명의 학생들은 대열을 편성하여 각국 공사관이 모여 있는 동교민항을 향해 시위를 벌였다. 학생들의 시위 행렬은 공사관 입구까지 도달하였으나 군경에 의해 저지당하였다. 결국 수명의 대표가 각국 공사관에게 진정서를 전달하는 방법밖에 없었다.

데모대 사이에서는 흥분된 열기가 넘쳐흘렀다. 데모 학생들 사이에서 "조여림(曹汝霖)의 집으로 가자!"는 고함소리가 터져 나왔다. 조여림은 21개조 요구 당시 외교차장으로서 단기서 내각의 친일정책을 주도했던 핵심 인물이었다. 데모대는 이 외침에 호응하여 조여림의 집으로 향했으나 그의 저택에는 2백 명의 경찰이 엄중 경계를 펴고 있었다.

데모대는 "매국노 조여림!"이라고 외치면서 조여림의 저택에 접근하였다. 한 학생이 담 위로 뛰어올랐고 이어 수명이 잇따라 담을 뛰어넘어 들어가 안쪽에서 문을 열어젖혔다. 그러자 데모 학생들이 물밀듯 들이닥쳐 조여림을 찾았으나 조여림은 도망치고 없었다. 또 한 사람의 매국노 장종상이 마침 그곳에서 발견되자 데모 군중은 그를 구타하였다. 그곳 응접실에 일본 대정천황(大正天皇)의 사진이 걸려 있는 것을 본 데모 학생들은 한층 더 흥분하여 기물을 부수고 집에 불을 질렀다.

경찰은 32명의 학생을 체포하였고 이 소식이 북경 시내에 전해지자 시민들은 심각한 충격을 받았다. 다음날인 5일 북경의 각 학교 학생들은 체포 학생의 석방을 요구하였고 북경 시민도 이에 호응하여 학생 석방과 매국노 처벌을 요구하였다.

이어 5월 7일 국치일을 맞자 북경의 천단(天壇) 광장에서는 일본 상품 배척집회가 열렸고, 제남·태원·장사 등 전국적으로 데모가 확산되었다. 동경에서는 중국 유학생이 각국 공사관에 항의하려다 일본 경찰에 의해 23명이 체포되고 27명이 부상을 입었다. 같은 날 중국 정부는 분노에 찬 항의 여론에 굴복하여 체포 학생 전원을 석방하였으나 일주일 후인 5월 14일에는 강경 방침으로 돌변하여 학생운동 금지령을 내리는 한편 파리 강화 조약에 조인한다는 방침을 세웠다.

　이 같은 정부의 방침에 격분한 학생연합회는 18일 긴급회의를 열고 다음날인 19일부터 동맹휴교에 들어갈 것을 결의하였다. 이 동맹휴교의 바람은 전국적으로 파급되어 일본 상품 배척, 국산품 장려 운동으로까지 전개되었다.

　당황한 정부는 동맹휴교의 해제를 명령하고 탄압을 가하기 시작하였다. 6월 3일 정부는 북경시장에서 국산품 애용을 부르짖으며 가두연설을 하는 학생 7명을 체포하였다. 그러나 이것은 학생들의 반정부 운동에 기름을 끼얹는 결과가 되고 말았다.

　그 다음날 학생들은 다시 길거리에 나가 데모를 벌였다. 이날 178명이 체포되었고 다시 그 다음날에는 8백여 명이 체포되었으나 가두로 진출한 학생은 수천 명에 이르렀다. 이 같은 사태 앞에 경찰은 기력을 상실하여 더 이상 체포할 여력이 없었다. 그런데 7명의 학생이 체포된 6월 3일의 사건 소식이 북경 시내에 전해지자 선동 격분 **선동 격분** 1915년 6월에 북경에 배포된 배일 선동문으로, 이런 격문이 배포되어 배일 사상을 고취시켰다.

운동의 불길은 한층 높아져 학생만이 아니고 상인·노동자들까지도 파업에 들어가 상해에서는 6일, 7일, 8일, 9일까지 대중음식점을 제외한 전 시가지가 휴업에 들어갔다.

이는 순식간에 전국적으로 파급되어 위기를 알리는 보고가 북경 정부에 속속 이르렀다.

정부는 6월 10일 마침내 민중들 앞에 손을 들었다. 친일매국노 조여림·장종상·유종려의 처벌을 결정하고 파리 강화회의에서의 조인을 거부했다. 그리고 구속된 학생들을 모두 석방하였다.

이와 같은 5·4 운동은 중국의 민중이 처음으로 정부의 정책을 변경한, 말하자면 민중의 힘이 현실의 정치를 움직이는 큰 요인이 될 수 있음을 보여준 사례라 할 수 있다.

중국의 5 · 4 운동이나 조선의 3 · 1 운동, 인도의 비폭력 · 불복종 운동, 이집트의 대중적인 반영 운동은 모두 파리 강화회의의 결과에 대응하여 일어난 민족 운동으로서 당시의 역사적 · 사회적 조건하에서는 창조적 · 선구적인 투쟁이라 할 수 있다.

중국 국민당의 발족

광동을 떠나 상해로 온 쑨원은 1919년 10월 10일 중화혁명당을 중국 국민당으로 개편하여 새로운 국가를 재건하려 하였다. 쑨원이 만든 조직을 역사적으로 살펴보면 1894년 하와이에서 탄생한 흥중회가 1905년에는 동맹회로 개편되었고, 1912년에는 국민당, 1914년에는 중화혁명당으로 개조되었다가 이제 중국 국민당으로 개조되는 시련과 곡절을 겪었다. 제1차 세계대전이 독일의 패배로 막을 내리고 5 · 4 운동이라는 커다란 소용돌이를 겪으면서 중국은 차츰 자각 의식이 높아져 쑨원이 부르짖은 삼민주의의 이상이 중국 국민의 의식 속에 뚜렷이 부각되기 시작하였다.

1920년 4월 2일 광주에서 열린 비상회의에서는 군정부를 폐지하고 새로 정식 정부를 수립하자고 결의했다. 이어 7일에는 중화민국 조직대강을 결의한 데 이어 쑨원을 비상 대총통으로 선출하였다.

이것은 쑨원 내각이라고도 할 수 있는 것으로 내각의 면면을 살펴보면 다음과 같다.

대총통	쑨원
비서장	마군무
외교부장	오정방
내무부장	진형명
재무부장	오정방(겸임)
육군부장	진형명(겸임)
해군부장	탕정광
참모총장	이열균
대리원장	서겸

비상 대총통 쑨원을 구심점으로 새로운 진용을 갖춘 혁명군
은 전국 통일을 위한 북벌(北伐)의 꿈에 부풀었다.

1921년 10월 북벌안이 국회에서 통과되자 쑨원은 계림(桂林)
에 대본영을 설치하고 진형명으로 하여금 광동에 머물러 식량과
무기 공급을 담당토록 하였다. 북벌의 제1선에 나서야 할 진형명
이 광동에 머무르게 된 데는 그가 북벌을 반대하고 정부에 경제적
압박을 가하는 등 복잡한 사정이 있었기 때문이었다.

장제스가 대본영이 있는 계림에 도착한 1922년 1월 19일 쑨
원을 비롯하여 참모총장 이열균, 군장 허숭지 등이 북벌에 대한
구체적인 계획을 협의, 결정하였다. 이 무렵 북방의 군벌 사이에
는 내분이 일어나 안휘파의 단기서가 패퇴하고 봉천파인 장작림
을 배경으로 국무총리가 된 양사이(梁土詒)와 직례파의 오패부
사이에 분열이 일어나 전쟁 직전의 상태라 북벌에는 더없이 좋은
기회였다.

2월 3일 쑨원은 이열균에게 강서 공격을 명하고, 허숭지에게

호남 공격을 명했다. 이열균은 강서 진격
에 나서 길안을 위협하고 남창에 육박하
였으나 이때 진형명이 뜻하지 않게 방해
공작을 노골적으로 폈다. 광동에서 보급
을 담당했던 진형명이 북벌군의 공격 목
표인 오패부와 내통하여 참모장 겸 1사단
장인 등갱을 암살함으로써 북벌군은 큰
타격을 받게 되었다. 쑨원은 작전 계획을
바꾸어 호남 공격을 단념하고 사령부를
광동 북쪽의 소관(韶關)으로 옮겨 강서성
으로 진격하기로 하였다.

오패부

　북벌군은 6월 11일부터 강서 공격을 시작하여 6월 30일에는
강서의 요지 공주(贛州)를 함락하였다. 북벌군이 북진함에 따라
후방이 텅 비자 진형명은 마침내 반란을 일으켰다. 그는 광주 주
변의 요새를 점령하고 북군의 오패부와 연락하면서 남북에서 쑨
원을 협공하려 하였다.

　쑨원은 진형명을 설득하기 위해 한 사람의 호위병도 거느리
지 않은 채 광주로 갔다. 그러나 진형명은 쑨원을 만나주지 않았
다. 이보다 조금 앞서 북경에서는 4월 24일 봉천파 장작림과 직례
파 오패부와의 사이에 충돌이 벌어져 장작림이 패하고 오패부가
압승함으로써 오패부와 내통하던 진형명에게는 더없이 좋은 기회
가 되었다.

　진형명은 6월 16일 오전 2시 마침내 쑨원을 습격하라는 명령
을 내렸다. 이것이 이른바 '영풍함 사건(永豊艦事件)'으로 쑨원
은 그때 총통부에서 잠을 자고 있었다. 사실 쑨원은 6월 15일 밤

중화민국 헌법에 서명
하는 장제스

전화로 습격의 염려가 있으니 다른 곳으로 피하는 것이 좋겠다는 연락을 받았으나 진형명이 그렇게까지 타락한 인간이 아니라고 말하고 자기 방으로 들어가 잠이 들었다.

16일 새벽 2시 밤의 정적을 깨뜨리는 총성이 멀리서 들려오더니 그 소리가 점점 가까워졌다. 쑨원은 비로소 반란이 일어났음을 알아차리고 호위대에게 방위 태세를 취하도록 명하였다. 쑨원은 있는 힘을 다해 총통부에서 저항할 작정이었으나 측근들에게 강제로 떠밀려 밖으로 나왔다. 쑨원이 평상복 차림으로 반란군 속으로 잠입해 들어가자 반란군은 자기들의 고관으로 착각하고 수하(誰何)도 하지 않았다. 쑨원은 무사히 포위망을 뚫고 나와 해군사령 온수덕(溫樹德)과 함께 군함 초예(楚豫)에 몸을 실었다. 쑨원은 함장들을 소집하여 반란을 평정할 계책을 정하였다.

반란군은 쑨원이 아직도 총통부에 있을 것으로 여기고 총통부에 집중공격을 가하였다. 총통부에서는 50명의 호위병이 반란군을 상대로 항전했으나 끝내는 투항함으로써 총통부와 광주가 모두 반란군의 수중으로 들어갔다.

쑨원은 군함을 황포에 집결시키고 북벌군에게 즉시 회군하여 반란군을 진압하라는 명령을 내렸다. 6월 17일 아침 외교부장 오정방, 위수총사령 위방평이 쑨원이 있는 군함 초예로 달려오고 영파에 있던 장제스와 강서성에서 전투를 벌이고 있던 이열균·허숭지 등 북벌군도 급보를 듣고 진형명을 토벌하기 위해 광주로 향했다. 그러나 진형명이 이미 사령부가 있는 소관을 장악했기 때문에 이들은 쉽게 광주로 남하할 수가 없었다.

북벌군이 해군과 육군을 정비하여 남하하고 있다는 소식을 들은 진형명은 쑨원에게 화해를 요청했으나 쑨원은 이를 거절하였다. 진형명은 겉으로는 화평을 내세우면서도 돈으로 북벌군의 해군을 매수하여 순양함 3척이 진형명 쪽으로 넘어갔다.

7월 9일과 7월 10일 해상에서 전투가 벌어져 쑨원이 탄 기함 영풍호가 많은 포격을 받았으나 위기를 모면하였다. 백아담으로 이동한 후에도 반란군의 끈질긴 공격을 받는 가운데 식량과 식수의 부족으로 장병들의 사기가 떨어지고 있었다. 쑨원의 함대는 바다 위에서 오래도록 고립되어 있었고 유일하게 믿었던 북벌군도 진형명의 반란군에게 고전하고 있었다.

8월 9일에는 반갑지 않은 소식이 또 전해졌다. 진형명이 영풍함의 장병을 매수하여 영풍함을 집중 공격하여 쑨원을 죽이려 한다는 정보였다. 같은 날 광주로 향하여 진격하던 북벌군이 진형명의 반란군에 패하여 후퇴했다는 소식도 들어왔다.

사태가 이에 이르자 쑨원은 각 함장들을 소집하여 회의를 열었다. 참석자의 대부분이 "이런 상태로는 광동을 지킬 수 없으니 총통께서는 잠시 광동을 떠나 상해로 가는 것이 좋겠습니다."라는 의견을 냈다. 쑨원은 해상에서 55일의 외로운 생활 끝에 홍콩을 거쳐 상해로 향했다. 함상에서 그의 분투정신은 중국 국민에게 커다란 감명을 주었다.

이때 진형명에 패하여 강서성으로 후퇴했던 허숭지 등의 북벌군이 북양군과 손을 잡고 복주(福州)를 제압하자 쑨원은 북벌군의 허숭지를 총사령으로 하는 '동로토적군(東路討賊軍)'을 편성하였다. 허숭지의 동로토적군은 12월 9일 천주를 함락한 데 이어 복건성을 정복하고 광주를 향해 진격하였다.

해가 바뀌어 1923년 1월 1일 쑨원은 '중국 국민당 선언'을 발표하여 최후의 승리를 거둘 때까지 호법(護法)의 싸움을 중지하지 않겠다는 결의를 밝혔다.

이때에 이르러 토적군의 전투에 호응하는 자가 잇따라 9일에는 조경(肇慶)을 점령하고 10일에는 삼수(三水)를 점령하였다. 이처럼 쑨원의 토적군이 파죽지세로 진격을 계속하자 진형명은 광주를 버리고 옛 근거지인 혜주(惠州)로 후퇴하였다.

1923년 2월 21일 쑨원은 8개월 만에 광주로 돌아왔다. 그는 통일을 실현하기 위하여 총통을 폐지하여 대원수라 칭하고 정부의 이름 대신 광동대원수부라 칭하였다. 그리고 3월 2일에는 사령부를 발족했다.

쑨원은 광주에서 대원수라는 직위에 있는 동안에도 여전히 크고 작은 군벌들의 반란에 부딪혀 몹시 괴로움을 당했다. 당시 각지의 군벌들은 자신의 세력을 강화하기 위해 경우에 따라서는 쑨원을 떠받들기도 하였고 쑨원 또한 스스로 무력을 가지지 않았기 때문에 이들 군벌의 힘을 빌리지 않을 수 없는 형편이었다. 물론 이러한 오월동주(吳越同舟)나 동상이몽(同床異夢)의 세력으로 진실한 민국을 건설하기란 그리 쉬운 일이 아니었다. 그동안의 호법전쟁에서 쑨원은 이러한 군벌들이 혁명에 방해가 된다는 사실을 뼈저리게 느꼈다. 혁명은 오직 투철한 혁명정신에 의해 통솔되는 것이라야 하고 이에 통솔되는 강력한 직할군이 필요하다는 것을 통감한 쑨원은 이러한 군대를 양성할 사관학교를 설립해야겠다고 생각하였다. 그래서 이 업무를 장제스에게 맡겨 소련의 군

사 제도를 시찰하라고 그를 소련에
보냈다.

　이어 쑨원은 새로운 정세에 대응하기 위해 국민당 개편에 착수하여 호한민 · 등택여 · 임삼 · 요중개(廖仲愷) 등 9명을 임시 중앙집행위원으로 정하였다. 당 조직은 위로부터 성당부(省黨部), 현시 당부(縣市黨部), 구당부(區黨部), 구분부(區分部)로 조직하고 당원의 등록에 엄격을 기하기로 하였다.

　중국 국민당은 1924년 1월 20일 제1회 전국대회를 광주에서 개최하였는데 해외대표를 합하여 모두 165명이 참가하였다. 국민당 전국대회에서는 갖가지 안이 나왔지만 국민정부 조직안이 가장 중요한 문제로 토의되었다. 그 결과 국가 건설을 위해서 대원수부를 국민정부로 바꾸기로 하여 1925년 7월에 국민정부가 창립되었다. 1월 23일 대회 선언이 채택되었다. 이것은 개편된 국민당의 사상을 요약한 것으로 당의 정신적 기반이 되었다. 그 주요 내용은 다음과 같다.

"국민당은 쑨원이 제창하는 삼민주의를 기본으로 민족 · 민권 · 민생 문제의 관철을 위해 전력을 다한다.

'대외정책' 으로는 일체의 불평등조약을 취소하고 새로 쌍방이 주권을 존중하는 조약을 체결한다.

'대내정책' 으로는 중앙과 지방의 균권(均權)주의를 택하여 각 성은 스스로 성헌법(省憲法)을 제정하고 성장을 선출한다."

　　이 대회의 결정에 따라 당의 주체가 되는 중앙당부가 성립되
고 비서처 · 조직부 · 선전부 · 공인부(工人部) 등 1처 9부가 조직
되어 쑨원이 총리로서 일체를 통괄하게 되었다.

　　중국 국민당 1차대회에서 주목할 일은 '연소용공(聯蘇容
共)' 정책이 채택되었다는 점이다. 이 같은 사실은 중앙집행위원
24명의 명단 가운데 이대교(李大釗), 중앙집행위원 후보 17명의
명단 가운데 마오쩌둥(毛澤東) · 장국도(張國燾) 등 중국 공산당
원들의 이름이 끼었다는 사실에서 알 수 있다. 이것은 '제1차 국
공합작(國共合作)'을 의미하는 것이기도 하였다. 마오쩌둥은
1893년 호남에서 태어나 공산당 창립에 적극 참여하였다.

　　또 한 가지 특기할 것은 황포 군관학교의 창설이다. 1924년 1

월 24일 쑨원은 장제스를 육군군관학교 설립준비위원장에 임명하여 황포에 군관학교를 설립하고 제1기 학생 324명을 모집했다. 5월 3일에는 장제스를 육군군관학교 교장으로 임명하여 개교하였다. 교수 진용을 살펴보면 요중개가 학교 주재 중국 국민당 대표로 취임했고 교련부 주임에 이제침(李濟琛), 교수부주임 왕백령(王柏齡), 정치부주임 대계요(戴季陶) 등이었고, 관리·군수·군의의 각부 책임자도 결정되었는데 이들 임원 중에는 섭검영(葉劍英)·저우언라이(周恩來) 등 공산당원도 포함되어 있었다.

군관학교의 설립 목적은 국가의 장래를 짊어질 간부를 가장 빠른 기간에 육성하는 데 있었다. 발족 당시의 군관학교는 모든 면에서 난관이 많았으나 그 후 중국 현대사를 짊어질 수많은 인재를 배출하여 혁명가의 산실 역할을 성실히 담당하였다.

●

중국 공산당의 창립

1917년 '10월 혁명'에서 제정 러시아를 무너뜨리고 공산 정권을 수립한 레닌은 즉시 공산주의의 새로운 국제 조직의 설립에 착수하였다. 이 같은 레닌의 꿈은 1919년 현실화되어 모스크바에서 코민테른 창립대회가 열렸고, 이어 1920년에 제2회 대회가 열려 소련의 세계 적화 공작은 한층 더 조직적으로 추진되었다. 그리고 이 제2회 대회에는 인도의 로이와 인도네시아의 혁명 활동에 종사해온 마링(중국명 馬林) 등이 유럽 공산주의자들 틈에 끼어 모습을 나타냈다.

1924년경의 마오쩌둥

소련이 표방하는 '피압박 계급의 해방', '피압박 민족의 해방'은 이론적으로는 중국 국민혁명의 이상과 일맥상통하는 점이 많았다. 쑨원은 레닌에게 러시아 혁명의 성공을 축하하는 전문을 보냈는데 그것은 소련이 표방하는 사상이 중국 국민혁명의 이상과 통하는 점이 있었기 때문으로 보인다.

코민테른을 배경으로 1920년에는 인도네시아 공산당 및 이란 공산당이 창설되고, 1922년에는 일본 공산당이 결성되었다. 중국에는 1920년 봄 코민테른에서 파견된 보이딘스키가 북경에 나타나면서 공산당 조직의 활동이 본격화되기 시작하였다.

보이딘스키는 먼저 북경 대학의 이대소와 접촉한 끝에 그의 소개로 상해에서 진독수와 만나게 되었다. 진독수는 5·4 운동 당시 군벌정부에 의해 체포·투옥된 사건이 있었기 때문에 북경 대학 교수직에서 물러나 상해에서 문필생활을 하고 있었다. 보이딘스키와 진독수와의 만남은 중국에 공산당의 씨를 뿌리는 계기가 되었다. 진독수는 마르크스주의 이론에 큰 관심을 보였기 때문에 보이딘스키의 권유를 받고 그 해 8월에 공산당 창립 발기인대회를 열었다. 이 발기인대회에 참석한 사람은 7명의 지식인에 불과했지만 이것을 계기로 공산주의 조직이 중국 각지에 확대되었다.

1921년 3월 보이딘스키의 뒤를 이어 마링이 코민테른 극동 담당 책임자로 중국을 방문하였다. 그는 네덜란드 태생으로 인도네시아의 혁명 운동에 참가해 식민지 공산주의 조직면에서 코민테른에서는 권위 있는 존재였다. 1921년 7월 마링이 참석한 가운데 제1회 전국대표대회가 열려 중국 공산당 성립이 선언되었다. 여기에 참석한 사람은 동필무(董必武) · 마오쩌둥(毛澤東) · 장국도(張國燾) · 주불해(周佛海) · 진공박(陳公博)을 포함한 13명이었다.

중국 공산당의 간부
왼쪽부터 저우언라이, 마오쩌둥, 주덕

중국 공산당기

회의 4일째를 맞아 최종적으로 당의 규약을 채택하기로 하였다. 여러 의견이 나왔으나 기본적인 당의 입장은 "프롤레타리아 독재를 당의 기본 임무로 하지만, 과도기적 단계에서의 전술로서는 프롤레타리아가 적극적으로 부르주아 민주주의 운동에 참가한다."는 것으로 결정되었다. 이렇게 해서 거대한 중국 대륙에 처음으로 중국 공산당이 탄생하였다. 그러나 1회 전국대표대회의 13명의 대표가 앞으로 걸어야 할 길은 그렇게 순탄한 길은 아니었다. 이 대회에서 서기로 지명된 마오쩌둥은 나중에 중국 공산당 주석이 되었고, 동필무는 중화인민공화국 부주석이 되었을 뿐 그 나머지는 제명 · 처형되는 등 파란 많은 길을 걸었다.

창립 당시 중국 공산당은 미미한 존재였으나 민족해방 운동이라는 커다란 조류 속에서 급속히 성장하여 불과 수년 후에는 군벌 타도를 위한 북벌에 참가하는 강력한 세력으로 성장하였다.

● 쑨원의 연소용공 정책

1921년 7월 중국 공산당 전국대표대회에 참석한 바 있는 마링이 그 해 12월 쑨원을 방문한 자리에서 다음과 같은 말을 하였다.

> "중국혁명을 수행하자면 첫째, 훌륭한 정당이 필요한데 이 정당은 각 계층을 망라해야 하며 특히 노동대중과 연합해야 하고 둘째, 유력한 간부를 양성할 수 있는 군관학교를 설립해야 한다."

이어 1922년 1월 코민테른이 모스크바에서 개최한 극동민족회의에서는 레닌과 중국 공산당 대표 장국도와의 사이에 중국 국민당과 중국 공산당의 협력문제가 논의되었다. 그 해 6월 '제1회 시국에 대한 주장'을 발표하면서 '국민당과 민주적 연합전선을 세워 군벌과의 싸움을 계속할 것'을 제의하였다.

이 제의에 대하여 쑨원은 이념을 달리하는 중국 국민당과 공산당이 연합전선을 형성할 수는 없다며 그 제의를 거절하였다. 그러나 쑨원은 기나긴 혁명과정에서 혁명을 실현하기 위해서는 국제적인 원조와 협조가 필요하다는 것을 뼈저리게 느꼈고 국민당과 소련과의 제휴를 고려한 적도 있었다. 특히 1922년 6월 진형명의 반란(영풍호 사건)으로 광주에서 쫓겨난 후로 쑨원은 외교문제를 심각하게 고려했다.

1922년 여름 진형명의 반란으로 광주에서 쫓겨나 상해에 있을 때 마링과 진독수 등이 쑨원을 방문하여 "공산당원의 개인 자격으로 국민당에 가입한다."는 안을 정식으로 제의해왔다. 쑨원은 그들이 국민당에 복종하고 삼민주의에 찬동하여 함께 분투한다면 바람직한 일이라 생각하고 이 제의를 받아들였

중국을 방문한 요페
북경 정부와 교섭을 진행시키기 위해 중국을 방문한 요페

다. 쑨원은 9월 6일 중국 공산당 서기장 진독수를 국민당의 개혁안 기초위원으로 기용함으로써 사실상 공산주의자에 대해 문호를 개방했다. 그 후 1923년 1월 16일 소련 정부 특명전권대사 요페가 중국을 방문하여 상해에서 쑨원과 만났다. 이 두 사람은 오랜 시간 회담한 끝에 1월 26일 4개항으로 된 '쑨원 · 요페 선언'을 발표하였다.

이 선언은 중국 국민당과 중국 공산당과의 관계를 정하는 데 있어 역사적인 의미를 갖는 것으로 분명한 것은 다음 두 가지로 요약될 수 있다.

1. 쑨원은 중국에서는 공산주의를 실행할 수 없다고 못박은 점.
2. 소련의 국민당에 대한 원조는 민국의 통일과 국가의 독립을 위해서라는 점.

12월 중순 중국 국민당은 제1차 전국 대표자대회의 준비에 박차를 가하였다. 이 대회는 연소용공의 방침 아래 열리는 것이었다. 쑨원측에서 보면 공산당원이라 할지라도 국민당에 복종하고 국민당 강령에 찬성한다면 유력한 아군으로서 중국 통일에 보탬이 될 것으로 생각하였다. 그리고 아무리 이질적인 세력이라고 하지만 당시로서는 조직이 미약하므로 그렇게 중대한 일로 여기지 않았던 것도 사실이었다.

　　어쨌든 쑨원의 '연소용공', '국공합작' 이라는 반제국주의 통일전선은 1923년 이후 급속도로 진전되어 그 힘을 발휘하기 시작하였다.

　　1923년 11월 쑨원은 정식으로 국민당 개조를 발표하고 작업에 착수하였다. 개조의 목적은 소련과 결합하고 공산당과 합작하는 이른바 연소용공과 더 나아가 노동자·농민을 원조하며 광범한 민중에게 기반을 두는 혁명당을 세우는 것이었다.

　　새해가 되어 1924년 1월 마침내 역사적인 국민당 제1차 전국 대표자대회가 광주에서 열렸다. 대회는 연소용공, 노동원조 등 3대 강령을 채택함과 아울러 국공합작 및 소련 방식으로 당 조직을 개조할 것을 정식으로 결정하였다. 당 임원의 개선에는 중요 직위에 공산당원이 다수 참가하였다.

　　24명의 중앙위원에 이대교·담평산(譚平山)·우수덕(于樹德) 등이 선출되었고, 16명의 후보위원에는 임조함(林祖涵)·마오쩌둥·구추백(瞿秋白) 등 7명이 선출되었다.

　　이렇게 해서 명실상부한 '국공합작' 이라는 하나의 정치 형태가 광동에서 출범하였다. 제1차 전국대표자대회에 이어 6월에는 황포에 장제스를 교장으로 하는 황포 군관학교를 개설했다. 이로

써 쑨원은 비록 미약하지만 스스로의 군사력을 가지게 되었다. 그
러나 이 군관학교는 기존 군벌의 사병(私兵)과는 완전히 다른 혁
명의 군대였다는 사실에 주목해야 한다. 황포 군관학교 학생은 졸
업 후 명실상부한 국민혁명군의 핵심 인물로 군벌과의 싸움에서
강력한 정신력과 힘을 발휘하였다.

쑨원의 죽음과 국민당의 분열

1924년 8월 광주에서 상단군(商團軍) 사건이 발생하였다. 당시
광주에는 진염백(陳廉伯)이라는 영국 은행의 매판(수출입 중개인)
을 우두머리로 하는 상인들로 구성된 '광주상단(廣州商團)'이라

쑨원, 송경령 부처 중
국동맹회를 결성, 신해
혁명을 주도한 쑨원과
그의 부인

는 조직이 있었다. 진염백은 영국 정부를 배경으로 혁명정부에 불온한 행동을 일삼아왔다. 쑨원은 그들이 무기를 밀수한다는 정보를 입수하고 장제스에게 명하여 등언화(鄧彦華, 대본영 부관)와 협력하여 적절한 조치를 취하도록 하였다.

진염백의 배후에는 영국이 도사리고 있었다. 영국은 쑨원이 소련과 제휴하는 것을 경계하여 소련과 대항할 상인들의 정부를 수립하기 위한 공작의 일환으로 무기를 사들이게 하였다.

쑨원의 지시를 받은 장제스는 등언화와 함께 백아담에서 진염백의 무기 밀수선을 발견하고 황포 군관학교 부근으로 예인해서 정박시키고 9천 정의 무기를 압수하였다.

8월 19일 쑨원은 상인단에 서한을 보내어 진염백의 음모를 구체적으로 지적하면서 상인단이 반역 행위를 하지 말 것을 경고하였다. 그러나 상인단은 8월 20일 압수한 무기의 무조건 반환과 상인단의 군사 조직으로 연방총부(連防總部)를 조직하는 것을 인정하라고 요구했다.

쑨원이 이 요구를 거절하자 상인단은 총파업에 들어갔고 쑨원은 무력행사까지 불사하겠다는 강경한 자세를 보였다. 사태가 이에 이르자 지금까지 배후에서 진염백을 조종하던 영국이 끼어들어 중국 정부가 무력을 사용한다면 영국도 상인단을 지원하겠다고 맞섰다. 쑨원은 9월 1일 대외선언을 발표하여 지금까지 제국주의 열강들의 반혁명 지원 행위를 공공연히 비난했다. 동시에 영국 수상에게 '중국 내정간섭'에 항의하는 전문을 보냈다. 이러한 조치로 긴급사태는 일단 수습되었다.

이 무렵의 북방 정세도 매우 복잡하여 봉천 군벌인 장작림과 직례 군벌인 조곤·오패부 등이 충돌 일보 직전에 이르렀다. 쑨원은 이런 기회를 놓치지 않기 위하여 북벌 준비를 서둘렀다. 9월 16일 마침내 북방에서 장작림과 오패부 등 사이에 제2차 봉직 전쟁(奉直戰爭, 봉천파와 직례파의 싸움)이 시작되었고 18일에는 쑨원이 북벌과 제국주의 타도를 선언하고 북벌에 나섰다.

정부군의 북벌로 광주가 텅 비자 10월 11일 상인단은 선전 삐라를 뿌리면서 정부를 모욕했다. 이어 상인단의 무장부대가 출동하여 정부군과 대결할 태세마저 보였다.

이 소식을 들은 정부군은 13일 오철성(吳鐵成)으로 하여금 3천 명의 경위군을 통솔케 하여 광주로 급파하였고 호남군 3천 명도 광주 현지로 집결시켰다.

14일 쑨원은 전군의 지휘를 장제스에게 맡긴다는 명령을 보냈다. 15일 오전 4시 장제스가 지휘하는 정부군이 반격을 개시하자 상인단과 격렬한 시가전이 벌어졌다. 정부군의 분단 포위작전이 효과를 거두어 상인단 부대는 순식간에 무너져 대부분이 투항함으로써 사건은 쉽게 진압되었다.

이번 전투에서 승리의 주역은 황포 군관학교의 군관들이었다. 처음으로 민중들 앞에 모습을 나타낸 군관들은 일사불란한 행동으로 광주 시민들의 박수와 갈채를 받았다. 이로써 군관학교는 앞으로의 북벌 전쟁에서 백전백승을 성취하는 관문의 중요한 구실을 하였다.

1924년 11월 13일 쑨원은 북경 정부의 군벌 장작림과 단기서로부터 회담 요청을 받고 북경으로 가는 도중 황포 군관학교를 방문하였다. 앞서 언급한 제2차 봉직 전쟁에서 직례파인 풍옥상의 배반으로 조곤과 오패부가 실각하고 장작림·풍옥상이 승리함으로써 단기서가 새로운 실권자로 등장하였다. 쑨원의 북경 방문은 이러한 배경에서 비롯된 일이었다.

쑨원은 북경으로 가는 도중 일본에 들러 불평등조약 폐지 운동에 대한 일본 측의 이해와 지원을 요청하였다. 고베(神戸)에서는 유명한 '대아세아주의(大亞細亞主義)'라는 제하의 연설을 하여 주목을 끌었다. 이 연설에서 쑨원은 일본이 아시아의 발전을 위해 "패도(覇道)를 버리고 왕도(王道)를 선택해야 한다."고 역설하였다.

이어 12월 31일 쑨원이 북경에 도착하자 15만 명의 북경 시민이 그를 환영함으로써 중국 국민의 쑨원에 대한 기대를 여실히 반영했다. 그러나 이때 쑨원은 지병인 간장병이 급속히 악화되어 다음해 1월 24, 25일 이틀간 전혀 식사도 못한 채 체온이 상승하고

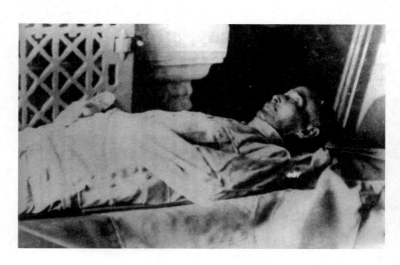

쑨원의 서거

이야기 중국사·3

맥박이 빨라졌다. 26일 쑨원은 협화의원(協和醫院)으로 옮겨져 개복 수술을 받았으나 의사는 간암이라고 진단했다. 쾌유를 비는 온 국민의 기대를 저버린 채 1925년 3월 12일 혁명의 거목 쑨원은 59세를 일기로 마침내 북경에서 객사하였다.

쑨원은 죽음에 임하여 세 통의 유서를 남겼다. 아마도 그것은 쑨원의 생애를 결산하는 뜻깊은 염원이며 바람이었을 것이다.*

* 이 유서는 왕조명이 기초하여 쑨원의 양해를 받았다.

〈당원에 대한 유서〉
"내가 국민혁명에 힘을 바친 지 어언 40년, 그 목적은 오로지 중국의 자유·평등을 구하는 데 있었다. 40년의 경험으로써 깊이 깨우친 것은 우리가 이 목적에 도달하려고 한다면 반드시 먼저 민중을 일깨워야 하며, 평등으로써 세계 민족과 연합하여 공동 분투해야 할 것이다. 현재 혁명은 아직도 성공하지 못했다. 우리의 동지들이여! 모름지기 내가 저술한 《건국방략》《건국대강》《삼민주의》및 '제1회 전국대표대회 선언문'에 의거, 계속 노력하여 관철하기 바란다. 이것이 부탁을 드리는 이유이다."

〈가족에 대한 유서〉
"나는 국사에 전력하느라 가산(家産)을 다스리지 못했다. 남기는 서적·의복·주택 등 일체는 나의 처 송경령에게 주어 이것으로 기념이 되게 하라. 나의 딸은 스스로 장성하여 능히 자립하라. 바라건대 각각 자애하고 또 나의 뜻을 이어갈 것을 부탁한다."

(〈소련에 대한 유서〉는 생략)

쑨원의 시신은 영구 보존을 위해 방부조치(防腐措置)가 취해 졌다. 북경 정부는 국장을 제의했으나 국민당의 북경 주재 위원은 국민 평등이라는 쑨원의 사상을 고수하여 국장을 거절하였다. 쑨 원의 관은 1925년 3월 19일 24명의 동지들에게 운구되어 중앙공 원의 제단으로 옮겨졌다. 쑨원의 영구가 운구되는 연도에는 12만 명의 군중들이 나와 쑨원을 배웅했다. 4월 2일 영구는 북경의 벽 운사(碧雲寺)에 안치되었다가 쑨원의 유언에 따라 그로부터 4년 후 전국이 통일된 1929년 6월에 남경의 자금산(紫金山)에 안장되 었다. 쑨원의 죽음에 중국뿐만 아니라 전세계의 언론들까지도 애 도성명을 발표하며 그의 죽음을 슬퍼하였다.

쑨원이 죽은 후 국민당 내부에서는 분열의 움직임이 두드러 지게 나타났다. 공산당원이 공산당원의 자격을 지닌 채 국민당에 가입하고 당의 요직을 차지하는 것은 쑨원의 위대한 정치적 포용 속에서는 가능했지만 그의 사후에는 사실상 많은 문제점이 노출되었다.

1925년 7월 광동에서 열린 국민당 1기 3차 중앙위원회 전체회의에서는 국민정부가 정식으로 성립되었다. 정부 주석에 왕조명, 재정부장에 요중개가 취임하여 쑨원의 유언을 관철하려는 좌파가 우위를 차지하였다. 그러나 다음 달인 8월 20일 요중개가 우파에 의해 암살당함으로써 좌우의 대립은 격렬해지기 시작하였다.

요중개의 암살 사건은 국민당과 정부에 커다란 충격을 안겨 주었다. 사건 직후 요중개 암살사건을 조사하기 위한 특별위원회가 구성되었다. 수사 결과 호의생(胡毅生)·임직면(林直勉)·주탁문(朱卓文)에게 체포령이 내려졌다.

체포령이 떨어지자 세 사람 중 임직면만 체포되고 두 사람은 자취를 감추었다. 임직면은 심문하는 자리에서 "요중개는 공산당이므로 국민정부의 요직을 맡을 수 없다."고 진술하면서도 범행을 극구 부인하였다.

요중개 암살 사건의 진상은 오늘날까지도 밝혀지지 않고 있다. 하지만 그 진상이야 어쨌든 당내 좌우파의 대립을 더욱 부채질하는 결과를 낳았다.

그 해 11월 우파의 대계요·장계(張繼)·임삼(林森)·거정(居正) 등 원로 국민당원의 일부가 북경 교외의 서산 벽운사(西山碧雲寺)에 모였다. 이들은 4차 중앙위원회 전체회의란 이름 아래 공산당원의 국민당원 자격 박탈과 왕조명의 6개월간 당적 박탈 및 공산당적을 가진 중앙위원 9명에 대해 제명을 결의했다.

그러나 광동의 좌파는 이 서산의 모든 결의가 무효라고 주장하고 1926년 1월에 국민당 2차 전체대회를 열어 이대소를 중앙위원, 마오쩌둥을 중앙위원 후보, 쑨원의 미망인 송경령과 요중개의 부인 하향응(何香凝)을 각각 중앙위원에 선출함으로써 다시 좌파가 우위를 차지하였다.

그러나 공산당을 대하는 국민당의 태도는 뿌리 깊은 것이었다. 장제스는 이 대회에서 비로소 중앙위원에 선출되었으며 군(軍)을 배경으로 한 그는 이때부터 점차 두각을 나타냈다. 군관학교 졸업생은 이미 3천 명에 이르렀다. 이들 가운데는 정부 및 당내의 요직을 차지한 자가 많아 장제스의 지위가 확고해지는 가운데 그 해 2월에는 국민당혁명군 총감에 임명되었다. 그는 이때부터 반공적인 체질을 노골적으로 드러내기 시작하였다.

장제스가 반공적인 체질을 드러내게 된 최초의 사건은 이른바 중산함(中山艦) 사건으로, 중산함 함장 이지룡(李之龍)*이 마음대로 군함을 광동에서 황포로 회항(回航)한 일에 대해 장제스가 반란 음모로 탄핵한 데서 비롯되었다.

＊ 이지룡(李之龍) : 황포 군관학교 1기 졸업생으로 공산당원

중산함은 4년 전에 있었던 진형명의 반란 때 55일 동안 해상에서 쑨원과 운명을 함께 했던 영풍함으로, 쑨원이 죽은 후 그의 이름을 기념하기 위해 쑨원의 호를 따서 중산함으로 개명한 것이다. 1926년 3월 18일 오후 5시 수리를 마친 중산함이 명령도 없이 황포 군관학교에 회항해 "교장의 명령에 따라 여기에 대기한다."고 군관학교 교육장 등연달에게 통고해왔다. 당시 교장 장제스는 마침 광주로 가 있었는데 이 보고를 받은 그는 의문을 갖기 시작했다. 자신은 중산함의 회항을 명령한 일이 전혀 없었기 때문이었다. 황포에 정박한 중산함은 총포의 덮개를 벗기고 계속 보일러에 불을 때면서 임전 태세를 갖추고 있었다.

19일에 다시 의심스러운 일이 일어났다.

한 동지가 장제스에게 "오늘 황포에 갈 계획이냐?"고 물었다.

그가 갈 계획이라고 대답하자 그 동지는 다시 전화로 "언제쯤 갈 것인가?"라고 세 번이나 묻는 것이었다. 세 번이나 거듭 전화를 받은 장제스는 문득 이상하다는 생각이 들었다. 그 후 한 시간쯤 뒤에 공산당원이며 해군국장 대리인 이지룽이 전화를 걸어 "중산함을 광주로 회항시켜 참관단에게 보여주고 싶은데 어떻겠습니까?" 하고 묻는 것이었다. 장제스가 "중산함은 언제 황포에 갔는가?" 하고 묻자 "어젯밤에 왔노라."고 이지룽이 대답하였다.

"나는 황포로 가라는 명령을 내린 적이 없으니 광주로 회항하는 것도 당신의 뜻대로 하면 될 터인데 나에게 구태여 묻는 이유가 무엇인가?"

그러나 이지룽은 중산함을 황포로 회항시킨 것은 교장의 명령임을 되풀이하였다. 그런데 광주로 돌아온 중산함은 여전히 불을 때고 있었다. 무엇인가 불온한 책동이 있음이 분명했다.

반란 평정 뒤에 알려진 사실이지만 이지룽은 장제스가 광주에서 황포 군관학교로 돌아가는 도중에 그를 결박하여 중산함에 싣고 블라디보스토크로 데려가 억류시킬 계획이었다. 신속한 조치를 취해야겠다고 판단한 장제스는 광주 위수사령부에 계엄령을 선포하는 한편 우선 해군학교 부교장 구양격(歐陽格)에게 신속히 해군 함대를 장악하라고 명령하고 이지룽을 체포하여 엄중 취조하였다. 유혈 사태로 번지기 전에 신속한 행동으로 공산당원의 음모를 미연에 방지한 사건이었다.

사건 배후에 코민테른이 있다는 결론을 내린 국민정부는 보로딘 이하 18명의 러시아인 고문을 추방했다. 이로써 장제스는 소련인에 의한 국민당의 지배를 약화시키는 데 성공하였고 아울러 자신의 정치적 기반을 굳히는 데 유리한 고지를 점령하였다.

**보로딘과 국민당 지도
자** 왼쪽에서 두 번째
인물이 보로딘

　　보로딘 일행은 그 후 다시 중국에 돌아와 장제스와 국공합작
문제에 관해 여러 차례 협의를 했다.

●

북벌과 통일

장제스의 등장

중산함 사건이 매듭지어진 후 국민정부가 취해야 할 최대의 임무
는 쑨원의 뜻을 이어받아 북벌을 완성하는 일이었다. 군벌 세력을
몰아내고 국민당의 손으로 전국을 통일하는 것은 쑨원 이래의 염
원이자 국민정부의 지상목표였다. 그런데 그것을 어느 때 어떤 방
법으로 수행하느냐가 큰 과제였다.

　　중산함 사건을 종결지은 장제스는 4월 3일 국민정부에 대해
북벌을 건의하였고 정부는 이를 받아들여 4월 16일 장제스를 군

사위원회 주석으로 추천하였다. 이어 6월 5
일 장제스는 국민정부로부터 국민혁명군 총
사령에 임명됨으로써 북벌 계획은 급속히 진
전되었다. 이 무렵 북방 군벌들의 상황을 살
펴보면 한때 세력을 떨치던 단기서가 실각하
고 대신 국민군을 자처하는 풍옥상이 부상했
다. 장작림의 봉천군, 손전방의 신직례군(新
直隷軍), 오패부의 구직례군이 이합집산을
거듭하면서 호각지세를 이루고 있었다.

국민정부로부터 북벌 전권을 위임받은
장제스는 마침내 7월 9일 북벌 전쟁을 개시

장제스

하였다. 공산당은 장제스가 주도하는 북벌에 대해 시기 상조라는
이유를 내세워 찬성하지 않았으나 북벌이 시작되면서부터 노동
자·농민을 움직여 조직화를 꾀함으로써 호응하였다.

총사령부의 진용을 보면 참모장에 이제침, 행영참모장에 백
숭희, 비서장에 소력자, 정무국장에 진공박 등이었고 혁명군은 8
군으로 편성하여 총병력 10만 명이었으나 그 후에 귀주군을 합하
여 다시 9군, 10군으로 편성하였다.

북벌군의 제1목표는 오패부 세력하에 있는 무한으로 정하여
제4, 6, 7, 8군이 중앙군으로서 무한을 공략하고, 제2, 3, 5군은 우
익군으로서 남창·구강을 공격하고, 제1군은 복건·절강을 공격
하고, 제9, 10군은 좌익군으로서 형주·사시(沙市)를 공격하기로
작전이 짜여졌다.

북벌군은 파죽지세로 진격하였다. 중앙군은 8월 12일 장사를
점령하고 10월 10일에는 무창을 공략하여 오패부를 하남으로 몰

아냈다. 우익군은 총사령관 장제스의 지휘하에 손전방군을 격파
하여 11월 8일에는 남창을 점령하고 강서성을 국민정부의 수중에
넣었다. 복건을 공격했던 제1군은 12월 12일 복주를 점령한 데 이
어 절강군 진의(陳儀) 등의 호응으로 항주까지 점령하였다.

계속해서 장제스 휘하의 북벌군은 상해와 남경을 공략하여 3
월 22일에 상해를 점령하고, 24일에는 남경을 점령하였다. 이렇
게 해서 양자강 이남을 국민정부의 지배하에 둔다는 북벌 전쟁의
군사작전은 일단락을 보게 되었고 이에 따라 혁명 정세는 중대한
전환점을 맞게 되었다.

무한과 남창의 분열

북벌 전쟁이 진행되고 있는 과정에서 양자강 이남의 노동자 및 농
민들은 중국 공산당의 강력한 지도력을 바탕으로 치밀하게 조직
화되었다. 1926년 호남에서 조직화된 노동자 수는 6만 명에서 11

만 명으로 급증하는 추세를 보였다. 아울러 농민의 조직화는 폭풍과 같이 확산되어 1927년 2월에는 적어도 2백만 명에 이르렀다.

이와 같은 노동 운동의 확대는 중국 공산당의 정치적 역량을 강화시킴으로써 연합전선에서 공산당이 우위를 차지하자는 목적이 있었다. 이러한 정세는 국민당 중앙에 있어 좌우 양파의 세력 판도에 큰 변화를 가져 왔다. 이미 중국 공산당은 등연달·송경령·하향응 등을 중심으로 하는 좌파와 협동하여 반우파(反右派) 투쟁을 전개시켜 장제스를 중심으로 하는 우파와의 대립을 심화시켰다.

좌우 양파의 대립은 국민정부 이전 문제를 놓고 더욱 격렬해졌다. 장제스는 남창을 점령한 후 총사령부를 그곳에 설치하고 국민정부의 남창 이전을 주장하였다. 국민당 중앙 및 국민정부 연석회의에서는 무한 이전을 결의하여 1927년 무한에서 직무를 집행하였다. 이 정부는 점차 좌익 법률가인 서겸(徐謙)과 쑨원의 미망인 송경령 및 쑨원의 큰 아들 쑨커(孫科)가 지배했다.

그러나 우파는 장제스의 주장에 동조하여 남창에 본부를 두고 결집함으로써 사실상 국민당 및 국민정부의 좌우 양파는 무한과 남창으로 분열되었다. 장제스는 자기 편이 된 북부의 군벌과 상해의 금융인들과 우호 관계를 유지하면서 2월과 3월에는 좌익과 결별하려는 연설을 통해 공산주의자들의 무례함과 잔인함을 비난하였다. 무한의 좌익세력은 장제스의 당권·군권·정권 등을 박탈하며 총사령관직을 박탈하고 군사위원회 위원으로 격하한다고 결의하였다.

4 · 12 쿠데타

중국 최대의 도시 상해는 1919년 이후 노동 운동의 중심지였을 뿐만 아니라 중국인 금융단체와 세계 열강들의 주요 근거지이기도 하였다. 혁명 운동의 좌파든 우파든 모두 상해를 장악하는 것이 자신들에게 결정적인 도움을 줄 것이라고 생각하여 치열한 상해 쟁탈전이 벌어졌다.

1926년 11월과 1927년 2월의 2회에 걸쳐 상해의 공산주의자와 노동조합은 상해 북부의 군사요새에 대해 무장 봉기를 시도하였으나 실패하였다. 1927년 3월 18일 공산주의자들이 주도하는 상해 총공회는 주도면밀한 계획하에 80만 명의 노동자를 동원하였고, 저우언라이 · 나역농의 지도하에 5천 명의 노동 무장 치안대가 가세하는 무장 봉기가 시작되었다. 그들은 21일 손전방군 및 장종창(봉천파)의 북방 연합군을 패주시킴으로써 군벌로부터 상해를 탈환하는 데 성공하였다. 22일에는 상해 시민대회를 개최하여 31명의 임시혁명위원 및 19인의 정무위원을 선출하여 혁명시 정부 조직을 결행하였다. 이것이 이른바 상해의 '3월 혁명'으로 '북벌 전쟁' 중의 노동자 투쟁에서의 승리였다.

이보다 앞서 1월 3일 무한의 승리 축하대회를 영국 수병이 습격하여 1명이 사망하고 수십 명이 부상하는 불상사가 일어났다. 이에 격분한 한구의 노동자는 무장 치안대를 선두로 영국 조계를 점령하고 무한 정부는 영국 조계를 회수하였다. 1월 6일 구강에서도 똑같은 사건이 일어나 구강의 영국 조계도 중국 측에 회수되었다.

장제스의 군대가 상해에 도착한 것은 3월 23일이었다. 상해의 '3월 혁명' 직후 각 열강은 혁명에 대한 무력 간섭을 발동했다. 그것은 3월 24일에 있었던 남경 사건이 계기였다. 이 남경 사

건은 국민혁명의 전환점이 되어 장제스로
하여금 반동화의 구실을 주게 되었다.

이른바 남경 사건이란 3월 24일 국민
혁명군이 남경에 들어왔을 때 혁명군의 병
사가 영국, 미국의 영사관·교회에 들어가
선교사를 살해한 사건을 말한다. 그러자
양자강에 대기하던 영국·미국의 함대가
거류민을 보호한다는 명목으로 남경 시내
를 포격하여 2천 명 이상의 민중과 병사들
이 희생되었다. 조사에 착수한 외국조사반
은 선교사 폭행 사건이 혁명군에게 패퇴하

는 봉천 군벌 병사에 의해 저질러졌다는 증거를 포착하였다. 그러 국민혁명군의 행군
나 이러한 진상이야 그들 열강들로서 그다지 중요한 문제가 아니 국민혁명군의 여군
고 최대의 문제는 이 국민혁명이 어떤 방향으로 나갈 것인가 하는
것이었다.

상해에 도착한 장제스는 상해 부르주아의 지지를 얻어 일
본·영국·미국·프랑스 등과 정치적 협상을 벌여 각국의 중립
양해 아래 청방(靑幇)·홍방(紅幇) 등의 비밀조직을 매수하였다.
이들 두목들은 상해의 아편 무역과 밀수를 지배했으며 기습작전
에 필요한 부하들을 거느렸다.

장제스는 4월 12일 상해의 노동자들에게 무장해제를 명하고
상해 총공회를 습격하여 공산당원을 체포하고 혁명시 정부와 국
민당 상해시 당부를 봉쇄하고 노동자에게 무차별 발포하여 수천
명의 사상자를 냈다. 또 15일에는 광동에서도 같은 사건이 일어나
노동자의 저항은 실패로 돌아갔다. 저우언라이와 같은 공산당 지

중국의 노동자 중국 북경 모직물 공장의 노동자들

도자들 일부는 도망갔고 무력의 뒷받침이 없는 노동 운동은 패할 수밖에 없었다.

4월 18일 장제스의 국민당 우파는 무한의 혁명 정부에 대항하여 남경에 국민정부를 조직하였다. 이로써 당시 중국에는 국민당 좌파 및 공산당의 연합 정부인 무한 정부, 장제스가 주도하는 국민당 우파의 남경 정부, 그리고 북경의 군벌 정부의 3 정권이 대립하게 되었다. 이들의 세력판도를 대별하면 무한 정부는 광서·호북·호남을, 남경 정부는 강소·절강·안휘·복건·광동을 장악하였고, 군벌 정부는 황하 이북의 대부분 지역을 장악하였다.

무한 정부의 와해

4·12 반공 쿠데타로 상해에서 패퇴한 무한의 국민정부와 국민당 중앙당부는 곧바로 장제스의 파면과 토벌을 선언했다. 국민당 좌파와 공산당의 유대는 그 후 약 3개월에 걸쳐 유지되었으나 그 내부에서 반동 회의의 경향이 급속히 출현함으로써 분열이 일기 시작하였다.

이 같은 정세하에서 중국 공산당은 무한에서 제5차 전대회를 개최하여 혁명의 새로운 방향을 모색하였으나 오히려 분열을 조장하는 결과만 가져왔다.

무한 정부가 장악한 지역의 혼란과 분열은 남경 정부에 의해 행해진 경제봉쇄 작전과 군사적 난국으로 더욱 가속화되었다.

4월 하순 한구의 부두에는 영국·일본·미국·프랑스·이탈리아 등의 군함이 위압을 가하기 시작하였고 한구의 외국 기업은 활동을 정지하였다. 사태가 이에 이르자 부르주아층은 현금을 챙겨 한구를 떠남으로써 무한 정부는 경제적 타격이 심화되어 파산 상태에 몰렸다.

이런 위기상태에서 6월 1일 스탈린으로부터 중국 주재 코민테른 대표 로이에게 긴급 훈령이 내려졌다.

이 지령의 내용은 부유층에 대한 토지 몰수와 당원 2만 명의 무장화, 5만 명의 노동자·농민의 선발, 혁명재판부 설치 등으로 급격한 변화 이상의 지시였다. 그런데 로이는 이 훈령을 무한 정부의 주석이며 국민당 좌파인 왕조명에게 보여줌으로써 중국 공산당과 국민당 좌파의 결렬을 가속화하였다.

7월 13일 중국 공산당은 대시국선언을 발표하여 국민당의 반동화를 공격하는 한편 무한 정부에서 퇴거를 권고했다. 왕조명도 7월 15일 공산당과의 분리를 선언하고 국민당·국민정부 및 국민혁명군에서 공산당원의 퇴거를 권고하기에 이르렀다. 계속해서 28일 '국공분리 선언', '중국 공산당에 고함'을 발표함으로써 3년 7개월 이어졌던 제1차 국공합작의 결렬과 함께 무한 정부도 붕괴되었다.

무한 정부의 붕괴는 국민혁명의 성격에 변화를 가져왔다. 쑨원의 미망인 송경령이 항의성명을 발표해 국민당이 반공으로 변화된 데 대해 맹렬히 비난했다.

"손중산의 정책은 지극히 명백하다. 만약 당내의 지도자가 그 정책을 관철할 수 없다면 그들은 손중산의 진정한 추종자일 수가 없으며 당 또한 이미 혁명의 당이라고 할 수 없고 단지 이러 저러한 군벌의 도구에 지나지 않는다. 당은 민중을 압박하는 하나의 기계, 일종의 도구로 변하여 현재의 노예를 이용해서 스스로를 살찌우는 한 마리 기생충이 될 것이다. 우리는 중대한 위기에 접어들었다. 혁명이란 중국에서는 회피할 수 없는 것이다."

송경령은 무한 정부가 붕괴된 후 소련으로 망명했다. 그리고 망명지인 모스크바에서 1927년 12월 그녀의 동생 송미령이 장제스와 결혼했다는 소식을 들었다.

장제스의 중국 통일

국공합작이 결별된 후 무한 정부는 장제스의 하야를 요구하는 등 면목을 약간 세우는 조치를 취한 후 8월 19일 청당(淸黨)과 당권 확립을 조건으로 남경 정부와의 통합을 선언함으로써 명목상으로 도 무한 정부는 완전 소멸되었다. 장제스는 화해 무드를 조성하기 위하여 국민혁명군 총사령관을 사임하고 한때 일본으로 망명했다가 1928년 1월에는 다시 국민혁명군 총사령으로 복귀하였다. 이어 2월의 국민당 제2기 4중전회에서 장제스는 국민혁명군위원회 주석이 되고 3월에는 중앙정치회의 주석에 취임함으로써 명실 상부한 군·정의 실권자가 되었다.

당내의 결속이 이루어지자 장제스는 북벌 재개를 선언하고 새로운 국민혁명군을 편성하였다. 제1군단은 총사령 장제스, 제2

군단은 풍옥상, 제3군단은 염석산, 제4군단은 이종인이 지휘하는 4개 군단으로 편성하였다. 1928년 4월 상해의 4·12 쿠데타 1년 뒤 북벌 군은 다시 북상을 개시했다. 손전 방·오패부 등의 북양 군벌은 이미 패퇴하여 양자강 이북으로 피했으 나 북경에는 봉천 군벌 장작림이 군벌들을 규합하여 안국군총사령 (安國軍總司令)이라 일컫고 그의

정권을 유지하고 있었다. 그러나 총공격을 개시한 북벌군은 사기 가 꺾인 군벌군보다 압도적으로 우세한 공격력으로 2개월 후인 6 월 8일 북경을 무혈 점령하는 데 성공했다. 그날 북경의 하늘에는 국민당의 깃발이 힘차게 휘날렸다.

7월 6일 장제스는 풍옥상·염석산·이종인 등과 함께 북경 교외의 서산 벽운사에 모여 쑨원의 영구 앞에 분향하고 북벌의 성 공을 보고했다. 국민혁명군이 광주를 출발한 지 거의 2년 만에 수 없이 많은 정치적 소용돌이를 겪으면서 구군벌을 몰아내고 일단 북벌에 성공한 것이다. 실로 장제스 국민당 승리의 날이었다. 그 러나 이 북벌의 2단계 과정에서 두 가지 중대한 사건이 발생하였 다. 즉 일본의 산동 출병과 장작림의 폭사사건이다.

국민혁명군에 의한 북벌이 시작되자 일본은 거류민을 보호한 다는 명목으로 청도와 제남에 약 2천 명의 군대를 파견했고 뒤이 어 1928년 4월 북벌이 재개되자 당시 일본의 다나카(田中義一) 내각은 다시 4천 명의 군대를 추가 파병하였다.

한편 5월 1일 국민혁명군이 군벌의 산동군을 무찌르고 제남에 입성하자 일본군과 중국군 사이에 심상치 않은 분위기가 감돌았다. 5월 3일에는 양군 사이에 약간의 충돌이 있었다. 이를 계기로 일본은 1만 5천 명의 군대를 청도에 추가 파병하였다. 그리고 제남에 대하여 총공격을 감행하였다.

당초 장제스는 북벌을 재개하면서 일본과는 화해 정책을 취하여 거류민 보호에 힘을 기울였다. 그럼에도 불구하고 일본의 이 같은 병력 증파는 도발 행위임이 분명했다.

장작림 부자 1911년 장작림과 10세의 장학량

일본의 도발에 장제스는 가능한 직접 충돌을 피하기 위하여 우회하는 작전으로 북벌을 계속하여 결국 북경에 입성하였다. 그런데 장제스의 북경 입성 직전에 심상치 않은 사건이 발생하였는데 다름 아닌 장작림 폭사사건이었다.

안국군 총사령 장작림은 북벌군이 북상하자 계속 북경 · 천진을 사수할 결의를 다졌다. 이에 장작림의 패배를 예상한 일본의 다나카 내각은 장작림의 패잔병이 동북 3성으로 도망칠 경우 그를 추격하는 국민혁명군이 일시에 이 지역으로 몰려들 것을 염려한 끝에 공사 요시자와(芳澤謙吉)에게 훈령을 보내어 장작림이 심양으로 돌아가도록 설득하게 하였다.

6월 3일 장작림을 태운 특별 열차가 북경을 출발하여 심양역에 도착하기 직전인 4일 오전 5시 만철선(滿鐵線)과 교차하는 지

이야기 중국사 · 3

점에 도착하는 순간 꽝하는 굉음과 함께 열차가 폭파되면서 장작
림은 폭사하였다.

장작림 폭사사건은 일본 관동군의 가와모토(河本大作) 대좌
등이 계획했다는 것은 잘 알려진 사실이다. 그들이 장작림을 폭사
시킨 것은 동북 3성을 혼란에 빠뜨려 이를 기회로 관동군이 이 지
역을 장악하여 일본의 권익을 확보하려는 음모에서였으며 3년 뒤
만주 사변을 일으키기 위한 전초전이기도 하였다. 그런데 이 사건
은 당초 일본 군부가 예상했던 것과는 엉뚱한 방향으로 귀결되었
다. 장작림의 아들 장학량(張學良)은 급보를 듣고 북경에서 심양
으로 달려와 장작림의 후계자가 되었다. 일본 군부는 장학량을 조
종하여 국민혁명군과 결별하도록 할 계획이었으나 장학량은 일본
군부의 조종에 넘어가지 않았다. 그는 장작림을 폭살한 원흉이 일
본 군부라는 점을 알고 분노를 느꼈으며 또한 중국의 대세가 장제
스에게 기울고 있다는 점을 잘 알고 있었다.

장학량은 일본과의 정면 대립을 피하면서 1928년 12월 말 남
경 정부와 합류하였다. 장학량은 남경 정부로부터 동북방면 총사
령에 임명되었고 봉천성·길림성·흑룡강성의 동북 삼성에는 청
천백일기가 나부끼게 되었다.

국민당의 일당 독재

국민정부는 북벌 완료에 이어 1928년 8월 남경에서 5중전회(五中
全會)를 개최하여 북벌 완료 후의 기본 정책을 토의한 끝에 두 가

국민정부기

지 중요한 결정을 내렸다. 그것은 '훈정개시(訓政開始)·5원입안(五院立案)과 군사정리안'이었다.

'훈정'은 일찍이 쑨원이 혁명의 단계로서 구상했던 군정기, 훈정기, 헌정기의 3단계 중 제2단계를 말하는 것으로 '당으로써 나라를 다스리는 시기'에 해당한다. 또한 '5원제'란 입법·사법·행정의 3원 외에 고시·감찰을 추가하는 것으로서 이 5원제도 쑨원의 구상에 따른 것이다.

국민당 중앙상무위원회는 10월 3일 훈정강령 6개조를 공포하고, 또 이 강령에 의거하여 국민정부조직법을 공포하여 10월 10일에 역사적인 5원제 국민정부가 성립하였다.

국민정부 주석에 장제스, 행정원장에 담연개, 입법원장에 호한민, 사법원장에 왕총혜, 고시원장에 대계요, 감찰원장에 채원배 등이 각각 임명되었다.

훈정강령에 따르면 훈정 기간 안에는 국민당이 정권을 장악하고, 국민정부가 5원제에 의해 권력을 집행하도록 되어 있어 일당 독재의 지배체제를 합법화시키고 있다. 이와 같은 국민당의 일당 독재하에서 장제스는 국민정부 주석과 군사위원회 주석 및 육해공 3군 총사령관의 지위를 가짐으로써 정치적·군사적 권력을 한손에 장악하였다. 그러나 장제스의 기반은 그렇게 확고한 것이 아니었다. 당내에서는 전에 무한 정부의 주석이었던 왕조명 일파가 세력을 형성하고, 국공합작을 당초부터 반대했던 극우파인 서산파(西山派)도 하나의 세력을 형성하고 있었다.

당내 문제보다 더 심각한 문제는 새로 국민혁명군에 합류한 군벌들의 움직임이었다. 이들 군벌의 군대를 해체해서 어떻게 하나의 통일된 군대로 통합할 수 있느냐 하는 것이 장제스의 당면 과제였다. 바로 이 과제를 해결하기 위한 전제하에 앞서 5중전회에서 '군사 정리안'을 통과시킨 것이었다.

파벌 왼쪽부터 풍옥산, 장제스, 염석산. 국민혁명군의 지도자였던 세 사람의 파벌. 풍옥산과 염석산 등의 파벌이 장제스의 '통일'에 흡수되지 않았고 내전이 일어나게 되었다.

당시 전군의 군대는 중앙과 지방의 잡군까지 합쳐 약 2백만 명에 이르렀다. 특히 1928년의 정부 재정 4억 3천만원 가운데 48퍼센트에 해당하는 2억원이 군사비로 지출되었다. 국민정부의 입장에서도 시급히 재병(裁兵, 군대를 삭감함)을 단행하지 않으면 안 될 형편이었다. 그래서 군사정리안이 통과된 후 각 장군을 불러모은 편견회의(編遣會議)가 소집되었다.

여기서 '편'은 편성, '견'은 파견을 의미하는 말이다. 이 회의에서 국군편견대강 17개조가 가결되었다. 그 골자는 전국을 8편견구로 나누고 총병력의 수를 65개 사단 80만 명으로 축소 편성한다는 것으로서 결국 지방 군벌의 해체를 뜻하는 것이었다.

장제스는 각 지방의 군사적 지도자 및 각 파벌을 '일당 독재' 속에 흡수하고 대립적인 각 파벌세력의 조정자 역할을 담당하면서 그의 지배력을 각 방면에 침투시켰다. 그러나 대립적인 각 파벌세력을 해소하기란 그리 쉬운 일이 아니었다. 결국 장제스의 통일에 대한 신군벌 반대파의 저항으로 1929년부터 1931년에 걸쳐 대규모적인 내전(內戰)이 일어났다.

이 내전은 반(反)장제스(蔣介石) 전쟁의 형태로 1929년 2월

전 중국에 할거하고 있는 이종인·백숭희·이제침 등 이른바 '광서파'의 저항을 필두로, 섬서·하남을 근거지로 하는 풍옥상의 '서북파', 산서성을 근거지로 하는 염석산의 '산서파', 그리고 동북 3성을 지배하는 장학량의 '봉천파' 등이 참여했다. 이렇게 볼 때 장제스가 실질적으로 장악한 기반은 강소·절강 정도에 불과한 것이었다.

결국 이 내전은 봉천파의 장학량이 장제스와 협력함으로써 장제스의 승리로 막을 내리게 된다.

● 마오쩌둥 노선의 출현

1927년 7월 무한에서 탈출한 공산당 간부들이 한두 사람씩 남창으로 모여들었다. 남창은 무한과 남경의 중간 지점에 있는 강서성의 수도로서, 북벌 도중 장제스가 무한과 대립하면서 사태를 관망한 곳이다.

남창 봉기의 지휘부
남창 봉기의 지휘부
건물의 현재 모습

이미 국공 분열이 결정된 이상 공산당은 다시 혁명을 추진하기 위해 무력으로 무장 봉기를 할 수밖에 없었다. 구추백·저우언라이 등 당 지도부는 남창을 중심으로 공산당의 자력에 의한 무장봉기 계획을 세웠다.

7월 31일 밤 남창 시내 곳곳에

추수 봉기 마오쩌둥과
추수 봉기 참가자들

서 총성이 터지기 시작하였다. 공산당에 의한 남창 봉기의 총성이
었다. 이 총성은 8월 1일 새벽까지 계속되었으며 어둠이 걷힐 무
렵 남창이 완전히 공산당의 수중으로 넘어갔다. 그러나 봉기군은
남창을 지탱할 힘이 없어 3일 만인 8월 4일에는 남창을 버리고 광
주를 점거할 목적으로 남하하였다. 이 같은 상황 속에서 구강에서
8월 7일 중앙긴급회의가 열렸다. 참석자는 구추백·등중하·마
오쩌둥 등 23명이었다. 이 회의에서는 지금까지 진독수의 지도 노
선을 우익 기회주의라고 비판하고 구추백을 총서기로 선출하였
다. 그리고 도시 노동자의 봉기를 돕기 위해 호남·호북·강서·
광동의 여러 성에서의 농민 무장봉기를 결정하였다.

그때가 마침 추수기였기 때문에 이 봉기를 '추수 봉기(秋收
蜂起)'라 부른다. 이번 호남 봉기의 책임자로는 그 전 해에 이미
이 지역의 농민운동을 살펴본 마오쩌둥이 결정되었다. 이 지역은
원래 혁명적 농민운동이 강한 지역이었으나 국민당군의 강력한

저항으로 실패하고 말았다. 봉기군은 패하여 산악 지역으로 후퇴하였고 일부는 마오쩌둥과 함께 정강산(井崗山)으로 피하고 다른 일부는 궁벽한 지역에 잠입하여 이따금 게릴라전을 펼쳤다.

호남과 강서의 경계에 위치한 정강산은 삼림으로 뒤덮인 고립 지역이었다. 마오쩌둥이 이끄는 부대가 정강산에 도착했을 때의 군대는 추수 봉기에 참가한 노동자·농민과 병사들로 짜여진 소규모 부대에 불과하였다. 1928년 4월 주덕(朱德)·임표(林彪)·진의(陳毅)가 정강산에 도착하여 마오쩌둥과 합류함으로써 새로운 전술이 채택되었다.

이 전술은 "호남·강서·광동의 3개성의 경계 지역에 6개의 현으로 구성된 소비에트 지역을 건설하고 이곳에서 공산 세력을 안정시켜 점차 강화시키며, 나아가 이 근거지를 활용하여 작전 영역을 더 넓은 지역으로 확대시키는 것"이었다.

이 정강산의 근거지도 초기 단계에서는 거의 일시적인 방편에 지나지 않았으나 장기간에 걸쳐 건설된 여타 혁명기지의 전형이 되었다. 그리고 이들 기지들은 1934년까지는 남부 지역에서 소규모적으로 확대되다가 장정(長征) 이후 대일 항쟁시에는 다시 북부 지역에서 확대되었다. 이 근거지 전략이 성공함으로써 중국 공산당은 1949년 중국 전토를 장악할 수 있게 되었다.

정강산을 근거지로 하는 공산당 수뇌들은 새로운 원칙에 입각한 전략을 마련하였다. 그것은 다음의 네 가지이다.

첫째, 혁명 투쟁은 무력 투쟁이다.

둘째, 무력 투쟁은 정규군이 접근하기 어려운 궁벽한 지역에서 전개되므로 농민을 그 주력으로 한다.

셋째, 권력 투쟁은 지역적 수준에서 전개한다.

넷째, 투쟁은 장기적인 것이어야 한다.

이 네 가지 요소는 결국 상호 밀접한 연관성을 지닌 강령이었다. 마오쩌둥이 정강산에 들어간 지 1년 남짓한 1928년 겨울, 모스크바에서 열렸던 중공 6전대회의 결의 내용이 마오쩌둥에게 전달되었다. 남창 봉기에 이은 일련의 무장 봉기가 실패로 돌아가자 당 대표 10여 명은 중국을 탈출하여 모스크바로 떠나 그곳에서 6전대회를 열었던 것이다. 마오쩌둥은 그 결의에 찬성하였다. 거기에는 홍군(紅軍)의 건설, 소비에트구의 확대, 토지 혁명의 심화 등 마오쩌둥의 노선을 인정하는 내용이 담겨있었기 때문이었다.

마오쩌둥은 정강산의 모든 지구에 노동자·농민 및 병사 소비에트구를 설치하고 토지 혁명을 실시했다. 그리고 부대를 개편하여 '노동혁명 제1군 제1사단 제1연대' 라 불렀다.

이 노동혁명군은 초기 단계에는 체계가 미비하였으나 1928년 봄 주덕·임표·진의가 이끄는 군대가 정강산에 가세함으로써 군대가 강화되자 군사 및 정치적 재편성이 불가피하였다. 개편 결과 마오쩌둥은 당 대표에, 주덕은 군사령관에 각각 취임하였다. 당시 병력은 5만 명으로 추산되었으며, 노동혁명 제4군으로 불렸다.

장제스의 공산당 근거지 공격

주덕·마오쩌둥 군이 정강산을 거점으로 힘겨운 싸움을 계속할 즈음 각지에 흩어져 있던 공산당이 점차 준동하기 시작하였다. 1928년 봄 해육풍에서 도망친 서향전(徐向前)이 호북·하남·안휘의 성 경계에서 홍군(紅軍) 제1군을 조직한 데 이어 하룡(賀龍)은 호남·호북에서 홍군 제2군을 조직하였다. 또 방지민(方志敏)이 복건·절강·안휘의 성 경계에 유격대로 편성된 근거지를 수립하는 등 1930년 초기 무렵 이들 공산당의 근거지는 마오쩌둥·주덕의 강서 소비에트구(중앙근거지)를 중심으로 하남·호북·강서로 확산되어 13성에 15개소의 근거지가 조직되어 총 병력 6만 명의 세력으로 강화되었다.

1929년 10월 코민테른은 중국 공산당에게 '새로운 혁명의 고조'가 다가왔음을 상기시키고 새로운 몇 가지 지시를 보냈다. 그리고 1930년에 당 중앙을 지도하는 이입삼(李立三)은 이른바 '이입삼 노선'으로 일컬어지는 '한 곳 또는 몇 개 성에서의 우선적 승리(首先勝利)'라는 명제를 제출하였다.

당 중앙 이입삼의 지령에 따라 제1군은 마오쩌둥과 주덕의 지휘하에 남창, 제2군은 하룡의 지휘하에 무한, 제3군은 팽덕회의 지휘하에 장사를 공격하기로 하였다.

7월 28일 팽덕회가 이끄는 제3군이 장사를 공격함으로써 최초의 공격이 시작되었다. 팽덕회의 제3군은 국민당군의 허점을 틈타 손쉽게 장사를 점령하고 장사 소비에트의 수립을 선언했다. 그러나 국민당군은 곧바로 반격 작전을 펼쳐 10일 만에 팽덕회군을 몰아냈다.

한편 마오쩌둥과 주덕이 이끄는 제1군은 8월 1일 남창을 공격했으나 수비가 견고하여 24시간의 맹공격 끝에 수많은 사상자를 내고 무한을 향해 서쪽으로 후퇴하였다. 마오쩌둥이 이끄는 제1군은 후퇴하는 도중 장사에서 후퇴하는 제3군과 만났다. 그런데 당중앙 이입삼은 팽덕회에게 또다시 장사를 공격하라는 지령을 내렸다. 양군은 합세하여 2만 명의 병력으로 장사 공격을 재개하였다.

두 번째 공격은 9월 1일에 시작되었다. 치열한 전투가 13일 동안 계속되었으나 전세는 홍군(공산군)에게 절망적이었다. 마오쩌둥은 여기서 중대한 결정을 내려 동지들을 설득하여 일단 강서성 남쪽의 근거지로 철수했다. 사태가 이에 이르자 이입삼도 계획을 포기하지 않을 수 없었으며 그 후 중국 공산당에서는 즉각 도시로 진격하자는 주장이 잠시 동안 잠잠해졌다.

이 무렵 장제스는 북벌 완성 이래 거의 2년 동안 끌어온 군벌들과의 내전을 종식하고 정치·군사의 권력을 한 손에 쥐게 되었다. 그에게 '홍군, 장사 점령'이라는 소식은 숙적 공산당이 호남·강서를 중심으로 재기를 노리고 있음이 분명한 것으로 받아들여졌다. 순수한 군사적 관점에서 본다면 홍군은 비교도 안 될 정도로 국민당군이 우세하였다. 일반적인 견해로는 홍군 세력은 고작 '적비(赤匪, 공산당의 유격대)'나 '공비(共匪)' 정도로밖에 생각되지 않았다. 그러나 장제스는 이 공산당 세력은 지방 군벌과는 전혀 다른 상대라는 점을 국민혁명 과정에서 직접 체험하여 잘 알고 있었다.

그래서 장제스는 1930년 겨울 호북·호남·강서의 성장에게 홍군토벌에 관한 작전을 지시했다. 12월 강서 성장 노척평(魯滌平)을 총사령으로 하는 10만 병력이 강서성 중부의 중앙 근거지를 향해 진격하였다. 이에 대항하는 홍군은 4만 명이었다.

수적으로 열세인 홍군은 토벌군을 소비에트구 안으로 깊숙이 유인하여 격파하였다. 1차 전투에서 패배한 장제스는 1931년 3월 하응흠(河應欽)을 총사령으로 삼아 제2차 포위작전을 전개하였다. 그러나 홍군은 토벌군의 취약점을 노려 각개격파하는 전술로써 5차에 걸친 전투에서 토벌군을 제압하였다. 제1, 2차 토벌에서 공산군이 사용한 전술은 전형적인 유격전으로 확실히 독창적인 전법이었다. 1, 2차 토벌에서 패배한 장제스는 1931년 6월 30만 명의 병력을 직접 지휘하여 본격적인 토벌에 나섰다. 공산군은 다시 취약한 부대에 결정적인 공격을 가하여 3차에 걸친 교전에서 승리를 거두었다. 그러나 장제스 직계의 주력부대에는 아무런 타격도 주지 못하였다. 장제스의 주력부대는 소비에트구로 계속 진격하여 9월에는 중심 도시 서금(瑞金)으로 포위망을 압축하여 승리를 목전에 두고 있었다.

* 만주 사변 : 중국에서는 9 · 18 사건이라 부름

그런데 바로 그때 1931년 9월 18일 만주 사변*이 발발하였다. 장제스는 토벌을 중지하고 급히 남경으로 철수하였다. 일찍이 국민정부의 북벌을 틈타 산동 출병과 장작림을 폭살시켰던 일본이 이른바 15년 전쟁이라는 침략 전쟁을 도발한 것이었다.

일본의 무력 침공과 항일 전쟁

1931년 9월 18일 오후 10시경 심양(봉천) 북쪽 유조구(柳條溝)의 만주 철도선(약칭, 만철)이 누군가의 손에 의해 폭파되었다. 이 사건은 일본 관동군의 참모 이타카키(板垣征四郎)가 계획적으로 일으킨 것으로 이전에 있었던 장작림 폭사사건의 재판이라고 볼 수도 있다.

그러나 일본 관동군은 이를 중국군의 소행이라고 트집잡아 만주 전역에서 일제히 군사 행동을 감행하였다. 일본 관동군은 19일 새벽 봉천성·동대영·봉천비행장 등을 수중에 넣었고 며칠 안 가 요령성과 길림성을 제압하였다. 이어서 다음해 1월 19일에는 치치하르를 제압했고 2월 5일에는 하얼빈을 점령함으로써 만주의 대부분 지역을 장악했다.

만주 사변이 일어날 무렵 장학량은 그의 병력의 절반인 10만 명의 병사와 함께 북경에 머물고 있었다. 장학량은 일찍이 장제스의 군벌과의 싸움에서 장제스를 도와 염석산·풍옥상군을 배후에서 공격하여 장제스군을 승리로 이끌게 하였다. 그 공로로 국민정부로부터 중화민국 육해군 부사령이라는 제2인자의 지위를 부여받아 북경에 체류했다.

일본군의 일방적인 공격에도 불구하고 남경의 국민

철도 폭파의 증거물
일본군이 폭파 증거물로 내놓은 중국 병사의 소총과 군모

정부는 장학량에게 "사건의 확대를 방지하기 위해 절대로 저항해
서는 안 된다."는 명령을 내려 무저항주의를 취함과 동시에 문제
의 해결을 당시 개회 중이던 국제연맹에 위임하였다. 이와 같은
남경 정부의 무저항주의에 중국 민중은 분노를 터뜨려 자발적인
저항 운동을 일으켰다. 중국 공산당은 1931년 9월 22일 '항일 선
언'을 발표하여 대중을 조직, 일본 제국주의에 저항할 것을 호소
하였다. 상해의 학생 및 항만 노동자의 저항 스트라이크를 신호로
전국 각지에서 각계 각층의 민중들이 배일 운동에 나섰다. 특히
남경 · 상해의 학생, 북경 · 천진의 학생들은 3회에 걸쳐 장제스와
국민정부에 대하여 항일을 청원하기에 이르렀다. 결국 무장 경관
이 항일을 청원하는 학생들에게 발포하는 사태가 발생하여 1백
수십 명의 사상자를 내었으나 끝내 정부의 무저항주의를 전환시
키지는 못하였다.

한편 일본군은 1932년 1월 28일 상해에서도 도발했다. 상해
는 배일 운동의 중심지로서 일본군의 만주 점령에 항의하는 노동

자 · 학생 · 실업계 등 각계의 항일 운동이 고조됐다. 일본 정부는 남경 정부에게 만주에서의 침공을 기정 사실로 인정케 하고 배일 운동을 일거에 탄압하여 일본 거류민의 기대에 부응할 목적으로 상해 사변을 일으켰다. 그러나 상해 부근을 수비하던 채정개(蔡廷鍇) 지휘하의 19로군 3만 명은 상해의 노동자 · 시민 · 학생들의 열렬한 호응을 받아 일본군을 제압하였다.

당초 의도와는 달리 수많은 사상자를 낸 일본군은 2월 초 1개 사단을 증원한 데 이어 하순에는 다시 2개 사단을 파견함으로써 일본군의 병력은 모두 3만 명에 달하였다. 일본군은 각 전선에서 맹공을 개시하여 마침내 19로군을 상해에서 격퇴하고, 미국 · 영국 · 프랑스 · 이탈리아 등 4국 공사의 조정으로 정전 교섭에 들어가 1932년 5월 5일 '송호정전협정(松滬停戰協定)'을 체결했다.

그러는 사이 일본 군부는 만주 각지에서 지방 군벌 및 봉건 지주를 중심으로 하는 치안유지회를 조직하여 일본의 만주 점령에 협력하도록 하면서 만주의 독립계획을 진행했다. 그 결과 1932년 3월 1일 일본은 청조의 마지막 황제인 선통제 부의(溥儀)를 집정으로 하는 만주국을 세웠으며 1932년 9월 15일 일만의정서(日滿議定書)를 체결하고 만주국을 승인했다. 이 의정서는 "일본 및 일본인이 종래 만주에서 가졌던 일체의 권한을 승인할 것, 일본군이 무제한으로 주둔할 것" 등 두 가지 조건으로 이루어졌다. 이어서 1934년 3월 부의가 만주국 황제가 됨으로써 그 후 만주국은 일본과 불가분의 관계를 지닌 괴뢰 정권으로, 일본의 식민지나 다름없는 존재가 되었다.

한편 장제스가 일본군의 만주 무력 침공에 대하여 시종일관 무저항주의를 취하고 이 문제의 해결을 국제연맹에 맡겨 사태 추이를 방관한 이유는 홍군에 대한 내전 대책에 전력을 투입하기 위한 정책적인 면도 있었다. 그러나 일본과 영국·미국 간의 상호 모순을 이용하여 일본의 침략 정책에 압력을 가하고 최종적으로 이와 타협하기 위한 속셈이 컸다.

만주 사변 당시 제65회 이사회를 열고 있던 국제연맹이사회는 만주 문제를 안건으로 받아들였다. 하지만 일본 측 대표의 중·일 양국의 직접교섭 주장 때문에 리튼을 단장으로 하는 조사단을 파견하는 것 이외에는 어떠한 구체적 결정도 받아들이지 않고 폐회하였다.

리튼 조사단은 1932년 5월 4일 제1차 보고서를 발표하고 이어 10월 1일 정식보고서를 연맹 이사회에 제출하였다. 국제연맹 총회는 '리튼 보고서'에 의거하여 만주를 열국의 '공동 관리'에 의한 자치지역으로 만들고, 일본군을 만주에서 철수시킨다는 안을 42대 1, 기권 1표로 가결했다. 그러자 일본 대표는 총회에서 퇴장하였다. 이어 일본은 1933년 3월 27일 국제연맹에서 탈퇴하였다. 이로써 일본은 침략정책으로 인하여 국제적으로 고립화의 길을 걷게 되었으며 영국 및 미국과의 대립을 점점 심화시켰다.

대장정에의 길

만주 사변 발발로 제3차 홍군에 대한 장제스의 토벌전이 중지되고 국민당군이 철수하자 홍군은 철수하는 국민당군을 뒤쫓아 곧바로 소비에트구를 확대했다. 그와 아울러 9월 12일 상해의 당중

앙은 유조구 사건에 관해 결의를 발표하고 '반제항일(反帝抗日), 국민당 타도, 소비에트구의 확대'를 전국에 호소하였다.

한편 그 해 11월 21개 현과 인구 250만 명을 지닌 중앙 소비에트구를 기반으로 강서성 서금(瑞金)에서 중화 소비에트 제1차 전국대회가 열렸다. 이 대회는 헌법·토지법·노동법 등을 채택함과 아울러 중화 소비에트 공화국의 성립, 임시 소비에트 정부 수립을 선언하고 정부 주석에 마오쩌둥, 부주석에 장국도*와 항영(項英), 군사위원회 주석에 주덕을 선출했다. 그리고 서금을 수도로 정하였다. 소비에트 공화국의 성립은 일본의 만주 침략 속에서 국민당 정부에 대항하는 또 하나의 정권이 탄생했음을 뜻하는 것이었다.

그러나 공화국은 성립했다 하더라도 중국 공산당에게는 지극히 험난한 앞길이 가로놓여 있었다. 인구 1천만 명 이상을 확보하고 비교적 확고한 영역을 갖춘 것처럼 보였던 이 공화국이 그 후 3년 뒤에는 장제스의 포위 토벌전에 패배하여 강서 소비에트구를 버리고 역사상 유명한 1만 2천 킬로미터 대장정(大長征)의 길을

* 장국도 : 대장정 중 마오쩌둥과 대립하여 1938년 이후 반공활동을 함

홍군의 최고 지휘자들
왼쪽부터 마오쩌둥,
저우언라이, 왕가상

걸어야 했기 때문이다.

　만주 사변과 상해 사변이 일단 수습되자 1932년 6월 장제스는 서둘러 홍군에 대한 제4차 포위 토벌전을 개시했다. 장제스 자신이 총사령관이 되어 10만 명의 병력을 동원한 이 토벌 작전을 통해 몇 개월 만에 몇몇 근거지에서 홍군을 격퇴했다.

　호북 일대를 공격한 국민당군은 장국도 지휘하의 호북, 하남, 안휘의 근거지와 하룡의 근거지 호남·호북 서부를 제압하였다. 그 결과 제4군의 장국도는 사천 북부로 도망가 그곳에서 천섬(川陝) 근거지를 세웠다.

　1933년 초 장제스는 마침내 강서의 중앙소비에트구로 진격을 개시했다. 공산당 중앙은 새로운 전략을 세웠다. 근거지 안으로 적을 끌어들여 격퇴시킨다는 종래의 유격전을 버리고 반대로 "성문 밖에서 적을 저지한다."는 공격 작전이었다.

　1932년 초 공산당 중앙은 그때까지 채택했던 마오쩌둥식 전략을 도주주의(逃走主義), 패배주의로 규정하여 혹독하게 비판한 바 있다. 당시 홍군은 병력 20만 명, 총기 16만 정을 소유한 당당한 군대로 성장해 있었다.

1932년 8월 제4차 포위 토벌전에 대한 작전회의에서는 수도 서금의 입구인 광창(廣昌)에서 진격해오는 국민당군과 직접 충돌하는 작전을 택했다.

1933년 1월 홍군은 진격해온 국민당군의 제1종대에 야습을 감행한 끝에 2개 사단을 전멸시켜 서전을 승리로 장식했다. 그로부터 1개월 후 두 번째 공격에서도 국민당군을 분쇄함으로써 장제스의 제4차 포위 토벌전도 실패로 돌아갔다.

이 무렵 마오쩌둥은 말라리아병에 시달렸으며 홍군에 대한 지도권도 거의 박탈당한 상태였다. 그 대신 진방헌과 오토 브라운이라는 독일인이 군사상의 실권을 장악하고 있었다.

1933년 8월 장제스는 대규모적인 제5차 포위 토벌전을 감행하였다. 장제스는 독일인 폰 젝트 장군을 군사 고문으로 삼아 그의 전술을 채택하여 중앙 소비에트구 주변에 수십만 개의 토치카를 구축하고 군용도로를 건설하여 토치카와 연결시키는 이른바 철(鐵)의 포위망을 구축하였다. 그리고 서서히 포위망을 압축해 들어가는 작전을 폈다. 이 작전에는 1백만 명의 병력과 전차 · 비행기까지 동원된 동시에 경제 봉쇄가 행해졌다. 장제스의 경제 봉쇄 작전은 곧바로 효과를 나타내어 1933년에는 이미 식량과 의약품이 궁핍해졌고 특히 소금의 부족이 심각하였다. 마오쩌둥은 포위망을 돌파하여 소금을 구입할 부대를 파견하였으나 국민당군에 의해 대부분 체포되었다.

장제스의 군사적 · 경제적 봉쇄 작전은 점점 소비에트구를 죄어 들어갔다. 장제스의 승리가 거의 눈앞에 다가왔을 무렵인 1933

년 말 예측하지 못한 중대한 사태가 발생하였다. 그 해 11월 일찍이 상해 방위전에서 용맹을 떨친 채정개의 19로군이 홍군 토벌의 임무를 띠고 복건으로 파견되었으나 채정개는 그곳에서 광동 군벌 진명추(陳銘樞), 이세침 등과 함께 복건 인민 정부를 수립하고 항일구국을 내세워 독립 정권의 수립을 꾀하였다.

장제스는 채정개 등의 반란에 민감하게 대처하여 그들과 호응하려는 세력을 고립시킬 작전으로 다음해인 1934년 1월 강서 · 복건성에 군대를 파견하여 공산당과의 접촉을 철저히 저지하는 한편 채정개의 19로군에 공격을 가했다. 아직 체제가 미흡했던 복건 인민 정부는 장제스군에게 여지없이 궤멸되었다.

복건 사태가 일어났을 때 마오쩌둥은 과감한 전략을 제안했다. 홍군의 주력 부대를 장제스 심장부인 항주 · 소주 · 남경 · 남창 등에 투입시켜 토치카 없는 지역에서 싸움을 벌이고 동시에 토벌군을 포위망에서 후퇴시켜 분쇄하자는 작전이었다. 그러나 마오쩌둥의 작전은 진방헌 · 오토 브라운에 의해 거절되고 말았다.

복건 사태가 일단 수습되자 장제스는 다시 포위 토벌전에 전력을 기울여 1934년 4월 서금의 입구 광창을 함락하였다. 장제스는 압도적인 군사력으로 바짝바짝 죄어 들어갔다. 홍군은 광창 남쪽에서 전열을 정비하고 전략 거점을 사수하려 하였으나 막대한 희생자만 냈을 뿐이었다. 8월 들어 홍군은 사흘 밤낮 사투를 벌였으나 그마저 허사였다. 서금은 이제 함락을 눈앞에 두고 있었다. 그 해 초여름부터 공산당 중앙은 포위망에서 탈출할 수밖에 없다는 의견이 지배적이었다. 그것은 서금의 근거지를 포기하는 것이었다.

그 해 7월 방지민이 지휘하는 부대가 복건 북부에서 포위망

을 뚫고 탈출한 데 이어 8월
에는 탈출하는 부대가 계속
늘어났다. 9월 들어 군사 전
략의 실패가 분명히 드러나자
진방헌·오토 브라운의 판단
은 더욱 혼돈 상태에 빠졌다.
10월 초 모든 부대의 탈출이
결정되고 탈출 준비는 고작 1

주일이었다. 마오쩌둥은 당시 운도(雲都)에서 말라리아를 앓고
있었다.

홍군은 10만 명의 장정군(長征軍)과 3만 명의 후위부대로 편
성되었다. 마오쩌둥·주덕·저우언라이·왕가상(王稼祥)·유백
승(劉伯承)·오토 브라운이 군사평의회를 구성하여 장정군을 지
휘하였고 후위부대는 진의·항영이 지휘하였다.

10월 10만 명의 홍군 장정부대는 서금·운도·장정·영화
등 각 근거지에서 쓸쓸히 부는 가을바람을 헤치며 황량한 강서의
들판을 떠나 대장정의 길에 올랐다. 선두는 임표의 제1군단과 팽
덕회의 제3군단이 담당하였으며 저우언라이의 부인 등영초(鄧穎
超), 주덕의 부인 강극청(康克淸), 마오쩌둥의 둘째 부인 하자정
(賀子貞) 등도 그 대열에 끼었다.

장정의 길은 고뇌와 희망, 갈등과 우애가 뒤얽힌 비장한 드라
마였다. 장정길에 오른 지 2개월 반쯤 되어 홍군은 준의(遵義, 귀
주성)에서 12일 동안 휴식을 취하며 중앙정치국 확대 회의를 열었
다. 이것이 이른바 '준의 회의'로 마오쩌둥이 홍군의 지도권을 회
복한 공산당사에서 빼놓을 수 없는 중요한 회의였다. 이 회의에서

마오쩌둥의 사무실 준의 회의가 열린 준의시에 있는 마오쩌둥의 사무실

마오쩌둥은 당과 군간부들을 모아놓고 홍군의 임무가 단순한 전투행위가 아니고 대중활동과 대중의 조직화에 있다는 점을 분명히 밝히고 아울러 "항일전을 위해 섬북(섬서·하남)으로 전진한다."는 대목표를 천명하였다.

이렇게 항일을 결정한 홍군은 다시 장정길에 올랐다.

대장정은 사천·감숙을 거쳐 섬서에 이르는 험난한 길이었다. 당시 섬서 북부에는 유지단(劉志丹)이 건설한 작은 근거지가 있었으므로 일단 그곳에서 합류하여 항일 거점으로 한다는 목표였다.

장제스는 홍군이 사천으로 들어갈 것을 예상하고 사천에서 홍군을 일망타진하려 하였다. 사천 북쪽에는 1933년부터 장국도의 제4방면군 근거지가 있었으나 그는 장제스군의 공격을 받자 사천 서쪽으로 다시 후퇴함으로써 마오쩌둥의 제1방면군을 맞아들일 근거지가 없었다.

그러나 홍군은 마오쩌둥 특유의 작전을 전개하여 사천으로 향하는 척하다가 급히 서쪽으로 진군하고 다시 뒤돌아서 준의로 돌아오는 등 장제스의 수색 작전을 교란시키며 사천에서 감숙으로 가는 길 대신에 그 바깥의 운남에서 서강으로 향하는 이른바 중국의 서쪽을 크게 원을 그리며 북상을 계속하였다.

도중에 그들은 국민당군의 추격을 피하기 위하여 양자강 상류인 금사강을 건너 대도하(大渡河)를 건너기 위하여 안순장(安順場)에 이르렀다. 금사강을 건넌 후에도 홍군은 사천 지방을 북상하면서 국민당군의 끊임없는 공격을 받았다. 홍군은 처음 안순장에서 대도하를 건너려 했으나 국민당군의 증원군이 도착할 시간이 얼마 남지 않은데다, 배가 작고 그 수도 충분치 않아 그곳에서 140킬로미터 상류에 있는 노정교(瀘定橋)를 국민당군의 기관총 세례를 받아가며 건너야 했다. 대도하의 도하는 임표의 선봉대가 24시간 만에 120킬로미터를 강행군하는 고투 속에 이루어졌다.

대도하를 정복한 홍군 앞에는 티베트로 향하는 해발 4천 미터의 대설산(大雪山)이 가로놓여 있었다. 홍군은 쓰러지는 병사들의 시체를 넘어 은백색의 설원을 넘었다.

홍군은 6월에 호북의 근거지를 출발하여 사천을 관통하여 감숙까지 온 장국도의 제4방면군과 사천 서쪽의 무공에서 만났다. 그런데 마오쩌둥이 이끄는 제1방면군과 제4방면군은 앞으로의 진로 문제를 둘러싸고 중대한 견해 차이를 보였다. 당시 마오쩌둥의 제1방면군은 2만 명, 장국도의 제4방면군은 5만 명이었다.

양하구(兩河口) · 모아개(毛兒蓋)에서 두 차례에 걸쳐 양군 간부회의가 열린 끝에 타협이 이루어졌다. 즉, 마오쩌둥의 제1방면군과 장국도의 제4방면군을 혼합하여 동방 종대와 서방 종대로 편성하여 동방 종대는 마오쩌둥이 지휘하고, 서방 종대는 장국도가 지휘하기로 하였다. 서방 종대는 장국도 지휘하에 8월 말에서 9월 초에 다시 북상을 개시하였다. 그러나 그들 앞에는 장정의 3대 난관의 하나로 꼽히는 감숙 · 청해 · 서강 · 사천에 걸치는 대초원 지대가 가로놓여 있었다. 이곳은 8, 9월의 우기에는 엄청난 늪지대로 변하는 곳이었다. 이곳을 통과하는 데는 엄청난 희생이 따랐다. 마오쩌둥의 동방 종대가 근 10여 일의 사투 끝에 막 초원을 통과할 즈음 장국도는 북상을 반대하여 서방 종대는 물론 마오쩌둥이 거느리는 동방 종대의 제4방면군까지 남하를 명하였다.

마오쩌둥은 제4방면군의 병사를 빼앗기고 겨우 8천 명만 남았다. 장국도의 군사는 계속 남하하여 사천 · 서강 소비에트를 수립하였으며 서방 종대에 속했던 제1방면군의 주덕과 유백승도 거기에 있었다. 마오쩌둥은 8천 명의 병력을 재편성하여 다시 북상을 계속했다. 저우언라이 · 임표 · 팽덕회 · 동필무 등도 이 대열에 끼었다. 마오쩌둥 군은 9월 납자구(臘子口)에서 국민당군을 무찌르고 10월 육반산(六盤山)을 넘었다. 그리고 20일 섬북 소비에트의 제15군단 사령 서해동(徐海東)이 마중하는 오기진(吳起鎭)에 도착하였다.

마오쩌둥의 군대가 연안에서 50킬로미터쯤 떨어진 궁벽한 소비에트구 보안(保安)에 도착한 것은 1935년 11월 7일이었다(나중에 연안으로 옮김). 마오쩌둥은 병사들에게 장정의 완료를 선언함으로써 고뇌에 얽힌 홍군의 대장정은 끝이 났다.

장정의 길은 진실로 험난하고 고통스러웠다. 국민당군과의 싸움을 계속하면서 수많은 희생자를 내었음은 물론 열여덟 개의 산맥을 넘고 열일곱 개의 강을 건넜으며 열두 개의 성을 가로지르는 장장 1만 2천 킬로미터의 대장정을 기록하였다. 그로부터 1년 후인 1936년 10월 사천에 남아 있던 주덕과, 호남·귀주의 근거지에서 1년 전에 떠났던 하룡의 제2방면군이 마오쩌둥과 합류하였다. 이것은 홍군의 삼대 주력군의 합류를 의미하는 것이었으며 마오쩌둥의 연안 정권 성립과 새로운 공산당사를 예고하는 것이기도 하였다.

서안 사건과 제2차 국공합작

1934년 제5차 포위 토벌전에서 강서 소비에트 정권을 섬북의 아주 외진 곳으로 몰아낸 장제스는 그 후 군사력 배양에 온힘을 쏟았다. 장제스는 신해 혁명 이후의 여러 상황에서 군사적 실력이야말로 모든 것에 우선한다는 사실을 여러 차례 체험했다. 장제스는 구미 열강으로부터 신무기를 구입하여 장비의 현대화를 꾀하였으며 장제스 직계의 중앙군을 설치하였다. 1936년 당시 총병력 약 2백만 명 가운데 1백만 명이 장제스 직계 군대였다. 이와 같이 무력에서 그는 분명 중국 최고의 실력자임에 틀림없었으나 그는 9·18 사건(만주사변) 이래 일본의 침략에 대하여 온건하고 인내하는 입장을 계속 고수했다. 그는 일본의 공세를 당할 때마다 중국의 허약함을 이유로 내세워 양보하고 굴복하면서 오로지 반공 투쟁을 우선하는 정책에 집착하였다. 그의 공식적인 슬로건은 '선안내 후양외(先安內後攘外)*'였다.

* 선안내 후양외(先安內後攘外) : 먼저 공산당의 반란을 제거하여 국내를 안정시키고, 뒤에 외적에 대처함

한편 '북상항일'을 내걸고 장정을 끝낸 마오쩌둥의 홍군은 거의 일 년여의 휴식 끝에 진용을 재정비하고 정세를 주시했다. 이미 '준의 회의'에서 항일을 위해 북상한다는 대목표는 정해져 있었다. 그들은 이 대목표를 위해 근거지를 섬서성으로 옮겼다. 물론 홍군의 근거지 섬북 주변에는 장제스의 군대가 빙 둘러 포위하고 있었다. 그들은 1935년 8월 1일 중공 중앙과 중화 소비에트 정부 연명으로 8 · 1 선언을 발표하였다.

> "…용감히 소비에트 정부와 동북 각지의 항일 정부와 하나가 되어 전 중국의 통일 국방정부를 조직하라. 홍군과 동북인민혁명군 및 각종 항일의용군이 하나가 되어 전 중국 통일항일연합군을 조직하라."

그리고 그 이듬해인 1936년 5월 5일 국민정부에 '정전강화 · 일치항일(停戰講和一致抗日)'을 주장하는 전통을 보냈다. 이러한 사태하에서 중국의 학생과 민중들의 항일의식도 점점 고조되었다. 1931년 일본의 만주 침입에 항거하는 학생 운동이 전국적으로 전개된 후 경찰의 강력한 통제로 한때 침체되었던 학생 운동은 북부 중국에 대한 일본의 새로운 침공*에 항의하여 1935년 이른바 '12··9 운동'으로 알려진 강력한 항일 시위가 벌어졌으며 지식인들도 일본의 침략에 반대하는 항거 운동에 나섰다. 이들은 일본상품 불매 운동, 일본인 배척 운동을 전개하였다. 이와 같은 항거운동은 일본의 위협에 대해서뿐만 아니라 남경 정부의 관망 정책에 대해서도 비난의 화살을 겨눈 것이었다.

이와 같은 동요는 1936년에도 계속되었다. 공산당과 국민당의 통일전선을 지지하는 움직임은 1936년 5월 송경령 · 하향응 ·

* 1933년 산해관 침공, 열하성 점령 등

장내기(章乃器) 등을 중심으로 결성된 전국구국연합회를 정점으로 점차 고조되었다. 이 단체는 지식인·상인 및 근로자들에게 상당한 영향력을 발휘하여 중국 동부 지방의 도시에서는 공산주의자와 협조하고 있었다.

이어서 그 해 7월 전국구국연합회의 네 지식인은 국공 양당에 서한을 보내어 내전 중지와 정책 변경을 요구했으나 국공 양당의 기본적 정책을 전환시키지는 못하였다. 결국 마오쩌둥은 장제스에게 항일을 강요했을 뿐이었고, 장제스는 '선안내 후양외'의 정책을 바꾸지는 않았다.

그 해 10월 장제스는 20개 사단을 동원하여 제6차 포위 토벌전을 개시하였으며 11월에는 전국구국연합회의 간부 7명을 체포하였다. 이유는 불법단체를 조직하여 적비와 손을 잡고 정부 전복을 꾀했다는 것이었다.

1936년 10월 31일은 바로 장제스의 50회 탄생일이었다. 장제스의 탄생일을 축하하기 위해 국내외의 국민들로부터 신형 비행기 68대가 헌납되어 남경에서는 성대한 축하비행이 거행되었다. 그런데 장제스는 이때 제6차 홍군 포위 토벌전을 지휘하기 위해 낙양에서 그의 탄생일을 맞이하였다.

그러나 그날로부터 40여 일 후 동북군의 장학량과 서북군의 양호성이 장제스를 서안에서 감금하는 서안 사건이 발생하였다.

사건의 개요를 간추려 보면 바로 5년 전 '9·18 사건'에 의해 동북 3성에서 쫓겨난 장학량의 동북군은 북경에 머물면서 국민당군의 일익을 담당하고 있었다. 홍군이 다시 섬북에 모습을 나타내자 장학량은 서북초비 부사령(西北剿匪副司令)에 임명되어 홍군 토벌에 임했다. 그러나 장학량은 남경 정부의 소극적인 자세로 인

하여 그의 정치적 입장을 재고하기 시작하였다. "중국인은 중국
인과 싸우지 말고 일치 항일하자."는 홍군의 호소에 호응하여 항
일을 위해서는 남경 정부와 공산주의자간의 화해가 바람직하다는
의견을 가지게 되었다. 특히 이들이 홍군과의 국지전에서 몇 차례
패배하자 장제스가 주창하는 제6차 포위 토벌전에 매우 회의적이
었다.

1936년 홍군과 서안의 군대 사이에는 암암리에 잠정 협정이
이루어져 전투행위가 중지되었다. 장학량은 저우언라이와 비밀리
에 접촉했으며 저우언라이는 그의 친구를 서북의 독군 양호성(楊
虎城)의 참모로 만들기 위해 파견했다. 양호성은 처음에는 반공
적인 입장을 취했으나 장학량의 군대가 서안에 주둔하자 공산당
과 협조하는 쪽으로 기울게 되었다.

장학량은 일찍이 장제스에게 항일을 외면하는 한 부하의 통
제가 곤란하다는 점을 들어 서안에서는 항일을 위하여 내전을 중
지하자고 제의한 적이 있었다. 그러나 장제스는 소공(掃共)을 엄

명함으로써 장학량의 입장이 난처해졌다.

그 해 12월 장제스는 제6차 포위 토벌전을 독려하기 위하여 전선에 나가 12월 11일 서안 동쪽에 있는 화청지(華淸池)에 머물렀다.이곳은 옛날 당나라 황제 현종이 절세의 미녀 양귀비와 사랑을 불태우던 곳이기도 하였다. 그러나 장제스에게는 불운의 곳이었는지 12일 새벽 5시 갑자기 1개 부대가 나타나 장제스의 숙소를 급습하였다. 장제스는 반란이 일어났음을 직감하고 급히 이산(裏山)으로 도망쳤으나 수색 끝에 체포되어 곧바로 서안으로 호송, 감금되었다.

그날 밤 장학량 · 양호성은 전국에 전통을 보내어 장제스의 생명을 보장하는 동시에 다음과 같은 8가지 요구 조건을 발표하였다.

1. 남경 정부를 재편하고 다른 당파를 받아들여 구국에 임한다.
2. 일체의 내전을 정지한다.
3. 상해에서 체포한 전국구국연합회의 지도자를 즉시 석방한다.
4. 일체의 정치범을 석방한다.
5. 민중의 집회 · 결사 등 정치적 권리와 자유를 보장한다.
6. 민중애국 운동의 자유를 보장한다.
7. 쑨원의 유언을 확실히 실행한다.
8. 구국회의를 즉시 소집한다.

감금당한 장제스는 불안하고 초조하였으며, 장학량 · 양호성도 앞으로의 대책 마련에 확고한 자신이 없었다. 결국 설득의 명수로 알려진 저우언라이가 조정에 나섰다. 불구대천의 적 장제스

장제스 부처 송미령은 그의 오빠 송자문과 필사적인 노력으로 장제스를 구출했다.

와 저우언라이는 무릎을 맞대고 앉았다. 그리고 저우언라이가 항일의 중대성을 조리 있고 성의 있는 태도로 설명하였다.

한편 남경 정부에서는 서안의 군대를 불법화한다는 강경 방침까지 나왔다. 그러나 송미령과 그녀의 오빠 송자문(宋子文)이 필사적인 노력을 기울여 서안으로 날아가 장학량과 만난 뒤 저우언라이와 만나 타협 공작을 벌였다.

12월 25일 마침내 극적인 타협이 이루어졌다. 처음 장학량의 제의를 일축했던 장제스는 저우언라이의 설득에 마음을 돌렸다. 장제스는 문서를 요구하는 저우언라이에게 "말한 이상 성실히 지킬 것이며, 행한 이상 결과가 있을 것이다."라고 대답할 뿐 문서를 남기는 데는 끝까지 반대하였다.

장제스 부부는 마침내 비행기로 남경에 돌아왔다. 남경에 돌아온 장제스는 사표를 제출했으나 반려되었다. 함께 탑승했던 장학량은 군법회의에서 10년 유기도형(有期徒刑)과 5년의 공민권 박탈에 처해졌으나 그 다음해 특사되었다. 그러나 연금 상태는 장제스가 대만으로 이동한 후까지 계속되었다. 양호성은 사건 다음해인 4월 외유길에 올랐다. 그러나 항일전 발발로 귀국했을 때 체포되어 1949년 9월 중경에서 살해되었다.

서안 사건 이듬해인 1937년 3월, 국민당은 제5기 3중전회를 개최하여 서안 사건에 따른 정책 전환문제를 논의하였다. 공산당은 이 회의 앞으로 서신을 보냈다.

1. 내란을 중지하고 국력을 집중하여 외적에 대항할 것.
2. 언론 · 집회 · 결사의 자유를 보장하고 정치범을 석방할 것.
3. 각당 각파의 대표자회의에 의한 공동 구국의 실시.

이상과 같은 제의가 받아들여지면 공산당은 다음 4개 항목을
실행하겠다는 제안을 해왔다.

1. 반국민정부적인 무장 폭동의 중지.
2. 노농 민주정부를 중화민국 특별구 정부라 개칭하고 홍군을 국민혁
   명군이라 개칭하여 남경 정부와 군사위원회의 지도를 받는다.
3. 특구정부(特區政府) 안에서는 보통선거에 의한 철저한 민주제
   도를 실시한다.
4. 지주의 토지몰수를 정지하고 항일 민족통일전선 강령을 실행한다.

이에 대해 국민당 3중전회는 항전파와 친일파 사이의 격렬한

**장제스를 환영하는 군
중** 장제스가 서안에서
무사히 돌아오자 군중
들이 환영하는 모습.

논쟁으로 일관했지만 일치 항일의 방침을 원칙적으로 승인했으며 공산당 제의에 대응한 적화근절안(赤禍根絶案)도 종래의 대의명분을 유지하면서 공산당의 4개 조항 제안을 내용적으로 승인한 것이었다.

1. 홍군의 해체
2. 소비에트 정부의 해체
3. 적화선전의 정지
4. 계급투쟁의 정지
5. 삼민주의에의 복종

제2차 국공합작 1937년 10월 2일 출판된 〈해방주간〉에 발표된 국공합작 선언문. 내전을 반대하고 합심하여 일본에 대항할 것을 선언한 내용이다.

1937년 7월 7일 중·일 전면 전쟁의 발발로 항일 민족 통일전선은 급속도로 구체화되어 갔다. 장제스는 7월부터 8월에 걸쳐 3백여 명의 정치범을 석방하고 소련과 4개 조항의 중소 불가침 조약을 체결하는 등 점차 일치 항일의 자세를 명확히 하였다. 공산당은 8월 말경 '항일 구국 10대 강령'을 발표한 데 이어 9월 23일 '정성 단결 일치항일' 선언을 발표하였다.

장제스는 중국 공산당의 합법적 존재를 승인하고 항일 전쟁에서 중국 공산당과 합작할 것을 공식적으로 선언함으로써 제2차 국공합작이 현실화되었다.

중일 전쟁과 태평양 전쟁

중일 전쟁의 발발

1937년 7월 7일 일본은 북경 교외의 노구교(盧溝橋)에서 일어난 사소한 사건을 구실로 선전포고도 하지 않은 채 중국의 전 국토에 대하여 침략을 감행하였다. 일본군은 파죽지세로 공격을 계속하여 작전 개시 1개월 후에는 북경과 천진 이북을 점령하였다. 긴박한 사태를 맞은 국공 양측은 항일민족 통일전선의 구체화를 서둘러 교섭 끝에 섬서 근거지의 홍군 부대를 국민혁명군 제8로군으로 개편하였다. 또 다음해 1월에는 양자강 하류 지역에 남아 있던 공산당 분견대를 신사군(新四軍)으로 재편함으로써 제2차 국공 합작이 현실화되었다.

9월부터 10월에 걸쳐 일본군은 일제히 남쪽으로 내려오면서 공세를 가했다. 11월 초 상해 전선이 무너지고 남경이 위협받자 장제스는 11월 20일 천도 선언을 발표하고 정부 및 당기관을 내륙에 있는 한구(漢口)로 옮겼다가 그 다음에 다시 오지인 중경으로 옮겼다.

12월 13일 상해 전선이 무너지자 각 방면으로부터 진격해온 5만 명의 일본군은 국민정부의 수도 남경을 함락하였다. 13일부터 17일을 고비로 약 2개월에 걸친 남경 대학살이

국민당군 중일 전쟁 당시의 국민당군

남경 대학살

시작되었다. 이 남경 대학살로 30만 명의 시민이 살육되었다.

1937년 말까지 일본군은 화북 전선에서는 산서·산동·하북·치치하르·수원(綏遠)을 확보하였다. 화중 전선에서는 양자강 연안을 따라 남경에 이르는 광대한 지역을 확보하였다.

다음해인 1938년 5월 화북에서 남하해온 북지나방면군과 상해 전선에서 북상한 중지나방면군의 공격으로 서주가 함락되었다. 이어서 10일 일본군은 무한을 점령하였다. 같은 날 남쪽 광주가 함락되었다.

당시 마오쩌둥은 항일 전쟁이 지구전임을 강조하여 '지구전론(持久戰論)'을 발표하였다.

> "일본이 비록 군사력·경제력·정치 조직에서 강하지만 야만적이며 인력·물력도 불충분할 뿐 아니라 국제 관계도 불리한 입장이다. 이에 비하여 중국은 지구전을 지탱할 수 있는 조건을 지니고 있으니 세계의 모든 국가들도 중국을 원조할 것이다."

이와 같은 마오쩌둥의 전망은 결과적으로 정확하였다. 일본은 사실상 인력·물자가 충분치 못하여 중국에서 점과 선밖에 확보하지 못하였다. 따라서 그 배후에서는 항일 근거지가 꾸준히 확대, 강화되어 일본군은 점차 전략적으로 수세에 몰리게 되었다.

무한이 함락된 후 망국론이 대두하고 대지주·대자본가들 사이에 격심한 동요가 일고 있을 무렵인 1938년 12월 국민당 지도자 왕조명이 중경에서 탈출하여 하노이를 거쳐 상해에 도착하였다. 왕조명은 일본과 교섭한 끝에 1940년 3월 남경에서 국민정부의 수립을 선언하였다. 이것은 모두 일본 공작에 의한 것으로 형식적으로는 국민정부의 '남경 환도(南京還都)'라 불리는 왕조명 정권의 수립을 의미하는 것으로 해석될 수 있으나 사실은 친일 괴뢰 정권의 성격을 벗어나지 못하였다.

　　왕조명 자신도 처음에는 일본에 많은 기대를 가졌다. 하지만 교섭 도중에 일본 측의 지나친 요구와 자신을 친일 정권의 도구로밖에 인정하지 않으려는 일본의 태도에 크게 실망하였다. 그리고 중국의 민중이 왕조명 정권을 인정하지 않았던 것도 당연한 일이었다.

　　장제스는 왕조명의 중경 탈출 직후 그의 당적을 박탈하는 조치를 취했다. 당시의 중국에 있어 가장 현실적인 요구는 항일 지구전의 수행이었다. 그러나 이러한 항전 의지를 지탱한 것은 기본적으로 중국 민중의 항일 의지였다. 어느 일본인은 민중의 힘을 다음과 같이 기록했다.

　　"1939년 9월 일본 점령하의 북경 영화관에서 일본의 전쟁 선전 영화가 상영되고 있었다. 남경성 꼭대기에 일장기가 나부끼고 만세를 외치는 일본 병사들의 모습이 사라지자 패전에 고민하는 장제스의 모습이 나타났다. 바로 이 순간 중국인 관객은 일제히 일어나 '장제스 만세!', '중국은 지지 말라!'는 노도와 같은 함성을 질렀으며 이윽고 삼민주의 노래가 합창되었다."

이것이 일본 점령하에서 2년을 지낸 북경 민중의 모습이었다. 사실 1937년부터 1938년에 걸친 시기는 국공 통일전선이 비교적 성공한 시기였다. 장제스는 항일 영웅으로 추앙되었으며 공산당도 국공합작·장제스 옹호를 부르짖었다. 이때가 바야흐로 국공 통일전선의 절정기였음이 분명했다.

1939년 들어 일본군의 공세가 일단 주춤해지고 전쟁이 교착상태에 접어들자 중국 측의 정치상황도 차츰 변화되기 시작하였다. 즉 국공 간에 갈등이 일기 시작한 것이다. 화북·화중에서 팔로군과 신사

1937년 12월 상해에 입성한 일본군

군이 활약하여 근거지를 확대해감에 따라 장제스는 자기 지배에 대한 문제를 생각하기 시작하였다.

국민당은 1938년 후반 은밀히 '이당활동제한판법(異黨活動制限辦法)'을 제정하여 공산당의 활동에 제동을 걸었다. 그 해 12월 하북성 중부에서 국민당의 부대 5천 명이 팔로군의 후방에 기습을 가하는 충격적인 사건이 발생하였다. 이어서 39년에서 40년에 걸쳐 곳곳에서 국공 양군 사이에 작은 충돌이 일어났다.

마오쩌둥은 국민당의 이 같은 태도 변화에 대하여 "상대방이 도발하면 우리도 도발한다."는 단호한 원칙을 세웠다.

1940년에 들어서면서 중국에는 정치적으로 서로 다른 3개의 지역이 형성되었다. 즉 일본군의 점령지구, 중경을 수도로 하는 국민당 정부, 연안을 중심으로 하는 공산당의 섬감녕변구(陝甘寧邊區) 등이다.

섬감녕변구의 중심지 연안은 산으로 둘러싸인 도자기 굽는 마을이었다. 대장정을 끝낸 후 얼마 있다가 연안으로 옮긴 마오쩌둥은 점차 체력을 회복하고 미래를 구상하며 《실천론》과 《모순론》을 저술하였다.

중일 전쟁이 발발한 지 2, 3년이 지나 전쟁이 교착 상태에 빠지자 마오쩌둥의 팔로군은 일본 점령 지역의 배후에서 항일 근거지를 확대했으나 국민당은 철수한 상태 그대로였다. 시일이 지남에 따라 사람들은 연안에 눈을 돌려 항일을 결의한 청년들이 속속 연안으로 몰려들었다. 연안에는 군정대학과 일반 교육기관이 설립되었으며 항일 군정대학은 그 후 약 10만 명의 간부를 배출하였다.

이 같은 정세하에서 장제스는 팔로군과 신사군이 그들의 경계선을 넘어 일본군의 점령지역 후방에서 활동지역을 확대한 것을 군기 이탈이라 비판하고 공산주의자들에 대한 공격을 계속하였다. 1939년 봄 장제스는 호남의 평강과 호북 및 하북에서 팔로군을 공격하였고 11월에는 하남을 공격하여 연안 근거지 남부의 일부 지역을 점령하였다.

이 무렵 마오쩌둥의 섬감녕변구는 점점 확대되고 팔로군도 증강됐다. 처음 3만 명 정도였던 팔로군이 1938년에는 15만 명,

1940년에는 40만 명으로 증강되어 있었고 신사군이 2만 명에서 10만 명으로 급증했다.

1940년 8월 팔로군은 화북의 다섯 성(省)에서 이른바 백단대전(百團大戰, 단은 연대)을 감행하여 화북에 주둔한 일본군의 모든 교통 통신망을 공격하였다. 이 작전은 8월부터 12월까지 계속된 대규모 작전이었다. 2만 5천 명의 일본군이 사살되고 480킬로미터에 이르는 철도선이 파괴되었다.

백단대전이 끝난 다음해인 1941년 10월 항일 전쟁 중 최대 규모의 국공 무력 충돌이 일어났다. 이른바 환남사변(白宄南事變)이다. 1940년 말 장제스는 화중에서 활약 중인 신사군에게 양자강을 건너 북상할 것을 요구했다. 양쪽은 교섭 끝에 장제스의 요구를 받아들여 북상하던 중 신사군 부대의 일부가 갑자기 나타난 국민당군에게 기습당하였다. 국공 양군은 7일간에 걸쳐 밤낮으로 전투를 계속하였다. 국민당군에 포위된 신사군은 9천 명이 전사하고 1천 명이 가까스로 포위를 뚫고 탈출하였다. 군장 섭정(葉挺)은 포로가 되고 부군장 항영은 전사했다. 이 환남 사건은 항전 중인 공산당군에 커다란 충격을 주었으며 그 후 장제스는 변구의 봉쇄를 더욱 강화하였다. 공산주의자들은 이 같은 사태에 직접적인 보복 행동을 삼가는 대신 중국의 여론 호소하는 방법을 택하여 국민당군의 무능과 부패를 폭로하였다.

태평양 전쟁의 발발

1941년 12월 8일(하와이 시간 12월 7일) 일본의 연합함대 기동부대는 하와이 진주만을 기습했다. 같은 날 미·영도 대일 선전포고

를 하고 그 다음날 국민정부도 일본·독일·이탈리아에 선전포고
했다. 국민정부는 중일 전쟁 발발 이래 지금까지 대일 선전포고를
하지 않고 있었다.

태평양 전쟁 발발 2년 전인 1939년 9월 유럽에서는 나치 독
일의 폴란드 침공을 시초로 제2차 세계대전이 발발해 세계는 이
른바 추축국(樞軸國, 독일·일본·이탈리아)과 연합국(미국·영
국·프랑스)의 둘로 갈려 전면적으로 대결하는 양상이 벌어졌다.
이제 중일 전쟁은 중국 대 일본만의 전쟁이 아니라 세계 전체의
구조적 변화의 일부로 변한 것이다.

태평양 전쟁 발발 후 일본군은 각지에서 거침없이 진격을 계
속했다. 1941년 12월 25일 홍콩과 구룡 반도를 함락한 데 이어 다
음해 1월에는 라바울이 함락되고 마닐라도 점령되었다. 필리핀,
말레이시아 작전과 병행하여 자바 공략작전도 행해졌다. 일본군
은 1942년 3월의 바타비아 해전에서 연합군 함대를 격멸함으로써
자바를 비롯한 남방 여러 지역을 점령하였다.

연전연승 파죽지세로 공격을 계속한 일본군은 전승에 들뜬
나머지 작전 범위를 지나치게 확대했다. 42년 2월 미얀마의 몰메
인, 3월에 랑군, 5월에 만달레이를 점령하고 미얀마 점령을 계획
하였다. 같은 달 일본군은 인도양의 안다만, 니코바르 두 섬을 점
령하였다. 해군 기동부대는 3월 들어 스리랑카 섬을 공습하였고
이어 솔로몬 제도를 점령하였다.

그러나 1942년 미국 해군은 기동부대에 의한 반격을 개시하
여 2월에 마셜 군도, 3월에 뉴기니아 라메·사라모아에 공습을 감
행하였고, 4월 18일 16대의 B25 폭격기가 도쿄·나고야·고베를
공습했다. 42년 6월 5일 미드웨이 해전에서 일본군은 미국 태평

진주만 기습 1941년 12월 7일 아침, 일 해군 비행기들이 미국 하와이의 진주만에 있는 미국 해군 육군 기지를 기습했다.

양 함대의 반격으로 항공모함 4척, 항공병력 태반을 상실하는 치명타를 입음으로써 전세가 역전되기 시작하였다.

1943년 2월 일본군은 남태평양의 과달카나 섬에서 패퇴했고, 유럽의 스탈린그라드에서는 독일군이 항복했다. 이 같은 상황은 제2차 세계대전이 군사적 전환점에 이르렀음을 뜻하며 중국 전선에서도 점차 일본군을 제압할 수 있는 가능성을 시사하는 것이다.

태평양 전쟁 발발 후 미국은 연합국의 일원이 된 국민정부에 무기를 원조하였고 1943년에는 중국을 기지로 하는 미국 공군이 점차 증강되었다. 그 해 11월에는 강서성의 수천(遂川) 기지로부터 출격한 B25 폭격기 등 15대가 대만의 신죽(新竹)에 첫 공습을 감행하였다. 이어 1944년 8월 중국의 오지 사천성 성도 기지로부터 B29 편대가 일본의 북규슈에 폭격을 시작하였다. 이때부터 중국 전선의 제공권은 완전히 미국 공군이 장악했다.

이러한 상황에서 일본군은 1944년 중국 전선에서 전세를 만회하기 위해 최후의 대작전을 벌였다. 일본군은 경한(京漢, 북경 — 한구간) · 월한(粤漢, 한구 — 광주간)의 두 철도를 확보하고 남북을 달리는 주요간선을 연결시킴과 동시에 계림(桂林) · 유주(柳州) 등의 공군 기지를 파괴할 작정이었다. 일본군의 공격에 국민당군은 쉽게 무너져 8월에는 계림이 함락되고 11월에는 유주가 점령되었다.

미국 대통령 루스벨트는 중국 전선의 붕괴를 염려하여 부통령 월라스를 중경으로 파견했다. 루스벨트는 장제스 정권의 독재성과 반공 정책 그리고 연안 정권의 특이한 성격 등에 대해 소상히 알고 있었다. 그는 월라스를 통하여 공산군에게 무기를 원조하는 문제를 장제스에게 제의하도록 하였다.

6월 하순에는 미군 장교 · 외교관 등의 시찰단이 비행기로 연안에 도착, 공산당 지도층과 면담을 가졌다. 7월 루스벨트는 팔로군을 포함한 중국군과 중국 주둔 미군을 지휘하고 작전을 통솔하기 위해 스틸웰 중장을 지휘관으로 임명하도록 제의했다. 그러나 장제스는 지휘권이 스틸웰에게 넘어가면 공산군에 원조가 주어질 것을 염려하여 스틸웰의 본국 송환을 요구함으로써 스틸웰은 10월에 미국으로 돌아갔다.

사실 전선의 교착 상태에서 본질적으로 군벌적인 체질을 지닌 장제스군은 부패하고 무력하기 그지 없었다. 이러한 부패와 파국은 경제면에서도 마찬가지였다.

1945년에 들어서자 일본의 패배는 명백해졌다. 이미 1943년 11월 카이로 선언에서 중국은 만주 · 대만 · 팽호도 등의 반환을 보장받았다. 1945년 2월에는 얄타에서 루스벨트 · 처칠 · 스탈린

세 거두가 모여 이른바 얄타 회담이 열렸다. 전쟁 완결을 위한 계획과 전후 처리 문제, 그리고 전쟁전략과 외교전략이 점차 각국의 관심사가 되었다.

그런데 얄타 회담의 협정은 중국에 대해 불리한 결정이 내포되어 있었다. 일본의 전력을 과대 평가한 루스벨트가 소련의 참전을 요구했으며 이에 응한 스탈린이 참전 대가로 중국을 대상으로 엄청난 요구를 해온 것이었다. 사할린 남부와 치시마(千島) 열도의 반환, 대련항의 소련 우선권 인정, 여순 해군기지의 조차권 등이 골자였다. 이 결정은 중국의 양해 없이 3거두 사이에 승인되었다. 5월 베를린이 함락되고 6월 오키나와가 미군에 함락되었다. 일본의 패배는 눈앞에 다가왔다. 그 해 봄 중국 공산당과 국민당은 각기 중요회의를 열어 당의 방침을 결정하였다.

연안에서 열린 공산당 제7차 전국대표대회에서 마오쩌둥은

항일 전쟁을 총괄한 뒤 구체적 강령으로 '일본 침략자의 타도, 국민당 일당독재의 즉시 폐지, 항일 정당 및 무당·무파의 대표적 인물을 포함한 거국일치의 민주적 연합정부 수립'을 호소하였다.

중경에서는 국민당 제6차 전국대표대회가 열렸다. 장제스는 여기서 북벌 완성 이래 17년간 지속된 훈정기를 끝내고 그 해 11월 12일에 국민대회를 개최하여 헌정기(憲政期)에 들어갈 것을 공표하였다.

마오쩌둥은 "장제스의 국민대회의 목적은 연합정부의 거부, 독재 지배의 준비, 내전의 합법화를 기하는 데 있다."고 신랄히 비판하였다. 이렇게 국공간의 기본적 대립이 팽팽히 맞서는 가운데 1945년 8월 6일 히로시마에 원자폭탄이 떨어지고 8일 소련이 참전하자 일본은 더 이상 버틸 힘이 없었다. 마침내 8월 15일 일본 천황 히로히토가 떨리는 목소리로 항복 방송을 함으로써 태평양 전쟁은 막을 내렸다.

　유조구 사건 이래 15년, 노구교 사건 이래 8년, 청일 전쟁 이래 50년간 지속된 일본의 침략은 여기서 종지부를 찍었다.

●
태평양 전쟁 후의 중국

국공의 내전

태평양 전쟁이 일본의 패배로 종결되고 전후 처리를 둘러싼 국공의 대립으로 내전의 움직임이 보이자 오랫동안 전쟁에 시달린 중국 민중들은 평화와 민주를 외치며 내전 반대를 소리 높여 부르짖었다.

　이와 같이 내전 반대의 여론이 높아지는 가운데 1945년 8월 28일 마오쩌둥은 장제스의 초청을 받는 형식으로 주중 미국 대사 하레와 함께 중경에서 국공 화평을 위한 43일간의 중경 교섭에 들어갔다.

　장제스와 마오쩌둥의 직접 회담 이외에도 국민당측의 장군(張群), 왕세걸(王世杰) 등과 공산당측의 저우언라이 사이에도 협상이 진행되었다. 양측은 10월 10일 '회담기록요강'에 서명하였다. 이것이 이른바 '쌍십협정(雙十協定)'이다. 이 요강에는 남부의 8개 해방구로부터의 홍군 철수, 홍군을 20개 사단*으로 축소, 공산당과 중도세력이 참가하는 정치협상 회의의 개최 등이 규정되어 있었다.

　그런데 이 시기의 국공간의 세력 관계를 비교해보면 국민당

* 20개 사단 : 당시 공산당 군사력의 1/10

은 항일 전쟁에 참가해 민중에게 영향력을 가졌으나 소극적인 항전을 했을 뿐이다. 그런데 미국의 원조를 받아 그들의 무장력을 증강해 당시 국민정부군의 무장력은 약 430만 명에 달했다. 한편 중국 공산당이 지도하는 항일 무장 세력과 해방구도 8년간의 항전을 거치는 동안 많이 강대해졌지만, 국민당과 비교하면 훨씬 열세였다. 1945년 8월 현재 팔로군과 신사군은 128만 명, 각 해방구의 민병이 약 2백만 명 정도였다. 해방구는 19성에 19개에 이르렀으며 소속 인구는 약 9천550만 명*이었다. 국민당은 이와 같은 무장력의 우세를 배경으로 공산당을 격파할 수 있다고 확신하고 건국의 주도권을 장악하려고 하였다.

　내전의 전운이 짙어가는 가운데 마셜이 북경에 도착하여 장제스와 만나 소조위원회(小組委員會)를 구성하여 공산당과 필요한 사항을 토의하자고 제의하였다. 그런데 마셜은 미국 트루먼 대통령의 특사로서 '쌍방의 화해를 통한 내전의 방지와 국민당 정부를 도와 가능한 한 넓은 지역에 그들의 권위를 확보'케 하는 두

* 9천550만 명 : 중국 인구의 약 20퍼센트

중국의 난민 마오쩌둥의 공산당군과 장제스의 국민당군의 내전이 계속되자, 공산당군의 진주를 피해 친국민당 가족들이 피난하고 있는 모습

가지 임무를 띠고 중국에 파견되었다.

　　1946년 1월 마셜의 주재하에 국민당 정부 대표 장군과 공산당 대표 저우언라이는 정치협상 회의를 개최하였다. 이어 10일에는 '군사 충돌 방지에 관한 방법'을 정하고 북경에 군사조처집행부(軍事調處執行部)를 설치하기로 합의하였다. 정치협상 회의가 끝난 후에도 국공 대표 각 1명과 미국 대표 1명*으로 구성된 3인 위원회는 12일간에 걸쳐 회의를 열어 '군대 개편 및 중공군의 국군 편입에 관한 기본방안'을 토의했다.

* 국공 대표 각 1명과 미국 대표 1명 : 장치중 (張治中) · 저우언라이 · 마셜

그러나 1945년 가을의 중경 협약은 성실히 지켜지지 않았다. 장제스는 1933년 발간한 초비수본(剿匪手本)*을 재발간하여 군 간부에게 교부하고 10월 13일, 15일에 수원·산서·장가구 등지의 공산당 근거지에 공격을 가하였다.

* 초비수본(剿匪手本) : 공비 토벌을 위한 일종의 핸드북

1946년 1월 10일 마셜의 조정에 의해 '정전결정의 조인'과 함께 국공 쌍방은 휴전 명령을 내렸다. 아울러 쌍방은 모든 군대의 이동을 중지할 것도 동의하였다. 같은 날 정치협상 회의가 중경에서 개최되어 다음 5항목을 채택하였다.

1. 각 정파의 민주적인 참여하의 정부 개편.
2. 평화적 건국 계획.
3. 군대의 국가화(국민당군과 홍군의 통합)와 그 정리 축소.
4. 국민대회의 소집.
5. 광범위한 지방자치를 허용하는 민주헌법의 기초.

그러나 국민당이 이 결정을 진정으로 수락한 것은 아니었다. 그 해 3월에 개최된 중국 국민당 2차 전국대표대회 중앙위원회는 정치협상 회의의 결의를 파기하였으며 이에 대해 마셜은 속수무책이었다. 이로 인해 국공 관계는 갑자기 긴장되기 시작하였다.

또 국민당은 2월에 소련군의 동북지역 철수와 함께 다수의 정예부대를 그곳에 보내어 소련군으로부터의 인수 인계뿐 아니라 이 기회에 동북의 여러 지역에 지배권을 확립하려 하였다. 이에 대하여 동북의 여러 지역에서 인민 권력을 조직하던 중국 공산당은 국민당의 행동이 엄연한 정전협정 위반이며 주권의 범위를 뛰어넘는 것이라고 항의하여 무력 충돌을 일으켰다. 여기에

대하여 미국은 국민당에게 원조를 제공함으로써 결국 내전으로 돌입하였다.

1946년 6월 국민당은 2백만 명에 가까운 병력을 동원하여 화북과 화중에서 대규모 공격에 들어갔다. 그들은 중부 평원과 양자강 하류 지역에서 홍군을 몰아냈고, 8월에는 열하 해방구의 중심지인 승덕을, 10월에는 장가구를 점령한 데 이어 1947년 1월 산동 남부해방구의 중심지인 임기를 점령하였다. 이어 1947년 3월 19일에는 장정 이후 중국 공산주의 운동의 심장부이자 상징인 연안을 점령하였다.

그러나 내전 때문에 급속히 앙등된 인플레로 말미암아 국민정부 지배 지역의 경제 상태는 점점 악화되었다. 근로 노동자의 생활 수준이 급속히 저하하면서 많은 민중이 기아 상태에 빠졌다. 1946년 1월부터 1948년 8월에 이르는 동안 물가는 무려 67배나 폭등하였고 상해의 경우 30만 명 이상이 빈민으로 전락해 수많은 아사자가 나타났다. 그 결과 국민정부에 반대하는 기치를 든 통일전선이 형성되고 국민당을 부정하는 대중 운동이 일어났다.

국민당이 항공기와 중포의 지원을 받는 4백만 명의 군대를 확보하고 있는 데 반해 공산당은 겨우 120만 명 남짓한 군대만을 확보하고 있었다. 그러나 국민당은 연안에서 시베리아에 걸치는 길고 긴 보급선과 미군 장비의 사용으로 인한 재정 부담 및 수송 문제, 그리고 장제스 직계군과 기타 군대 사이의 갈등, 고위층 내부의 권력투쟁 등으로 인해 심각한 난국에 처해 있었다.

공산당은 이 같은 국민당 내부의 취약성과 이질 요소를 이용했으며 또한 민중의 정치적 지지에 기반을 두었다. 이 같은 기반은 공산군이 철수한 후에도 믿음을 잃지 않았다. 공산당의 일차적

전차대를 열병하는 마오쩌둥 1949년 1월 31일 북경을 점령한 후 전차대를 열병하는 마오쩌둥

목표는 지역을 점령하지 않고도 국민당군을 궤멸시키는 것이었다. 그것은 '우세한 힘을 집중하여 적을 하나하나 궤멸시키는 작전'이었다. 공산당은 이러한 방법으로 수세에서 공세로 전환하려고 하였다.

1947년 들어 공세로 전환한 공산당 임표의 군대는 국민당군의 많은 부대를 패배시키고 장춘·길림·심양 등의 3개 도시를 포위했다. 동시에 중부 평원에서도 공산당의 역공세가 시작되었다. 유백승과 진의의 군대는 각각 산서와 산동으로부터 진격하여 1947년 여름 황하와 농해 철도를 건넜다. 같은 해 홍군은 하북·산동·산서의 대부분을 장악하고 내전 개시 이래 처음으로 석가장을 탈취했다. 공산당의 군대는 1947년 2월까지 국민당군 56개 여단, 5월까지 90개 여단, 9월까지 97개 여단을 패배시켰다. 이것은 거의 1백만 명에 달하는 병력으로 국민당군의 1/4 에 해당하는

유백승

것이었다. 한편 공산당의 군대는 120만 명에서 2백만 명으로 증가하였다. 1948년 봄 홍군은 황하 연변의 대도시 낙양과 개봉을 점령했다. 그들은 1947년에 빼앗겼던 공산당의 심장부 연안을 다시 장악했다. 9월에는 다시 산동의 국민당군을 패배시키고 제남을 점령하였다.

공산당은 1948년 9월에서 11월에 걸쳐 만주 전투에서 장춘·길림·심양 등 대도시를 함락함으로써 전 동북을 장악하였다. 뒤늦게 운남에서 파견된 국민당 군대는 싸우지도 못하고 항복하는 형편이었다. 1948년 11월에서 1949년 1월에 걸쳐 내전 이래 최대 규모의 회하(淮河) 대전이 벌어졌다. 국공 쌍방이 각각 50만 명의 병력을 투입하여 회하와 농해 철도 지역에서 전투를 벌였으나 국민당군은 진의와 유백승에게 포위되어 붕괴되었다. 이어서 1월 15일에는 천진이 함락되고 1월 31일에는 국민당군의 사령관 부작의(傅作義)가 항복 조건을 협상한 끝에 공산당에 항복했다.

장제스는 1949년 1월 신년사에서 남경 정부의 권력을 그대로 두는 것을 전제로 하여 공산당측에 화평을 제의했다. 이에 대해 마오쩌둥은 다음과 같은 8개항의 조건으로 응수했다.

1. 장제스를 포함한 전쟁 범죄자 처벌.
2. 민주주의 원칙에 따른 모든 군대 재편성.
3. 관료 자본 몰수.

4. 토지개혁.

5. 매국 조약 파기.

6. 반동분자가 참가하지 않는 정치협상 회의 개최.

7. 민주 연합정부의 수립.

8. 남경 국민당 정부 및 각급 기구의 모든 권력의 접수.

　　장제스는 1월 화평을 제의하면서 남부에 국민당의 세력을 재집결하고 미국의 증원을 받아 정권을 그대로 지탱하려 하였으나 미국은 망설였고 화평 제의는 아무런 성과도 없었다. 1949년 봄 이래 장제스는 정부의 금괴와 최정예부대를 빼돌려 대만으로 이동할 준비를 서둘렀다.

국민당군의 붕괴와 중공 정권의 수립

중국의 내전이 국민당군에게 결정적으로 불리하여 붕괴 직전에 놓여 있는 상황에서도 미국은 중국에의 직접적 · 대규모적 개입을 망설였다. 미국은 "중국 문제의 해결은 주로 중국인 자신에게 부여된 문제이다.", "중국의 전국(戰局)과 경제 정세에 직접적 책임은 없다."는 입장을 고수하였다. 미국은 당시 유럽 제국에 대한 원조에 힘을 기울이고 있었다. 또 장제스 지배 지역에서의 내정과 경제 정세가 극도로 악화된다면 원조 자체가 그만큼 효과를 가질 수 없다고 판단했다. 미국은 극동 정책의 중점을 서서히 중국에서 일본 · 한반도로 이동하여 여기를 공산주의 봉쇄의 거점으로 삼으려 하였다. 미국의 이 같은 정책도 장제스군의 붕괴를 재촉하는 큰 요인이 되었다.

상해를 점령한 공산당
**상해를 점령한 공산당
군** 1949년 5월 27일 상
해를 점령한 공산당군

1949년 4월 공산당은 최후의 일격을 가하기 위해 양자강 남쪽으로 향했다. 그들은 몇 개월 만에 화북 · 화동 일대의 대도시를 점령하고 화서 · 화남 · 화중 · 서남 등지에서도 진격을 개시하여 몇 주일 만에 넓은 지역을 장악하였다. 국민당 소속의 지도급 민간인 및 군의 지휘관들은 싸우지도 않고 투항하는 것이 보통이었다. 4월 남경 함락에 이어 5월에는 항주 · 상해 · 서안 · 남창 · 무한 · 산서가 함락되고 6월과 7월에는 산동을 비롯하여 신강 · 내몽골 등 서북 전체가 점령되었다. 이어서 8월에는 호남 · 호북 · 복건이 함락되고 10월에는 광동 등 화남이, 11월에 다시 사천 · 귀주, 12월에는 광서의 남녕이 함락되었다.

국민당 정부는 1949년 봄 남경을 포기하고 광동에서 저항을 계속하려 하였으나 수도를 다시 한 번 중경으로 옮겼다가 그 후 곧 성도로 옮겼다. 그리고 1949년 12월 미국의 보호 아래 대만으로 옮기게 되었다.

국민당을 대신하여 중국 전토를 장악한 공산당은 1949년 10월 1일 북경을 수도로 하여 '중화인민 공화국'을 수립하였다.

국민정부는 공산당이 북경을 점령하기에 앞서 고궁의 보물과 도서관의 귀중한 서적 및 자료들을 남경으로 운반했다가 다시 구축함에 실어 대만으로 보냈다. 대만으로 이동한 국민정부는 5권 분립의 민주 체제 아래 산업과 경제를 발전시켜 현재에 이르고 있다.

신해 혁명 참고 연표

1911.	4	동맹회의 황흥 등 봉기, 청군에 진압됨(황화강사건)
	10	무창의 신군 · 동맹회 봉기, 신해 혁명 시작됨
		혁명군 무한 삼진 점령, 중화민국 군정부 조직
	1	청조, 원세개를 내각총리대신에 임명함
		원세개 북경에 입성, 내각을 조직
1912.	1	쑨원 남경에서 임시 대총통에 취임, 중화민국을 선포
	2	선통제 퇴위, 원세개 임시공화정부 조직 권한 받음.
	3	쑨원 중화민국 임시약법 공포
	8	국회조직법 공포
1913.	3	국민당의 송교인 원세개에게 피살됨.
	7	강서독도 이열균 독립을 선언.
		안휘 · 호남 · 광동 · 복건 · 사천도 독립, 토원군(討袁軍)조직
	8	쑨원 제 2혁명에 실패, 다시 일본에 망명
	10	원세개 대총통 취임
	11	원세개 국민당 해산명령 내림
1914.	1	원세개 국회해산
	5	원세개 중화민국 약법을 개정, 대총통 권한 강화
	7	쑨원 일본 동경에서 중화혁명당 조직
1915.	1	일본 중국에 21개 조항 요구
	3	국민회의 조직법 공포
	8	원세개 황제제도 부활 추진
	10	국민대표대회 조직법 공포
	12	원세개가 황제로 추대됨
		운남도독 당계요 · 채악 등 황제제도에 반대하여 독립을 선언하고
		사천 · 광서에 진격 개시

주요 군벌 계보

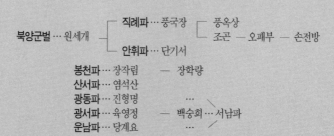

찾아보기

가

라

마

사

자